장호공실기
莊胡公實記

병조 판서 조윤손의 삶의 자취

조규태 엮음
창녕조씨 시랑공파 종친회 펴냄

한국문화사

제자: 정헌철 교수

| 서문 |

    어떤 국가가 존속하려면, 문관(文官)과 무관(武官)이 아울러 존재하여 서로 맡은 바 임무를 다하며 힘을 합쳐야 한다. 마치 사람의 신체가 좌우대칭으로 이루어져 완전한 기능을 하는 것과 같다.

    그러나 역사상 어느 나라를 막론하고 나라를 세우는 과정에서는 무인들이 큰 역할을 하지만, 나라가 안정에 들어서면 문관들이 점점 세력을 넓혀가면서 무관들의 세력을 감축시켜 나간다. 나라를 보위하기 위해서 무관들의 존재가 필요한 것은 알지만, 무관들이 힘을 얻으면 왕권이 위태롭게 되고 문관들이 그 압제를 받기 때문이다.

    대부분의 문관들은 글 솜씨가 뛰어나 시문을 많이 지으며, 또 자신과 관계된 기록을 많이 남기고, 제자들을 길러 학파를 형성하여 길이길이 그 영향력을 끼친다. 반면에 무관들은 생명을 걸고 국경 지방이나 전쟁터에서 자신의 임무를 다하지만, 글을 남기지 못하고 제자들을 기르지 못하여 일생을 마치고 난 뒤에는 그 자취가 생시의 업적보다 훨씬 미미하게 된다. 그래서 혁혁한 전공이나 업적에도 불구하고, 충무공(忠武公) 이순신(李舜臣) 장군 등 몇몇을 제외하고는 일반 사람들이 잘 모르는 인물로 위축되고 만다.

    진주(晋州)가 낳은 걸출한 무관 장호공(莊胡公) 조윤손(曺潤孫) 장군은, 문한(文翰)의 전통이 있는 가문에서 태어나 무과를 통해서 관직에 진출하여 목민관(牧民官)으로서 자애로운 정적(政績)을 남겼고, 남쪽으로 왜구를 막고 북쪽으로는 여진족(女眞族)을 막아 국가를 안정의 기틀 위에 올려놓았다. 만년에 벼슬이 국방의 총책임자인 병조 판서에까지 이르렀으니, 당시에 능력과 경륜을 충분히 인정받았음을 알 수 있다.

    그리고 가정의 전통을 계승하여 글에도 능했고, 만권의 장서를 쌓아두고 독서를 즐겼으며, 권세를 마음대로 부릴 수 있는 지위에 있으면서도 근검, 소박하게 생활했다고 한다. 그는 단순히 한 가문을 빛낸 선조에 그치지 않고, 모범적인 무관으로서 온 나라를 안정시킨 위대한 인물이었다.

그러나 무관이다 보니, 본인이 지은 글이 거의 없고, 친구나 제자들과 주고받은 글도 거의 없다. 다행히 당시 고향의 후배인 관포(灌圃) 어득강(魚得江)이 지은 비문이 남아 있어 그 행적은 상세히 알 수 있다. 관포는 직접 장호공을 가까이서 자주 본 인물이기 때문에 그가 지은 비문은 여타의 비문과는 가치가 매우 다르다. 그 밖에 『조선왕조실록(朝鮮王朝實錄)』 등 관찬 기록만이 아니라, 사찬의 역사서와 개인의 문집 등에 그에 관한 자료가 흩어져 실려 있다.

대단히 비중 있는 인물인데도, 오늘날에 와서는 사람들이 그의 인물됨과 업적을 잘 모르고 있으니, 안타까운 일이다.

본인이 지은 시문이 얼마 되지 않아 문집을 만들지 못할 형편일 때는 우리 조상들은 관계되는 자료들을 모두 모아 실기(實紀)라는 형태로 책을 편집 출판하여, 그 인물됨을 알리고 기리는 방식을 개발하였다.

족후손 조규태(曺圭泰) 박사는 국어학을 전공하는 교수로서 경상대학교(慶尙大學校)에 재직하면서 전공분야의 연구와 교육에 큰 업적을 남겼다. 연구의 여가에 30년 전부터 문중의 일에 뿌리를 찾는 성력(誠力)을 쏟아 집안 부로(父老)들과 뜻을 합쳐 선대 묘단의 건립과 정비, 파보 발행, 문중의 결집 등 가문을 위해 여러 가지 의미 있는 일을 많이 하였다.

이제 몇 년 전부터 장호공에 관계된 기록을 힘닿는 데까지 전부 찾아 모아 체계를 세워 분류하고 편집하여 다시 쉬운 우리말로 번역하였다. 문중 부로들의 감정(勘定)을 거쳐 출판하여 연원가(淵源家) 및 학인(學人)들에게 널리 반질(頒帙)하려고 한다.

책이 거의 다 되었을 때 불초에게 한번 검토해 줄 것을 요청하여, 살펴보니 자료를 정성을 다하여 수집하였고, 체재가 잘 짜여 있고, 번역이 쉽고, 주석이 상밀하여, 관심만 있으면 후손이나 일반 사람 누구라도 읽을 수 있도록 해 두었다. 서문을 요청하기에, 그 숭조목족(崇祖睦族)하는 아름다운 정신을 훌륭하게 여겨 크게 사양하지 않고, 책머리에 몇 글자를 적는다.

책이 출판 보급되었다고 해서 능사(能事)가 이미 다 끝났다고 생각하는 후손들이 있다면, 이는 크게 잘못된 생각이다. 이 실기를 읽고서, 자신의 생명을 걸고 국가를 보위하고, 목민관으로서 백성을 사랑하고, 무관이면서도 글 읽기를 좋아하고, 높은 자리에 있으면서도 검소하게 살다간 장호공의 정신을 배우고 본받아야 『장호공 실기』를 편역(編譯)하여 출판한 일이 헛되지 않을 것이다.

오늘날 자기를 희생하는 진정한 지도자가 없는 우리 시대에, 조 박사가 심혈을 기울여 만든 이 실기를 통해서 장호공 같은 구국(救國), 위민(爲民)의 지도자가 올바로 알려져 본받는 사람이 많아지기를 간절히 바라는 바이다.

2014년 8월 31일
문학박사 경상대학교
교수 허권수(許捲洙) 근서(謹序)

|차례|

■ 서문 / iii

제1부 각종 저서에 실린 글 / 3

1. 시 ··· 3
   (1) 용재집(容齋集) : 이행(李荇, 1478~1534) ·················· 3
      □ 관서 지방에 병마절도사로 나가는 조억지 윤손을 보내며 2수 ······ 3
      □ 조 수사 윤손의 그림 족자에 있는 남 상공(南相公)의 시에
         차운하다. ·· 4
   (2) 관포시집(灌圃詩集) : 어득강(魚得江, 1470~1550) ······ 6
      □ 명홍정 상량문(冥鴻亭上梁文) ································ 6
      □ 감사 청라공을 모시고 조수사의 명홍정에서 놀다.
         청라공에게 드리다. ·· 12
      □ 명홍정 호수의 배에서 씀 ······································ 13
2. 역사서·지리지·문집 등에 실린 기사문 ························· 14
   (1) 국조보감(國朝寶鑑) ·· 14
      □ 중종 18년(1523) 12월 ·· 14
      □ 중종 30년(1535) 2월 ·· 15
   (2) 동사략 상(東史約上) : 이원익(李源益) ···················· 16
      □ 계미년 중종 18년(1523) ······································ 16
   (3) 임하필기 : 이유원(李裕元, 1814~1888) ·················· 17
      □ 무신(武臣)이 사신의 임무를 띠다 ························ 17
   (4) 국조인물지(國朝人物志) : 안종화(安鍾和, 1860~1924) ···· 18
      □ 중종조 조윤손(曺潤孫) ·· 18
      □ 중종조 허굉(許硡) ·· 19
   (5) 연려실기술(燃藜室記述) : 이긍익(李肯翊, 1736~1806) ········ 20
      □ 장언량(張彦良) ·· 20
   (6) 묵재일기 하(黙齋日記下) : 이문건(李文楗, 1494~1567) ······ 21
      □ 가정 36년(1557) 정사 ·· 21

- (7) 신증동국여지승람(新增東國輿地勝覽) : 관찬지리지 ·················· 22
  - □ 함경도(咸鏡道), 갑산도호부(甲山都護府) 누정(樓亭) ············· 22
- (8) 여지도서(輿地圖書) : 저자 미상 ································· 22
  - □ 경상도 진주 인물 ··· 22
- (9) 진양지 : 성여신(成汝信, 1546~1632) ······························ 23
  - □ 월아산(月牙山) [진양지 권1, 산천] ····························· 23
  - □ 명홍정(冥鴻亭) [진양지 권2, 정대·제언] ·························· 23
  - □ 조월대(釣月臺) [진양지 권2, 정대·제언] ·························· 24
  - □ 홍경포 방천(洪景浦防川) [진양지 제2권, 정대·제언] ················ 24
  - □ 조윤손(曺潤孫) [진양지 권3, 인물] ······························ 24
  - □ 정은부(鄭殷富) [진양지 권3, 인물] ······························ 25
  - □ 조윤손(曺潤孫) [진양지 권4, 무과·총묘] ························· 26
  - □ 조윤손 묘(曺潤孫墓) [진양지 권4, 무과·총묘] ···················· 26
- (10) 교남지 : 정원호(鄭源鎬) ·· 26
  - □ 진주군 인물 [교남지 권53] ···································· 26
  - □ 진주군 누정 [교남지 권53] ···································· 27
  - □ 진주군 총묘 [교남지 권53] ···································· 27

3. 만사·제문 ·· 28
  - (1) 구암집(龜巖集) : 이정(李楨, 1512~1571) ······················· 28
    - □ 판서 조윤손을 애도함 [구암집 권1, 원집] ······················ 28
    - □ 판서 조윤손을 애도함 [구암집 권1, 속집] ······················ 28
    - □ 판서 조윤손을 애도함 [구암집 권1, 속집] ······················ 29
    - □ 조 판서 제문 [구암집 권1, 속집] ····························· 30

4. 전기문·묘지명 ··· 31
  - (1) 유헌집(游軒集) : 정황(丁熿, 1512~1560) ······················· 31
    - □ 판서 조윤손 전기 ·· 31
    - □ 조(曺) 판서 부인 진산(晉山) 강씨(姜氏) 묘지명,
      경술년(1550년) ·· 33

제2부 장호공 일대기 / 41

1. 연보 ··· 41
2. 비문 ··· 52
3. 조선왕조실록에 실린 장호공 관련 기사 ·································· 59

제3부 장호공 연구 논문 / 243

진주지역의 역사 자원으로서 조윤손 연구
[경남권문화연구 제21회] ·········· 박용국 ·· 243

□ 더 보태는 글
창녕조씨 시랑공파 이야기 / 279

창녕조씨(昌寧曺氏) 시랑공파(侍郎公派) ·· 279
대사헌공(大司憲公) 조숙기(曺淑沂) ·· 283
명홍재기(冥鴻齋記) ·· 291

- 발문 / 296

장호공실기
병조 판서 조윤손의 삶의 자취

제1부　각종 저서에 실린 글

제2부　장호공 일대기

제3부　장호공 연구 논문

□ 더 보태는 글
창녕조씨 시랑공파 이야기

제1부
각종 저서에 실린 글

1. 시

(1) 용재집(容齋集) : 이행(李荇, 1478(성종 9)~1534(중종 29))

□ 관서 지방에 병마절도사로 나가는 조억지 윤손을 보내며 2수

명홍은 세운 공이 많나니.
시는 역대 여러 시인들로부터 배웠고, 무는 육도를 익혔도다.
온 세상의 큰 이름, 장수와 재상을 겸한 그대에게 돌아갔고,
임금님의 융숭한 대접, 어질어 노고 많은 그대에게 특별하도다.
확실히 알겠네, 북쪽 오랑캐들 혼이 먼저 나가
지금부터 서쪽 백성들 베개 높이 베고 편히 지낼 줄을.
휘하 부대 길이길이 조용할 테니,
마음껏 시 짓는 일 일삼아도 괜찮으리.

촉석루 어귀 학사대에서
가을바람 속에 술잔 잡고 함께 거닐었었지.
노쇠해진 나이에 남은 흥치 없음을 갈수록 깨달으니,
고상한 모임 어떡하면 다시 열 수 있을지.

나는 요즈음 베개에 엎드려 붓과 벼루를 멀리했는데,
그대는 깃발을 잡고 나쁜 기운과 먼지를 진정시키는구나.
이번 걸음에 김 방백에게 들를 텐데,
경치 좋은 곳에서 응당 재주 없는 나를 생각하겠지.
[용재집 권3, 칠언율시]

■ 送曺億之閩孫出鎭關西二首
　冥鴻自是着功牢。詩學諸家武六韜。
　一世大名歸將相。九重隆眷異賢勞。
　定知北虜心先喪。從此西民枕復高。
　麾下日長刁斗靜。不妨隨意事風騷。

　矗石城頭學士臺。秋風把酒共徘徊。
　衰年漸覺無餘興。高會何由得再開。
　伏枕我今疏筆硯。擁麾公爲靜氛埃。
　此行更過金方伯。勝處還應記不才。
　[容齋集 卷之三, 七言律]

□ 조 수사 윤손의 그림 족자에 있는 남 상공(南相公)의 시에 차운하다.

꽃을 보고 보는 사이 봄이 저물었으니,
이곳 그 어디에다 한가한 마음을 붙일고.
종일토록 상념 잊고 고요히 족자 대하니,
가지 위 물가 바위에 쌍쌍이 앉은 새들.

농염한 꽃 다퉈 피고 대숲 바람 맑은데,
때로 들리느니 두세 마디 그윽한 새 울음.

묻노니, 술집은 그 어디에 있느뇨.
저편 안개에 에워싸인 겹겹 성 안일세.

꽃 저편 쌍쌍 오리, 가을 물은 맑은데,
물고기 문 물총새는 갈대숲을 지나누나.
이 중에 절로 가없는 멋이 있건만,
시로 다 말 못하고 그림으로도 못다 그려.

새벽녘 여위고 찬 대를 말없이 보노니,
높은 격조 어찌 그릇된 뜻이 끼어들었으랴.
우스워라, 겹겹이 안개도 감추지 못했다니.
상공의 시구가 하늘이 감춘 것을 드러냈구려.

> **우스워라 …… 드러냈구려** 대나무가 짙은 안개 속에 드러난 광경이 그려진 그림인데, 이를 '우스워라 겹겹이 안개도 감추지 못했다니'라고 읊은 남 상공(南相公), 즉 지정(止亭) 남곤(南袞)의 시구가 하늘이 감춘 비경(祕境)을 드러내었다고 이를 만하다는 것이다.

■ 曺水使閏孫畫簇。次南相公韻。
花事看看春已深。此間何處着閑心。
忘機終日靜相對。枝上磯頭兩兩禽。
穠華交映竹風淸。時聽幽禽三兩聲。
欲問酒家何處是。一邊煙霧鎖重城。
花外雙鳧秋水空。銜魚翠鳥過蘆叢。
箇中自有無邊趣。詩不能言畫不容。
淸晨無語對癯寒。高格何曾非意干。
堪笑重陰藏不得。相公詩句破天慳。
[容齋集 卷之七, 嶺南錄]

> **이행(李荇, 1478~1534)** 1521년 공조판서가 된 이후 우참찬·좌참찬·우찬성으로 승진하고, 1524년 이조 판서가 되었다. 다시 좌찬성을 거쳐 1527년 우의정에 올라 홍문관 대제학 등을 겸임하였다. 1530년 ≪동국여지승람≫의 신증(新增)을 책임 맡아 끝낸 후 좌의정이 되었다. 문장이 뛰어났으며, 글씨와 그림에도 능하였다. 중종 묘정에 배향되었다. 저서로는 ≪용재집≫이 있다. 시호는 문정(文定)이었으나 뒤에 문헌(文獻)으로 바뀌었다.
> 첫 번째 시는 공이 1524년 평안도 병마절도사로 부임하던 때 지은 것으로 보인다.

(2) 관포시집(灌圃詩集) : 어득강(魚得江, 1470(성종 1)~1550(명종 5))

□ 명홍정 상량문(冥鴻亭上梁文)

伏以身輕義重。	엎드려 생각건대, 몸은 가벼워도 의는 중하여,
久寒鷗鷺之盟。	갈매기·백로와 더불어 한 맹세 어긴지가¹⁾ 오래더니,
功遂名成。	공을 세우고 이름을 이루었으니,
可償菟裘之債。	은거하여 살자던²⁾ 빚을 갚을 수 있게 되었도다.
喜亭臺之得地。	정자와 누대 지을 땅 얻게 된 것을 기뻐하며,
同燕雀之賀成。	제비·참새와 함께 정자 이룸을 축하하노라.
嶺封疆爲東南之雄。	영남은 우리나라 동남쪽의 중요한 지역이요,
晉山川居七十之最。	진주의 산천은 칠십 고을 가운데 으뜸이라.
古稱豪傑之藪。	예부터 호걸이 많은 곳으로 일컬어졌나니,
將相半是州人。	장수와 정승의 반이 이 고을 사람이었네.
更爲陸海之饒。	더욱이 육지와 바다의 물산이 풍요하여,
貢篚居多土物。	공물(貢物) 가운데 이 고장 토산물이 많았네.

---

1) 원문의 '한(寒)'은 '그만두다, 식게 하다'라는 뜻.
2) 원문의 토구(菟裘)는 노(魯)나라 은공(隱公)이 은거한 곳, 지금의 산동성 태안현(山東省泰安縣)의 동남에 있음. 전의되어 '은거함, 또는 은거지'라는 뜻. 『춘추좌씨전』 은공 11년에, "隱公曰, 使營菟裘, 吾將老焉."라는 구절이 있음.

菁川競流於洛汭。	청천3)은 낙동강으로 다투어 흘러가고,
智異遠跨於湖南。	지리산은 멀리 호남까지 걸쳐 있네.
伊先廬之面陽。	부친이 살던 집이 남쪽으로 향해 앉았으니,
乃一邦之勝境。	이는 나라에서도 빼어난 곳이라네.
固郡衆壑。	고성군의 여러 골짜기는
北浸千頃之稻田。	북쪽으로 천 경(千頃)의 벼논에 물을 적셔 주고,
永縣群巒。	영현4)의 여러 봉우리들은
南展百里之錦幛。	남쪽으로 백리나 되는 비단 병풍을 펼쳤도다.
占一丘之敞豁。	시원하게 툭 터인 언덕 하나에 자리잡으니,
敵萬戶之雄豪。	많은 웅장한 저택들과 겨룰 만하도다.
主人相公。	정승인 주인은
腹有五經。	뱃속에 오경(五經)이 들어 있고,
胸藏萬甲。	가슴 속에 온갖 무술을 간직하고 있는데,
投筆而登虎榜。	붓을 던지고서 무과에 올라,
取履而事龍韜。	실천하여5) 병법을 일삼았네.
六期揷良州。	여섯 해 동안 삽량주6)를 맡아 있었더니,
島夷自絶漁海。	섬 오랑캐들이 저절로 바다에 고기 잡으러 오지 못했고,
四年豆滿水。	네 해를 두만강 가에서 보내니7),
虜馬不敢飮流。	오랑캐 말들이 감히 강물을 마시지 못했네.
旋取節於朔方。	얼마 지나지 않아 북방에서 부절(符節)을 잡았고8),
又開府於嶺右。	또 경상우도에서 막부(幕府)9)를 열었네.

---

3) 진주 남강의 별칭.
4) 진주 남면 영선현리(南面 永善縣里)로서, 지금의 고성군 영현면임.
5) 원문의 '취리(取履)'는 모범을 실천한다는 뜻임.
6) 경상도 양산군의 별칭.
7) 1512년(중종 7)에 갑산 부사가 되었다.
8) 1513년에 가선대부 함경도 병마절도사가 되었다.
9) 막부(幕府)는 장군이 전장에서 설치하는 천막 사령부라는 뜻으로서, 여기서는 무반으로서 임지에 부임함을 의미. 1516년 경상우도 병마절도사에 제수되었다.

重入樞府。	두 번 중추부(中樞府)에 들어가서는[10]
知四十九年之非。	사십구 년의 세월이 그릇되었음을 알았고,
再騁幽燕。	두 번 명나라 북경을 다녀와,
慣數千餘里之遠。	수 천리 먼 길을 훤히 알았네.
鳥辭林而知倦。	새도 수풀을 떠나면 권태로운 줄 알고,
雲出岫而欲還。	구름도 산봉우리를 떠나면 돌아오려 한다네.
所歷略同於先君。	경력은 아버님과 대략 같고,
肯構無愧乎後嗣。	이룩한 일은 후손에게 부끄러움이 없네.
追惟懸車之樂。	벼슬을 사퇴한 즐거움을 돌이켜 생각하니,
魚鳥亦識蒼顔。	물고기와 새들도 나이든 얼굴을 알아보네.
貽厥翼子之多。	공경하는 자손[11]에게 물려준 바가 많으니,
烟波乃是舊物。	안개 낀 물결도 예부터 전해 온 물건이네.
世平兮何妨問舍。	세상이 평화로우니 살 집을 지은들 어떠랴?
機小兮可以尋盟。	기심(機心)[12]이 적으니 옛 맹세를 지킬 수 있네.
虹梁駕鴻鵠之程。	무지개 대들보는 기러기·고니가 다니는 길처럼 걸쳐 있고
鴛瓦蔭龜魚之背。	원앙새 기와는 거북이·물고기 등처럼 덮여 있네.
畵舫風定。	채색한 배에 바람은 고요하니,
湖光勝西子之姸。	호수의 풍광은 서호(西湖)의 아름다움[13]보다 낫도다.
紅雲澤香。	붉게 물든 구름에 연못이 향기로우니,

---

10) 1535년과 1537년 두 차례 의정부 좌참찬에 제수되었다. 추부(樞府)는 영중추부사(領中樞府事)의 직책을 말하지만, 국가의 요직을 의미할 수도 있음.
11) 『시경』(詩經), 대아(大雅), 문왕유성(文王有聲)에서 유래한 말로서, '익자(翼子)'는 공경하는 자손이라는 뜻.
12) 계획적인 어떤 저의가 있는 마음.
13) 서호는 중국 절강성(浙江省) 항주(杭州)에 있는 호수 이름. 경치가 좋기로 유명하다. 서자(西子)는 춘추시대 월나라의 미인 서시(西施). 서호(西湖)는 그녀가 사랑한 호수라는 뜻. 서자의 아름다움은 서시의 아름다움을 의미하지만, 여기서는 그녀가 사랑한 서호를 가리킴.

蓮花似陸郎之艶。	연꽃은 육랑14)의 아름다움과 비슷하네.
增邀月之舊制。	요월의 옛 규모를 확대하였고,
變有懷之新規。	유회의 새로운 법식을 변화시켰네.15)
題傑句者靑蘿釣徒。	훌륭한 시구를 지은 사람은 청라조도요,
揭華名者大隱巖主。	화려한 이름을 건 사람은 대은암주로다16).
灌圃丈人之專壑。	관포17) 장인(丈人)은 골짜기 하나를 다 차지했건만,
患多石而小田。	돌만 많고 밭이 작은 것이 흠이로다.
東皐先生之開園。	동고 선생이 정원을 열었으나,
但有竹而無水。	대나무만 있고 물은 없네.
釣月堂危若倒墜。	조월당은 거꾸로 떨어질 듯 위태롭고,
馭風亭眩難下窺。	어풍정은 어지러워 아래로 내려다보기 어렵네.
栗灘水駛而欠鏡光。	율탄정은 물이 급히 흘러가 거울 같은 풍광이 없고,
足亭山近而無黛色。	족정은 산이 가까워 먼 산의 푸르스름한 빛이 없도다.18)
評一州之風物。	한 고을의 풍물을 논하건대,
兼衆美者主人。	여러 가지 아름다움을 겸하고 있는 것은 주인의 집뿐이라.
雖應接其爲勞。	비록 손님 접대하기 수고스럽겠지만,
故登臨者能賦。	그러므로 그 곳에 오른 사람들은 능히 시를 지을 수 있다네.
遠而淡者黃梅楡岳	멀리 희미하게 보이는 것은 황매산과 유악19)인데,

---

14) 중국 삼국시대 오나라의 장수 육손(陸遜)을 말함. 젊은 나이에 인물이 좋았다.
15) 원문의 '요월(邀月), 유회(有懷)'는 문중에 있었던 건물의 이름임.
16) 원문의 '청라조도(靑蘿釣徒), 대은암주(大隱巖主)'는 친구들의 호임. 『灌圃集』「呈靑蘿」시의 주석에 "金公克成, 時爲兵馬節度使"라는 구절이 보인다.
17) 관포는 작자 어득강(1470~1550)의 호임.
18) 조월당, 어풍정, 율탄정, 족정은 모두 진주에 있는 다른 사람의 별장 이름임. 『晉陽誌』亭臺 조에 "永潭精舍, 在永善縣南, 灌圃魚先生所築", "釣月臺, 在冥鴻亭東, 士人河演所搆, 以爲藏修之所, 魚灌圃名之", "栗灘亭, 在內坪, 栗林環其淵, 故名之 … 李同知忠傑, 築臺以遊", "足亭, 在馬洞, 咸陽郡守鄭孝純所搆, 左議政靑蘿金克成爲觀察時扁之", "御風亭, 在新塘南江上, 故生員鄭以良所占也 … 危巖聳空, 下臨無地, 登之者, 有列子冷然御風意思, 故名之"라는 구절이 보인다.
19) 유악(楡岳)은 웅석봉(熊石峰)의 옛 이름임. 『山淸縣邑誌』山川 조에 '楡山'이 있고, 그 주석에 "在縣南十里, 自智異山來, 爲知谷寺主脈"이라 보이며, 『灌圃集』「智谷寺碑」시

皆是別州。	모두 다른 고을에 속해 있고,
近而濃兮混沌蓮花	가까이 짙게 보이는 것은 혼돈산과 연화산인데,
以爲采邑。	공의 식읍지로다.
池舘豈專美於習氏。	연못과 주택의 아름다움을 어찌 습씨[20]만이 독차지하겠으며,
簪纓亦不讓於蘭亭。	사대부들의[21] 모임 또한 난정[22]에 양보할 것 없네.
雪膾銀羹。	눈빛 같은 하얀 회와 맑은 국은
地兼東吳之佳味。	땅이 동오(東吳)[23]의 아름다운 맛을 겸하였고,
牙籤玉軸。	상아로 된 꼬챙이[24]와 귀한 두루마리에다
架添中國之新書。	서가에 중국의 새 책이 더 불어났네.
咨爾江山之英。	아아! 강산의 아름다움이여!
聽我兒郞之頌。	나의 상량을 송축하는 글을 들어 보소서.
梁之東。	대들보를 동쪽으로 걸침이여!
家山鬱鬱更蔥蔥	정자 주위의 산들이 빽빽하고 푸르구나.
連雲十里無他樹。	십리에 뻗은 구름 같은 숲 속에 다른 나무 없고,
竹弟梅兄與木公。	아우 같은 대나무, 형 같은 매화나무, 아버지 같은 소나무만 있도다.
梁之南。	대들보를 남쪽으로 걸침이여!
釣月潭新染出藍。	조월당 연못이 새로 물들였으나 쪽빛보다 더 푸르며,

의 주석에 "楡山北有寺曰智谷"이라 하였는데, 지금도 웅석봉 북쪽 기슭 산청읍 내리에 지곡사의 유허 및 같은 이름의 새 절이 있다. 유산(楡山)은 『대동여지도』에도 보인다.
20) 중국 진(晉)나라 때 습씨는 형주(荊州) 지방의 호족이었는데, 아름다운 정원과 연못을 가지고 있었던 것으로 유명하다.
21) 원문의 '잠영(簪纓)'은 관원들이 쓰는 관에 꽂는 비녀와 갓끈이란 뜻인데, 전의되어 고관(高官), 현신(顯臣)을 나타내기도 함.
22) 중국 진(晉)나라 때 왕희지(王羲之) 등이 삼월 초에 모여 술을 마시며 시를 읊었던 정자. 절강성(浙江省) 소흥시(紹興市)에 있다.
23) 동오는 오나라 땅의 옛 명칭임.
24) 아첨(牙籤)은 상아로 된 꼬챙이로 책갈피에 끼워 읽은 곳을 표시하는 도구임.

更與灌菴爲鼎足。	다시 관포(灌圃)의 암자와 더불어 솥발 형세를 이루었으니,
朝朝分得我烟嵐。	아침마다 나의 정자와 더불어 산 기운을 나누어 가지는 셈이라.
梁之西。	대들보를 서쪽으로 걸침이여!
爽氣平看方丈低。	시원한 기운 속에 가로로 보면 방장산[25]이 나지막해,
鶴洞仙人應見我。	학동[26] 선인이 응당 나를 만나면,
人間亦有好樓栖。	인간 세상에도 깃들어 살 만한 좋은 누대가 있다고 하리라.
梁之北。	대들보를 북쪽으로 걸침이여!
水朝湖去靑蘿直。	물은 호수로 흘러가고 담쟁이는 곧게 뻗었구나.
遙瞻紫極近觚稜。	멀리 임금 계신 곳을 바라보니 대궐 용마루가 가까운 듯하여,
心與長波流不息。	마음은 길이 흘러가는 물결처럼 그리움이 그치지 않네.
梁之上。	대들보를 위로 걸침이여!
天光雲影澄波漾。	하늘빛과 구름 그림자가 맑은 물결에 일렁이네.
尙書巨筆大如椽。	상서[27]의 커다란 붓 크기가 서까래 만한데,
照屋銀鉤作華榜。	집 빛나게 하는 힘찬 글씨로 좋은 현판 달았네.
梁之下。	대들보를 아래로 걸침이여!
圖史琴碁兼飮射。	책, 거문고, 바둑에 술과 활도 곁들였네.
不月而明還不夜。	달뜨지 않아도 환하여 다시는 밤이 되지 않고,
無風自爽長無夏。	바람 없어도 절로 시원하여 길이 여름 모르고 지내도다.
伏願上梁之後。	엎드려 바라건대, 상량한 뒤로
萬竹有孫。	울창한 대숲처럼 후손이 번창하고,
百果多子。	온갖 과일처럼 자식이 많아지고,
山獻壽而水獻智。	산은 수명을 바치고 물은 지혜를 바치기를.
衆維魚而旐維旟。	물고기를 낚고 새와 짐승을 사냥하고,

---

[25] 지리산의 별칭.
[26] 학동(鶴洞)은 청학동을 가리킴. 신선이 산다는 곳.
[27] 판서의 별칭. 상서란 집 주인 조윤손을 의미함.

濯淸水戲平林。	맑은 물에서 몸을 씻고 평평한 수풀에서 논다면,
庶幾仲長統之樂志論。	중장통28)의 「낙지론」과 가까우리라.
徵名花聚異石。	이름난 꽃을 구해 오고 기이한 돌을 모아,
不作贊黃公之平泉莊。	찬황공의 평천장29)처럼 만들지는 않아야 하리.
老子非久於婆娑。	늙은이가 느긋하게 산 지 오래지 않았는데,
仙人亦爲之來御。	신선 또한 그를 찾아와 주니,
無愧高樓百尺臥公。	백척 높은 누각에 누운 늙은이에게 부끄러울 것 없도다.
一身不必廣廈。	한 몸 거처하는 데 반드시 큰 집이 필요 없나니,
萬間庇我寒士。	많은 칸수의 집으로 가난한 선비들을 보호해 주기를.

[灌圃詩集, 上梁文, 冥鴻亭上梁文]

□ 감사 청라공을 모시고 조수사의 명홍정에서 놀다. 청라공에게 드리다.

정자 앞에 열린 팔경, 그림 속에 뚜렷하니
멀리 동양(東陽)과 비교하면 어느 것이 뛰어나랴!
우리가 읊는 시는 어린아이 장난이니
낙하(落霞: 저녁놀)에 고목(孤鶩 : 외로운 집오리) 같은 공의 노래 못 당하리.
[관포시집, 시, 5쪽]

■ 陪監司靑蘿公遊曺水使冥鴻亭。呈靑蘿。
  亭開八景畫圖中。遠與東陽較孰雄。
  我輩評題盡兒戲。落霞孤鶩可煩公。

---

28) 중국 후한(後漢) 때의 사람. 벼슬에서 물러나 시골에서 유유자적하며 살아가는 즐거움을 읊은 글이 낙지론(樂志論)이다.
29) 찬황공(贊黃公)은 당나라 무종(武宗) 때의 재상인 이덕유(李德裕)로서 그는 지금의 하북성(河北省) 찬황현(贊皇縣)에 평천(平泉)을 지어 거처하였다. 지금의 하남성(河南省) 낙양현(洛陽縣) 남쪽에도 같은 이름의 그의 별장이 있었는데, 이 집에 관해 그는 「평천수석기」(平泉樹石記)를 썼으며, 백낙천(白樂天)의 시에 나오는 "洛客最閒惟有我, 一年四度到平泉" 도 이 집을 가리킨 것이다.

[灌圃詩集, 詩, 五.]

□ 명홍정 호수의 배에서 씀

> 나이 칠십이 넘어 전년부터는 시를 짓지 않았더니, 명홍정 주인이 시 제목을 찾아낸 것이 가혹하여, 억지로 몇 수를 지어 맹세를 어기다.

다만 나에게 배 위에서 거문고를 타라 한다면,
분대(粉黛: 미인)들이 호수 가운데를 굽어보지 말라 하리.
모래 기슭에서 자는 새가 놀랄까 걱정터니
물에 놀던 고기 다시 깊이 들어가네.

낭묘(廊廟 : 정사 보는 곳)에서 온갖 걱정들을 어찌 감당했던가.
칠십에서야 비로소 넉넉히 놀 수 있으리.
포홀(袍笏)과 어대(魚袋)를 함께 벗어 두고
맑은 못에서 백구들을 바꾸어 얻었다네.

잠긴 호수에 누관(樓觀)들이 층층이 쌓였으니
붉은 헌함이 가로놓여 나도 문득 끌리는구나.
관계(灌溪)와 비교하면 풍류는 아래지만
초요(鷦鷯 : 작은 새)가 어찌 곤붕(鯤鵬 : 큰 새)을 부러워하랴.
[관포시집, 시, 52쪽]

■ 書冥鴻亭湖船 年過七十。自前年不作詩。冥鴻主人索題甚苛。強作數首敗盟
但使彈吾船上琴。休教粉黛俯湖心。
只愁驚起沙汀鳥。閱水游魚更入深。
廊廟何堪蒿目憂。稀年始可事優游。
脫還袍笏兼魚袋。換得澄潭與白鷗。

蘸湖樓觀積層層。朱檻橫空我怯憑。
較與灌溪風在下。鷦鷯何必羨鯤鵬。

[灌圃詩集, 詩, 五十二]

> **어득강(魚得江, 1470~1550)**   1492년(성종 23) 진사가 되고, 1496년(연산군 2) 문과에 급제하여 곡강 군수(曲江郡守) 등 외관직을 거쳐 1510년(중종 5)에 장령(掌令), 1518년 헌납(獻納), 1521년 교리(校理), 1529년에는 대사간이 되었다. 1549년(명종 4)에 가선대부(嘉善大夫)에 올랐으며, 상호군을 사직한 뒤 벼슬을 하지 않고 경남 진주에 물러나 살았다. 문명(文名)이 있고, 특히 농담을 잘하였다. 저서로는 『동주집(東洲集)』이 있다. 고성의 갈천서원(葛川書院)에 제향되었다.

2. 역사서·지리지·문집 등에 실린 기사문

(1) 국조보감(國朝寶鑑)

☐ 중종 18년(1523) 12월

○ 2월. ······.

○ 3월. ······.

○ 8월. ······.

○ 12월. 평안도 절도사 이지방(李之芳) 등에게 명하여 여연(閭延)의 야인(野人)을 내쫓게 하였다. 이에 앞서 야인 김아(金阿), 송가(宋可) 등이 부령(富寧)으로부터 여연, 무창(茂昌)으로 옮겨와 살면서 땅을 개간하고 성책(城柵)을 설치하여 점차 제어하기 어려운 형세가 되었다. 변신(邊臣)이 군사를 내어 내쫓기를 청하자 상이 조정 신하에게 논의할 것을 명하였는데, 비변사 당상 고형산(高荊山) 등이 일찍감치 도모해야 한다고 말하였다. 상이 경차관(敬差官) 이환(李芄) 등을 파견하여 가서 오랑캐의 정세를 살피고 오도록 하였는데, 이환 등이 돌아

와 변신이 말한 대로 아뢰었다. 마침내 함경도 순변사 **조윤손**(曹潤孫), 관찰사 허굉(許硡), 남도 절도사 반석평(潘碩枰), 평안도 관찰사 김극성(金克成) 및 이지방(李之芳) 등에게 하유하기를, "주성합(主成哈) 등이 일찍이 우리에게 귀순하였으므로, 부령으로부터 여연, 무창에 거주하도록 허락하여 국가의 울타리로 삼았는데, 저 오랑캐가 우리의 은혜를 생각지 않고 다른 종족들을 끌어들여 강 연안에 줄지어 거주하여 부락이 갈수록 늘어났다. 누차 유시하여 멀리 물리치라고 했는데도 도리어 가증스러운 말을 함부로 하니, 이때를 놓치고 도모하지 않는다면 훗날 계책을 세우기 어려울 것이다. 실로 그렇지 않다면 어찌 차마 우리 백성들을 몰아 위험한 지역으로 내보내겠는가. 경들은 사졸들과 더불어 나의 뜻을 잘 새기도록 하라." 하고 이지방에게 모의(毛衣), 궁시(弓矢), 고건(櫜鞬) 등을 하사하였다. [국조보감 권20:9, 중종 18년(1523) 12월]

■ 冬十二月, 命平安道節度使李之芳等, 驅逐閭延野人, 先是野人金阿宋可等, 自富寧居閭延茂昌, 墾田設柵, 勢漸難制, 邊臣請發兵逐之, 上命廷臣議, 備邊司堂上高荊山等言, 宜早圖之, 上遣敬差官李芑, 往審虜情, 芑歸奏如邊臣言, 遂下諭于咸鏡道巡邊使曹潤孫, 觀察使許硡, 南道節度使潘碩枰, 平安道觀察使金克成及之芳等曰, 主成哈嘗歸順於我, 許居茂昌越江之地, 爲國藩衛, 彼虜不念我恩, 誘引他種, 沿江列居, 部落彌蔓, 屢諭斥遠, 還肆惡語, 失今不圖, 後難爲計, 苟非然者, 豈忍驅我赤子, 以就危地哉, 卿等與士卒, 咸悉予意, 仍賜之芳毛衣弓矢櫜鞬, ……。[國朝寶鑑 卷二十 : 九]

☐ 중종 30년(1535) 2월

○ 2월. 웅천(熊川)에 가덕진(加德鎭)을 설치하고 첨사(僉使)를 두었다. 상이 조강(朝講)에 나아갔을 때 특진관 **조윤손**(曹潤孫)이 아뢰기를,

"가덕도는 암석이 가파르게 솟아 배를 댈 수 없습니다. 만약 이곳에 진보(鎭堡)를 두고 봉수(烽燧)를 둔다면 다대포(多大浦), 안골포(安骨浦)와 더불어 변방의 경

보를 통보하여 경성에까지 전달할 수 있을 것입니다. 또 왜선(倭船)이 양장곶(羊腸串)에 정박하였다가 몰래 떠나는 경우가 많은데, 만약 가덕도에 수비가 있으면 적이 어떻게 와서 범할 수 있겠습니까." 하니, 상이 정부, 병조, 지변사 당상(知邊事堂上)이 모여 논의하여 시행할 것을 명하였다.

○ 5월. …….

○ 8월. …….

[국조보감 권20:19, 중종 30년(1535) 2월]

■ 三十年春二月, 設加德鎭于熊川, 置僉使, 上御朝講, 特進官曹潤孫曰, 加德島巖石矗立, 不可泊船, 若設置鎭堡於此, 又置烽燧, 則可與多大浦安骨浦, 通報邊警, 達于京城, 且倭船多泊於羊腸串而竊發, 若加德有守則賊何能來犯乎, 上命政府兵曹, 與知變事堂上會議施行. [國朝寶鑑 卷二十 : 十九]

> **국조보감(國朝寶鑑)** 조선 시대 전체에 걸쳐 후세에 귀감이 될 만한 내용을 실록초(實錄草)에서 발췌하여 편찬한 책이다. 1457년(세조 3)에 수찬청(修纂廳)을 두고 신숙주(申叔舟)와 권람(權擥) 등에게 명해 태조·태종·세종·문종 4조의 보감을 처음으로 완성하였으며, 최후로는 1908년(융희 2)에 이용원(李容元) 등에게 헌종·철종 2조의 보감을 찬수하게 하여 1909년에 전의 것과 합하고 순종의 어제서와 이용원의 진전을 첨부하여 ≪국조보감≫ 90권 28책을 완성하였다.

(2) 동사략 상(東史約上) : 이원익(李源益)

□ **계미년 중종 18년(1523)**

평안도 (병마)절도사 이지방 등에게 명하여 여연의 야인을 몰아내도록 명하였다. 처음 야인 김아(金阿) 등이 부령에서 여연, 무창으로 옮겨와 밭은 개간하고 목책을 세우더니, 그 세력이 점차 커져 통제하기 어렵게 되었다. 임금이 경차관 이봉(李芃)에게 명하여 가서 오랑캐들의 정황을 살펴보게 하였다. 도 순변사 **조윤손**(曹潤孫) 등에게 하유하여 가로되, "주성합(主成哈)은 일찍이 우리나라에 귀순하였기에, 강 너머 땅 무창에 살도록 허락하여 나라의 번위(울타리)로 삼았다. 그런데 우리나라의 은혜를 생각지 않고 다른 종족을 끌어들여 강을 따라 줄지어 살아 부락이 가득 차게 되었다. 지금 도모할 기회를 잃는다면 후에 계책을 세우기 어려울 것이다. 이를 의논하여 군사를 일으켜 쫓아내어라."고 하였다 인하여 이지방에게 활과 화살, 화살통을 하사하였다. [한국사료총서 제33집, 기년 동사략 상 권14 조선 모정 이원익 편 본조기, 계미년 중종 18년(1523)]

■ 癸未 十八年

(嘉靖) 二年

……。

命平安節度使李之芳等, 驅逐閭延野人, 初野人金阿等, 自富寧移閭延茂昌, 墾田設柵, 勢漸難制, 上遣敬差官李芃往審虜情, 又諭巡邊使曹潤孫等, 曰主成哈嘗歸順於我, 許居茂昌越江之地, 爲國藩衛, 不念我恩誘引他種, 沿江列居部落彌滿, 失今不圖後難爲計, 其議發兵逐之, 仍賜之芳弓矢櫜鞬, ……。[紀年東史約 上 卷第十四]

> **동사략(東史略)** 1851년 이원익이 편찬한 문헌 고증 역사 서술의 전통을 계승한 역사서.

(3) 임하필기 : 이유원(李裕元, 1814(순조 14)~1888(고종 25))

□ 무신(武臣)이 사신의 임무를 띠다

예전 규례에 북경에 가는 사신은, 중엽 이전에는 혹 무신으로 뽑아 보내기도 하였다. 문헌에 언급되어 있는 것으로 말하자면, 세종 정묘년(1447, 세종29)과 경오년(1450)에 성승(成勝)이 잇따라 부사(副使)가 되었고, 성종 갑진년(1484, 성종15)에 광원군(光原君) 김백겸(金伯謙)이 하정사(賀正使)가 되고, 병오년(1486)에 우윤 이계동(李季同)이 하정사가 되고, 정미년(1487)에 변종인(卞宗仁)이 진위사(陳慰使)가 되었다. 중종 초에는 동지중추부사 조남범(趙覽範)이 성절사(聖節使)가 되고,

신미년(1511, 중종6)에는 동지중추부사 이윤검(李允儉)이 하정사가 되고, 기묘년(1519)에는 병조 참판 박영(朴英)이 성절사가 되고, 을유년(1525)에는 청계군(淸溪君) 정윤겸(鄭允謙)이 성절사가 되고, 경인년(1530)에는 동지중추부사 오세한(吳世翰)이 하정사가 되고, 갑오년(1534)에는 동지중추부사 이향순(李享順)이 사은사(謝恩使)가 되었다. 명종 병오년(1546, 명종1)에는 동지중추부사 장세호(張世豪)가 성절사가 되고, 기유년(1549)에는 병사 이사증(李思曾)이 성절사가 되었다. 이외에 잘 알려지지 않은 대신은 이 가운데 들어 있지 않다. 살피건대, 어득강(魚得江)의 문장 가운데, '**조윤손**(曺潤孫)이 재차 유연(幽燕)을 찾는다'는 구절이 있다. 아마도 중묘 조(中廟朝) 때인 듯한데 연도가 자세하지 않다. [임하필기 제17권, 문헌지장편, 무신봉사]

■ 舊例, 赴京使臣, 中葉以前, 或以武臣差送, 以文所獻及處言之, 世宗丁卯庚午, 成勝連爲副使, 成宗甲辰, 光原君金伯謙爲賀正使, 丙午右尹李季同爲賀正使, 丁未卞宗仁爲陳慰使, 中宗初, 同中樞趙覽範爲聖節使, 辛未同中樞李允儉爲賀正使, 己卯兵曹參判朴英爲聖節使, 乙酉淸溪君鄭允謙爲聖節使, 庚寅同中樞吳世翰爲賀正使, 甲午同中樞李享順爲謝恩使, 明宗丙午, 同中樞張世豪爲聖節使, 己酉兵使李思曾爲聖節使, 此外無聞大臣, 不入此中, 按魚得江文, 有曺潤孫再聘幽燕之句, 似在中廟朝, 而年條未詳. [林下筆記 卷十七, 文獻指掌編, 武臣奉使]

> **이유원(李裕元, 1814~1888)** 1841년(헌종 7) 문과에 급제, 1845년 동지사(冬至使)의 서장관(書狀官)으로 청나라에 다녀온 후 의주 부윤(義州府尹)·함경도 관찰사를 역임하고 좌의정에 이르렀다. 흥선대원군이 집권하자 1865년(고종 2) 수원 유수(水原留守)로 좌천되었다가, 중추부 영사(中樞府領事)로 전임되어 ≪대전회통(大典會通)≫ 편찬의 총재관(摠裁官)이 되고, 1873년 흥선대원군이 실각하자 영의정에 올랐다.

(4) 국조인물지(國朝人物志) : 안종화(安鍾和, 1860~1924)

☐ 중종조 조윤손(曺潤孫)

(중종조 2) **조윤손**의 자는 억지요 창녕인이다. 할아버지는 천호 안중이고, 아버지는 숙기인데 자는 문위이다. (조숙기)는 성종 갑오년 생원 무과에 급제하여 검열 감사를 지냈으며 관직은 대사헌에 이르렀다. 직장 벼슬을 하고 있던 광주 안 씨 안신의 딸에게 장가들어 윤손을 낳았다. (조윤손)은 평안도, 함경도 절도사를 지냈다. 중종 계미년에 야인들이 여연, 무창에 들어와 살더니 점차 부락을 형성하였다. 임금이 조윤손에게 명을 내려 병력을 거느리고 가서 쫓아내라고 했다. 힘을 다하여 국경 밖으로 몰아내니, 그 공으로 병조 판서에 발탁되었다. 관직은 좌참찬에 이르렀으며, 장호라는 시호를 받았다. [한국학중앙연구원 장서각 소재, 국조인물지 권2 /안종화(조선)회찬/연인본/융희3년(1909)]

■ 中宗朝, 曺潤孫

(中宗朝二)曺潤孫, 字億之, 昌寧人, 千戶顔仲孫, 父淑沂, 字文偉, 成宗甲午, 生員文科, 歷檢閱監司, 官至大司憲, 娶直長廣州安信女, 生潤孫, 武科爲兩界節度使, 中宗癸未, 野人來居于閭延茂昌, 漸成部落, 上命潤孫領兵驅逐盡出境外, 以功擢拜兵曹判書, 官止左參贊, 諡莊胡, 昭代紀年。 [國朝人物志v2 /安鐘和(朝鮮)會纂/鉛印本/隆熙三年]

□ 중종조 허굉(許硡)

자는 굉지요, 호는 징와이며, 본관은 양천이다. 침(琛)의 아들로 진주 별장에서 태어났다. …… 계미년(1523, 중종 18년) 겨울에 임금님께서 **조윤손**에게, 야인들을 쫓아내도록 보내시며, 이어 허굉을 후원하도록 명하니, 진심으로 계략을 내어 도왔다. [국조인물지 권2 /안종화(조선)회찬/연인본/융희3년(1909)]

■ 中宗朝, 許硡

字宏之, 號澄窩, 陽川人琛子, 生于晉州別墅 …… 癸未冬, 上遣曺潤孫驅逐野人, 仍命公爲後援, 盡心規畫 ……。 [國朝人物志v2 /安鐘和(朝鮮)會纂/鉛印本/隆熙三年]

> 안종화(安鍾和, 1860~1924) 조선 말기의 학자. 역사에 밝았으며 특히 100여 종의 문헌을 이용하여 조선시대 인물의 전기를 약술한 『국조인물지』는 『국조문헌(國朝文獻)』 등과 함께 조선시대 인물 연구에 관한 귀중한 자료로서 일제강점기 총독부 중추원의 『조선인명사서』 편찬에 큰 영향을 끼쳤다. 저서로는 『동사절요(東史節要)』가 있다.

(5) 연려실기술(燃藜室記述) : 이긍익(李肯翊, 1736(영조 12)~1806(순조 6))

□ 장언량(張彥良)

장언량은, 본관은 풍덕(豐德)이며, 하원군(河源君) 정(珽)의 아들이다. 갑술년에 무과, 병자년에 중시에 급제하였다. 하원군을 습봉하고 청백함으로써 벼슬이 정2품 한성 판윤에 이르렀으며, 시호는 공무(恭武)이다. 나이 70세에 죽었다. ○ 갑신년(1524년)에 대장 **조윤손**(曹潤孫)의 군관이 되어 여연(閭延)·무창(茂昌)의 오랑캐를 쳐서 내쫓았는데 계획하고 조치하여 보좌함이 많았으나, 여러 장사는 공을 자랑하여도 공은 한 말도 아니하니, 온 군중에서 대수장군(大樹將軍)으로 지목하였다. [연려실기술 제11권, 명종조 고사본말, 명종조의 명신]

■ 張彥良, 豐德人, 河源君珽之子, 甲戌武擧丙子重試, 襲封河源君, 以淸白官至二品, 漢城判尹, 恭武公年七十卒. ○ 甲申爲大將曹潤孫軍官, 擊逐閭延茂昌之胡, 規畫措置多有所補. 諸將士要功自伐, 公默一言, 一軍目之以大樹將軍. [燃練藜室記述 卷之十一 明宗朝, 故事本末, 明宗朝名臣)

> 이긍익(李肯翊, 1736~1806) 글씨에도 뛰어났으며, 실학을 연구한 고증학파 학자로서 조선사 연구의 선구자이다. 저서로는 ≪연려실기술≫이 있다. 이 책은 조선 태조부터 현종까지 각 왕대의 중요한 사건을 고사본말(故事本末)의 형식으로 엮은 원집과 그가 생존했던 시기인 숙종 당대의 사실을 고사본말로 엮은 속집, 그리고 역대의 관직을 위시하여 각종 전례·문예·천문·지리·대외관계 및 역대 고전 등 여러 편목으로 나누어 그 연혁을 기재하고 출처를 밝힌 별집으로 구성되어 있다. 즉, 원집과 속집을 정치편이라 한다면 별집은 문화편이라 할 수 있다.

(6) 묵재일기 하(默齋日記下) : 이문건(李文楗, 1494(성종 25)~1567(명종 22))

☐ 가정 36년(1557) 정사

초1일 을유 ······.

초2일 병술 ······.

초3일 정해 ······.

초4일 무자 ○ 이조좌랑 김계휘가 **조윤손**에게 시호를 내리는 관원으로서 주(진주)를 들러, 음식물 목록을 보냈다고 말하였다. 그의 중방 안광익은 정연의 아들인데, 그 집(조윤손의 집)에 이르러 물어보니 납약 두 종류를 주고 갔다고 하였다. [국사편찬위원회, 한국사료총서 제41집, 묵재일기 하 7책, 가정 36년 (명종 12년, 1557년 정사), 중춘 이월 계묘]

■ 嘉靖 三十六年 丁巳

初一日 乙酉 ······。

初二日 丙戌 ······。

初三日 丁亥 ······。

初四日 戊子 ○吏曹佐郎金繼暉, 以曺潤孫賜諡官歷州云, 送食物單目, 其中房安光翼, 挺然之子也, 到家問之, 遺臘藥兩種去。······。 [默齋日記下 嘉靖 三十六年 丁巳 仲春 二月小 癸卯]

> **묵재일기(默齋日記)** 이문건(李文楗, 1495~1567)이 지은 10책의 일기이다. 1535년(中宗 30) 나이 41세 때부터 시작하여 73세로 죽기 수개월 전인 1567년(明宗 22)까지 17년 8개월의 일기를 썼는데 그 분량이 매우 많다. 그는 동부승지로 있다가 을사사화로 파직되고, 경상북도 성주에서 유배 생활을 하였는데, 듣고 본 일을 매우 꼼꼼하게 기록하고 있어 당시의 사회를 알 수 있는 중요한 자료가 되고 있다.

(7) 신증동국여지승람(新增東國輿地勝覽) : 관찬 지리지

□ 함경도(咸鏡道), 갑산도호부(甲山都護府) 누정(樓亭)

【누정】 수항문루(受降門樓)는 객관(客館) 북쪽에 있다. 정원루(定遠樓)는 객관 서쪽에 있다. 이요정(二樂亭)은 객관 북쪽에 있다. 부사(府使) **조윤손**(曹閏孫)이 세운 것이다. 영보대(永保臺)는 본부 서쪽 허천강변에 있다. 복융대(服戎臺)는 혜산진에 있다. [신증동국여지승람 제49권, 함경도(咸鏡道) 갑산도호부(甲山都護府)]

■ 樓亭 : 受降門樓, 在客館北。定遠樓, 在客館西。二樂亭, 在客館北, 府使曹閏孫構。永保臺, 在府西虛川江邊。服戎臺, 在惠山鎭。[新增東國輿地勝覽 卷四十九, 咸鏡道 甲山都護府]

> **신증동국여지승람(新增東國輿地勝覽)** 목판본. 55권 25책. 조선은 건국 후 통치상의 필요에서 지리지 편찬의 중요성을 통감하여, 세종의 명에 따라 맹사성(孟思誠)·신장(申檣) 등이 1432년(세종 14) ≪신찬팔도지리지(新撰八道地理志)≫를 찬진(撰進)하였다. 그 후 명나라에서 ≪대명일통지(大明一統志)≫가 들어오자, 양성지(梁誠之)·노사신(盧思愼)·강희맹(姜希孟)·서거정(徐居正) 등이 성종의 명으로 이 체제를 본따고 ≪신찬팔도지리지≫를 대본으로 하여 1481년(성종 12)에 ≪동국여지승람(東國輿地勝覽)≫ 50권을 완성하였다. 이를 다시 1486년에 증산(增刪)하고, 수정하여 ≪동국여지승람≫ 35권을 간행하고, 1499년(연산군 5)의 개수를 거쳐 1530년(중종 25)에 이행(李荇)·홍언필(洪彦弼)의 증보에 의해 이 책의 완성을 보게 되었다.

(8) 여지도서(輿地圖書) : 저자 미상

□ 경상도 진주 인물

조윤손. 무과에 급제하였으며, 벼슬은 병조판서에 이르렀고, 장호공이라는 시호를 받았다. [한국사료총서 제20집, 여지도서 하, 375-1]

■ 慶尙道 晉州 人物

曹潤孫。武科官至兵曹判書, 諡莊胡。[輿地圖書下 375-1]

> **여지도서(輿地圖書)**   1757년~1765년에 각 읍에서 편찬한 읍지를 모아 만든 전국 읍지(邑誌). 55책. 필사본. 295개의 읍지와 17개의 영지(營誌 : 監營誌 6, 兵營誌 7, 水營誌 3, 統營誌 1) 및 1개의 진지(鎭誌) 등 총 313개의 지지가 수록되어 있다.

(9) 진양지 : 성여신(成汝信, 1546(명종 1)~1632(인조 10))

□ 월아산(月牙山)

월아미리(月牙彌里)에 있다. 발산이 서쪽으로 달려와서 원통산(圓通山)이 되고, 원통산이 서북쪽으로 향하여 와서 이 산이 되었다. 두 봉우리가 서로 대치하여 본주(本州)의 수구(水口)를 가렸다. 동쪽에는 비봉(飛鳳)의 형국이 있고, 서쪽에는 천마(天馬)의 형국이 있어, 산의 동쪽에는 정승이 나고 산의 서쪽에는 장수가 난다고 일컬었으니, 재상으로는 강맹경(姜孟卿)·강혼(姜渾)을 이르고 장수로는 **조윤손**(曺潤孫)·정은부(鄭恩富)를 이른다. 이것만 아니라 산의 사면(四面)의 아래에는 옛부터 인재가 배출하였고, 산위에는 기우단(祈雨壇)이 있다. (동국여지승람을 보라) [진양지 권1, 산천 1:42]

■ 月牙山, 在月牙彌里, 鉢山西走爲圓通山, 圓通山向西北來爲此山, 兩峯對峙爲本州水口蔽, 東有飛鳳形, 西有天馬形, 古稱山東出相, 山西出將, 相爲姜孟卿姜渾, 將爲曺潤孫鄭殷富也, 非但此也, 山之四面之下, 自古人材輩出, 山上有祈雨壇。
[晉陽誌 卷之一, 山川, 四十二]

□ 명홍정(冥鴻亭)

송곡리에 있다. 고 판서 **조윤손**이 지었는데, 붉은 난간과 아름다운 정자가 바위

위에 얽혀 있고, 탁영대가 그 아래 있다. 관포 어득강의 상량문에 이르기를, ……. (명홍정상량문은 별도로 실려 있음)

■ 冥鴻亭, 在松谷里, 故判書曺潤孫所構, 朱欄畵棟羅絡巖上, 濯纓臺在其下. [晉陽誌 卷之二, 亭臺·堤堰, 二十八]

□ 조월대(釣月臺)

명홍정의 동쪽에 있으니, 선비 하취연이 지어 장수(藏修)하는 곳으로 삼았는데, 어관포가 이름을 붙였다. 관포의 시에 이르기를, ……. [진양지 제2권, 정대(亭臺)·제언(堤堰, 둑) 2:30]

■ 釣月臺, 在冥鴻亭東, 士人河就演所構, 以爲藏修之地, 魚灌圃名之. [晉陽誌 卷之二, 亭臺·堤堰, 三十]

□ 홍경포 방천(洪景浦防川)

명홍정의 아래에 있다. 모담포의 하류를 막아서 구부러져 뻗어 수평(藪坪)에 이른다. [진양지 제2권, 정대(亭臺)·제언(堤堰, 둑) 2:47]

■ 洪景浦防川, 在冥鴻亭下, 防毛淡浦下流, 逶迤轉灌于藪坪. [晉陽誌 卷之二, 亭臺·堤堰, 四十七]

□ 조윤손(曺潤孫)

조윤손은 창녕인으로 관찰사 조숙기의 아들이다. 무인으로 벼슬에 올라 관직은 정헌대부 병조 판서에 이르렀다. 자세한 것은 비문에 나타나 있다. 송곡리에 살았

다. [진양지 권3, 인물, 3:14]

■ 曺潤孫, 昌寧人, 觀察使曺叔沂之子, 以武出身, 官至正憲大夫, 兵曹判書, 詳見碑文。居松谷里。[晉陽志 卷之三, 人物, 十四]

□ 정은부(鄭殷富)

정은부는 사과(司果) 정형손(鄭亨孫)의 아들이다. 홍치 기유년(성종 20년, 1489)에 무과에 급제하였는데 용맹이 일시에 으뜸이었다. 중앙과 지방에서 벼슬을 지냈다. 옛날의 명장 풍모가 있어 조정에서 특별히 공을 (경상)우도 수사로 제수하였다. 기사년에 아버지의 상을 당하여 시묘살이를 하고 있었는데, 경오년(중종 5년, 1510)에 삼포왜란으로 웅천이 함락됨에 임금이 교지로 공에게 (출전하라) 명을 내렸다. 공이 부득이 싸움터에 달려가 **조윤손**과 더불어 적진으로 말을 달려 들어가 칼을 휘둘러 적을 섬멸하였다. 이때 조윤손이 탄 말이 왜적에게 부상을 당하여 땅에 넘어지니, 공이 **조윤손**을 끌어안아 함께 말을 타고 빠져 나오게 되었다. **조윤손**은 이로써 재생의 은혜가 있다고 하여 혼인을 약속하여, 정은부의 아들 정항(鄭沆)을 그의 사위로 삼았다. 그의 재주를 시험코자 마골(麻骨, 삼대)을 백보 밖에 세워두고 활을 쏘게 하였더니, 쏘아서 맞지 않은 것이 없었다. 옛날에 버드나무 잎을 뚫었다는 것과 다름이 없었다. 대여촌리에 살았다. [진양지 권4, 인물, 4:15]

■ 鄭殷富, 司果鄭亨孫之子, 弘治己酉中武擧, 勇略冠一時, 歷仕中外, 有古名將風, 朝廷特除公右道水使, 己巳丁父憂居廬, 庚午三浦倭亂陷熊川, 有旨命公, 公不得已赴戰, 與曺潤孫, 馳入敵陣, 揮劒殲盡, 潤孫所騎爲倭所傷仆地, 公拉取潤孫, 拤騎以出得免焉, 曺以此爲有再生之恩, 約爲婚姻, 納殷富之子鄭沆爲其壻, 試其才立, 麻骨於百步外射之, 發無不中, 古之穿楊葉者無異。居代如村。[晉陽志 卷之三, 人物, 十五]

□ 조윤손(曺潤孫)

조윤손. 판서를 지냈고 송곡에 살았다. [진양지 권4, 무과·총묘(塚墓), 4:2]

■ 曺潤孫。判書居松谷。[晉陽志 卷之四, 武科, 塚墓 二)

□ 조윤손 묘(曺潤孫墓)

굴곡에 있으니 어득강이 비명(碑銘)을 찬하였다. [진양지 권4, 무과·총묘(塚墓), 4:2]

■ 在屈谷, 魚得江撰銘。[晉陽志 卷之四, 武科, 塚墓 二)

> **진양지** 1622년(광해군 14) 진주 사람인 부사(浮査) 성여신(成汝信)이 주도하여 10년 후인 1632년(인조 10)에 완성하였다. 편찬에는 창주(滄洲) 하증(河橧), 능허(凌虛) 박민(朴敏) 등이 함께 참여하였다 한다. 그러나 오랫동안 간행되지 못한 채 편자의 문집에 포함되어 있다가 1730년(영조 6)에 비로소 다소 증보된 필사본으로 반포되었다. 『진양지』가 이루어진 지 거의 삼백년이 지난 1924년에 진주의 사마소(司馬所 : 지방 자체 협의기구)인 연계재(蓮桂齋)의 논의에 따라 비로소 목판본으로 간행되었다.

(10) 교남지 : 정원호(鄭源鎬)

□ 진주군 인물

조윤손. 숙기의 아들인데, 무과에 급제하여 벼슬이 병조 판서까지 올랐다. 장호공이란 시호를 받았다. [교남지 권53, 진주군 인물]

■ 晉州郡 人物
曺潤孫。淑沂之子, 武兵判, 諡莊胡。[嶠南志 卷五十三 晉州郡 人物]

□ 진주군 누정

명홍정. 송곡리에 있었다. 판서 **조윤손**이 세웠다. 관포 어득강의 상량시가 있다. [교남지 권53, 진주군 인물]

■ 晉州郡 樓亭

冥鴻亭。在松谷里, 判書曺潤孫建, 有灌圃魚得江樑頌。[嶠南志 卷五十三, 晉州郡, 樓亭]

□ 진주군 총묘

조윤손의 묘는 굴곡리에 있다. [교남지 권53, 진주군 총묘]

■ 晉州郡 塚墓

曺潤孫墓, 在屈谷里。[嶠南志 卷五十三 晉州郡 塚墓]

교남지 1940년 정원호(鄭源鎬)가 김천 지역의 지리, 인물, 풍속 등을 포함하여 경상도 각 군(郡)의 지지(地誌)를 묶은 통지(統誌). 정원호는 서문에서, 예전에는 경상(慶尙)을 교남(嶠南)이라 불렀으며 경상의 두 도(道)는 산천이 좋아 민물(民物)이 번창하고 도덕이 성했다고 밝히면서, 옛 것을 탐구(探究)하는 데 도움이 될 것이라고 편찬 의의를 적어 놓았다. 권1의 권두에는 정원호가 1937년에 쓴 서문이 수록되어 있고, 다음으로 범례와 목록이 수록되어 있다. 본문에서는 각 지역에 대한 인문, 자연적인 상황을 상세히 수록하고 있는데, 각 군의 연혁, 지세, 군명, 관직, 성씨, 산천, 풍속, 호구, 토지, 부세, 토산, 관공서, 교원, 사찰, 관아, 인물, 도로, 교량, 제언, 시장, 역우, 총묘, 고적, 누정, 제영, 비판, 책판 등 30여 개 항목을 두어 설명하고 있다.

3. 만사·제문

(1) 구암집(龜巖集) : 이정(李楨, 1512(중종 7)~1571(선조 4))

□ 판서 조윤손을 애도함

붓 던져 버들잎 꿰뚫던 스무 살 꽃다운 나이부터
세 곳 변방 절제사로 덕과 위엄 베풀었네.
남쪽 변방 순찰할 때는 제갈량을 스승으로 삼았고,
서쪽 변방 다스릴 땐 한나라 책사 조조도 능가할 수 없었네.

파도 잠잠해진 흑강에선 활 일찍 걸어두었고,
먼지 맑아진 웅천 바다에선 화살 전하지 않았네.
곽분양 같은 부귀와 위양 지방 노인과 같은 수명
큰 인물의 업적 누가 다시 견주리.
[구암집 권1 원집, 시, 칠언율시]

■ 挽曺判書潤孫
　　投筆穿楊自妙年。三邊節制德威宣。
　　撫巡南鄙師諸葛。經略西陲小漢騫。
　　浪帖黑江弓早掛。塵淸熊海箭無傳。
　　汾陽富貴渭陽壽。大樹勳名誰更肩。
　　[龜巖集 卷之一 原集, 詩, 七言律詩])

□ 판서 조윤손을 애도함

삽량 지방 6년간은 백성을 덕으로 받들었고,
두만 지방 3년간은 오랑캐들 두려워 떨게 했다.

의정부 참찬 때는 명성 절로 더해졌고,
칭송 따른 추밀원에선 계산 어긋남이 없었다.

금란전에서의 총애 거절할 수 없어서
녹야당에서 곧바로 상투 벗었다.
교룡이 운 다하여 하늘이 비로써 전송하니
혼백은 훗날 신선세계 다스리리라.
[구암집 권1 속집, 시, 칠언율시]

■ 挽曺判書閏孫
　　龡良六載民懷德。豆滿三年虜怛威。
　　參質巖廊名自重。從頌樞密算無遺。
　　金鑾殿上能辭寵。綠野堂中便脫羈。
　　運去蛟龍天送雨。精靈他日政騎箕。
　　[龜巖集 卷之一 續集, 詩, 七言律詩]

□ 판서 조윤손을 애도함

황천 가시는 길 애도하니,
하늘 높이 부는 바람도 썰렁하고
누대와 정자는 비었고 관사는 그대로인데,
호수에는 푸른 연기 끼었구나.

한자리에 앉아 술잔 주셨고
따뜻한 말씀도 계셨건마는
씩씩한 그 얼굴 다시 볼 수 없으니
나도 몰래 폭포처럼 눈물 흐르네.

[구암집 권1 속집, 오언율시]

■ 挽曹判書潤孫
　　哀挽新阡去。天風亦颯然。
　　臺亭空舊館。湖水只蒼烟。
　　杯酒承容榻。溫言得接筵。
　　雄顏無復見。不覺淚懸泉。
　　[龜巖集 卷之一 續集, 五言律詩]

□ 조 판서 제문

　　공은 생각하건대, 세상에 드문 뛰어난 기품과 산봉우리 같은 훌륭함을 지녔습니다. 재주는 백보의 거리에서 활을 쏘아 버드나무 잎을 관통시킬 정도로 오묘하고, 뜻은 웅장하여 문필을 버리고 무예를 택했습니다. 지략은 태공망의 병서『육도』를 탐구했고, 가슴 속에는 수만 병사를 거느릴 뜻을 품었습니다. 이름은 호방에서 드높았고, 위업은 구석구석까지 진동했습니다.

　　현인 단자가 직무를 다하자, 동쪽 지방의 약탈은 절로 끊어졌으며, 한나라의 이광이 장수가 되자, 오랑캐들은 말들을 놓아먹일 수가 없었습니다. 귀밑머리는 곤륜산을 비추었고, 요대는 황금빛 주머니로 붉게 물들었습니다. 정무는 사마와 참찬 중서랑을 맡았으니, 제왕의 은총이 사방의 강토에 미친 것과 같았습니다. 집은 푸른 들판에 지었으니, 호수와 산의 흥취를 불러들였습니다.

　　하늘은 어찌하여 만류하지 않고 큰 별을 떨어지게 합니까? 나라에 큰 성이 없어지고 큰 나무는 쓸쓸합니다. 지난 일 생각하니, 애통한 마음 더욱 극심합니다. 금년 2월에 공께서 수연을 베풀고 시를 지으니 잔치가 성대하였습니다. 밤에는 촛불을 밝혀 싫어질 때까지 계속했습니다. 어찌 이날이 영원한 이별이 될 줄 알았겠습니까? 부음의 소식 처음에는 믿기지 않다가 창자가 찢어지는 듯했습니다. 새로운 길을 이미 선택하셨으니, 영웅의 얼굴은 다시 뵙기 어렵게 되었습니다. 삼가 변변

한 제물이나마 드리오니, 부디 공께서 왕림하시기를 바랍니다. [구암집 권1 속집, 제문]

■ 祭曹判書文

惟公,

間氣天地, 精英山岳, 藝妙穿楊, 志壯投筆, 智探六韜, 胸藏萬甲, 名高虎榜, 威動 鼉域, 檀子作守, 東漁自絶, 李廣爲將, 北馬無牧, 鬢照崑山, 腰丹金魚, 掌政司馬, 參贊中書, 帝眷方極, 堂開綠野, 湖山入興, 鷄豚作社, 膂力不怨, 賓客滿榻, 叨陪 謦咳, 幾吐肺膈, 天胡不愁, 將星忽落, 國無長城, 大樹蕭瑟, 追思往事, 慟懷尤劇, 今歲仲春, 公設壽酌, 擎杯賦詩, 觥籌交錯, 秉燭繼晷, 厭厭懽恰, 那知此日, 乃是 永訣, 訃語初騰, 五內欲裂, 新阡已卜, 雄顔難接, 敬奠菲薄, 冀公來格。

[龜巖集 卷之一 續集, 祭文]

이정(李楨, 1512~1571) 사천읍 구암리에서 출생. 조선조 명종 때의 문신·학자로 호는 구암이며 본관은 사천이다. 1536년(중종 31)에 진사로 문과에 장원, 삼사(사헌부·사간원·홍문관)의 여러 벼슬을 거치고 영천 군수·청주 목사·경주 부윤·순천 부사 등 내외 관직을 두루 역임하였다. 선조 때 부제학에 이르렀으나 병으로 나아가지 아니하였다. 향리의 만죽산 아래 구암정사(龜岩精舍)를 짓고 후학들을 가르쳤으며, 성리학에 밝아 오묘한 경지에 이르고, 성리유편(性理遺編)과 경현록(景賢錄)을 찬집하였다.

4. 전기문·묘지명

(1) 유헌집(游軒集) : 정황(丁熿, 1512(중종 7)~1560(명종 15))

□ 판서 조윤손 전기

죽은 판서 **조윤손**(曺潤孫)은 무예를 익혀 경상(卿相)의 지위에까지 이르렀다.

항상 가득 차 넘칠까 두려워하였으며, 만년에는 벼슬을 그만두고 진주 동쪽 송곡리에 거주하였다. 성품이 관대하고 인후하며 남을 사랑하였다. 사람을 응접할 적에는 도탑고 삼갔으며 힘써 극진히 접대하여 그 마음을 기쁘게 하였다. 같은 마을의 홀아비나 과부, 고독한 자와 병든 자 들을 보면, 슬퍼하고 불쌍히 여기는 마음이 지극한 정성에서 우러나와, 그들을 떨쳐 일어나게 할 방법을 생각하였다. 무릇 상례나 장례 또는 시집가고 장가드는 일에 있어서, 가난하여 능히 때에 미치지 못하는 자들 가운데 공의 힘을 입어 자립한 경우는 이루 다 셀 수 없다.

세시나 더울 때 또는 추울 때, 한 고을의 백성들이 반드시 계절에 맞는 술과 음식을 마련하되, 보잘 것 없음을 생각지 않고 공에게 바쳤다. 어떤 경우에는 부부가 함께 찾아오기도 하고, 또 어떤 경우에는 부자·형제가 함께 오기도 하였다. 그러면 공이 그것을 비루하게 여겨 손을 휘둘러 물리치지 않고, 하나하나 받고는 종일토록 수작하되 조금도 게으르거나 사양하는 빛이 없었다.

가정(嘉靖) 정미(1547)년 가을에 은혜로운 조칙이 자못 여러 차례 내려옴에 감히 앉아서 임금의 뜻을 저버릴 수 없어서 힘써 서울로 가서 임금을 뵈었다. 그 해 가을에 결연히 벼슬을 그만두고 진주로 돌아왔다. 선영에 나아가 절하고 다시는 벼슬길에 나설 뜻이 없었다. 무신(1548)년 봄 2월에 작은 병을 얻어 이틀 만에 서거하였다. 당시 나이 80세였다. 향리의 원근에 있는 사람들이 탄식을 하고 눈물을 흘리면서, 모두들 '너그럽고 인정 많으신 장자를 다시는 볼 수 없게 되었다.'고 했다.

아아, 공은 고을 사람들에게 베푼 것이 부지런하고 두터우며 자애롭고 상서로워, 그 정성스럽게 사모함을 얻었으며, 그 죽음에 미쳐서 능히 그들의 슬픈 마음을 드러내도록 했다고 말할 만하도다. [유헌집 권4, 전기문]

■ 曹判書潤孫傳

故判書曹潤孫業弓馬。致位卿相。恒以盛滿爲懼。晚年謝仕。居晉之治東松谷里。性寬厚愛人。其於應接。優優愿愿。務盡其歡心。視鄕之鰥寡孤獨疲癃殘疾者。哀憐之。出於至情。思所以振業之。凡喪葬嫁娶。貧乏不能及時者。得公而自立。不可勝數。歲時伏臘。一鄕之民。必得臨時酒饌。不計其菲薄。以獻于公。或夫妻共謁。或父子兄弟俱來。公不以陋鄙而揮之。一一受之。終日酬酢。了無怠倦辭色。嘉靖丁未秋。以恩詔頗屢及。不敢坐孤上意。勉志覲京。其年冬。決然辭歸于晉。拜掃先塋。更無北覲意。及戊申春仲月。得微恙。二日而逝。時年八十。鄉里遠近聞之。齎咨涕洟。咸以爲寬厚長老。不可復見矣。嗟夫。公可謂施於鄉者。勤厚慈祥。而得其誠慕其死也。能發其哀思者歟。[游軒集 卷之四, 傳]

☐ 조(曹) 판서 부인 진산(晉山) 강씨(姜氏) 묘지명, 경술년(1550년)

사우(士友) 가운데 **명홍**(冥鴻) 공의 덕을 다음과 같이 일컫는 이가 있다. 가정에서 지낼 적에는 이치를 극진히 하였고, 고을에서 처신할 적에는 기쁨을 주었으며, 선조를 받들 적에는 정성을 다하였고, 일을 도모할 적에는 남의 의견을 들었으니, 아름답게도 대인의 관용과 아량이 있었다.

나는 진실로 공이 조정에서 공훈의 명성이 있다는 것은 들어왔지만, 어찌 그 덕이 갖추어짐이 이와 같으리라고 생각하였겠는가! 지금 그 가정에서 묘지명을 지어달라는 부탁 편지의 내용을 통해 공의 부인 강씨의 평생 전말을 보는 데 이르러서는, 공에게 이러한 덕이 있음이 연유가 있다는 것을 알게 되었다.

부인의 조상은 진산(晉山) 출신이다. 먼 조상은 구인재(求仁齋) 원우(員祐)다. 원우로부터 3세를 지나 득주(得珠)를 얻었다. 가업을 이어 과거에 올라 전교승(典校丞)이 되었다. 전교승으로부터 8세를 지나 점필재(佔畢齋) 문인 조수(兆壽)가 있다. 연원이 있으므로 해서 벗들로부터 높이 받들어졌다. 이 분이 부인의 아버지다. 정유공(鄭由恭)의 딸에게 장가들어 병신(1476)년에 부인을 낳았다. 부인은 가정에서 태어나 자라면서 평소에 어진 행실이 있었는데, 공에게 시집와 많은 시첩(侍妾)이 있음에도, 태연히 대처하고 한결같이 공의 뜻을 따라 아랫사람을 극진히 보살피기에 힘쓰니 집안의 법도가 숙연하여 볼 만하였다.

효성스러운 마음과 공경하는 행실은 일찍부터 드러났으니, 모든 제철 음식은 사당의 조상 신주에게 바치지 않고서는 감히 입에 넣지 않았다. 바치고 나서 즉시 친척들에게 나누어 준 뒤에야 맛을 보았다. 특히 이단에는 미혹되지 않았으니, 부처에게 잘 보이고 무당에게 아첨하기를 권하는 자가 있으면 관계를 끊고 집안에 들어오지 못하게 하였다. 제사를 당하여서는 비록 병이 들었다 하더라도 의복의 예절에 있어서 조금도 구차하거나 간단히 함이 없었다. 사람을 응접할 적에는 곡진하게 은혜로운 뜻을 다하니, 진심이 남의 뱃속에 들어앉게 되어 이간질하는 말들이 행해질 수 없었다.

공이 무신(1548)년에 별세할 적에 부인의 나이가 일흔이 넘었지만, 상례를 더욱 굳게 지켜 조금도 흐트러짐이 없었다. 장례 전에는 죽을 먹고, 1년 동안 슬퍼하고 3년 동안 근심하다가, 끝내 경술(1550)년 9월 27일에 병으로 돌아가셨다. 죽음에 임하여, "장례에 송진을 쓰는 것은 그 예를 후하게 하려는 것인데, 선인이 스스로 이미 쓰지 않았으니 어찌 내가 쓸 수 있겠는가? 모아둔 것을 친척 가운데 그 부모의 장례를 후하게 지내고 싶어하는 사람들에게 나누어 주어라."고 명하였다. 이러한 것이 모두 부인의 실제 행동한 모습이니, 부인은 참으로 현명하도다! 이와 같은 부인의 현명함으로 공이 덕을 갖추게 하는 데에 힘이 됨이 없지 않았을 터이니, 내조했다는 말이 사실이 아니겠는가?

명홍(冥鴻)은 판서 조(曺) 공이 정자 이름으로 걸어둔 것이고, 공의 이름은 **윤손**(閏孫)이며 자는 억지(億之)다. 부인과의 사이에 딸 셋을 두었다. 맏이는 직장 하결(河潔)에게 시집가서 아들을 여덟 낳았는데, 만천(萬川)·만원(萬源)·만학(萬壑)·만조(萬潮)·만운(萬沄)·만계(萬溪)·만진(萬津)이고, 막내와 딸 하나는 어리다. 둘째는 진천군(晉川君) 류홍(柳泓)에게 시집갔다. 막내는 정항(鄭沆)에게 시집가서, 아들 수익(受益)을 낳았다.

그 해 모월 모일에 공의 묘소 곁에 장례하였으니, 그곳은 공의 선영이다.

나는 본래 글을 잘 짓지 못하는데다, 더욱이 유배된 처지에 있으면서 어찌 감히 외람스럽게 부인의 행실을 기록할 수 있겠는가? 굳이 사양하고 회피하였으나, 정부인이 강릉[유배지임]에 온다는 말로 핍박하는 이가 있어서 사양하지 못하였다. 명은 다음과 같다.

必本其父兄。　　　　반드시 그 부형에게 근원하나니,

師友稱其人。	그래서 사우가 그 사람을 일컫네.
有如此爲之。	이와 같이 실행한 것이 있으니,
依歸何不仁。	귀의함에 어찌 어질지 않겠는가!
來承夫子仍庭式。	와서 남편을 받듦이 바로 가정의 법도였고,
宜我家室恒厥德。	집안에 마땅히 하여 덕을 항상 간직하였네.
有樛木化。	시경 「규목(樛木)」 같은 교화는 있었지만,
無螽斯羽。	시경 「종사(螽斯)」처럼 자손은 많지 않네.
所事賓祭。	일삼은 것은 접빈객과 봉제사요,
酒食是主。	술과 음식을 주관하였네.
關雎和樂。	관저(關雎)처럼 화락하게 지낸 것이,
餘六十年。	60년도 더 되었네.
無迎爾相。	그대를 아내로 맞이하지 않았던가!
衿鞶靡愆。	부모의 말씀 따라 허물이 없었다네.
國失干城。	나라에서 간성을 잃음에
堂有未亡。	집안에는 부인만 남았네.
鳳擊三秋。	남편이 죽은 지 삼 년 만에
又翔其凰。	다시 아내를 오도록 하였네.
同歸于盡。	함께 극진한 곳으로 돌아갔으나,
未泯者存。	없어지지 않는 것은 남아있으리.
銘以久之。	명을 지어 오래 전하게 하노니,
非余溢言。	내가 말을 넘치게 한 것은 아니네.

[유헌집 권4, 묘지]

■ 曹判書夫人晉山姜氏墓誌銘 庚戌

有士友稱道冥鴻公之德者曰。居家致其理。處鄕輸其歡。奉先盡其情。謀事取諸人。休休然有大人容量焉。余固聞公之有勳名于朝。豈意其德之備。有如是耶。及今見公夫人姜氏平生首末于其家乞銘草札。則知公有是德者豈無自耶。夫人之先出晉山。遠祖求仁齋員祐。由員祐三世至得珠。繼業登科。典校丞。

由丞八世。有諱兆壽。佔畢齋門人。淵源所發。見推儕友。爲夫人之考。是娶鄭由恭之女。生夫人於丙申。夫人生長家庭。雅有賢行。及歸于公。公多姬侍。處之由然。一意承順。務盡逮下。閨門之政。肅然可觀。孝敬夙著。凡有時物。不薦。未敢入口。薦卽分諸親黨後。乃嘗之。尤不惑異端。有勸其媚佛諂巫者。則絶之不入。當祭雖病。服禮無毫髮苟簡。應接之際。曲有恩意。赤心置人腹中。浸潤膚受。有不行焉。公卒於戊申。夫人年過從心。執喪禮愈固不少衰。饘粥柩前。茹悲哀三年憂。卒以病終于庚戌九月二十七日也。遺教。葬用松脂。厚其禮也。先人自己不用。何得我用。傾儲以與門親之欲厚其親者云。是其實狀。夫人其賢矣哉。由夫人之賢。不無力於備公之德。則內助之云。不其然乎。冥鴻。判書曹公之亭揭也。公諱閏孫。字億之。於夫人有三女。長歸直長河潔。生八男。萬川、萬源、萬塾、萬潮、萬沄、萬溪、萬津。季與一女幼。仲歸晉川君柳泓。末歸鄭沆。生一男受益。用是年某月日。合兆于公。公之先塋也。某本不文。又在此地。何敢濫筆夫人之行。辭避亦牢。有以鄭夫人江陵之作迫之。不得辭。銘曰。

必本其父兄。師友稱其人。有如此爲之。依歸何不仁。來承夫子仍庭式。宜我家室恒厥德。有樛木化。無螽斯羾。所事賓祭。酒食是主。關雎和樂。餘六十年。無迎爾相。衿鞶靡愆。國失干城。堂有未亡。鳳擊三秋。又翔其凰。同歸于盡。未泯者存。銘以久之。非余溢言。[游軒集 卷之四, 墓誌]

정황(丁熿, 1512~1560) 　　1536년(중종 31) 문과에 급제, 승문원 부정자를 거쳐 지평·병조 정랑·형조 정랑 등을 지냈다. 1544년 정랑으로 있을 때 간관에 의하여 6품 미만의 자급(資級)으로 정5품직에 임명되었다는 이유로 관작외람(官爵猥濫)의 논박을 받기도 하였다. 천품이 정직하고 항상 효제충신(孝悌忠信)으로 입신의 근본을 삼았다. 1708년(숙종 34) 이조 판서에 추증되었고, 남원의 영천서원(寧川書院)에 제향되었다. 저서로『유헌집』4권 3책과 배소에서 지은『부훤록(負暄錄)』·『장행통고(壯行通考)』각 10여 권이 있다. 시호는 충간(忠簡)이다.

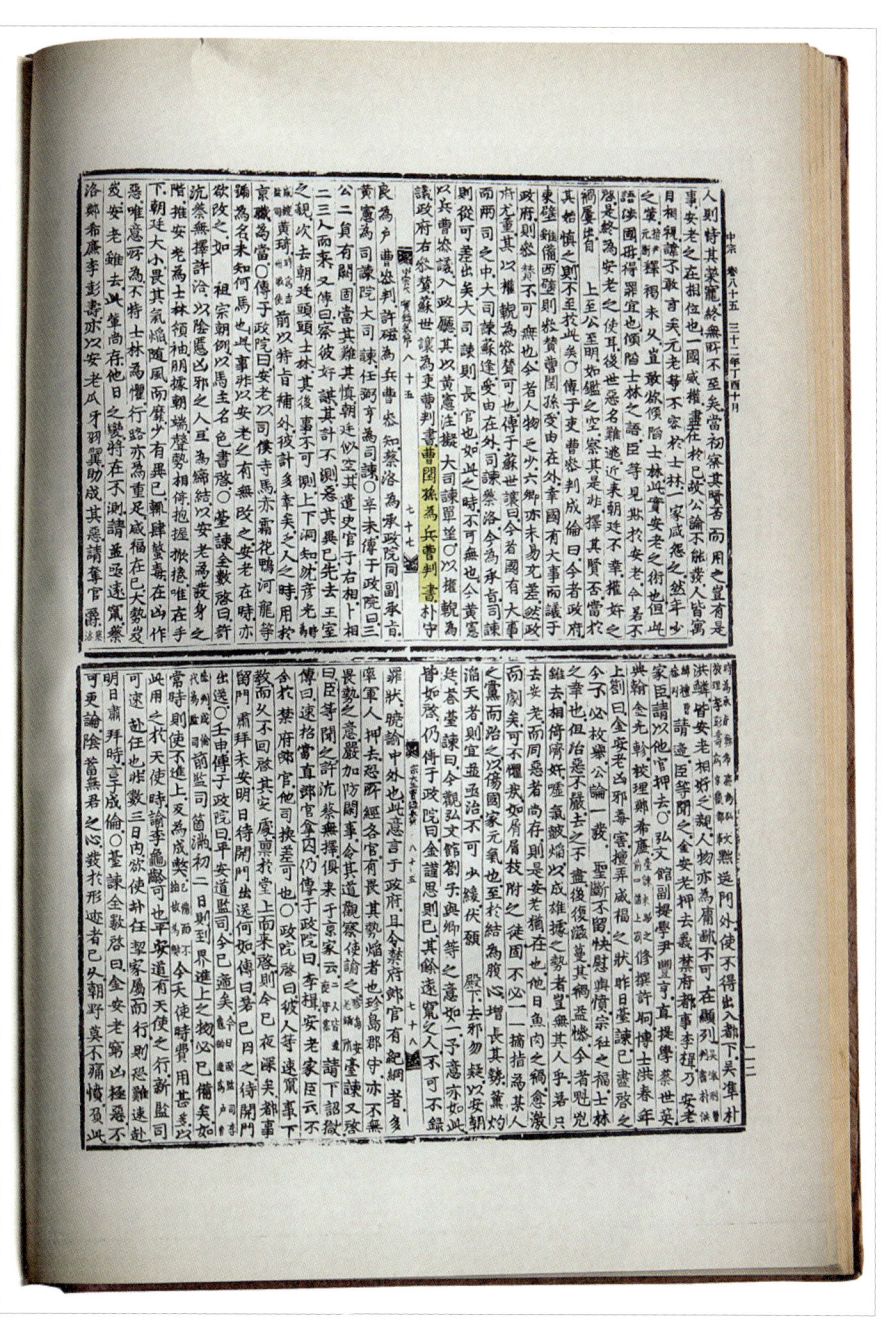

장호공 조윤손 병조판서 임명 관련 조선왕조실록 기사
중종실록 권85 중종 32년 정유년(1537) 10월 24일

진주 조판서 묘역
경남 진주시 문산면 이곡리 소재, 이 묘역에 장호공의 부친 조숙기 공 내외와 아들 의석 내외, 장호공 내외, 사위 정항 내외의 묘가 있다.

장호공 묘소
장호공과 정부인 진양강씨의 묘

경상남도 문화재 안내판
진주시 문산면 이곡리 소재, 경상남도 기념물 제272호(명칭 : 진주 이곡리 조숙기 묘역)

명홍재 몸채
진주시 일반성면 운천리 소재

명홍재의 행랑채와 솟을대문
진주시 일반성면 운천리 소재

제2부
장호공 일대기

1. 연보

조윤손(曺潤孫)
(1468~1547)

1세 (1468년, 세조 14년)

　공의 성은 조(曺) 씨이고, 이름은 **윤손**(潤孫), 자는 억지(億之)이며, 본관은 창녕(昌寧)이다. 아버지 숙기(淑沂) 공이 진양 정씨에게 장가들어 진주 송곡(松谷)으로 옮겨 살게 됨에 따라, 공은 여기에서 태어났다. 공은 숙기 공의 둘째 아들로 태어났다.

25세 (1492년, 성종 23년)

　25세 되던 1492년에 무과 별시에 급제하였다. 양산 군수로 임명되기 3년 전, 32세 되던 1500년 1월을 전후하여 선전관(宣傳官: 조선 시대 선전관청에 속한 무관 벼슬)에 임명되었다.

36세 (1503년, 연산군 9년)

　36세 되던 1503년에 종4품 양산 군수에 임명되었다. 대간들의 반대가 심하였으나, 연산군은 끝까지 받아들이지 않았다. 후일 남쪽에서 왜구를 물리치고, 북쪽에서 여진족을 물리치는 데 혁혁한 공을 세움으로써 파격적인 승진이 잘못된 것이 아님이 입증되었다. 1508년까지 6년간의 임기를 마쳤다.

39세 (1506년, 연산군 12년)

39세 되던 1506년에 윤탕로(尹湯老) 등과 연산군을 폐하기 위한 반정을 위해 모의를 하였으나, 박원종·성희안 등이 먼저 거사에 성공하였다.

41세 (1508년, 중종 3년)

41세 되던 1508년에 6년간의 양산 군수 임기를 마치고, 1월에 내직인 군기시(軍器寺: 고려·조선 시대에, 병기·기치·융장·집물 따위의 제조를 맡아보던 관아) 첨정(僉正: 조선 시대에, 각 관아의 낭청에 속한 종사품 벼슬)에 임명되었다.

42세 (1509년, 중종 4년)

42세 되던 1509년 3월 21일에 박원종의 건의로, 웅천 현감에 임명되고 당상관에 제수되었으며, 4월 12일에 임지로 떠났다. 그러나 대간들의 반대가 심하여 4월 19일 다시 당하관으로 되돌려졌으나 직책을 그대로 수행하게 되었다. 이 해 5월에 부친이 별세하자 시묘살이를 하였다.

43세 (1510년, 중종 5년)

시묘살이를 하던 중, 43세 되던 1510년에 삼포왜란이 일어났다. 조정에서는 전세가 급박해지자, 진주에서 시묘살이를 하고 있는 공과 정은부(鄭殷富)를 출전하도록 명하였다. 공은 정은부와 함께 상중임에도 출전하여 제포(薺浦)에서 왜인 3백여 명의 목을 베는 등의 전공을 세웠다. 이 전공으로 절충장군으로 승급하였다.

삼포왜란에 참전하던 중, 공은 왜적을 공격하다 말에서 떨어졌다. 이때 정은부가 공을 구해 함께 탈출하였다. 공은 재생의 은혜를 입었음을 잊지 않고, 후일 정은부의 아들인 정항(鄭沆)을 사위로 삼았다.

삼포왜란

　삼포왜란(三浦倭亂, 1510년 4월 4일~4월 19일) 또는 경오왜변(庚午倭變)은 1510년(중종 5년) 4월에 제포(薺浦, 일명 내이포: 熊川), 부산포(富山浦: 東萊), 염포(鹽浦: 蔚山)의 삼포에 거주하고 있던 왜인들이 대마도 도주의 지원을 받아 일으킨 왜변을 말한다.

　1510년 중종 5년 4월 4일 제포에 거주하고 있던 항거왜추(恒居倭酋)인 오바라시(大趙馬道)와 야스고(奴古守長) 등이 대마도 도주의 아들 소(宗盛弘)를 대장으로 삼아 병선 100척과 무장한 왜인 4~5천명을 거느리고, 부산포를 공격하여 첨사 이우증을 살해하고, 제포를 공격하여 첨사 김세균을 납치한 뒤, 부산포와 제포를 포위하여 공격함으로써 삼포왜란이 일어나게 되었다. 이들은 삼포의 각 관리들의 부당한 요구를 토로하였는데, 부산포 첨사는 소금과 기와를 굽는데 사용하는 땔감을 과하게 요구하였고, 웅천 현감은 왜인들의 상업 활동을 금하면서 급료를 제대로 주지 않고, 제포의 첨사는 고기잡이를 할 때 허락을 해주지 않으면서 왜인 4명을 살해했다는 대의명분을 내세웠다. 이들은 부산포, 제포를 함락시키고, 영등포를 불사르고, 웅천진 등을 공격하였다.

　1510년 4월 13일 확전을 염려한 대마도 도주는 서계를 보내 강화를 요청하였다. 그러나 조정에서는 황형(黃衡)을 경상좌도방어사로, 유담년(柳聃年)을 경상우도방어사로 임명하여 군사를 보내 이들을 토벌하였다. 1510년 4월 19일 제포에 모여 있는 왜인들을 세 갈래로 포위하여 8시간 동안 협공한 끝에 물리쳤다. 이 난으로 조선 측은 군사와 백성들 272명이 죽고, 동평현, 동래현의 민가 796호가 전소되었으며, 일본 측은 왜선 5척이 격침되고, 295명이 참획되었다.

　이 왜란을 진압한 공으로 황형 등 188명은 1등 공신으로, 현감 백사반(白斯班) 등 326명은 2등 공신으로, 갑사(甲士) 권영생(權永生) 등 359명은 3등 공신으로 논공행상하였다.

45세 (1512년, 중종 7년)

　아버지의 삼년상을 치른 후, 45세 되던 1512년에, 통정대부 갑산도호부 부사에 임명되었다. 한번은 여진이 갑자기 900여 명의 군사로 쳐들어와 불의에 성을 에워싸자, 공은 100명도 못 되는 군사로 성문을 열고 돌격하여 적을 패주시켰고, 우리 백성들과 가축을 탈환하였다. 또 적을 다수의 참획하였으며 말과 군기를 노획하였다. 임금이 그 공을 치하하여 당 표리(唐表裏: 중국 옷감) 한 벌을 하사하였으며, 공을 가선대부 함경북도 병마절도사로 승진시켰다. 갑산 부사로 재직 중, 부의 객관 북쪽에 이요정(二樂亭)을 지었다.

46세 (1513년, 중종 8년)

갑산도호부 부사로 여진족을 물리친 공으로, 46세 되던 1513년 1월 3일에 함경북도 병마절도사로 승진하여 경성(鏡城)에 주둔하였다. 부임 중 무풍산에 요충을 설치할 것을 건의하였다.

48세 (1515년, 중종 10년)

48세 되던 1515년 1월 무렵에 경상좌도 병마절도사에 임명되었다.

49세 (1516년, 중종 11년)

49세 되던 1516년 1월 25일에 경상우도 병마절도사에 임명되었다. 1518년 1월 12일 경상우도 병마절도사로 있으면서 가덕도와 미조항 등 여러 곳에 진을 설치할 것을 건의하니, 임금이 대신들에게 명하여 그 편리 여부를 논하게 하였다.

51세 (1518년, 중종 13년)

51세 되던 1518년 7월 이전에, 행(行) 호군(護軍: 조선시대, 중앙군인 오위에 두었던 정4품의 무관 벼슬)에 임명되었다.

52세 (1519년, 중종 14년)

52세 되던 1519년 9월 10일에 경상좌도 수군절도사에 임명되었다.

55세 (1522년, 중종 17년)

55세 되던 1522년 11월에 무력으로 이름을 떨쳤을 뿐만 아니라 청렴하고 유능하다고 조정에서 논의한 끝에 한 품계를 올려 정2품 자헌대부 동지중추부사 겸 지훈련원사로 임명하였다. 1533년 6월 26일에 병선의 제도 개선에 대한 의견을 제시하였다.

"신이 경상좌우도 병수사(慶尙左右道兵水使)를 연임(連任)할 적에 제포(諸浦)의 대맹선·소맹선을 보니 과연 군인을 많이 실을 수 있었으나 그 선체가 경쾌하지 못하여 바람을 만나게 되면 마음대로 운용(運用)할 수가 없어 패몰할 위험이 있었습니다. 그러나 비거도선(鼻居刀船: 왜구를 치는 데 썼던, 거룻배 모양의 작고 빠른 병선(兵船))은 경쾌하여 비록 사나운 바람을 만나도 쉽게 운용할 수 있었습니다. 그러나 이 배가 좌도(左道)에도 많이 있었지만 우도(右道)에는 있다고 말할 수가 없을 정도였습니다."

56세 (1523년, 중종 18년)

56세 되던 1523년 10월 19일에 함경도에 불법으로 체류하고 있는 여진족들을 물리치기 위하여 공을 함경남도 순변사(巡邊使: 조선 시대 왕명으로 군무(軍務)를 띠고 변경을 순찰하던 특사)로 임명하였다. 그리고 함경도 관찰사 허굉(許硡), 함경남도 남도 절도사 반석평(潘碩枰), 평안도 관찰사(平安道觀察使) 김극성(金克成), 평안도 병마절도사 이지방(李之芳)을 공과 함께 전투에 참여하게 하였다.

공은 전선으로 출발하기 전에 군수 물자로 다음과 같은 것을 보충해 줄 것을 건의하였다.

> 1) 원병이 있으면 군사를 돌이킬 때에도 염려가 없을 것이니, 군졸 7~8백을 더하소서. 2) 또 장사(將士)는 누구나 말을 갖지 않았겠습니까마는, 다만 말 한 필로는 사고가 있으면 어려울 것입니다. 전에 순변(巡邊)의 행차에는 으레 전마(戰馬)를 주었으니, 10여 필을 가져가기를 청합니다. 3) 또 활은 전에 이미 마련하였으나 시위가 혹 끊어지면 갑자기 갖추기 어려우니, 1천여 가닥을 더 가져가서 쓴 뒤에 본도(本道)의 각진(各鎭)에 반납하는 것이 어떠하겠습니까? 4) 또 그 도는 철물이 모자라니, 편자를 많이 가져가는 것이 어떠하겠습니까?" 5) 본도(本道)의 병사(兵使)가 활은 청하였으나 살은 청하지 않았다 하니, 장전(長箭)·편전(片箭) 1천여 부(部)를 가져가기를 청합니다."

이 건의에 대해 임금이 공이 요청한 대로 마련해 주도록 전교하였다. 그리고 공에게 별도로 임지로 떠나기 전, 11월 4일에 갓옷, 활, 화살, 궁대, 화살통 등을 하사하였으며, 11월 9일에 공에게 다음과 같이 하교하였다.

"국가의 일정한 땅을 선조(先祖)에게서 받았고, 변경(邊境)의 안위(安危)에 관한 처치를 이제 또 믿을 만한 신하에게 맡긴다. 강역(疆域)을 두루 살피는 어려움은 모두 어진 사람을 얻어서 위임하므로, 사신의 수레가 이르고 머무르는 것은 모두 임금이 친히 가는 것과 같다. 주(周)나라가 천명(天命)을 받으매 나라를 여는 데에 소공(召公) 같은 사람이 있었고, 한 선제(漢宣帝)의 중흥(中興)에 노신(老臣)으로 조충국(趙充國)보다 나은 사람이 없었으니, 이 이적(夷狄)과 중국에 위덕(威德)이 널리 입혀진 것은 실로 순선(巡宣)의 방략이 마땅하였기 때문이다. 경(卿)은 이미 문무를 겸비하여 지모(智謀)가 있고 능히 강단(剛斷)하며, 부자(父子)가 서로 이어 일찍부터 장군(將軍)의 기풍이 있고 시서(詩書)에 도타와, 극곡(郤縠)의 장재(將材)보다 뒤지지 않으며, 전후 두 번 북방을 맡았으므로 융추(戎醜)가 그 이름을 잘 안다. 우리나라의 서쪽·북쪽 두 변방은 다 견시(犬豕)가 서로 인접하였는데, 더구나 이 여연(閭延)·무창(茂昌)의 들은 곧 우리 선세(先世)의 땅이다. 당초에 먼 지방 사람을 유화(柔和)하기에 힘쓰다가, 잘못하여 주성가(主成可)가 한 터전을 마련하는 것을 들어 주었더니, 후일 그 세력이 필경 어지러워지니, 진(晉)나라 때에 강호(羌胡)가 변경(邊境) 안에서 산 것과 같이 두려워, 여러 번 변장(邊將)을 시켜 타이르게 하였다. 그러나 도리어 나쁜 말을 내어 공손하지 않고, 우리 큰 나라를 원망하고 우리 변방 장수를 깔보아 밭을 갈고 짐승을 먹이며 부락을 불러모아 떼지어 살며, 아들을 기르고 손자를 기르며 모진 싹을 양성하여 더욱 만연해졌다. 이것은 구설(口舌)로 교화할 수 없고 군사로 쫓아내야 마땅한데, 누구를 나라의 간성(干城)으로 하여 북방의 방어를 맡길 것인가? 북방을 돌보기에 근심이 깊고 활을 당길 생각을 늦출 수 없더니, 모두 네가 합당하다 하니 장군의 직임을 맡을 만하다. 다만 편의로 종사하고 소란 없이 군사를 점고하여, 한 방면의 민정을 진정하고 삼군(三軍)의 형세를 씩씩하게 하며, 계책에 조금도 실착이 없이 함께 기각(掎角: 두 영웅이 대치하여 세력을 다툼을 비유적으로 이르는 말)의 원조를 하고 일에는 만전을 기하라. 벌·전갈 같은, 작지만 무서운 독(毒)을 조심하라. 먼저 화복(禍福)으로 타일러 스스로 그 혼미(昏迷)를 깨닫게 해야 하며, 왕사(王師)는 사납게 하지 말고 찬찬히 하고, 제장(諸將)은 떠들지 말고 명령에 따라, 반드시 옛 땅을 되찾되 남녀를 쫓고 집을 불사르는 데에 그치고, 군공(軍功)을 바라지 말며, 마소를 훔치고 노유(老幼)를 죽이지 말라. 저들이 힘을 떨쳐 명에 거역하거든 위엄을 떨쳐 주벌(誅伐)하라. 포용하는 인애(仁愛)를 널리 보여 변방의 말썽이 없게 하라."

여진족과의 전투에서는 특히 허굉(許硡)이 부장으로, 장언량(張彦良)이 군관으로 참여하여 대장인 공을 도왔다. 공은 여러 번의 전투로 여진족들을 여연과 무창에서 축출하였다.

57세 (1524년, 중종 19년)

57세 되던 1524년 4월에 평안도 병마절도사에 임명되고, 5월에 부임하였다. 산양회(山羊會)를 다시 설치하고 고합기진(古哈岐鎭)을 설치하여 여진족의 침입에 대비하였다.

58세 (1525년, 중종 20년)

58세 되던 1525년 10월에 병으로 사직을 청하고, 계모 안씨도 상언(上言)하여 병이 있다고 하므로 임금이 그의 거취를 난처해하였다. 임금이 공의 체직에 대해 삼공과 의논한 결과. 여진을 구축하고 방어하는 일이 긴급하고 중요하다는 사유를 밝혀 임기가 차더라도 계속 재임하도록 하였다.

60세 (1527년, 중종 22년)

60세 되던 1527년 5월에 공조 판서에 임명되었다.

61세 (1528년, 중종 23년)

1528년 1월 24일에 만포(滿浦) 첨사(僉使) 심사손(沈思遜)이 여진의 급습으로 죽임을 당하였다[만포사변]. 여진족과의 관계에 심각함을 느낀 조정에서는, 공이 61세 되던 1528년 2월 3일에 공을 평안도 병마수군절도사에 임명하였다.

공은 평안도 수군절도사에 임명되자, 사변이 발생하였으니 자신이 모든 일을 잘 처리하지 못할 것이라고 하면서 조정에서 다시 의논하여 다른 사람을 보내줄 것을 건의하였다. 이에 중종은 조정의 대신들이 의논하여 공을 재임명하였는데, 다시 의논한다고 해도 다를 것이 없다고 하면서 사직하지 말라고 하였다. 이에 공은 자신이 사변지로 갈 것이니, 군사를 늘리고 군관 12명에게 말을 주도록 요구하여 관철시켰다.

63세 (1530년, 중종 25년)

63세 되던 1530년 1월에 산양회가 여진으로부터 기습당하고, 낚시 나온 여진인을 참수한 것에 대한 문책으로 파직되었다. 9월에 동지중추부사가 되었다.

65세 (1532년, 중종 27년)

65세 되던 1532년 4월 3일에 의정부 우참찬에 임명되었으나, 다음날 체직되었다. 9월에 특진관이 되었다. 12월 29일에 한성부 판윤에 임명되었다.

67세 (1534년, 중종 29년)

67세 되던 1534년 4월 2일에 함경도 관찰사에 임명되었다. 사헌부가 "한 방면의 중한 소임에 합당하지 않다."고 주장하고, 사인(舍人) 신석간(申石澗)이 삼공의 뜻으로 "무신 재상으로서 임용할 만한 사람은 단지 조윤손과 윤임(尹任) 등 두어 사람뿐입니다. 사고란 알 수 없는 법인데, 갑자기 임용할 데가 있게 된다면 장차 어떻게 할 것입니까."라고 하면서 체직을 주장하자, 4월 11일에 체직되었다.

68세 (1535년, 중종 30년)

68세 되던 1535년 2월 14일에 특진관으로서 가덕도에 진을 설치할 것을 다음과 같이 건의하였다.

"가덕도는 험하고도 가파른 매우 높은 산으로 암석을 깎아 세운 듯 우뚝 솟았으므로 배를 댈 수 없어 왜인들도 양장곶(羊場串)에 정박한 다음 들어와 웅거하였습니다. 우리나라가 이곳에 진을 설치하면 왜인이 다니는 길목의 요충(要衝)을 점거하는 것이니, 병력(兵力)이 부족하더라도 왜인이 어찌할 도리가 없을 것은 물론이고, 제포(薺浦) 등에는 진을 설치하여 지키지 않아도 됩니다. 남방은 인물이 많으니, 진을 설치하는 데 무슨 어려움이 있겠습니까. 또 가리포(加里浦), 사량(蛇梁)은 바다 가운데 멀리 떨어져 있는데도 진을 설치하여 지키는데 하물며 가덕이겠습니까. 병력에 대해서는 신이 모르겠습니다만, 진을 설치하는 것은 당연합니다. 또 신이 좌도 병사(左道兵使)로 있을 적에 진을 설치한 것을 보니 금방(禁防)이 엄밀하였습니다. 그러나 가덕도는 어염(魚鹽)의 이점이 있어서 왜인이 항상 이곳에 머무르고 있으므로, 장사치들은 캄캄한 밤중이라도 몰래 왕래하고 있으니, 수진장(守鎭將)이 어떻게 알 수 있겠습니까. 이러니 그간에 피해자가 있어도 어떻게 알 수 있었겠습니까. 그곳에 진을 설치하여 수군(水軍)을 많이 주둔시키고 또 봉수(烽燧)를 설치하면, 적변(賊變)이 생기더라도 다대포(多大浦)와 안골포(安骨浦)에서는 변보(變報)를 즉시 알 수 있어 하루저녁에 서울까지 전달될 수 있습니다. 그리고 왜인은 양장곶에 배를 정박하므로 가고 싶은 대로 몰래 갈 수 있습니다만, 이곳에 진을 설치하면, 와서 정박할 수 없고 또 급수로(汲水路)를 끊게 되니 어떻게 침범해 오겠습니까."

2월 18일에 공조 판서에 임명되었다. 4월 19일에 의정부 좌참찬에 임명되었다. 9월에 임금이 제릉에 행행할 때 수행하는 포영사(布營使: 임금이 도성 밖으로 거동할 때 숙소 따위의 설비를 맡은 임시 벼슬)가 되었다. 11월에 좌참찬으로서 경상도 순변사가 되어 경상도를 순찰하였다.

69세 (1536년, 중종 31년)

69세 되던 1536년 7월에 좌상대장(左廂大將)으로서 포영사가 되었다. 10월 12에 함경도 관찰사가 되었으나, 삼공이 중종에게 "노련한 무신은 조정에 있게 해야 한다."라는 전일의 의논을 아뢰자, 바로 체직하여 내직에 머물게 했다.

70세 (1537년, 중종 32년)

70세 되던 1537년 4월에 특진관(特進官: 조선 시대에, 경연(經筵)에 참여하던 벼슬. 성종 2년(1471)에 설치하였는데 처음에는 삼품 이상의 문관에게만 주었다.)에 임명되었다. 4월에 공조 판서가 되었다. 7월 12일에 의정부 좌참찬에 임명되었다.

10월 24일에 병조 판서에 임명되었다. 이 소식을 들은 진주에서는 온 고을의 영광으로 여겼다. 계모 안 씨가 병으로 눕게 되어 달려 왔으나 임종하지 못했다.

71세 (1538년, 중종 33년)

71세 되던 1538년 5월에 특진관에 임명되었다. 10월 9일에 의정부 우참찬에 임명되었다. 1532년 4월에 처음으로 의정부 우참찬에 임명된 이후 의정부 참찬에 세 번이나 임명되었다.

74세 (1541년, 중종 36년)

74세 되던 1541년 7월에 동지중추부사가 되었다.

75세 (1542년, 중종 37년)

75세 되던 1542년에 상소를 올려 병으로 물러나겠다고 하자, 중종이 관찰사에게 교서를 내려 음식물을 내리게 하고, 조리를 잘 하여 다시 조정에 올라오라고 하였다.

77세 (1544년, 중종 39년)

77세 되던 1544년 3월에 상호군(上護軍: 조선 시대에, 오위(五衛)에 속한 정삼품 벼슬. 보직이 없는 문관과 무관, 음관(蔭官)으로 채웠다. 상장군을 고친 것이다.)이 되었다. 4월에 동지중추부사가 되었다.

80세 (1547년, 명종 2년)

80세 되던 1547년 1월 27일에 왕위를 계승한 명종이 동지중추부사에 임명하였다. 그리고 정헌대부로 품계를 올려 주었다. 이해 80세를 일기로 별세하였다.

남은 이야기

북경에 두 번 사신으로 다녀왔으며, 변방에서 늙도록 벼슬했으므로 호탕한 뜻이 있었다. 관직에서 물러나 고향 송곡면의 영천강(潁川江) 강변(오늘날의 진주시 금곡면 정자리 홍정마을)에 정자를 짓고 이름을 명홍정(冥鴻亭)이라 하였으며, 만 권의 책을 쌓아두고 읽으며 싫증나는 줄을 몰랐다고 한다.

공은 아들 의석(義碩)과 딸 셋을 두었다. 맏딸은 하결(河潔)과, 둘째 딸은 류홍(柳泓)과, 셋째 딸은 정항(鄭沆)과 각각 혼인을 하였다.

공의 사후 10년째 되는 1557년(명종 12)에 명종 임금이 공에게 장호공(莊胡公)이라는 시호를 내렸다.

教旨
교지

卒知中樞府使曹潤孫諡莊胡公彌年壽考兵甲極作
죽은 지중추부사 조윤손에게 장호(莊胡)라는 시호를 내린다.
장수했으므로 호(胡)라 하고, 군사에 뛰어났으므로 장(莊)이라 한다.

嘉靖 三十六年 二月 日
가정 36년(1557) 2월 일

2. 비문

정헌대부 의정부 좌참찬 겸
오위도총부 도총관 지훈련원사 조공 묘비

가선대부 행 상호군 어득강이 글을 짓고,
성균관 진사 황기로가 글씨를 쓰다.

공의 성은 조씨이고, 이름은 윤손, 자는 억지이며, 본관은 창녕으로 고려 8대 평장사 조자기의 후손이다. 아버지는 가선대부 경주 부윤 경주진 병마절제사 숙기인데, 진주 송곡으로 진양 정씨에게 장가들어 그곳에 살게 되었다. 아들 둘을 두었는데, 연손이 바로 공의 형이다. 공의 아버지가 강릉 대도호부사가 되었을 때 공의 형제도 따라갔다가 불행히도 형이 먼저 세상을 떠났고, 이어서 어머니도 별세하셨다. 공은 아직 어렸음에도 두 관을 붙들고서 험하고 먼 길을 무릅쓰고 고향으로 반장하였다.

공은 교양 있는 가정에서 태어나 24세에 무과에 급제하여 선전관이 되었다. 집정자가 그 자질을 훌륭하게 여김에 바로 양산 군수에 제수되니, 당시 공의 아버지가 경주 부윤으로 재임 중이어서 문안드리기에 편하였다. 6년 만에 교체되어 내직으로 들어가 군기시 첨정이 되었으나, 공의 아버지가 나이 일흔 여섯으로 고향에서 노년을 보내고 있었으므로, 봉양하고 문안드리기 위해서 직급이 낮은 웅천 현감을 자청하였다.

얼마 안 있어 아버지가 돌아가시자 시묘살이를 하였다. 삼포의 향화왜인이 반란을 일으키자, 공에게 임금의 명령이 내려지니 상복을 벗고 소탕에 나서 제포[1]에서 왜인 삼백여 명의 목을 베었다. 공의 공훈이 기록되어 절충장군으로 승진되었다.

상복을 벗자 통정대부 갑산 도호부사가 되었다. 얼마 안 있어 오랑캐가 갑자기

---

1) 제포(薺浦): 지금의 진해시(鎭海市) 제덕동(齊德洞).

쳐들어왔다. 공이 추격하여 죽이고 사로잡으며, 노략질해 간 것을 다 되찾아 돌아왔다. 그 공으로 가선대부 북도 병마절도사로 승진하여 경성에 주둔하였다. 이윽고 임기가 만료되어서는 경상 좌우병수영으로 자리를 옮겼다.

조정에서 의논하기를 공이 힘쓴 것이 이미 많으며, 또 청렴하고 유능하다 하여 특별히 한 품계를 건너뛰어 자헌대부 지훈련원사 겸 평안도 병마절도사로 삼으니, 영변에 주둔하였다. 그때 만포[2]의 변란이 있자 공에게 다시 전직(前職)[3]을 맡도록 명했다. 다시 2년을 머물렀다가 내직으로 들어와 한성 판윤이 되었다. 공조 판서에 임명된 것이 다섯 번이요, 의정부 참찬에 임명된 것이 세 번이었는데, 참찬은 모두 특명에 의한 것이다.

공은 계모 안 씨를 섬김에 반드시 정성과 공경을 다했다. 비록 조정에서 판서까지 지냈지만 와서 문안드릴 때는 반드시 역마를 탔다. 한번은 휴가를 청하여 내려와 있었는데, 임금의 편지가 역마를 달려 전달되었다. 그것은 바로 공을 병조 판서에 임명한다는 것인지라, 온 고을이 영광으로 여겼다. 행장을 재촉하여 상경하였다.

모부인이 병으로 눕게 되자 공이 또 달려왔으나 임종하지는 못했다. 상복을 벗자 다시 참찬이 되었다. 공은 나이 74세에 글을 올려 병으로 물러나겠다고 하였다. 임금이 관찰사에게 교서를 내려 음식물을 내리게 하고 조리를 잘 하여 올라오도록 하였다.

공은 북경에 다섯 번 사신으로 다녀왔고, 또 변방에서 늙도록 근무하였다. 편안히 늙고 싶은 뜻이 있어, 그 시냇가 정자의 이름을 명홍이라 하였다. 만 권의 책을 쌓아 두고 시를 읊조리며 권태로움을 잊었다.

정미년(1547)에 공은 부름을 받아 서울에 있었는데, 금상[명종]이 왕위를 계승하여 특별히 정헌대부로 품계를 올려주었다. 공은 나이가 여든이라 곧 고향으로 돌아왔고, 얼마 되지 않아 별세하였다.

---

2) 만포(滿浦): 평안북도 강계군(江界郡) 만포면(滿浦面)으로서 현재 북한의 자강도(慈江道) 만포시(滿浦市).
3) 전직(前職): 평안도 병마절도사(平安道兵馬節度使).

공은 심오한 기지로써 변란에 대응하였으며, 힘들고 어려운 일을 피하지 않았다. 공이 여연4)에 주둔하여 오랑캐를 소탕할 적엔 밤에 갑옷을 벗지 않았다. 북도[함경도]에 주둔할 때는 무산과 풍산의 진을 요충으로 옮겨 설치하였고, 관서[평안도]에 주둔할 때는 산양회5)의 진을 다시 설치하였고, 또 고합기의 진을 새로 설치하였다. 합포6)에 주둔할 때는 남해의 미조항, 상주포, 곡포에 진을 새로 설치하였다. 남쪽 변방을 순찰할 때는 또 웅천의 가덕도에 진을 설치하였고, 좌수영을 동래의 해운포로 옮겼다.

공은 가슴 속에 온축한 바가 있어 처리하는 일마다 사태에 적절하였으며, 환란을 미리 대비하여 남쪽이나 북쪽이나 걱정할 것이 없게 되었다. 옛사람이 이르기를, "연회하는 자리에 있으면서 외적의 침략을 무찌른다." 했는데, 공은 이 말에 부끄럽지 않다.

공은 부귀가 이미 넉넉해졌으나, 그 경사를 함께 누릴 분이 안 계심을 한스럽게 여겼는데, 이제 돌아가신 모친 정씨가 정부인으로 봉해지자 부친의 묘소를 아주 잘 꾸몄다. 관례에 따라 부친에게는 자헌대부 병조 판서 지경연춘추관사 홍문관 제학이 추증되었고, 조부 통정대부 지운산 군수 안중에게는 가선대부 병조 참판이 추증되었고, 증조부 통훈대부 서운관정 경에게는 통정대부 이조 참의가 추증되었다.

공은 진사 강조수의 딸에게 장가들어 딸 셋을 낳았는데, 첫째는 찰방 하결에게 시집갔고, 둘째는 가선대부 경상좌도 병마절도사 진산군 유홍에게 시집갔고, 셋째는 선비 정항에게 시집갔다.

득강은 어릴 적부터 공과 더불어 놀았고, 또 강씨 문중과 내외종간으로 공의 사정을 잘 알고 있으니 묘갈을 지음은 정에서 나온 것이니 어찌 주인이 청하기를 기다리겠는가? 명은 이러하다.

---

4) 여연(閭延): 세종 때 압록강 일대에 설치하였던 사군(四郡)의 하나로서, 오늘날의 중강진(中江鎭) 부근.
5) 산양회(山羊會): 이산군(理山郡)의 일부로서 일명 산양호(山羊湖).
6) 합포(合浦): 지금의 마산시(馬山市) 합포구(合浦區).

山東華冑。	산동의 빛나는 문벌이요,
山西勳骨。	산서의 씩씩한 무골이라.
少喜翰墨。	어려서부터 문필을 좋아하더니,
終不投筆。	끝내 붓을 던지지 않았네.
姿雖虎乙。	모습은 호랑이 무늬로되,
文則豹變。	문장은 표범처럼 변하여
南北夷人。	남쪽과 북쪽의 오랑캐들은,
盡識鐵面。	이 굳센 얼굴을 모두 알고 있네.
身已許國。	몸을 이미 나라에 바쳤고,
志猶裹革。	뜻 또한 전장에서 죽으려 하여
世掌北門。	대를 이어 북쪽 관문을 장악해,
久鎖鑰基。	오래도록 요충에다 자물쇠 질렀네.
布城堡。	성과 보루를 배치하니,
無不扼吭。	요충 아닌 곳이 없었고
狗鼠遠遁。	개와 쥐들이 멀리 달아남에,
山海無恙。	산과 바다에 걱정이 없네.
入步墨廊。	들어와서는 조정에 거닐고,
出擁旋節。	나가면 국방을 맡았는데,
髀肉將盡。	허벅지 살이 닳아 없어지려 하니,
年及於耋。	나이 여든에 이르렀네.
若策其勳。	그 공을 기록한다면,
宜用鼎鍾。	솥과 종에 새겨야 마땅하며
雅歌征虜。	오랑캐 정벌한 일을 노래로 부른다면,
敦詩邵公。	시경의 소공에 못지않네.
公亦樂此。	공 또한 이를 즐겨,
用此以終。	여기에 평생을 바쳤으니
方其盛時。	바야흐로 영화롭던 시절에는

享以公侯。	공후로 대접받았네.
一朝衰顔。	어느덧 얼굴 빛 시들어,
但見螭頭。	비석의 이수만 보일 뿐이니
孟嘗之墓。	맹상군(孟嘗君)의 무덤에도
亦有荊蕪。	가시덤불 우거졌네.
先碑獨立。	부친 비만 홀로 서서,
雨露旣濡。	비와 이슬에 젖어 있더니
今刻第二。	이제 두 번째 비를 새기니,
孝亦不匱。	효성 또한 다함이 없네.
萬古名州。	만고의 이름난 고을에,
惟公父子。	오직 공의 부자가 드러났도다.

명나라 가정 28년 조선 10대 기유년(1549) 12월 일에 비석을 세우다.

正憲大夫議政府左參贊兼五衛都總府都總管知訓鍊院事曺公墓碑

嘉善大夫行上護軍魚得江撰
成均進士黃耆老書

1) 公姓曺諱潤孫字億之昌寧人高麗八代平章曺子奇之後皇考嘉善大夫慶州府
   尹慶州鎭兵馬節制使諱淑沂娶晋陽鄭氏于州之松谷因家焉有二子曰年孫卽

2) 公之兄也其爲江陵大都護府使也公兄弟趍庭不幸兄失鴈行繼有妣夫人之喪
   公尙少扶兩櫬冒險遠得返于鄕公生於詩禮年二紀出身於武爲 宣傳官執政

3) 器其資直授梁山郡守時府尹公莅慶州便於觀省六期瓜代入爲軍器僉正府尹
   公以年七十六老於鄕公爲養與觀降求熊川縣監未久棄養公廬墓三浦向化倭

4) 叛亂　有命于公釋衰卽戎斬倭三百餘級於薺浦錄公之勳陞折衝將軍服関爲
通政大夫甲山都護府使未久賊胡猝至公追逐斬獲盡還所掠以功陞嘉善大夫

5) 北道兵馬節度使建節鏡城旣瓜移節慶尙左右兵水營　朝議以公宣力旣多且
有廉能特超一階資憲大夫知訓鍊院事兼平安道兵馬節度使建節寧邊時有滿

6) 浦之變　命公再持前節又留二期入爲漢城判尹爲工曹判書者五議政府參贊
者三而參贊皆　特命也公事後母安氏必盡誠敬雖在於朝以經判書來覲必乘

7) 馹騎詣營謁告而來有所　有旨書狀馳馹而來者乃除公兵曹判書也一鄕榮之促
裝上京及夫人寢疾公又馳來未及啓手服闋復爲參贊公以年七十四上章告病

8) 下書觀察使賜以食物調治上來公五朝北京又老於邊有佚老之志名其溪亭曰
溟鴻貯書萬卷嘯咏忘倦歲丁未公被召在京　今上嗣服特加正憲大夫公以年

9) 八十尋卽還鄕因而易簀公沈機應變不避艱險其鎭淸闉延也夜不解甲鎭北道
也移置茂山豊山于要衝鎭關西也復設山羊會又新設古哈歧之鎭鎭合浦也新

10) 設南海之弥助項尙州浦曲浦巡察南邊也又設熊川之可德島移左水營于東萊
之海雲浦公之胸中所蘊動合機宜陰雨桑土南北無虞古人云折衝樽俎公無媿

11) 焉公富貴已足恨不其慶今封先夫人鄭氏貞夫人治先公之墓制極精微例贈資
憲大夫兵曹判書知　經筵春秋館事弘文館提學祖父通政大夫知雲山郡守顏

12) 仲嘉善大夫兵曹參判曾祖通訓大夫書雲觀正勛通政大夫吏曹參議公娶進士
姜兆壽之女生三女一適察訪河潔次適嘉善大夫慶尙左道兵馬節度使晉山君

13) 柳泓次適秀才鄭沆得江少與公遊又於姜門中表諗公情也何待主人之請銘曰

14) 山東華冑山西勍骨少喜翰墨終不投筆姿雖虎乙文則豹變南北夷人盡識鐵面
　　身已許國志猶裸革世掌北門久鎖鑰基布城堡無不扼吭狗鼠遠遁山海無恙入

15) 步壘廊出擁旋節髀肉將盡年及於耋若策其勳宜用鼎鍾雅歌征虜敦詩邵公公
　　亦樂此用此以終方其盛時享以公侯一朝衰顔但見螭頭孟嘗之墓亦有荊蕪先

16) 碑獨立雨露旣濡今刻第二孝亦不匱萬古名州惟公父子

　　皇明嘉靖二十八年朝鮮十葉歲己酉十二月　日立碑

3. 조선왕조실록에 실린 장호공 관련 기사

36세 (1503년)
<양산 군수>

◎ 연산군 09/01/08[사간 이의손 등이 윤탕로의 서용이 부당함을 아뢰다]

이의손(李懿孫)이 아뢰기를,
"**조윤손**(曹潤孫)은 처음 선전관에 제수되었다가 겨우 3년이 지났는데, 갑자기 4품직으로 승진시킨 것은 매우 과람(過濫: 분수에 지나침)합니다." 하고, ……

◎ 연산군 09/01/09[집의 김율이 윤탕로 등의 일을 아뢰다]

경연에 납시었다. 집의(執義) 김율(金硉)이 아뢰기를, …….
"윤탕로(尹湯老)·김계종(金繼宗)은 죄가 강상(綱常: 삼강 오륜)을 범하여 모두 죄안(罪案)에 기록되어 있으니, 비록 발명(發明: 해명)되었다 하더라도 그 처음에는 자복(自服: 자백하여 복종함)을 했으니, 서용할 수는 없습니다. **조윤손**(曹潤孫)은 선전관(宣傳官)에 임명된 지가 3년이 안되어 갑자기 4품직에 승진되었으니, 우리나라의 관제(官制)에 의정부나 육조(六曹)의 낭청(郞廳: 조선 시대 정오품 통덕랑 이하의 당하관을 통틀어 이르던 말)은 임기가 만료되어야 승진됩니다. 진실로 덕망이나 재능이 있으면 이 한계에 구애되지 않지만, **조윤손**은 재덕이 없는데 이에 이른 것은 매우 온당치가 못합니다.

◎ 연산군 09/01/10[대사간 최한원이 조윤손의 승진에 대해 아뢰다]

경연에 납시니, 대사헌 최한원(崔漢源)이 아뢰기를,
"근일에 양사(兩司: 사간원과 사헌부)가 아뢴 일은 윤허하지 않을 수 없습니다. **조윤손**(曹潤孫)을 갑자기 4품직에 승진시킨 것도 진실로 불가하오며, 더욱이 남쪽 지방은 변방 고을에 비교할 수 없는데, 아무런 경력도 없는 사람으로 하여금 수령에 임하게 할 수는 없습니다." 하였으나, 답하지 않았다.

◎ 연산군 09/01/13[지평 방유령 등이 김효손·조윤손의 일을 아뢰다.]

　　지평 방유령(方有寧), 정언 홍숙(洪淑)이 합사(合辭)하여, 김효손·**조윤손**(曹潤孫)의 일에 대하여 여러 번 아뢰었으나, 들어주지 않았다.

◎ 연산군 09/01/14[경연에 나와서 ≪통감강목≫을 강하다.]

　　경연에 납시어 ≪통감강목(通鑑綱目)≫을 강하는데, 당(唐)나라 현종(玄宗)의 본기(本紀)에, 황제가 촉(蜀) 땅으로 도망가는 대목에 이르러, 영사(領事) 이극균(李克均)이 아뢰기를,

　　"당나라는 태평한 지가 오래되어 군신이 구차하게 안일(安逸)만을 취하고 마음이 태평하여 반성할 줄 몰랐기 때문에, 이같은 변란이 있어도 깨닫지 못한 것입니다. 옛날부터 군주의 환난은 태평에 젖은 데서 패란(敗亂)하게 됨이 많았습니다. 옛날에 '수성(守成: 창업(創業)을 이어받아 지킴)이 창업(創業)보다 어렵다.'고 한 것은, 뜻이 있어서 한 말이니, 후세의 태평시대의 군주가 마땅히 깊이 경계할 바입니다."
하였다.

　　지평(持平) 방유령(方有寧)이, **조윤손**(曹潤孫)·김효손(金孝孫)의 일을 논계했으나, 들어주지 않았다.

◎ 연산군 09/01/14[조윤손 등의 일에 대해 전교하다.]

　　이극균(李克均)에게 전교하기를,

　　"**윤손**(潤孫)을 갑자기 승진시킨 것은 외척(外戚)이기 때문이요, 김효손에게 관직을 제수한 것은 조종(祖宗) 때로부터 어찌 그러한 사람이 없겠으며, 재상(宰相)으로서 재능 없이 제수된 자가 또한 어찌 김효손과 같은 사람이 없겠는가? 그런데 말하기를 이와 같이 하는 것은 무슨 까닭이오?" 하니,

　　이극균이 아뢰기를,

　　"신은 **윤손**의 사람됨을 알고 있는데, 어찌 그 직무를 감당하지 못하겠으며, 김효손과 같은 사람이 어찌 다만 한두 사람이겠습니까? 지금 대간의 말이 지리(支離: 갈피를 잡을 수 없음)한 것 같지마는 그러나, 요(堯)·순(舜)의 도(道)가 아니면

감히 임금 앞에서 진술하지 못하는 것이므로 감히 간쟁(諫爭)하는 것뿐입니다. 또 이전에는 경연관(經筵官)들이 일찍 모여서 서로 논란하여 고문(顧問)에 대비하였는데, 지금은 전하께서 너무 일찍 전(殿)에 납시니 어느 여가에 토론하겠습니까?" 하였다.

전교하기를,

"경연관들은 모두 한 시대의 선량(選良)들인데 어찌 꼭 그때에 임하여 토론하는가? 지금 보니 온갖 사무를 보는 사람이 마음이 해이해져서, 내가 만일 늦게 일어나면 재상도 또한 반드시 늦게 오니 이것은 사체(事體: 사리(事理)와 체면(體面)을 아울러 이르는 말)에 있어 어떠하오? 근래에 대간(臺諫)은 비록 작은 일이라도 명이 내리기만 하면 심각하게 의논하고 극단적으로 말하여, 상[임금]으로 하여금 손을 놀리지 못하게 하니, 이것은 무슨 풍습이오?" 하니,

이극균(李克均)이 아뢰기를,

"상의 전교가 지당합니다." 하였다.

◎ 연산군 09/01/15 [경연에 나와서 ≪통감강목≫을 강하다. 양귀비가 처형당하는 대목에 이르러 대신들에게 묻다.]

햇무리가 졌다. 조하(朝賀*)를 받고 경연에 납시어 ≪통감강목≫을 강하는데, 양귀비(楊貴妃)가 처형당하는 대목에 이르러,

왕이 돌아보고 묻기를,

"꼭 양귀비를 죽여야만 옳은가?" 하매,

시독관(侍讀官) 강징(姜澂)은 아뢰기를,

"양귀비가 화란의 근본이므로 꼭 죽인 뒤라야 백성들의 마음이 쾌했을 것입니다. 명황(明皇)이 양귀비를 총애해서 안녹산(安祿山)을 잘못 대우했으므로, 그 재앙이 이에 이른 것입니다." 하고,

영사(領事) 유순(柳洵)은 아뢰기를,

"명황이 몹시 여색을 좋아해서 마음이 미혹되었으므로, 이임보(李林甫)와 같은 소인이 그 틈을 타서 간사함을 부릴 수 있었습니다. 옛말에 '안으로 여색에게 빠진

다.' 하였으니, 군주로서 여색에 빠지면 패망하지 않는 사람이 적습니다. 이것은 고금의 밝은 거울입니다." 하였다.

집의(執義) 김율(金硉)은 아뢰기를,

"선왕(先王)이 제정한 법은 모두 관계(官階)를 따라서 임용하게 되는데, 어찌 **윤손**(潤孫) 한 사람을 위하여 조종의 법을 무너뜨릴 수 있겠습니까?" 하니,

왕이 이르기를,

"작상(爵賞: 벼슬을 새로 주거나 높여 주어 표창하던 일)이 아무리 중하더라도 말을 이같이 해서는 안 된다." 하였다.

> **조하(朝賀)** 동지, 정조(正朝), 즉위, 탄일 따위의 경축일에 신하들이 조정에 나아가 임금에게 하례하던 일. 또는 그런 의식. ≒조하례.

◎ **연산군 09/01/17**[특진관 송일이 왕자들을 경재소(京在所: *)에 참여시키지 말 것을 건의하다]

헌납(獻納) 이원성(李元成)은 아뢰기를,

"**조윤손**(曹潤孫)의 일은 난처해 할 것이 없습니다. 전일에 대신들에게 물으셨을 때, 대신들이 조숙기(曹淑沂)의 아들이라고 아뢴 것은 공론이 아니니, 빨리 개정해야 합니다."하니,

왕이 이르기를,

"**윤손**이 만약 용렬하고 우매하면 대신들이 어찌 그 아비의 일로써 거짓 칭찬했겠는가?" 하였다.

지평(持平) 권주(權輳)는 아뢰기를,

"무예(武藝)를 가졌으면 변방의 큰 고을을 맡길 것이지, 하필 남방의 극군(劇郡: 일이 많은 고을)을 맡기옵니까? **윤손**이 과연 현명하다면 대간 중에 어찌 한 사람도 <그 현명함을> 듣지 못했겠습니까?" 하니,

왕이 이르기를,

"대신(大臣)들의 대답이 저와 같은 것은, 다만 알고 있는 일만을 말했을 뿐이다.

만약 무신(武臣)이라고 해서 언제든지 변방만 맡기게 된다면 이것도 또한 치우친 일이다." 하였다.

> **경재소(京在所)** 지방의 연고자가 서울에서 해당 지방을 위하여 여러 가지 일을 조정·주선함과 동시에 연락을 꾀하며, 지방 수령의 견제 임무까지 담당하였던 기관. 유향소(留鄕所)에 대비되는 기관인데, 직원으로 당상(堂上)·별감(別監)이 있었음. 이 제도는 본래 군·현의 유력자를 서울에 파송 주재케 하여 그 지방에 대한 편의를 꾀하게 하는 것이었음.

◎ 연산군 09/01/17[지평 방유령 등이 조윤손·김효손의 일을 논계하다.]

지평 방유령(方有寧)과 정언 홍숙(洪淑)이, **조윤손**(曺潤孫)·김효손의 일을 논계(論啓: 신하가 임금의 잘못을 따져 아룀)했으나, 들어주지 않았다.

◎ 연산군 09/01/19[대간이 조윤손·김효손의 일을 논계하다.]

대간이 **윤손**(潤孫)·효손의 일을 논계했으나, 들어주지 않았다.

◎ 연산군 09/01/20[대간이 조윤손 등의 일을 논계하다.]

대간이 **윤손**(潤孫)·효손의 일을 논계했으나, 들어주지 않았다.

39세 (1506년)
<중종반정 모의>

◎ 중종 01/09/08[공신을 책정하다.]

《사신은 논한다. …… 또 논한다. 연산 말년에 장차 복망(覆亡)할 화가 있었으나, 조정에 있는 뭇 신하는 한 사람도 계교를 내어 의를 외치는 일이 없었으되, 전라도에서는 유빈(柳濱)이 거사할 것을 모의하여 서울과 지방에 격문을 띄웠고, 경상도에서는 **조윤손**(曺潤孫) 등이 가까운 친척인 윤탕로(尹湯老)와 더불어 기병할 것을 협모(協謀)했으나 거사하기에 미치지 못하였는데, 마침 박원종 등이 먼저 대의(大義)를 세움에 힘입었으니, 삼공 육경은 목숨을 보존할 수 있었던 것만으로

도 족하다 할 수 있다. 그런데 훈맹(勳盟: 조선 시대 임금과 공신(功臣)이 짐승을 잡아 하늘에 제사 지내고 단결을 맹세하던 일)에 참여해서는 부끄럽게 여기지 않고 또 자제로 하여금 훈적(勳籍)에 참여하게 하였으니, 그 이른바 공이 무슨 일인지 알지 못하겠다. 그뿐만이 아니라 연줄로 인하여 참여하기를 청한 자가 얼마인지를 모르겠으니, 이와 같은 류는 족히 말할 것도 못된다. 그러나 우의정 김수동은 한때의 명류(名流)로 어머니의 복제 중이었으니, 추대한 뒤에는 곧 돌아가 상제 노릇하는 것이 옳거늘, 공을 논한 뒤에 조용히 집으로 물러나 유자광에게 묻기를, '아우 김수경은 어떤 등급의 공에 기록되었느냐?'라고 하였다. 수동은 조금 지식이 있으면서도 탐욕스러움이 이와 같았는데, 하물며 다른 사람이겠는가.≫

42세 (1509년)
<웅천 현감>

◎ 중종 04/03/12[유순 등이 웅천·동래 등처의 왜노 문제, 조윤손·최수문의 일 등을 아뢰다.]

유순·박원종·유순정이 아뢰기를,

"웅천(熊川)·동래(東萊) 등처에 왜노(倭奴)가 와서 거주하는 자가 많습니다. 그러므로 우리나라 인물이 혹 포로가 되면 변장(邊將)을 추고(推考: 벼슬아치의 죄과를 따져봄)하여 체차(遞差: 관리의 임기가 차거나 부적당할 때 다른 사람으로 바꾸는 일)하는 것이 예입니다. 다만 왜노의 출입에는 스스로 관한(關限)이 있어서, 전에는 넘지 못하였습니다. 만일 범하는 자가 있으면 변장이 문득 금억(禁抑)하므로, 왜노가 기탄(忌憚: 어렵게 여겨 꺼림)하여 변장을 모해해서 자횡(恣橫: 방자한 생각이나 마음을 가짐)하고자 꾀하여, 혹 인물을 살해하고 인가를 불사르니 변장은 죄를 입을까 두려워 반드시 하는 대로 좇습니다.

지금 웅천 현감이 감사에게 결재를 받아 가덕도(加德島)에서 재목을 벌채하여 관사(官舍)를 수선하고자 함은 대개 부득이한 바입니다. 만약 국가에서 왜노의 자횡을 보고 반드시 변장을 체직하면, 왜노가 더욱 독을 부릴 것이니 국가에서 변장을 선택하는 도리에도 또한 구애되는 바입니다.

변장이 만약 왜노와 사사로이 서로 무매(貿賣: 이익을 남기고 팔기 위하여 물건을 사들임)하여 불의한 일로 왜노에게 욕을 보거나 혹 인물을 약탈당한 자는 마땅히 치죄하여 체직(遞職)하여야 합니다. 공사로 인하여 낭패를 이룬 것에 대해 그 죄를 논하지 않으면 수령이 되어 또한 그 직책을 수행할 수 있을 것입니다. 그리고 이 뜻으로써 왜노에게 개유(開諭: 사리를 알아듣도록 잘 타이름)하면, 왜노도 또한 감히 사사로운 원한으로 보복하여 이런 자휭을 하지는 못할 것입니다.

남방의 염포(鹽浦)·동래 등과 같은 곳의 수령과 만호를 당상관으로 차견(差遣)할 일을 앞서 순정이 계청(啓請)하였는데, 웅천만은 홀로 당상관을 차견하지 않았습니다. 지금 현감 **조윤손**(曺潤孫)은 합당한 사람이나, 그러나 당상관으로 승진시켜 차송(差送)하는 일은 아래에 있어서 감히 계청하지 못하오나, 그 인품만은 당상관에 합당한 사람입니다.

최수문(崔守文)은 사족(士族)인데 일찍이 만호가 되어 도적의 와주(窩主: 도둑이나 노름꾼 따위 소굴의 우두머리. 또는 그들의 뒤를 봐주는 사람)가 되었으니, 그 죄는 마땅히 목을 베어야 됩니다. 근래 강변 육진(六鎭) 등처에 인물이 유리(流離)하여 풍산(豐山)·무산(茂山) 같은 곳은 더욱 허소(虛疎)합니다. 지금 수문은 무재(武才)가 있는 자이니 풍산 등처에 옮겨서 채우소서.

한석동(韓碩同)이란 자는 가권(家眷: 호주나 가구주에게 딸린 식구)이 몹시 많으니, 수문과 함께 풍산·무산 등처에 옮기소서. 그리고 사민(徙民)의 도망한 자가 지금 같은 때가 없으니 마땅히 특별히 금방(禁防)하여야 합니다. 또 무릇 죄를 지어 응당 들어가 거주하여야 할 자는 모두 극변(極邊: 아주 먼 변방)에 옮기는 것이 합당합니다." 하니,

전교하기를,

"아울러 아뢴 대로 하라. 다만 **조윤손**은 당상관으로 올려 보내고자 하는 것인가, 다른 당상관으로 차견하고자 하는 것인가? 내가 아뢴 뜻을 알지 못하겠다." 하였다.

유순 등이 다시 아뢰기를

"신 등은 윤손으로 당상관에 오르게 하고자 하는 것이 아니오며, 다른 사람을

차견하고자 함도 아닙니다. 대개 웅천은 당상관을 차견하지 않으면 안 되어서 그런 것이오니 마땅히 스스로 재결하소서." 하니

전교하기를

"**조윤손**은 이제 이미 제수하였으니 고쳐서는 안 된다. **윤손**이 체직할 때 당상관으로 차견하는 것이 옳다." 하였다.

◎ 중종 04/03/21 [조강에서 부산포 첨사 신공·성순동의 체임, 조윤손·이완·부민 고소 금지를 논하다.]

…… 박원종이 또 아뢰기를,

"웅천 현감 **조윤손**(曹潤孫)은 명망 있는 무신입니다. 만약 병·수사(兵水使)에 결원이 있으면 마땅히 이들로 주의(注擬: 벼슬아치를 임명할 때 임금에게 후보자 세 사람을 정하여 올리던 일)하여야 합니다. 대저 변장은 저양(儲養: 인재를 많이 모아 양성함)하지 않으면 안 되니, 만약 인물이 합당하면 첨정 이상은 승진시켜 당상을 삼아도 됩니다. 성종조에 육한(陸閑)은 사온령(司醞令: 사온서(司醞署)의 으뜸가는 벼슬. 품계는 종5품)으로 당상관이 되었습니다." 하고, …….

◎ 중종 04/03/21 [신공·성순동의 체차, 조윤손의 당상관 승차, 부민 고소법 거행 등을 전교하다.]

전교하기를,

"신공, 성순동은 체차(遞差)하고, 당상관에 오를 만한 사람으로 의망하라. 경상, 전라도 수사는 당상, 당하를 물론하고 널리 의망할 것이나, 제포 등지의 수령은 반드시 모두 당상관으로 차견(差遣)할 것은 없다. 다만, 웅천 현감 **조윤손**(曹潤孫)은 물망이 있으니, 특별히 당상관으로 올리는 것이 좋다. 부민이 고소할 수 없는 것은 스스로 그 법이 있으니 거듭 밝혀 거행하라. 평해 군수 이완(李琬)은 울산 군수 이세번(李世蕃)과 바꾸도록 하라." 하였다.

◎ 중종 04/03/22 [헌부가 대사헌 손주·윤세호·김세필의 개차, 금주법 시행 등을 청

하다.]

　…… 간원이 또한 김세필의 가자(加資: 품계를 높임) 개정할 것을 아뢰고, 또 아뢰기를, "부산, 염포, 웅천 등처는 모두 당상관으로 차견하였으니, 만약 탁이한 재주가 있거나 또 실력이 있으면, 당상에 올려도 되겠지만, 어찌 부산 등처를 위하여 새로 당상에 올리기를 두세 사람씩이나 합니까? 부득이 당상관으로 차견하면 무반 당상인 자도 한둘이 아닌데, 하필 당하관으로 당상에 올려 임명합니까? **조윤손**(曹潤孫)은 속히 개정하기를 청합니다." 하니,

　전교하기를,

　"김세필에게 가자한 일은 전례가 이와 같으면 개정하는 것이 좋다. **조윤손** 등은 그다지 용렬하지 않고, 또 지금 왜노가 교종(驕縱: 교만하여 제 멋대로 함)하니, 마땅히 당상관으로 변장을 삼아 위의(威儀: 위엄)를 보여야 한다는 일을 대신들이 말하고, 또 당상관 중에 합당한 이가 없어서 부득이 당하관을 올려 제수한 것이므로 외람(猥濫: 분수에 넘침)하다고 해서는 안 된다." 하였다.

◎ 중종 04/03/23[대간이 대마도 부사 박적손의 첨정 제수, 조윤손·이순의 당상직을 고치자 하다]

　…… 간원이 아뢰기를, "부산포 첨사 이우증(李友曾)은 훈련원 정(訓練院正)으로서 당상관에 올라 직차(職次)가 상당하나, **조윤손**(曹潤孫), 이순은 모두 품질(品秩: 품계)이 낮은 사람인데, 어찌 가볍게 당상을 제수합니까? 한갓 관직이 외람할 뿐만 아니라, 왜인이 보는 곳에서 모두 당상으로 차견하여 비어(備禦: 미리 준비하여 막음)의 달라짐을 보이면, 저들이 반드시 의심하고 두려워하는 마음을 가질 것입니다. 청컨대 개정하소서." 하니

　전교하기를

　"박적은 다른 예에 의거하여 개정하되, **조윤손**·이순의 일은 대신이 이미 건의하였으니 고치지 못한다." 하였다.

◎ 중종 04/03/24[간원이 조윤손·이순의 당상 제수와 군자감 판관 임호의 서용을

개정하자 하다.]

　간원이 **조윤손**(曹潤孫)·이순의 일을 아뢰기를,

　"전자에 최명동이 부산포 첨사가 됨에 사람들이 그 어짊을 칭찬하고, 왜노도 또한 그 염근(廉謹: 청렴하고 매사에 조심성이 있음)에 감복하니, 가히 초탁(超擢: 벼슬의 품계를 뛰어넘어서 높은 자리에 뽑아 씀)할 만하되, 다만 표리만을 상준 것은 작상(爵賞: 벼슬을 새로 주거나 높여 주어 표창하던 일)을 중히 여긴 것입니다. **조윤손**·이순이 뒤에 만약 실적이 있을 것 같으면 비록 당상관에 올리더라도 무방할 것입니다." 하고, ……

◎ 중종 04/03/25[석강에 나가다. 간원이 예조 좌랑 정순붕의 춘추 겸대를 개정하자 하다.]

　석강에 나아갔다. 간원이 **조윤손**(曹潤孫) 등의 일을 아뢰고, 또 아뢰기를,

　"사관(史官)의 임무는 일국의 공론이 달린 바입니다. 예조 좌랑 정순붕(鄭順朋)이 춘추(春秋)를 겸대(兼帶: 겸임)하였는데, 출신이 부정하여 전자에 이미 홍패(紅牌: 문과 급제자에게 주는 합격 증서)를 몰수하였다가 도로 주었으니, 이 사람으로 하여금 이 임무에 있게 하여서는 안 됩니다. 청컨대 체직하소서." 하였으며, 헌부가 임호(任浩)의 일을 아뢰었으나, 모두 윤허하지 않았다.

◎ 중종 04/03/26[조윤손의 일·당상관으로 울산의 수령과 만호를 임명하는 일 등을 의논시키다.]

　전교하기를,

　"**조윤손**(曹潤孫) 등이 당상관에 오른 일은, 오늘 경연에서 좌우의 대신들이 모두 불가하다 하고, 내 뜻도 또한 그렇게 여긴다. 비어할 방책이 없으면서 먼저 당상관으로 차견하면, 왜인의 성품이 본래 의심이 많은데, 어찌 의혹이 없겠는가? 왜노를 진압하여 복종하게 하는 것은 사람에게 있지 당상관에 있는 것이 아니다. 울산에는 병·수사의 영문이 있는데, 수령, 만호들도 또한 당상관이면 한 군 안에 관직이 과연 등급이 없을 것이요, 또 웅천, 동래 등의 수령이 어질지 못하다면

그만이지만, 쓸 만할 것 같으면 개만(箇滿: 임기 만료)이 지나지 않아 먼저 체직하는 것도 또한 옳지 않다. 삼공과 부원군 의상에게 의논하게 하라." 하였다.

◎ 중종 04/03/26[대간이 조윤손·정순붕·임호의 일을 아뢰니 정순붕의 일은 의논하게 하다.]

간원이 **조윤손**(曹潤孫) 등 및 정순붕의 일을 아뢰고, 헌부가 임호의 일을 아뢰니, 비답하기를,

"전순붕은 한 사람의 일이 아니다. 만약 그를 체직하면 반드시 한 방(榜)의 예가 될 것이니, 삼공에게 의논하라. 나머지는 윤허하지 않는다." 하였다.

◎ 중종 04/03/27[조강에서 영사 유순정이 왜노가 걸오하니 당상관으로 가려 임명하자고 청하다.]

조강에 나아갔다. 지평 권복(權福)이 **조윤손**(曹潤孫)을 당상관에 올려서는 안 된다는 뜻으로 아뢰었다. 영사 유순정이 아뢰기를,

"근자에는 왜노가 더욱 걸오(桀驁: 흉포하여 잘 복종하지 않음)를 부리니, 이는 복심지질(腹心之疾: 제어하기 어려운 외환)입니다. 무어(撫禦: 어루만져 다스림)하는 방도가 변장에게 있는 것인데, 전혀 가려서 임명하지 않기 때문에, 우리나라 능멸하기를 이와 같이 하는 것입니다. 만약, 품질(品秩)이 높은 사람을 가려서 임명하면 능히 진복시킬 수 있을 것입니다. 북방의 야인(野人)은 변장에게 오히려 위임할 수 있으되, 회령(會寧) 등처도 또한 당상관으로 임명하였거늘, 하물며 이 남방은 비어(備禦)가 가장 긴요하니, 비록 당상관으로 임명한다 해도 무방하지 않겠습니까? 작상(爵賞)은 진실로 가벼이 주어서는 안 되는 것이나, 그러나 무사(武士)는 반드시 상제(常制: 정해진 제도)에 구애할 것이 아닙니다. 전자에 전림(田霖)·김윤제(金允濟)·육한(陸閑) 등이 모두 차례를 건너뛰어 올라 제수되었고, 임혼(任渾)도 또한 부장(部將)으로서 당상관에 올랐으니 이미 전례가 있는 것이요, 홀로 오늘뿐이 아닙니다. 그리고 무사는 나이 젊은 때에 발탁하여 등용할 것이니, 만약 지기(志氣)가 쇠모되면 장차 어디에 쓰겠습니까? **조윤손** 등은 이미 당상관에 올랐고, 진

장의 궐원도 또한 이미 오래 됐으니, 지류(遲留: 오래 머무름)하여서는 안 됩니다. 부임한 뒤에 비록 개정하더라도 지금은 재촉하여 부임하게 하여야 합니다." 하니

   상이 이르기를,

"대신이 어찌 계료(計料)하지 않고 아뢰었으랴?" 하였다.

◎ 중종 04/03/27[간원이 왜노 진복을 위해 당상관을 임명하자는 대신의 말을 탐탁찮게 여기다.]

   헌부가 **조윤손**(曹潤孫) 및 임호의 일을 아뢰었다. 간원이 **조윤손** 등의 일을 아뢰기를,

"어제 대신이 의논하기를, '당상관으로 임명하여 보내면 왜노가 외복(畏服)하여 스스로 그칠 것이다.' 하였습니다. 우리에게 안으로 닦는 실상은 없으면서, 한갓 당상관으로서만 진복시키려 하면 또한 어렵지 않습니까? 들건대, 중원(中原: 중국)에 방금 일이 있어 서방이 장차 안정(安靖)하지 못하리라 하니, 남방의 일 없는 곳은 마땅히 안연하게 하고 흔단(釁端: 서로 사이가 벌어져서 틈이 생기게 되는 실마리)을 열어서는 안 됩니다." 하고, 또 정순붕의 일을 논하였으나, 윤허하지 않았다.

◎ 중종 04/03/28[대간이 조윤손·임호·정순붕의 일을 아뢰었으나 윤허하지 않다.]

   대간이 **조윤손**(曹潤孫) 등 및 임호·정순붕의 일을 아뢰었으나, 모두 윤허하지 않았다

◎ 중종 04/03/29[대간이 유경의 장오죄를 추문하자고 하다.]

   대간이 **조윤손**(曹潤孫) 등의 일을 아뢰고, 또,

"유경(柳溪)이 전에 평안도 절도사로 재임하였을 때 면포 7바리[駄]를 실어 온 일은 여기에 관련된 자들이 이미 본부에서 승복하여, 그 일이 매우 분명합니다. 그리고 금부(禁府)에 옮길 때 헌부의 추안(推案: 죄인을 문초한 내용을 기록한 문서)으로 참고할 것을 명하였는데도, 금부에서 참고하지 않은 것도 잘못입니다. 처음 적발하여 낼 적에 마침 한 농을 여니 모두 면포였으니 그 나머지도 또한 모두 면포일

것이 의심 없습니다. 일이 장오(贓汚: 부정한 물건을 받는 더러운 행위)를 범하였으니, 청컨대 다시 추문하소서." 하니,

전교하기를,

"남방은 지금 극히 허소(虛疏: 얼마쯤 비어서 허술하거나 허전함)하고, 북방도 또한 그러하니, 조정이 어찌 깊이 생각하여 의논을 정하지 않았으랴? 만약 조정의 공의(公議)를 따르지 않고 한결같이 대간의 말을 따랐다가 만일 변고가 있을 것 같으면 누구와 더불어 꾀하고 의논하랴? 대간은 이를 생각하지 않고 일체 개정하기를 청하니, 국가의 일을 경홀히 하는 것인가? 유경의 일은, 금란리(禁亂吏: 법령을 어기거나 위반한 자를 잡아들이는 관리)를 보내 이미 세 차례나 형벌하였고, 관련된 자들도 또한 다섯 차례나 형벌을 받았으니, 해명되었다고 할 수 있다. 근거 없는 일로 죄 주는 것은 불가하다. 다만 한 바리만이 면포였고 30필은 관찰사가 보낸 것이었으니 자기에게 들어간 것이 아니었다. 임호·정순붕의 일도 또한 윤허하지 않는다." 하였다.

또 아뢰니, 전교하기를,

"유경의 일은 마땅히 금부에 물으라." 하였다.

◎ **중종** 04/04/03[조강에서 유경의 일·왜노 진압을 위해 당상관을 파견하는 일을 논하다.]

영사 박원종이 아뢰기를,

"변방에 조치한 일은 신 등이 어찌 익히 계교(計巧: 요리조리 헤아려 보고 생각해 낸 꾀)하지 않고 건백(建白: 관청이나 윗사람에게 의견을 말함)하였겠습니까? 대저 재상이 건의하면, 대간이 반드시 대신이 의논한 바로써 사사롭다 하여 일체 막아 억누르려고 하니, 신은 비록 소견이 있는 일이라도 건백하기가 어렵습니다. 대간이 이르는바 저들이 의심을 낸다는 것은 반드시 이들 몇 사람의 당상관을 본 뒤에야 의심을 내는 것이 아닙니다. 흔단(釁端: 서로 사이가 벌어져서 틈이 생기게 되는 실마리)은 이미 드러났습니다. 도성 안에서 백주에 칼날을 뽑았습니다. 삼포에 있어서는 스스로 제한 구역을 설치하였으므로 변장이 만약 의장(儀章: 관리들의 예복에 표시하는 표지)이

있으면 진복시킬 수 있으니, 이제 변장이 왜노를 보고 이르기를, '이에 앞서 준 직책이 낮은 장수가 너희를 접대하는 데 도리를 잃었으므로 조정에서 특별히 당상관으로 차견한 것이다.' 하면 한편으로는 조정의 위엄을 보이는 것이고, 한편으로는 왜노의 마음을 기쁘게 하는 것입니다. 근래 우리나라 일을 보건대, 남방은 이미 변방의 흔단이 싹텄고, 서방도 또한 장차 일이 있을 것이니, 혹시라도 변고가 있으면 미처 도모하지 못할까 두렵습니다. 만약 무인을 등용한다면 모름지기 강장(强壯)한 때에 할 것이니, 노쇠해지게 되면 비록 높은 관작을 준들 무엇이 유익하겠습니까? **조윤손**(曹潤孫) 등은 모두 쓸 만한 사람입니다. …… 하니,

◎ **중종 04/04/11**[조참을 받고 조강에 나가 윤대를 듣다. 조윤손·여악·유생 잡직의 일을 논하게 하다.]

전교하기를,

"이우증(李友曾)은 직차(職次: 직책의 차례)가 상당하니 부임하여도 좋지만 **조윤손**(曹潤孫)과 같은 자들은 시방 논박을 입어 취직(就職: 직책에 나아감)하기 어렵다. 지금 방어하는 일이 긴요한데 이와 같이 진을 비워도 되는가? 삼공과 부원군 이상에게 의논하게 하라. 여악(女樂: 궁중에서 연회를 베풀 때에 여기(女妓)가 악기를 타고 노래를 부르며 춤을 추던 일. 또는 그 음악과 춤)은 안팎으로 하여금 모두 버리게 하는 것이 옳다. 그러나 중국 사신 연향(燕享: 국빈을 대접하는 잔치)에는 또한 우리나라 풍속으로 말하여 사용하였으니 전부 혁파하여서는 안 된다. 다만 진풍정(進豐呈: 궁중 향연의 하나로서, 진연(進宴)에 비하여 규모가 크고 의식이 더 정중하였음) 때는 또한 정해진 수가 있으니, 원래의 수에서 혹은 반을 감하고 혹은 3분의 1을 감하는 것이 어떠한가? 유생 잡직의 일도 또한 아울러 수의하라." 하였다.

◎ **중종 04/04/12**[부산포 첨사 이우증·염포 만호 이순·웅천 현감 조윤손이 배사하다.]

부산포 첨사 이우증(李友曾)·염포 만호 이순(李珣)·웅천 현감 **조윤손**(曹潤孫)이 배사(拜辭: 지방 수령이 왕에게 하직 인사를 드리는 것)하였다.

◎ 중종 04/04/13[대간이 합사하여 대신 추문할 것, 조윤손 등의 가자 개정, 김형보의 일을 논하다.]

대간이 합사(合司)하여 대신 추문(推問: 죄상을 추궁하여 심문함)할 것 및 **조윤손**(曹潤孫) 등의 가자 개정할 일을 청하여 격렬히 논하고, 아울러 김형보 등의 일을 논하였으나, 윤허하지 않았다.

◎ 중종 04/04/15[부제학 이세인 등이 조윤손 등을 명패로 재촉하여 보내라는 일을 논하다.]

부제학 이세인(李世仁) 등이 아뢰기를,

"**조윤손**(曹潤孫) 등의 일로 대간과 시종(侍從=侍從臣)이 논란하되 윤허하지 않으시니 이미 거간(拒諫: 간언(諫言)을 거절함)이 되는데 대신이 또 따라서 명패(命牌)를 내어 재촉하여 보내라는 말을 드렸으니, 임금을 인도하여 도리에 맞게 할 사람이 과연 이럴 수 있습니까? 건의를 이미 잘못하고, 또 대간의 입을 다물게 하여 말할 수 없게 하니, 이는 근고(近古)에 없는 일입니다. 대간이 아뢴 바가 매우 합당하니, 마땅히 속히 청납(聽納: 의견이나 권고 따위를 받아들임)하소서." 하니,

전교하기를,

"저들 세 사람의 당상관은 명분 없이 외람되게 가자(加資)한 것이 아니라, 변방 일을 위해서 그러한 것이다. 그 뒤 대신이 성종조의 고사를 들어 재촉해서 부임하게 한 것은 변방이 허소해서이니, 어찌 추문하랴? 저들 수령도 또한 모두 발정(發程: 길을 떠남)하였는데, 어찌 또 고치겠는가? 정령(政令: 정치상의 명령)을 이처럼 번삭(煩數: 번거로움이 잦음)하게 하여서는 안 된다." 하였다.

◎ 중종 04/04/16[대간이 합사하여 조윤손 등을 재촉하여 부임시킨 일로 대신을 추문하자고 하다.]

대간이 합사하여 **조윤손**(曹潤孫) 등의 일을 논하기를,

"전교에 '대신이 변방 일을 우려하여 한 조치일 뿐이다.' 하셨는데, 신들은 그렇지 않다고 말하겠습니다. 실로 변방을 방비하기 위한 조치라면, 변장은 일반인데,

동래 현령 김우증(金友曾)은 일찍이 이미 제수하고도 재촉하여 부임하게 하였다는 것을 듣지 못하였습니다. 그런데 오직 이우증 등 세 사람에 대하여서만 방금 대간 논의를 당하고 있는 때에 친히 아뢰어 보내기를 재촉하니, 이는 자기 뜻만 고집하고 공론을 억제하여 간쟁(諫諍)하는 길이 막히게 하고자 해서 그런 것입니다. 국가에서 대간을 설치한 뜻에 어떠하겠습니까? 대신이라고 용서하지 마시고 속히 추문하여 징계하게 하소서." 하고, 또 김형보(金荊寶) 등의 일을 논하였으나, 윤허하지 않았다.

◎ 중종 04/04/19 [조윤손 등 당상관 파견의 일을 동·서벽과 육조 판서·판윤 이상에게 묻게 하다.]

전교하기를,

"**조윤손**(曹潤孫) 등 당상의 일은 내 뜻에도 또한 무익하게 여겼으므로 이미 교대하여 차견하게 하였다. 대신이 말하기를, '마땅히 당상을 차견하여야 한다.' 하여도 내 뜻은 오히려 흡족하지 못하여 다시 부원군 이상에게 물었더니, 그들의 말이 또한 이와 같아서 중의가 이미 정하여졌으므로 좇은 것이다. 그런데 지금, 대간·시종이 모두 불가하게 여기고, 이 일은 실로 이해에도 관계가 없다. 그러나 조정의 뜻에는 어떠한지? 전일 건의한 대신은 바야흐로 탄핵을 입어 반드시 어려워할 것이니, 정부의 동·서벽(東西壁: 동벽과 서벽. 동벽은 동쪽 좌석에 앉는 벼슬아치를 가리키는 말로, 의정부 좌참찬·승정원 우승지 등이며, 서벽은 우참찬 등이 이에 해당한다.)과 육조 판서·판윤(判尹) 이상을 불러 다시 물으라." 하였다.

◎ 중종 04/04/19 [삼포의 진장 등의 당상은 고치되 이우증은 고치지 말고, 조윤손은 재임케 하다.]

김응기(金應箕)가 의논드리기를,

"왜노를 진복(震服: 두려워 떨면서 복종함)시킴은 사람을 얻는 데 있고, 직질(職秩: 벼슬의 등급)의 고하에 있지 않으니, 삼포의 첨사·만호 및 수령을 옛 법례대로 하는 것이 합당합니다. 첨사 등이 비록 이미 부임하여 왜노들이 의장(儀章)을 보았더라도, 도로 고쳐도 또한 무방합니다." 하고, 권균(權鈞)·이계남(李季男)·이집(李諿)·신용개(申用漑)·정광필(鄭光弼)·이점(李坫)·김전(金詮) 등의 의논도 대략 같으니, 전교하기를,

"이제 여러 의논을 보니, 모두 이와 같다. 진장(鎭將) 등의 당상을 고치되, 다만 이우증만은 이미 계제직(階梯職: 이력에 따라 직급이 차차 올라가는 벼슬)을 제수하였으니 고치지 말고, 그 나머지는 모두 개정하되, **조윤손**(曹潤孫)을 계속 재임하게 하고 이순(李珣)은 교체하여 경직(京職)을 제수하라."

하였다.

《사신은 논한다. **윤손** 등의 일은, 비답을 내린 이튿날에 대간이 논집하여 합사해서 복합(伏閤: 나라에 중요한 일이 있을 때에 조신(朝臣)이나 유생이 대궐 문 앞에 엎드려 상소하던 일)하기에 이르렀고, 홍문관도 또한 날마다 논계(論啓)하기 거의 한달 만에 비로소 윤허를 받을 수 있었다. 상은 처음에 제수하고자 하지 않았으나, 특히 박원종·유순정에게 끌리어 망설이게 된 것이었다.》

43세 (1510년)

<삼포왜란으로 상중에 출정함>

◎ 중종 05/04/17[김석철이 장계하여 왜군을 수륙 양공할 것을 청하다.]

김석철(金錫哲)이 장계하였다.

"신이 적의 형세를 보건대, 제포(薺浦)의 왜인이 많을 뿐 아니라 부산의 왜적이 아울러 제포로 향하고 대마도의 왜선이 연속하여 나오니, 그 뜻이 오래 웅천에 머물러 험한 곳에 웅거하여 변을 만들고자 하는 것입니다. 도내의 조사(朝士: 7품 이하 벼슬아치로서의 군사) 및 한량(閑良: 일정한 직사(職事)가 없이 놀고먹던 말단 양반 계층)으로 거상 중에 있는 용맹하고 건장한 자를 모두 기복(起復=기복출사(起復出仕): 어버이의 상중에 벼슬자리에 나아감)하여 종군하게 하고, 전 수사(水使) 정은부(鄭殷富)·현감 **조윤손**(曹閏孫) 역시 기복(起復)하게 하소서. 왜적이 웅거한 땅이 험하고 좁아서 동서쪽에 한 길이 있을 뿐, 군사를 내어 엄습하여 칠 다른 길은 없으니, 모름지기 수륙에서 같이 진공하여 적으로 하여금 앞뒤로 군사를 맞게 하면 승리를 얻을 수 있습니

다. 좌도의 병사·수사에게 명하여 신(臣)과 수륙으로 나란히 나가서 서로 성원하게 하소서."

45세 (1512년)
<갑산도호부 부사>

◎ 중종 07/03/25[헌부가 돈영 도정 우윤공을 탄핵하고 갈기를 청하다.]

간원이 또 아뢰기를,

"갑산 부사(甲山府使)를 수차 바꾸었기 때문에 그 고을이 잔폐(殘弊)합니다. **조윤손(曺閏孫)**은 전에 북도(北道)의 우후(虞候 ※)로 있을 때에 이 때문에 아뢰어서 갈았는데, 겨우 한 달이 지나서 또 길주(吉州)로 제수하였습니다. 그대로 갑산(甲山)에 차임하소서. 심순경(沈順徑)이 근 50년 전의 일을 가지고 사피(辭避: 사양하여 거절하고 피함)한 것을 문득 체직하도록 명하셨으니, 이것도 과실입니다." 하였으나, 윤허하지 않았다.

> **우후(虞侯)** 조선 시대에, 각 도에 둔 병마절도사와 수군절도사를 보좌하는 일을 맡아보던 무관 벼슬. 병마우후가 종삼품, 수군우후가 정사품이었다.

◎ 중종 07/03/27[대간이 강혼·오보·양문선 등의 일을 아뢰다.]

대간이 강혼(姜渾)·오보(吳堡)·양문선(楊聞善)·이효언(李孝彦)·유윤덕(柳潤德)·정은부(鄭殷富)·우윤공(禹允功)·박전(朴佺)·**조윤손(曺閏孫)** 등의 일을 아뢰었으나, 모두 윤허하지 않았다.

◎ 중종 07/04/01[참찬관 김세필 등이 ≪계몽≫에 대해 의견을 내다.]

장령(掌令) 김유(金鏐)·정언(正言) 채세걸(蔡世傑)이 강혼·오보·유윤덕·이효언·양문선·정은부·우윤공·박전·**조윤손(曺閏孫)** 등의 일을 아뢰었으나, 윤허하지 않았다.

우의정 성희안(成希顔)이 아뢰기를,

"정은부는 참으로 용감한 장수입니다. 그 전에 군관으로서 이계동을 따라 경사(京師)에 갔었을 때, 건주위(建州衛)의 야인(野人)이 정은부가 가진 물건을 빼앗자, 정은부가 노하여 몽둥이를 휘둘러서 치니 50여 인이 일시에 흩어져 도망하므로, 곧 빼앗겼던 물건을 되찾았습니다. 이계동도 참으로 만인을 대적할 사람이라고 합니다. 신해년(성종 22년, 1491) 북정(北征) 때 이계동은 한후장(捍後將)이고 정은부가 군관으로서 따라갔는데, 갑자기 적군 6~7명이 말을 타고 나타나 활을 쏘면서 이계동을 쫓자, 정은부가 수풀 속에 숨어서 맨 앞에 달리던 적을 쏘아 맞추고서 그 머리를 베니, 적이 다 패하여 달아났으므로 이계동이 해를 면하였습니다. 지난 경오년(중종 5년, 1510)의 변[삼포왜란]에도 왜인이 칼을 빼어 급히 쫓아올 때, 정은부가 말을 타고 담을 넘으며 몸을 돌려 두 사람을 쏘아 죽였습니다. 그의 용맹이 이와 같으니, 작은 과오가 있더라도 특별히 대우하여야 합니다. 그러나 물의가 이와 같으니, 빨리 체직하여 경사(京師)에 남겨 두어 갑자기 닥치는 일을 대비해야 합니다." 하니,

상이 이르기를,

"정은부의 용건(勇健)한 재주가 이와 같으니, 변란이 일어나고 나서 보내는 것보다 미리 부임해서 조치하게 하는 것이 좋다." 하였다.

◎ 중종 07/윤05/18[갑산 부사 조윤손이 적의 머리 1급을 베어 바치다.]

갑산 부사(甲山府使) **조윤손**(曹閏孫)이 적의 머리 1급[首級]을 베어 바쳤다.

◎ 중종 07/윤05/19[영사 성희안이 조윤손의 승전을 치하하고 활과 화살을 갑산부에 보내기를 청하다.]

조강에 나아갔다. 영사(領事) 성희안이 아뢰기를,

"**조윤손**(曹閏孫)이 전에는 군율(軍律)을 범하였으나, 이번에 힘껏 싸워서 적을 잡았으니, 공과가 맞비깁니다. 그러나 부상한 군졸이 없지 않고 군기도 반드시 산실(散失)되었을 것이니, 신의 생각에는, 군기시의 활과 화살 50여 부를 갑산부에 보내 군사들에게 나누어 주어 적개심(敵愾心)을 진작시켰으면 합니다." 하니,

상이 이르기를,

"**윤손**이 전에는 사로잡혔었으나, 이번에 이와 같이 추격하여 싸웠으니, 활과 화살을 상줌이 마땅하다." 하였다.

◎ 중종 07/06/24[갑산 부사 조윤손이 야인들과 싸워 이긴 것을 치하하다.]

갑산 부사(甲山府使) **조윤손**(曹潤孫)이 야인(野人)들과 부의 성 밖에서 싸워, 적의 수급(首級) 둘을 베고, 말 20여 필과 군기(軍器) 약간을 노획하여 치계(馳啓)하였다.

◎ 중종 07/07/25[유순정·성희안 등이 절도사 오보·갑산 부사 조윤손의 공적을 말하다.]

유순정·성희안·이손·홍경주·신윤무(辛允武)·정광필 등이 의계(議啓)하기를,

"절도사 오보(吳堡)·갑산 부사(甲山府使) **조윤손**(曹閏孫)이, 잡혀간 인물(人物)을 다 도로 빼앗아오지 못하였는데, 아울러 상격(賞格)을 받음은 온당하지 못한 듯합니다. 그러나 거센 오랑캐 9백여 명이 불의에 나타나 성을 에워싸자, **조윤손**이 수가 백 명도 못되는 파리한 군사를 거느리고 문을 열고 돌격하여 적을 패주시켰고, 우리 백성들과 가축을 탈환하였을 뿐 아니라 참획(斬獲)까지 하였으며, 오보는 혜산(惠山)에 있다가 변을 듣고 즉시 달려갔는데, 거느린 군사가 역시 백 명에 지나지 않았으나, **조윤손**과 군사를 합하여 역전(力戰)하여 적은 군사로 많은 적을 대항하는데 분연히 몸을 돌보지 않았고, 참획도 있으며 군사를 온전하게 해서 돌아왔으니, 공이 과실보다 큽니다." 하니,

전교하기를,

"오보 및 갑산 부사 **조윤손**은 공이 과실보다 중하니, 각각 당표리(唐表裏: 중국 옷감) 한 벌씩을 내리라." 하였다.

───────

◎ 중종 11(1516)/05/12[조강에서 대간이 기신재·장리와 임유겸 등의 일을 아뢰고,

재변으로 변방의 방비를 논의하다.]

조강에 나아갔다. 대간이 기신재·장리와 임유겸·심광손·김한홍 등의 일을 아뢰고, 영사 정광필이 아뢰기를,

"재변이 이토록 심하니, 변방에 장차 큰 말썽이 있을까 염려됩니다. 국가가 태평한지 이미 오래어 정해년(丁亥年: 세조 13년, 1467) 이시애(李施愛)의 난과 신해(辛亥年: 성종 22년, 1491) 북정(北征) 이후로는 변방의 백성이 병화(兵禍)를 보지 못하여 반드시 게으른 마음이 있을 것이니, 전일 전진(戰陣)에서 용감하였던 자를 병조(兵曹)로 하여금 녹용(錄用: 채용)하게 하여 사졸을 권려해야 합니다. 임신년(壬申年: 중종 7년, 1512) 갑산(甲山) 싸움에 **조윤손**(曹閏孫)이 주장(主將)이었는데 김운동(金雲同)이라는 자가 선봉으로서 여러 곳에서 싸워 공이 있었고, 경오년(경오년: 중종 5년, 1510) 왜전(倭戰: 삼포왜란) 때에 성세량(成世良)이라는 자가 용감하여 전공(戰功)이 있는데, 신의 생각으로는 전진에서 용감하였던 이러한 자는 승진시켜 써야 하며 혹 군직(軍職)에 시험하여 그 인물이 매우 용렬하지 않으면 첨사(僉使)나 만호(萬戶)를 제수하여 무사를 권려하는 것이 어떠할까 합니다." 하니, 상이 이르기를, "그렇다. 인물이 뛰어나다면 탁용(擢用: 뽑아씀)해야 한다." 하고,

---

46세 (1513년)
<함경북도 병마절도사>

◎ 중종 08/01/03[심정·이자견·김적·조윤손 등에게 관직을 제수하다.]

심정(沈貞)을 한성부 좌윤(漢城府左尹)으로, 이자견(李自堅)을 우윤(右尹)으로, 김적(金磧)을 사간원 정언으로, **조윤손**(曹潤孫)을 함경북도 절도사로 삼았다.

◎ 중종 08/10/05[함경도 아오지의 새 보에는 농사철에만 살며 지키도록 하다.]

함경도 관찰사 한세환(韓世桓)과 북도 절도사(北道節度使) **조윤손**(曹潤孫) 등이 치계(馳啓: 지방 또는 외국에 나가 있는 사신(使臣)이 급히 임금에게 아룀)하기를,

"아오지(阿吾地)의 새 보(堡)는 지형이 비탈이라 사람들이 붙어살지 않으니, 군

민(軍民)들로 하여금 그대로 옛 보에 살도록 하였다가 여름철이 되어 농사지을 때에 새 보에 붙어살면서 지키도록 하소서." 하니,

상이 송일(宋軼)·김응기(金應箕)·윤금손(尹金孫)·신용개(申用漑)·강징(姜澂)·유담년(柳聃年)·정광국(鄭光國)·서극철(徐克哲)·황성창(黃誠昌) 등에게 명하여 편부(便否)를 의논하게 하매, 의논드리기를,

"무릇 방수(防戍)하는 곳을 옮기거나 그대로 두는 것은 모름지기 이해를 헤아려 살펴서 정하고서야 아주 완전할 수 있는데, 지금 한세환과 **조윤손**의 계문(啓聞: 신하가 글로 임금에게 아뢰던 일)을 보건대 매우 편의하니, 모두 아뢴 대로 하는 것이 마땅합니다." 하니, 상이 그대로 따랐다.

◎ 중종 08/11/05[여진족 견책을 조정과 의논하게 하다.]

영사(領事) 송일(宋軼)이 아뢰기를, ······.

또 신이 변방의 일을 보건대, 조그만 흔단(釁端: 서로 사이가 벌어져서 틈이 생기게 되는 실마리) 때문에 마침내 큰 변이 되는 수도 있습니다. 유담년(柳聃年)의 말을 들으니 '함경북도 절도사 **조윤손**(曹閏孫)이 변경을 순찰할 때에, 망합(莽哈)이 기약해 놓고 오지 않으므로 **윤손**이 그의 목에 항쇄를 씌워 국위(國威)를 보였으므로, 망합이 드디어 혐의를 가지게 되었으니 이는 **윤손**의 실책이다. **윤손**을 마땅히 문책하여 효유(曉諭: 깨달아 알아듣도록 타이름)하여야 한다.' 하는데, 신의 생각으로는 **윤손**이 잘못한 것이라고 보지 않습니다. 변장(邊將)은 저들에게 약한 것을 보여서는 아니 되는 것입니다. **윤손**이 군사를 많이 거느리고 변경을 순행하는데, 망합이 기약해 놓고 오지 않았다면 위엄을 보여 주지 않을 수 없습니다. 이제 만약 **윤손**을 문책한다면 저들이 듣고서 더욱 거세고 사나운 마음을 기를 것입니다." 하니,

상이 이르기를,

"저들의 본성이 거세고 사나운데, **윤손**을 문책하면 저들이 더욱 그런 마음을 길러 반드시 변환(邊患)을 일으키게 될 것이다. 정말 망합이 군기(軍期)에 이르지 않았다면 견책하지 않을 수 없는 일이다. 하유할 일은 조정과 의논해서 처리하라." 하였다.

◎ 중종 08/11/05 [변방 장수를 잘 택하여 임명하게 하다.]

참찬관 이자화(李自華)가 아뢰기를,

"오늘 재상들로 하여금 **조윤손**(曺閏孫)의 일을 의논하게 하셨는데, 야인(野人)이란 본시 사람 얼굴을 가졌지만 마음은 짐승 같은 무리들이라 위력으로 제압하기 어려우므로, 변방의 흔단이 생기는 것은 변장(邊將)이 방어를 잘못한 데서 말미암는 것이라고 하지 않을 수 없으니, 변방 장수를 잘 택해서 임명해야 합니다." 하니,

상이 이르기를,

"훌륭한 재상을 택하여 조정을 중하게 하고, 그로 하여금 장수를 택하게 하면 외부를 제어할 수 있을 것이다."

◎ 중종 08/11/05 [망합에 관한 일은 조윤손의 장계 후에 논의하게 하다.]

송일(宋軼) 등이 아뢰기를,

"망합에 관한 일은, 절도사에게 글을 내리면 망합이 듣고 이것을 혐의하여 흔단을 일으킬까 두렵습니다. **윤손**이 변경을 순행한 뒤에 아직까지 장계를 올리지 않고 있으니, 병조에 명해서 관문(關文: 동등한 관부 상호 간 또는 상급 관부에서 하급 관부로 보내던 공문서)을 보내어 장계를 재촉하게 해서, 그가 실지로 한 일인가를 알아본 뒤에 다시 의논함이 어떻겠습니까?" 하니, 상이 '그리하라' 하였다.

◎ 중종 08/11/15 [변방의 야인에 적절한 조치를 취하게 하다.]

이에 앞서 병조(兵曹)가 함경북도 절도사(咸鏡北道節度使)의 계본(啓本: 임금에게 큰일을 아뢸 때 제출하던 문서)으로 아뢰기를,

"우지개(亐知介)가 왕래할 때에, 혹은 장사한다거나 쇄환(刷還: 외국에서 유랑하는 동포를 데리고 돌아오던 일)한다고 하고, 혹은 귀순(歸順)한다거나 화친(和親)한다고 핑계하며, 국경 가까이 와서 둔치고 있는 심처 야인(深處彼人)이 3백여 명이나 되니 지극히 황당(荒唐)합니다. 우리로서는 더욱 대비해야 함은 과연 아뢴 바와 같습니다. 그러나 남도(南道)와 북도(北道)는 다같이 요긴한 곳이라, 이곳을 철폐하여 저곳에 대비할 수도 없는 일이요, 또 북도는 군비 저축이 넉넉하지 못하므로 경비

의 절약을 더욱 먼저 생각해야 하므로 별군관(別軍官)은 보낼 수 없습니다. 앞서 부방(赴防: 변방을 지키러 가는 것)하러 갔다가 돌아올 군관(軍官)을 시재(試才)하여, 무용(武勇)이 있는 사람 10원(員)을 택해서 유방(留防: 전략상 중요한 특수 지역에 군대를 배치하여 항상 방비하게 하던 일)하도록 하는 것이 마땅합니다. 아령개(阿令介)는 이마차(尼麻車) 등 1백여 인을 꾀어다가 귀순시킨다고 하면서 처자(妻子)까지 데리고 와서 둔치고 있는데, 끝내 소원대로 되지 아니하자 이마차로 하여금 원한을 품고 돌아가게 하였습니다. 그리고 도골우지개(都骨亐知介)와 화친(和親)하는 것이 마땅한지를, 아령개가 분명히 망합(莽哈)에게 이야기하였는데도 망합이 숨기고 승복하지 아니합니다. 진장(鎭將)으로 하여금 끝까지 추궁해서 실정을 알아내어 기미를 살피게 하소서." 하였다.

이에 절도사(節度使) **조윤손**(曺閏孫)이 치계(馳啓)하기를,

"아령개는 이마차를 유치하였을 뿐만 아니라, 도골(都骨)의 사자인 보로(甫老)를 자기 집에다 두고 망합과 같이 제성우지개(諸姓亐知介)와 화친할 것을 모의한 것이 명백한데도, 말을 꾸며대면서 승복하지 않고 있습니다. 망합은 국은(國恩)이 지중하니 마땅히 더욱더 와서 붙좇아야 할 터인데도, 이마차와 제성우지개를 꾀어서 사사로이 화친하니, 이는 겉으로는 우리나라에 귀순하는 체하면서 속으로는 두 마음을 가지는 것입니다. 또 각진(各鎭)의 저들이 분명히 진고(進告)한 일을 물었는데도 모두 숨기고 말하지 아니하였고, 진장이 힐문(詰問)할 때에는 그 언사(言辭)가 거만 무례했지만 참고 다스리지 않았기 때문에 그들의 뜻이 방자해져서 제어하기가 어려운 형편입니다. 그리고 속고내(速古乃)가 새 집을 짓고 처자와 함께 농사를 짓는데, 그 집이 망합(莽哈)의 집과 무척 가까운데도 망합이 변장(邊將)에게 무고(誣告)하기를 '속고내는 이미 죽었다.' 하니, 그 뜻도 매우 간흉(奸譎: 간사하고 음흉함)합니다. 신의 생각으로는 망합의 욕심이 차면 심처야인(深處野人)들도 일체 붙좇을 것이나, 그 뜻에 혹 차지 아니할 것 같으면 문득 사납고 교만하게 될 것이니 참으로 걱정스럽습니다." 하고,

병조가 인하여 아뢰기를,

"망합이 은혜를 저버리고 우리를 속이며, 속으로 의심과 두려움을 품고 무리를

규합하고자 한 정상이 이미 현저하므로, 응접(應接)할 때에 만일 은위(恩威)가 도리에 맞지 않으면 마침내 변방의 흔단이 생길 것입니다. 이에 대한 적절한 조치(措置)를 대신과 지변사 재상(知邊事宰相)으로 하여금 상의해서 시행하게 하소서." 하니, 그대로 따랐다.

◎ 중종 08/11/16[송일·정광필 등이 이줄의 경기 양이·야인에 대처 방안 등에 대해 아뢰다.]

송일 등이 아뢰기를,

"망합(莽哈)은 평소에도 사납고 방자하였는데 이제 계본(啓本)을 보매 속으로 의심과 두려워하는 뜻을 품고 있어서 변고를 일으킬까 두렵다고 했으니 아직은 글로 유시하지 말고, 특별히 오랑캐의 사정을 잘 아는 조관(朝官)을 보내어 **조윤손**(曺閏孫)에게 몰래 유시해서 오랑캐의 실정을 잘 살피게 하고서, 그가 올라온 뒤에 다시 의논하는 것이 어떻겠습니까?" 하니, '그리하라.' 하매, 송일 등이 봉상시 판관(奉常寺判官) 반석평(潘碩枰)을 보내기를 청하였다.

◎ 중종 08/12/20[동지중추부사 유호가 북도 변방의 일을 아뢰다.]

동지중추부사(同知中樞府事) 유호(俞灝)가 와서 아뢰기를,

"신이 전에 양정(楊汀)·강순(姜純)·어유소(魚有沼)를 수행하여 북도(北道)를 왕래하면서, 오랑캐 다루는 일이 몹시 어려움을 보았습니다. 지금 비록 유미(柳湄)·윤희평(尹熙平)·**조윤손**(曺閏孫)을 절도사(節度使)로 삼았으나, 모두 야인 다루는 일을 알지 못하고, 지금의 삼공(三公)도 북도 변방의 일을 알지 못합니다. 성종(成宗) 때 야인이 난을 일으키자, 지난 계사년(癸巳年: 성종 4년, 1473)에 정승 신숙주(申叔舟)와 한명회(韓明澮)가 건의하기를 '어유소가 비록 상중(喪中)에 있으나, 만약 그를 기복(起復: 상중(喪中)에 있는 벼슬아치가 상기(喪期)를 마치기 전에 상복을 벗고 출사(出仕)하는 것)하여 절도사를 삼는다면 반드시 변환(邊患)이 없어질 것입니다.' 하므로, 즉시 기복하여 절도사를 삼았는데, 유소가 부임한 뒤부터는 변방의 경보가 잠잠하여졌습니다. 어유소가 상담(祥禫: 소·대상(小大祥)과 담제(禫祭))의 기일을 당하여 치서

(馳書)하여 '올라가 복제를 마치게 해 달라.'고 청하므로 상이 이를 허락하였습니다. 어유소가 나온 사이 조정에서는 남도 절도사(南道節度使)로 하여금 방어의 모든 일을 살피게 하였는데, 야인의 작폐가 여전하므로 조정에서는 또 다시 어유소를 보내어 절도사를 삼고, 구관 30여 명을 가려서 대동하게 하였습니다. 신도 이때 행수 군관(行首軍官)으로 참여하였었는데, 심처 야인(深處野人: 우리 국경에서 멀리 떨어진 곳에 사는 여진족)까지 어유소가 다시 부임했다는 말을 듣고 혹은 1백여 명 혹은 50여 명씩 다투어 와서 뵈며 부모처럼 의지하고, 모두 이르기를 '우리가 여기에 있는데 다시 무슨 일이 있겠습니까.' 하더니, 과연 변방의 경보가 아주 없어졌습니다.

조윤손은 전에 갑산(甲山)에 부임하였을 적에 비록 야인을 쫓아 버리기는 하였으나, 북도 야인을 다룸에는 능히 잘 처리하지 못할 것입니다. 전에 그 곳에서 열병(閱兵: 군대를 사열함)할 적에는 반드시 먼저 선문(先文: 미리 알리는 공문)을 보내었으므로, 심처야인들이 모두 서로 알려서 모여 왔었는데, 지금 들으니, **조윤손**이 열병할 때 반드시 선문도 없이 갑자기 가고, 망합(莽哈)의 아우를 구타하였으며, 또 망합을 불렀으나 망합도 오지 않고 성저야인(城底野人)이 처자를 거느리고 본토(本土)로 돌아가는 자가 있다고 하는데 이는 난을 빚어낼 근본입니다. 노신(老臣)의 생각에는, 지금도 황형(黃衡) 같은 중신을 택하여 보내서 변흔(邊釁: 국경 지역에서 이웃 나라와 일어나는 다툼)을 막는 것이 어떨까 합니다. 야인의 근성은 마땅한 주장(主將)을 얻으면 추호도 범하지 않아 비록 각대(角帶: 무소뿔로 장식한 각띠. 각대라 하면 하급 관리를 지칭한다.)의 관원이라도 반드시 심복하지만 그렇지 않으면 비록 금대(金帶: 2품관을 말한다.)의 관원이라도 대단찮게 여깁니다. 노신은 지금 나이 여든여섯이라 조금도 도울 것이 없으므로 밤중에 반복해 생각하여 아룁니다." 하니, 상이 호(灝)의 뜻으로 조정에 물으라 명하고, 이어 선온(宣醞: 임금이 내리는 술)하였다.

◎ 중종 08/12/26[조윤손을 체직시키지 말게 하다.]

송일 등이 의논드리기를,

"신 등이 유호(兪灝)가 아뢴 것을 보니, 대개 어유소(魚有沼)의 일로 아뢰었으나, 그 뜻인즉 **조윤손**(曺閏孫)을 체직하여 황형(黃衡)으로 병사(兵使)를 삼고자 한 것입니다. 그러나 **조윤손**은 망합(莽哈)에게 위엄을 보이는 데 비록 중도(中道)를 얻지는 못했으나, 또한 큰 실수라고는 말할 수 없습니다. 이제 만약 까닭 없이 **윤손**을 체직한다면 망합이 자부하여 반드시 교만한 마음을 품을 것입니다." 하니, 상이 그대로 따랐다.

48세 (1515년)
<경상좌도 병마절도사>

◎ 중종 10/11/09[홍문관과 사옹원 간의 불화, 경상도의 수토 문제에 대한 논의]

　헌부가 또 아뢰기를,

　"경상우도 병사(慶尙右道兵使) 윤희평(尹熙平)이 왜선(倭船)이 많이 나온 일을 지난달 22일에 계문(啓聞)하매, 27일에 병조(兵曹)에 내렸는데, 이제는 그것이 좌도(左道)의 수토선(搜討船: 도적의 무리나 반도를 수색하여 토벌하는 배)이었다는 것을 이미 알았습니다. 당초 몰랐을 때에 해조(該曹)가 곧 회계(回啓: 회답하여 아뢰. 곧 임금이 명한 일에 대하여 회답을 아뢰는 것)하였어야 할 것인데, 23일에 이르러 윤희평이 또 '좌도의 수토선인 듯합니다.' 하고 아뢰어, 27일에 계하(啓下: 임금에게 아뢴 문서를 임금이 보고 결재하여 해당 관사에 내리는 것)하신 뒤에야 두 계본(啓本)을 붙여서 아뢰었으니, 병조가 지극히 게을렀습니다.

　또 좌도·우도에 부득이 수토(搜討)할 일이 있으면 서로 알리고서 해야 할 것인데, 좌도 병사 **조윤손**(曺閏孫)이 알리지 않고서 그렇게 하였고, 또 수토할 수 없을 때에 또 수토하러 나가는 것은 지극히 불가하기 때문에 병조가 이미 청하여 **윤손**을 추고(推考)하나, 이는 부(府: 사헌부를 가리킨다.)에서 추고받아야 할 것인데 병조가 하는 것입니다. 윤희평의 계본에 이르기를 '안골포 만호(安骨浦萬戶) 권순(權舜)이 신빙성이 없는 사람의 말로 듣고 왜선이라 생각하여 치보(馳報: 수령(守令) 또는 지방의 장수 등이 관찰사·절도사(節度使) 등에게 급히 알리는 것)하였으므로 추고하여야 합니다.' 하였습니다. 그러나 별망군(別望軍: 적의 동정을 살피기 위하여 임시로 둔 군사)이 그것을 왜선으로 의심하여 진고(進告)하였으니, 권순이 왜선이 아니라는 것을 어떻게 알아서 신보(申報)하지 않겠습니까? 이런 것까지도 추고하면, 뒷날 참으로 사변(事變)이 있을지라도 진고하지 않을 염려가 있을 것이므로, 군기(軍機)의 일이 매우 염려스러우니 추고하지 말게 하소서.

또 부산포 첨사(釜山浦僉使) 권승(權勝)이 왜선 1백여 척(隻)이 나온 것을 지난달 23일에 계문하였는데, 이달 3일에 병조에 내리셨습니다. 작지 않은 사변이므로 밤낮을 가리지 않고 와서 아뢰어야 할 터인데, 가져온 자가 지극히 게을렀으니, 또한 추고하소서." 하니,

전교하기를,

"홍문관이 처음에는 전에 진배하였던 사기(沙器)인 줄 몰라서 중간에서 술수를 써서 바꾼 줄로 생각하였으므로 서리를 매 때린 것이고, 사옹원 제조는 위에서 내린 물건을 받는데 원리(院吏)를 치죄(治罪)하는 것은 옳지 않다고 생각하였으므로 아뢴 것이니, 모두 다른 뜻이 없는 일이다. 다른 뜻이 없는 일로 어찌 1품인 종친을 추고 할 수 있겠는가? 권순이 수토선을 왜선으로 생각하고 진고한 것이니 이는 추고하지 말아야 하겠으나, 전라도의 군민(軍民)으로 하여금 동요하게 한 일에 있어서는 추고해야 한다. 권승의 계본을 늦게 가져온 사람은 병조로 하여금 추고하여 다스리도록 하라. 왜변(倭變)에 관한 계본이 잇달아 왔고, 병조는 그것을 상세히 살핀 뒤에야 회계할 수 있으므로 그렇게 늦어진 것이다. 나머지는 다 윤허하지 않는다." 하였다.

49세 (1516년)

<경상우도 병마절도사>

◎ 중종 11/01/25 [신용개·장순손 등에게 관직을 제수하다.]

신용개(申用漑)를 좌찬성(左贊成)으로, 장순손(張順孫)을 호조 판서(戶曹判書)로 고형산(高荊山)을 병조 판서(兵曹判書)로, 권민수(權敏手)를 한성부 우윤(漢城府右尹)으로, 이장곤(李長坤)을 전라도 관찰사(全羅道觀察使)로, 박호겸(朴好謙)을 황해도 관찰사(黃海道觀察使)로, 경세창(慶世昌)을 강원도 관찰사(江原道觀察使)로, **조윤손**(曹閏孫)을 경상우도 병마 절도사(慶尙右道兵馬節度使)로, 신옥형

(申玉衡)을 승정원 동부승지(承政院同副承旨)로, 이항(李沆)을 형조 참의(刑曹參議)로, 김세희(金世熙)를 전라좌도 수군절도사(全羅左道水軍節度使)로,【세희는 스스로 군사를 거느리고 사냥하는 것을 일삼아 잠시도 쉴 사이 없이 하여 원망이 비등했으며, 수군(水軍) 중에 입역(立役)에서 빠진 자가 있더라도 다만 명수(名數)를 치부(置簿)했다가, 구청(求請)하는 자가 있으면 첩자(帖子: 관아(官衙)에서 발부(發付)하는 공문. 특히 여기서는 수령이 관하(管下)에 내리는 금품(金品)의 봉납(封納)·출급(出給)에 관한 지시서(指示書))를 내려서 독촉해서 주어, 남을 기쁘게 하기를 일삼으니, 그 부하가 괴로와하였다. 물러서 입역(立役: 군역이나 노역에 이바지하는 일)시키는 데에는 느리고, 속포(贖布: 속죄(贖罪)와 속량(贖良)을 받으려고 대가로 베를 바치던 일. 또는 그 베)를 거두는 데에는 바쁘게 하니, 식자(識者)가 더럽게 여겼다.】이지방(李之芳)을 경상좌도 수군절도사(慶尙左道水軍節度使)로, 최중연(崔重演)을 사헌부 장령(司憲府掌令)으로 삼았다.

50세 (1617년)

◎ 중종 12/12/26[함경남도에 우후를 고쳐 다시 평사를 세우고 문신을 보내도록 헌부가 아뢰다.]

헌부가 아뢰기를,

"경상우도 병사 **조윤손**(曹閏孫)이 성(城) 안에 대(臺)를 쌓고 정자를 지었는데 극도로 사치스럽고 화려했다 합니다. 전에 좌도 수사로 있을 때에도 화려하고 사치스러운 정자를 지었다가 모두 바람에 넘어져 버렸습니다. 군졸(軍卒)은 돌보지 않고 망령되이 공역(功役)을 일으키므로 원망을 사서 재앙이 있게 된 것입니다.

───────

◎ 중종 17(1522)/11/24

대간이 전의 일을 아뢰고, 또 **조윤손**(曹閏孫)이 경상 병사로 있을 때 삼가지 않은 일이 있었음을 아뢰었다.

───────

51세 (1518년)

◎ 중종 13/01/12[경상병마절도사 조윤손이 가덕도와 미조항 등에 진을 설치할 것

을 청하니 의논하다.]

경상병마절도사(慶尙兵馬節度使) **조윤손**(曺閏孫)이 가덕도(加德島)와 미조항(彌助項) 등처에 진(鎭)을 설치할 것을 청하니, 상이 대신(大臣)에게 명하여 그 편리 여부를 의논하게 하자,

정광필(鄭光弼) 등이 의논드리기를,

"가덕도와 미조항 두 곳에 진을 설치하자는 계책은 조종조(祖宗朝)부터 이미 이에 대한 의논이 있었는데, 다만 토병(土兵)이 경작할 만한 땅과 이웃 진들이 서로 성원하는 데 있어서의 편리 여부를 모름지기 알아야 하니, 절도사(節度使)·관찰사(觀察使)가 공동으로 두 섬에 경작할 만한 전답(田畓)의 결복(結卜)의 수와 이웃 진이 서로 성원하는 이해와 입방(入防: 변진(邊鎭)에 들어가 방어함) 군졸(軍卒)의 출처 및 진을 설치하고 나서 긴요치 않은 진을 혁파할 수 있는지의 여부를 자세히 살펴서 계문(啓聞)하게 한 뒤에 다시 의논하는 것이 어떠하겠습니까?" 하니, 상이 그대로 따르고, ······.

51세(1518년)
<호군(護軍)>

◎ **중종 13/07/02**[정광필 등이 빈청에 모여 북도의 주장합의 일을 의논하다.]

영의정 정광필(鄭光弼)·좌의정 신용개(申用漑)·우의정 안당(安瑭)·좌찬성(左贊成) 남곤(南袞)·지중추부사(知中樞府事) 황형(黃衡)·병조 판서(兵曹判書) 유담년(柳聃年)·이조 판서 이장곤(李長坤)·한성부 좌윤(漢城府左尹) 최한홍(崔漢洪)·동지중추부사(同知中樞府事) 이지방(李之芳)·공조 참판(工曹參判) 윤희평(尹熙平)·행(行) 호군(護軍: 조선시대 오위(五衛)에 속한 정사품 이상 벼슬. 현직이 아닌 정사품의 무관이나 음관(蔭官) 가운데서 임명하였다.) **조윤손**(曺潤孫)·동지중추부사 김극성(金克成)·병조 참판 정수강(丁壽崗)·병조 참의(兵曹參議) 박광영(朴光榮)·병조 참지(兵曹參知) 조방언(趙邦彦) 등이 일을 의논하기 위하여 빈청(賓廳: 궁중에 있는 영의정·좌의정·우의정의 집무실인데 대개 대신들의 회의실로 많이 사용되었다.)에 모였다.

상(上)이 영의정 정광필 등을 인견(引見)하고 이르기를,

"북도(北道)의 주장합(住張哈)의 일은 어떻게 처리하랴?" 하매,

정광필이 아뢰기를,

"신 등이 밖에서 이미 의논하였는데 대개 같은 의견이므로 일일이 진계(進啓: 임금에게 사리를 가려서 아뢰던 일)하지 않고 신이 중의(衆意)로 아뢰겠습니다. 어떤 이는 '마땅히 주장합에서 이르기를 「비록 너희들끼리 서로 싸우는 것이나 네가 장차 우리 경내를 침범할 형세이니 네 형을 위해서 그러는 것뿐만이 아닐 것이다. 네가 만약 우리나라를 두려워하지 않고 이와 같이 침범하면 장차 네 형을 죽여 버릴 것이다.」하고, 이와 같이 일렀는데도 서로 공격하거든 망합(莽哈)을 참수(斬首)하여 보이자.' 하였으며, 【이는 최한홍(崔漢洪)의 의견이다.】 어떤 이는 '주장합이 사는 곳에 군사를 시위(示威)하되 접전은 하지 말고 위엄으로 하유(下諭: 타일러 가르침을 내림)하기를, 「네가 성저(城底)에 침범하여 소요한 죄는 토벌해야겠다.」하고, 이어서 곡식을 짓밟아서 추수가 없도록 하자.' 하였습니다. 【이는 윤희평(尹熙平)의 의견이다.】 이 몇 사람의 의견은 비록 다른 듯하나 대강은 모두 전일 의논한 것과 같습니다. 모름지기 엄중히 힐문하여 오랑캐의 형편을 살펴야 합니다. 또 전일 이문(移文: 여러 사람이 돌려 보도록 쓴 글)하여 병사(兵使)에게 통보(通報)해서 병사가 주장합에게 하유(下諭)하라고 한 것이 아직도 회보가 없습니다. 비록 거사하더라도 반드시 회보가 오기 전에는 하지 못할 것이니 그 회보를 기다려 처리하여도 늦지 않습니다. 지금으로서는 병조는 장수를 미리 선발하여 조용히 병기(兵機: 전쟁의 기략(機略))의 일을 준비하고, 호조 또한 군량을 미리 저축하여 뜻밖의 일에 대비하는 것이 좋습니다." 하였다.

병조 당상(兵曹堂上)이 또 아뢰기를,

"성저의 호인(胡人)이 우리나라를 의지하고 믿다가 이처럼 침범을 당하게 되면, 이산(離散)하기도 하고 주장합에게 붙기도 할 것입니다. 만약 피인(彼人)이 와서 소요를 피울 때에 성저의 오도리(吾道里)로서 성을 넘어 들어오는 자가 있으면 몰아내지 말고 성내에 전부 모아서 보전하게 하는 것이 좋습니다." 하고,

유담년(柳耼年)이 아뢰기를,

"주장합이 사람을 보내 두 사또에게 형의 간 곳을 물었으니, 매우 거만합니다."

하고,

　　이장곤(李長坤)은 아뢰기를,

　　"이와 같은 일은 전에도 또한 있었는데 항상 말하기를 '우리 형은 끝내 은전(恩典)을 받지 못하겠는가?' 하였습니다. 대저 병가(兵家)의 일은 저쪽에서 아직 소란을 피우지 아니하였는데 이쪽에서 먼저 소동하는 것은 매우 옳지 못합니다. 이제 성저에 침략한 것은 마침내 무엇을 하려고 이같이 하는지 모르겠습니다만 아직 변경(邊境)을 침범하지 않았으면 죄를 물을 수 없는 것입니다." 하고,

　　신용개(申用漑)는 아뢰기를,

　　"성저(城底) 야인(野人)을 사로잡아가는 것을 느긋하게 여겨 그 죄를 묻지 않으면, 성저 야인이 의뢰할 데가 없어 이산하기도 하고 주장합에게 붙기도 할 것이니, 우리나라에 울타리가 없어져 저들이 침입하기 어렵지 않을 것입니다. 모름지기 세력이 커지기 전에 구하는 것이 옳습니다. 그러나 지금으로는 마땅히 전의 이문(移文)한 데 대한 회보를 기다려 처리해야 할 것이나 만약 그래도 전과 같이 무례히 굴면 불가불 죄를 물어야 합니다." 하고,

　　유담년이 아뢰기를,

　　"피인이 침구(侵寇)할 경우에는 곧 성저 야인이 장성(長城)을 넘어 들어오게 하여 그들을 방호하는 것이 옳습니다. 그리고 고령진(高嶺鎭)은 군졸이 단약(單弱)하여 적들이 반드시 먼저 이곳을 침구할 것인데 지금의 첨사(僉使) 임천손(林千孫)은 평상시의 방어는 오히려 가능하나, 이같이 요란한 때에 혹시 피인이 이곳으로 오게 되면 반드시 응변(應變)하여 조치하는 데 부족할 것입니다. 이 사람을 갈고 군졸을 증가하도록 다시 병사(兵使)에게 하유하는 것이 옳습니다." 하니,

　　상이 이르기를,

　　"과연 경솔히 군사를 일으킬 수 없으니 먼저 병사에게 하유하는 것이 옳겠다. 변장(邊將)은 더욱이 골라서 보내야 하니 임천손은 체직하도록 하라." 하매,

　　정광필은 아뢰기를,

　　"군관(軍官) 같은 것도 골라서 보내는 것이 좋습니다." 하였다.

◎ 중종 13/08/17[이지방을 보내는 일로 영의정 정광필·우의정 안당·좌참찬 조원

기 등이 아뢰다.]

영의정 정광필·우의정 안당·좌참찬 조원기·지중추 황형·이조 판서 이장곤·호조 판서 고형산·병조 판서 유담년·공조 참판 윤희평(尹熙平)·한성 우윤(漢城右尹) 최한홍(崔漢洪)·호군(護軍) **조윤손**(曺閏孫) 등이 의논드리기를,

"제왕(帝王)의 도로 말하면 이는 기모(奇謀)입니다만, 삼대 이후로는 한결같이 왕도(王道)로 해서는 되지 못할 듯합니다. 만약 속고내를 사로잡으면 주장합도 진정시킬 수 있으며, 이뿐 아니라 변방을 진합하여 복종시킬 수도 있습니다. 속고내가 들어온 곳은 본디 우리 땅으로 압록강(鴨綠江) 안쪽입니다. 매양 변장에게 엄하게 방비하여 해이(解弛)하지 말고, 그들이 들어오지 못하도록 일렀으나 하지 못하였습니다. 전에 '만약 여기에 들어오는 자는 변경을 침범한 죄로 논하겠다.'고 일렀는데, 속고내가 지금 들어와 사냥하니, 이 거사는 명분이 없는 것이 아닙니다." 하고,

한성 판윤 홍숙(洪淑)·형조 판서 이유청·동지중추(同知中樞) 김극성(金克成) 등이 의논드리기를,

"병가(兵家)에는 기모(奇謀)도 있고 정도(正道)도 있습니다. 정도를 써서 죄를 묻기도 하고 기모를 쓰는 것도 부득이한 일입니다. 속고내는 전에 우리나라에 귀화(歸化)하였다가 중간에 배반한 자이니 죄가 없지 않습니다. 지금 장수를 보내어 사로잡는다 해도 할 말이 없는 것이 아닙니다. 다만 그때 즉시 사로잡지 않고 이제 편사(偏師: 일부의 군사)로써 사로잡으면, 속고내는 참으로 죄가 있지만, 아마 죄 없는 자도 억울하게 사로잡히게 되어 이 때문에 변방의 화가 격렬해질까 염려됩니다." 하니,

전교하기를,

"반복하여 헤아려보아도, 그들이 지금 변경을 침범한 것이 아니고 오직 사냥하러 나왔을 뿐인데, 사로잡는다면 죄 없이 억울하게 사로잡히는 사람이 없지 않을 것이다." 하매,

정광필 등이 아뢰기를,

"그때 사로잡으려 하지 않은 것이 아니라, 다만 사로잡을 수 없었을 뿐입니다.

지금 이 오랑캐를 사로잡으면 망합(莽哈)의 죄도 밝혀질 것입니다. 【망합이 전일에 속고내가 죽었다고 거짓으로 고하였다.】 신 등의 의견은 이와 같습니다. 그러나 상의 마음이 정해지셨으니 감히 다시 아뢰지 않겠습니다." 하였다.

52세 (1519년)
<경상좌도 수군절도사>

◎ 중종 14/09/10[이연경·이기·조윤손·우맹선 등에게 관직을 제수하다.]

이연경(李延慶)을 사헌부 지평으로, 이기를 의주 목사로, **조윤손**(曺閏孫)을 경상좌도 수군절도사로, 우맹선(禹孟善)을 충청도 병마절도사로 삼았다.

55세 (1522년)
<동지중추부사 겸 지훈련원사>

◎ 중종 17/11/15[병조가 조윤손·최한홍·윤희평 등을 훈련 지사에 의망하니 상이 조윤손을 낙점하다.]

병조 정청(兵曹政廳)에 전교하기를,

"훈련 지사(訓鍊知事)가 오랫동안 궐원중이니 오늘 주의(注擬)하는 것이 가하다."

하고, 대신들의 뜻도 이와 같았다. 병조가 **조윤손**(曺閏孫)·최한홍(崔漢洪)·윤희평(尹熙平) 등을 의망(擬望: 후보자를 추천함)하니,

상이 **조윤손**을 낙점(落點: 추천된 세 후보자 가운데 마땅한 사람의 이름 위에 점을 찍던 일)하고 이어 전교하기를,

"특별히 가자(加資: 품계를 올려 줌)하도록 하라." 하였다. 박소(朴紹)를 사간원 정언으로, 조인규(趙仁奎)를 홍문관 정자(弘文館正字)로, **조윤손**을 자헌 대부(資憲大夫) 동지중추부사(同知中樞府事) 겸 지훈련원사(知訓鍊院事)로 삼았다.

◎ 중종 17/11/18[대간이 서지의 가자를 사헌부가 조윤손의 자급을 개정하기를 청하다.]

헌부가 또 아뢰기를,

"훈련 지사(訓鍊知事) **조윤손**(曹閏孫)은 이력도 적고 명망도 가벼우니 그 자급을 개정하기를 청합니다." 하니,

전교하기를,

"서지는 이미 회령 부사에서 체직되었으니 그 가자를 개정해야 하나 사람이 쓸 만하니 개정할 필요가 없고, **조윤손**은 전에 대신들이, 무반(武班)에서 맡길 만한 장수를 택하여 그 벼슬의 품계를 높이라고 했기 때문에 특별히 제수한 것이다. 나머지도 아울러 윤허하지 않는다." 하였다.

◎ 중종 17/12/03[대간을 대우하는 예에 관한 대사헌 조순 등의 차자문]

대사헌 조순(趙舜) 등이 다음과 같이 차자를 올렸다. …… 대저 명기(名器)란 세상을 격려하는 것이니 부당한 사람에게 가벼이 주어서는 안 됩니다. 김극개(金克愷)는 출신한 지 오래지 않은데 갑자기 초선관(貂蟬官: 여기서는 우부승지(右副承旨)를 가리킨다.)에 승진시키고, 지사(知事)는 중요한 직위인데 물망이 없는 **조윤손**(曹閏孫)에게 제수하였고, 서지(徐祉)는 변방의 직임을 사임하였는데 높은 품계를 지나치게 제수하였고, 이종인(李宗仁)은 탐욕을 멋대로 부리고 백성의 재물을 심하게 약탈한 자인데 여러 번 변방의 중요한 직임을 제수하였고, 조영걸(趙英傑)은 별로 현능(賢能)치 못한 사람인데 지나치게 5품직을 제수하였습니다. 전의상(全義常)은 늙고 병든 데다 혼매하고 용렬하니 일을 감당하지 못하고, 김우한(金佑漢)은 성품이 본래 용렬한 데다 술을 좋아하여 주정이 심하므로 뭇사람이 수군거리고 여론이 비등합니다. 대간이 논한 것은 실로 공론에 맞는데 여러 날을 끌어 논란하는데도 성상께서는 막연히 들으시므로 아직까지 윤허를 받지 못하니 신 등은 몹시 실망됩니다. 삼가 원하건대 전하께서는 성심으로 간언을 들으시고 사정(私情)으로 저지하시거나 뜻을 거스른다고 꺼려하지 마시며 간언을 순순히 받아들여 속히 유음(兪音: 신하의 말에 대하여 임금이 내리는 대답)을 내리소서."

◎ 중종 17/12/17[대간이 조윤손·김극개·서지·이종인·박비정의 체직을, 사헌부가

신희정의 체직을 청하다.]

대간이 아뢰기를,

"요사이 자전께서 편찮으시기 때문에 전일에 논하던 인물(人物)들의 일을 아뢰지 않다가, 오늘은 곧 정사하는 날이기 때문에 와서 아룁니다. **조윤손**(曹閏孫)·김극개(金克愷)·서지(徐祉)·이종인(李宗仁)·박비정(朴庇楨)의 일을 이미 모두 아뢰었었으니, 시급히 체개(遞改)하기 바랍니다." 하고,

헌부가 아뢰기를,

"신희정(辛熙貞)의 일은 이미 모두 아뢰었으니, 시급히 체직하기 바랍니다. 또 오늘 안지(安智)가 안주 목사(安州牧使)가 되었는데, 안지는 탐오(貪汚)하고 배우지 못한 사람이어서 전일 선천(宣川) 원으로 있을 때 물론(物論 *)이, 그 자리를 보존하고 있는 것을 괴이하게 여겼었습니다. 더구나 안주는 큰 곳이어서 더욱 차임(差任: 벼슬아치를 임명하던 일)하여 보낼 수 없으니 체직하기 바랍니다." 하니,

전교하기를,

"**조윤손**·이종인·서지·김극개·박비정·신희정 등은 체직할 수 없다는 뜻을 이미 모두 말했다. 안지는 곧 무신 당상(武臣堂上)이니 어찌 안주 목사가 될 수 없겠는가?" 하였다.

> **물론(物議)** (대개 부정적인 뜻으로 쓰여) 어떤 사람 또는 단체의 처사에 대하여 많은 사람이 이러쿵저러쿵 논평하는 상태. ≒물의(物議).

◎ 중종 17/12/25[이종인·김극개·조윤손·박비정·안지·신희정의 논열에 관한 대사헌 조순 등의 차자문]

대사헌 조순(趙舜) 등이 차자를 올리기를, …….

조윤손(曹閏孫)은 본디 물망(物望)이 가볍고 경력도 적습니다. 지사(知事)는 육경(六卿)과 대등하고 자헌(資憲)은 또한 높은 품계(品階)인데 별로 노력한 공효가 없었으니, 계급을 뛰어 제수함은 불가합니다. 서지(徐祉)는 좌죄(坐罪: 연좌되어 벌을 받음)하여 변방 소임에서 해임되었는데 그대로 전 품계의 직을 제수하였으니, 관작

임명이 법도가 없고 상사(賞賜)와 장려가 합당하지 못하게 되었습니다. …… 하니, 전교하기를,

"**조윤손** 등의 일은 의장(儀章: 의식(儀式)의 표(標)를 이르던 말. ≒의문(儀文))이 이미 이루어졌는데 갑자기 개정하게 된다면 물론(物論)이 그르게 여길 것이니, 마땅히 대신들에게 물어본 다음에 결정하겠다. 박비정·신희정·안지 등은 오래 논박 받고 있어 방치되는 직무가 많을 것이니, 모두 체직하라."

◎ **중종 17/12/26**[우상 이유청이 김극개·서지·조윤손·이종인에 대해 의논드리다.]

우상 이유청(李惟淸)이 의논드리기를,

"김극개는 정직하고 순실하여 지금 승지가 되었으니, 신은 불가하다는 것을 알지 못하겠습니다. 서지(徐祉)는 이미 회령 부사(會寧府使)에서 체직되었기 때문에 대간이 자급(資級) 오른 것을 논계(論啓)함이 당연합니다. 그러나 그의 위인이 기개가 탁월하고 또한 조정에 벼슬한 지가 오래므로, 그런 자급을 제수함은 성감(聖鑑: 사물을 분별하는 임금의 안목)으로 재단하시기에 달린 일입니다. **조윤손**(曺閏孫)은 적수가 없는 장재(將材)로서 몸가짐이 청렴 근신하고 조행(操行)이 칭찬할 만합니다. 마땅히 평소에 인망(人望)을 키워 놓아야 하겠기에 지난해에 신 등이 함께 추천했던 것이니, 지금 이 사람에 대해 논란함은 신은 미안하게 여깁니다. 이종인은 나주(羅州) 사람으로서 본도(本道)의 병사(兵使)가 되고 또한 수령이 되어 고향이 모두 멀지 않습니다. 대간의 논박하는 것이 어찌 들은 말이 없이 그러겠습니까? 삼가 위에서 재단하시기 바랍니다." 하니 '알았다.' 전교하였다.

◎ **중종 17/12/26**[영상 김전·좌상 남곤이 이종인·김극개·조윤손·서지에 대해 의논드리다.]

좌상 남곤은 의논드리기를,

"이종인은 여러 번 변방 소임을 맡아 보아, 왜(倭)를 방어하는 소임에는 그와 맞설 사람이 적습니다. 그러나 과연 탐오하다면 나머지는 볼 것이 없습니다. 헌부(憲府)가, 전라도 사람들이 탐오하다고 지목했다고 하는데 반드시 들은 말이 있을

것이니, 시급히 체직함이 합당합니다. 김극개는 정과(正科) 출신으로서 비록 출중한 능력은 없어도 실수한 것이 없으니, 그가 승지가 된 데 대해 신은 그 불가함을 알지 못하겠습니다.

조윤손은 오래 변방에 있었고 조정에 있은 날이 매우 적어 육조(六曹)의 소임을 거치지 않았으므로 물망이 가볍고 경력이 적다고 함은 당연하나, 전일에 장수될 만한 사람을 추천하라고 하셨을 때 조정 의논이 **윤손** 등 두어 사람을 상문(上聞: 임금님께 들려 드림)했던 것이고 근자에는 또 훈련 지사를 오래 비워둘 수 없었기 때문에 특별히 계급을 뛰어 제수하도록 한 것이니, 이는 사사 은혜로 외람되게 벼슬시킨 사례의 것이 아니라 평소에 인망을 키워 놓았다가 뒷날에 거두어 쓰려 한 것입니다. 더구나 이미 제수하여 놓고 또 도로 빼앗음은 더욱 사체에 방해로울 듯합니다.

서지는 당초 회령 부사가 되었기 때문에 자급을 올렸으나 이미 그 소임을 해임하였으니, 전례에 따라 그의 자급도 낮추어야 합니다. 헌사(憲司)의 '관작 임명에 법도가 없다.'는 말은 자못 일리가 있기는 합니다. 그러나 여러 번 대간과 시종을 지냈으므로 지금 2품(品)으로 올림은 외람하다 할 수 없으니, 삼가 상께서 재단하시기 바랍니다."【결재가 없었다.】 하였다.

◎ 중종 17/12/26[대간이 조윤손·서지·김극개·이종인의 일은 대신들에게 물어볼 것 없이 직접 결단하라고 청하다.]

대간이 아뢰기를,

"**조윤손**(曺閏孫)·서지·김극개·이종인의 일에 대해 전교하시기를 '대신들에게 물어본 다음에 결정하겠다.' 하였는데, 큰일이라면 조정 대신들과 함께 의논하셔야 하지만 대간이 아뢴 것은 모두 공론에서 나온 것이니, 상께서 결정하셔야지 반드시 대신들에게 묻는다면 사체가 어떻게 되겠습니까? 만일 대간의 말을 신임하지 않고 이렇게 해 가신다면 공론이 행해지지 못할 것이니, 상께서 통쾌하게 결단하고 유난(留難)하지 마시기 바랍니다." 하니,

전교하기를,

"대간의 이른바, 큰일이라면 대신들과 의논해야 한다는 말은 당연하다. 그러나 인물(人物)을 진퇴함은 또한 작은 일이 아닌데다 재상과 당상의 개정 여부는 곧 정사에 관계가 있는 일이기 때문에 대신들에게 의논한 것이다. 이종인에 대해서는 그가 남쪽 지방의 수로(水路)를 알고 있어 장수되기에 합당하다고 여겼기 때문에 오래도록 들어주지 않은 것인데, 지금 대신들의 의논도 이러하고 변방 진(鎭) 또한 오래 비워 둘 수 없으니, 체직함이 가하다." 하자,

또 아뢰기를,

상의 전교가 지당하십니다. 그러나 신 등이 논하는 바는, 죽이고 살리는 큰일이라면 마땅히 뭇 의논을 거두어 처리함이 당연하지만, 대간이 공론으로 아뢰는 데도 도리어 신임하지 않고 뭇 의논을 들으려 하심은 사체(事體: 사리와 체면)에 공평하지 못하다는 것입니다. 이번에 논하게 된 사람들의 일은 만일 그만둘 수 있는 것이었다면 반드시 이렇게 여러 달을 두고 논집(論執)하지 않았을 것이니, 시급히 개정하기 바랍니다." 하니,

전교하기를,

"단지 죽이고 살리는 일만 대신들에게 의논하는 것이 아니라 대간이 논하는 말도 더러 대신들에게 문의하는 것은, 이렇게 문의한다면 대신들의 의견 또한 어떠한가를 알 수 있게 된다고 여긴 것이고, 대간을 신임하지 않는 것이 아니다. **윤손**(閏孫) 등의 일은 모두 윤허할 수 없다." 하였다.

◎ 중종 17/12/27[대간이 김극개·서지·조윤손에 대한 대신들의 의논이 그르다고 아뢰다.]

대간이 아뢰기를,

"김극개·서지·**조윤손**(曺閏孫) 등의 일을 대신들에게 의논하도록 하셨는데, 큰일이라면 마땅히 대신들에게 의논하도록 해서 가타부타하여 서로 잘 되게 함이 가하지만 대간이 들은 공론에 따라 아뢰는 것을 반드시 대신들에게 물으려 하시니, 이는 대간의 처지가 가벼워지는 일이어서 뒷 폐단이 반드시 클 것입니다. 또 대신들의 의논에 이른바, 정직하고 순실하다, 기개가 탁월하다는 등의 말은 역시

지나치게 찬미한 것으로서, 비록 옛사람을 칭찬하는 경우라 하더라도 이보다 더 하지는 못할 것입니다. 대신들의 말이라고 어찌 모두 공명하고 정대한 것이겠습니까? 오늘 정사(政事)에 모두 개정하기 바랍니다." 하니,

전교하기를,

"**조윤손** 등의 일은 이미 대신들과 의논했고, 이제는 별로 말해야 할 일이 없으므로 모두 들어 줄 수 없다." 하였다.

◎ 중종 17/12/29[대간이 전의 일을 아뢰었으나 조윤손 등의 일과 유사경의 일 모두 윤허하지 않다.]

대간이 전의 일을 아뢰자 전교하기를,

"**조윤손**(曹閏孫) 등의 일은 들어주지 않는다는 뜻을 전에 이미 모두 말하였다. 유사경(柳思敬)은 비록 늙고 병약하지만 어찌 안주 목사(安州牧使)가 될 수 없겠는가?" 하였다.

56세 (1523년)

◎ 중종 18/01/07[김극개·서지·조윤손에 관한 사헌부의 차자문]

대간이 전의 일을 아뢰고, 이어 헌부가 차자를 올리기를,

"근자에 김극개(金克愷)·서지(徐祉)·**조윤손**(曹閏孫) 등의 일을 가지고 논집(論執: 자기의 주장을 논술하여 고집함)한 지 오래되어 이미 두어 달이 지났는데도 천청(天聽: 임금의 귀. 또는 그 귀에 어떤 말이 들어감)이 더욱 멀기만 하므로 물의가 더욱 격동되는데, 신 등은 언관(言官)의 자리에 있으면서 말이 신임 받지 못하므로 실망됨을 견디지 못하겠습니다. 전하께서 즉위하신 지 지금 18년이 되는데 말을 들어주고 교회(敎誨: 잘 가르치고 타일러서 지난날의 잘못을 깨우치게 함)를 받아들임이 점점 처음만 같지 못해져, 공론을 굳이 거절함이 오늘처럼 심한 적이 없었습니다. 무릇 국가의 중요한 일은 재단하기 어려울 경우 마땅히 대신들에게 자문하여 가부를 들어보아 잘 되게 해야 하지만, 대간이 인물을 논박하는 일 같은 것은 오직 성상께서 결단하시기에 달렸는데, 모두 대신들이 하자는 대로 결정하여 오직 대신의 지시만 따르

시니, 이는 대간을 신임하지 않는 것입니다. 아, 임금이 대간을 신임하지 않는다면 장차 누구를 믿을 것입니까? 세상을 격려하고 둔한 사람을 연마시키는 것은 관작 임명이 그 기구(器具)인 법인데, 합당치 못하게 시행되면 공론이 뒤따르게 되는 것입니다. 극개는 갑자기 초선(貂蟬: 조정의 높은 관리)으로 승진되고 **윤손**은 공도 없이 외람하게 제수되고, 서지는 가만히 앉아서 외람한 자급(資級)에 오름으로써 행정이 잘못되고 일이 어긋나 공론과 맞지 않습니다. …… 하니,

전교하기를,

"차자(箚子: 일정한 격식을 갖추지 않고 사실만을 간략히 적어 올리던 상소문)에 말한 뜻은 알았다. 그러나 평소에 대간이 인물들을 논집하게 될 때, 작은 일이라면 물을 것이 없지만 큰일에 있어서는 언제나 경연에서 대신들에게 물어보는 것이 준례이니, 이번에 의논한 것도 그와 같은 것이다. 비록 대신들이 지나친 말을 했었지만, 어찌 딴 뜻이 있었겠느냐? 이번 사람들의 일은 고칠 수 없다. 김우증의 일은 위에서도 어렵게 여겼었다. 그러나 그 아들의 상소 끝에, 대신들에게 물어보기 바란다고 했었기 때문에 대신들에게 물어보니, 애매하다고 했고 또 영상(領相)과 좌상은 그때 추관(推官: 추국(推鞫)할 때에 신문하던 벼슬아치)이었는데 역시 애매한 뜻이 있음을 알았었다고 했으므로 다시 분간하도록 한 것이니, 지금 도로 정지할 수는 없고 마땅히 그 공사(公事)가 어떻게 되는지를 보아서 처리하겠다. 한만석·나복중의 일은 대간의 말이 옳다. 그러나 이미 양이(量移: 멀리 유배된 사람의 죄를 감등하여 가까운 곳으로 옮기던 일)하도록 하였으니, 명령을 자주 고칠 수는 없다. 제언사 일은 마땅히 제언사에 물어본 뒤에 결정하겠다." 하매, 대간이 또 아뢰었으나 윤허하지 않았다.

◎ 중종 18/01/08 [좌의정 남곤·우의정 이유청 등이 조윤손·서지·김극개 등에 대해 대간이 자신들을 그르다고 했으니 직에 있기가 미안하다고 아뢰다.]

좌의정 남곤·우의정 이유청 등이 와서 아뢰기를,

"전일에 **조윤손**(曺閏孫)·서지·김극개 등의 일을 하문하실 때, 신 등이 생각하고 있는 뜻대로 아뢴 것인데 대간이 신 등을 그르다고 하였습니다. 대간이 공론을 맡는 자리에 있으면서 이처럼 그르게 여기니, 본직에 있기가 미안합니다." 하고,

유청이 홀로 아뢰기를,

"신이 의논한 말을 대간이 더욱 크게 지나치다고 여겨 '극구 칭찬하고 넌지시 은정(恩情)을 보이는 짓을 하여 공론을 저지했다.'고 배척하는 말을 하여 비난하였으니, 어찌 감히 편안하게 본직에 있겠습니까?" 하니,

전교하기를,

"이번에 대간에서 아뢴 말은 어찌하여 그러는지를 알지 못하겠다. 대저 의논이란 각기 소회(所懷)를 펴는 것이어서, 대신은 대간의 말을 따를 것이 없는 것이다. 예로부터 대신과 대간은 서로 가타부타하는 법이다. 만일 그렇게 하지 않으면 의논이 뇌동(雷同)되는 것이다. 또 대신의 의논이 더러 지나친 점이 있다 하더라도 내 생각에는 대간이 그렇게 할 것이 없다고 여기는데, 대신이 어찌 대간의 계사(啓辭: 논죄(論罪)에 관하여 임금에게 올리던 글) 때문에 사면해야 하는가?" 하매,

남곤 등이 또 아뢰기를,

"대저 신 등이 물의(物議)에 맞지 못하므로 항시 마음에 편치 못했었습니다. 지금 대간이 신 등을 배척하여 그르게 여김이 진실로 공연한 일이 아닌데, 어찌 감히 부끄러움 없이 중한 자리에 있을 수 있겠습니까? 신 등의 소임을 해면하시기 바랍니다." 하니,

전교하기를,

"물의에 맞지 않는다는 말은 내가 더욱 알지 못하겠다. 어찌 대간의 언단(言端) 때문에 갑자기 사면해야 하는가?" 하매,

유청이 또 아뢰기를,

"신은 본래 용렬한 사람이기 때문에 당초 정승이 된 것부터가 이미 외람되이 있지 못할 자리에 있는 것이어서 물망(物望)에 가볍게 보였기 때문에 조금만 실수하는 일이 있어도 문득 비난과 배척을 받게 된 것인데, 어찌 이러고서 구차하게 묘당(廟堂: '의정부'를 달리 이르던 말)에 있을 수 있겠습니까?" 하니,

전교하기를,

"물망이 가볍다는 뜻을 나는 알지 못하겠으니, 사면하지 말라." 하였다.

◎ 중종 18/01/08[김극개·조윤손·서지·허순에 관한 대간의 차자문]

간원이 이어 차자 올리기를,

"언관(言官)의 자리에 있으면서 사람 쓴 것이 잘못되었음을 논한 지 이미 여러 달이 되었는데도 아직 윤허를 받지 못하니, 실망됨을 견디지 못하겠습니다. 김극개(金克愷)는 일찍이 문음(門蔭: 공신이나 전·현직 고관의 자제를 과거에 의하지 않고 관리로 채용하던 일. ≒음서)으로 벼슬하여 비록 잡가(雜加: 공로, 또는 기타의 일 등으로 받게 되는 가자(加資))를 얻기는 하였으나, 출신(出身)한 지 겨우 4년에 갑자기 중직(重職)에 승진하게 되어 뭇사람의 마음에 만족하지 못하므로 물의가 일게 되었으니, 무엇보다도 먼저 시정되어야 합니다. 더구나 이에 앞서서는 내신(內臣: 승지를 말한다.)이 혹시라도 논박을 받게 되면 시급히 체직하도록 하여 그 직을 비우지 않게 했었는데, 어찌 유독 극개의 일에 있어서는 이토록 유난(留難)하십니까? 신 등은 자못 그 이면(裏面)이 의심됩니다.

조윤손(曺閏孫)은 인망이 가볍고 경력이 적으며, 또한 여러 진(鎭)에 제수되어서도 별로 기록할 만한 공이나 상을 줄 만한 노고가 없었는데, 특등 관작과 높은 품계(品階)를 외람되게 아낌없이 주었습니다. 가령 공로가 있다손치더라도 어찌 가자를 함부로 줄 수 있겠습니까? 대신이 추천한 것이라고 말을 하지만, 칭찬하는 말이 날마다 들린 사람이라고 어찌 다 현명하겠습니까? …… 하니,

허순의 일은 그대로 윤허하고 나머지는 윤허하지 않았다.

◎ 중종 18/02/17[훈련원 지사 조윤손이 사직하려 하였으나 따르지 않다.]

훈련원 지사(訓鍊院知事) **조윤손**(曺潤孫)이 사직하기를,

"신이 조정에 벼슬한 이후 오랜 동안 변방의 직임을 맡았으므로 조정의 법도를 모릅니다. 또 경력이 없는데다 지사는 중한 직임이라 감당할 수가 없습니다. 자헌(資憲)의 가자(加資)는 더욱 신이 감당할 만한 품계가 아닌데 어찌 물정(物情)에 합당하겠습니까? 아울러 신의 직을 개정해 주소서." 하니,

전교하기를,

"자급을 올려 지사를 삼았으니 경이 무어 감당하지 못할 것이 있겠는가? 사직하지 말라." 하매, 두 번 아뢰었으나 따르지 않았다.

◎ 중종 18/06/26[의정부·병조·비변사의 변방 일을 잘 아는 재상을 인견하여 병선의 제도에 대해 의논하다.]

의정부·병조·비변사의 변방 일을 잘 아는 재상(宰相) 등이 모두 대궐로 나아가니 상이 사정전(思政殿)에 나아가 인견하였다. 남곤이 아뢰기를,

"병조(兵曹)가 아뢴 일은 모두 해야 될 일이지만 단 거행하기가 곤란합니다. 그러나 병선을 개조(改造)하는 일은 아뢴 대로 하여야 합니다. 우리나라의 전라도·경상도는 왜적의 변란에 대한 일이 긴박하므로, 병선을 5년 만에 개조하기도 하고 7~8년만에 개조하기도 하는 것이 예(例)입니다. 충청도·경기도·황해도 등의 경우에는 그렇지 못하여 보존되어 있는 병선을 조사하여 보건대 모두 부실하니, 부득이 새로 만들어야 합니다. 단 맹선(猛船: 전투에 사용하던 선박)은 대·중·소의 3등급이 있는데 충청도·경기도·황해도에서 늘 사용하고 있으니 일체 폐기하여 병선으로 개조하는 것은 불가합니다. 황해도 장산곶[長山串]과 전라도 변산(邊山) 등처에는 재목(材木)이 있어 배를 만들 수 있으니, 특별히 유사(有司)를 선정하여 검거(檢擧: 점검하여 천거함)하고 감독하게 하되 선척(船隻)의 체제는 병조에서 아뢴 대로 하는 것이 매우 마땅합니다. 단 지금은, 맹선은 만들지 말고 모름지기 급난한 변을 당하여 쓸 수 있는 배를 만들게 하는 것이 어떠하겠습니까? 유담년(柳聃年)·**조윤손**(曹潤孫)도 모두 이 일에 대하여 알고 있으니 하문하여 보시면 알 수 있을 것입니다." …….

윤손은 아뢰기를,

"신이 경상좌우도 병수사(慶尙左右道兵水使)를 연임(連任)할 적에 제포(諸浦)의 대맹선·소맹선을 보니 과연 군인을 많이 실을 수 있었으나 그 선체가 경쾌하지 못하여 바람을 만나게 되면 마음대로 운용(運用)할 수가 없어 패몰할 위험이 있었습니다. 그러나 비거도선(鼻居刀船: 왜구를 치는 데 썼던, 거룻배 모양의 작고 빠른 병선(兵船))은 경쾌하여 비록 사나운 바람을 만나도 쉽게 운용할 수 있었습니다. 그러나 이 배가 좌도(左道)에도 많이 있었지만 우도(右道)에는 있다고 말할 수가 없을 정도였습니다."

◎ 중종 18/09/20 [야인을 쫓아내는 일에 대해 의논하다.]

　정광필(鄭光弼)·이항(李沆)·**조윤손**(曹閏孫)·조계상(曹繼商)·김극성(金克成)·윤은보(尹殷輔)·김석철(金錫哲)·심순경(沈順徑)이 의논하여 아뢰기를,

　"신 등은 늘 변방을 개척하는 것을 중하게 여겼습니다. 이제 비변사(備邊司)의 첩정(牒呈: 하급 아문(衙門)이 상급 아문에 보내는 공문)을 살피건대, 여연(閭延) 건너편으로부터 아래로 와서 사는 저들이 해마다 늘고 날마다 더해 가니, 일찍이 쫓아내지 않으면 형세가 더욱 만연할 것입니다. 일찍이 쫓아버려서 따라오려는 저들의 마음을 끊고 또 여연에서 사는 저들도 안심하고 살지 못하게 하는 것이 좋은 계책이 될 듯합니다." 하고,

56세 (1523년)
<함경남도 순변사>

◎ 중종 18/10/19 [반석평의 서정에 대해 의논하다.]

　삼공(三公)과 병조(兵曹)·비변사(備邊司)가 명을 받고 빈청(賓廳 *)에 모여 반석평(潘碩枰)의 서장(書狀)을 의논하여 아뢰기를,

　"평안도에서 쫓는 지령괴(池寧怪)는 1일정(一日程: 하룻길 90리)에 지나지 않고, 함경도에서 쫓는 무창(茂昌)은 거의 3~4일정인데, 거리가 고르지 않으므로 기일이 같지 않아 앞서기도 하고 뒤지기도 하면 매우 옳지 않으니, 거리를 헤아려 한결같이 기일을 작정(酌定)하는 것이 마땅합니다. 갑산 부사(甲山府使) 곽한(郭翰)은 이미 갈렸으나 아직 머물러 두면 오히려 제장(諸將)이 될 만하고, 새 부사 박세영(朴世榮)도 당상(堂上)이므로 위장(衛將)을 시킬 만하나, 부장(部將)은 부득이 서울에서 내려보내야 합니다. 또 강원도에도 제장이 될 만한 무신(武臣)이 없고, 육진(六鎭 **)에는 2원(員)이 있기는 하나 1원을 옮겨 쓰면 변방의 방비가 허술해질 것인데, 이번에 쫓고 나면 변방의 우환이 없지 않을 것이니 먼저 육진을 갖추어야 합니다. 신해년의 북정(北征 ***) 때에는 먼저 대신(大臣)을 보내어 평안도의 방어를 갖추었는데, 이제 평안도와 함경도에서 쫓는다면 육진을 굳게 지키지 않을 수 없을 것입니다. 강원도의 군마(軍馬)를 초발(抄發: 군사나 무기 등을 가려 뽑아

떠나게 함)할 것을 병사(兵使)가 계청(啓請)하였으나, 이는 쫓기만 하고 크게 군사를 일으키는 것이 아니니, 다른 도의 군사를 일으킬 수 없습니다. 병사 반석평은 평안도의 군사가 4천이므로 그 수와 같게 하고자 하였으나, 평안도에서는 완전히 쫓는 것이니 4천의 많은 군사를 써야 마땅하고, 남도(南道: 함경남도)에서는 2~3천의 군사일지라도 쓸 만합니다. 본도의 군사만으로 넉넉히 쓰게 하는 일은 비변사가 뒤따라 마련하여 아뢰겠습니다. 또 반석평은 무재(武才)가 있으므로 전에 여러 번 변장(邊將)이 되었으나 아직 군사를 쓰는 일을 겪지 못하였습니다. 이제 큰 군사를 주어 지경 밖으로 나가게 하기에 매우 미안하니, 변방 일에 익숙한 사람을 가려서 보내어 함께 의논하여 처치하게 하는 것이 마땅하겠습니다. 쫓은 뒤의 방어에 관한 일은 비변사가 뒤따라 조치하겠습니다." 하니,

전교하기를,

"두 도에서 같은 날에 쫓는 것은 아뢴 대로 하라. 강원도의 군마를 초발할 수 없다는 것은 알았다. 위장(衛將: 각 지방에 있는 전묘(殿廟)를 수호하던 수관 벼슬. 그 지방의 진위대 대장이 겸하였다.)은 갑산(甲山)의 새 부사가 당상관이고 전 부사가 그대로 있으니, 오히려 장수로 삼게 할 수 있다. 부장을 많이 보내면 안이 허술해지는 폐단이 있을 것이니, 적은 수를 보내야 한다. 육진의 일은 처음에는 2원이 있는 곳이라면 1원을 제장으로 삼게 할 수 있겠다고 생각하였으나, 이처럼 상시보다 더 조치할 때에 과연 옮겨쓸 수 없다. 남도에 병사(兵事)를 아는 사람을 보내는 일은, 이미 병사(兵使)가 있는데 또 다른 장수를 보내면 병사를 신임하지 않는 듯하니, 품계가 같은 사람을 보내서는 안 되고 **조윤손**(曺閏孫)처럼 벼슬이 높은 사람을 보내야 한다." 하였다.

> **빈청(賓廳)** 1) 조선 시대에, 비변사의 대신이나 당상관이 정기적으로 모여 회의하던 곳. 궁중(宮中)에 있었는데 처음에는 매월 3회씩 회의를 열었으나 숙종 24년(1698)부터 매월 6회씩 열었다. 2) 조선 시대에, 영의정·좌의정·우의정이 집무하던 곳.
> **육진(六鎭)** 세종 16년(1434) 이래 두만강 하류 남안 일대를 개척하고 설치한 여섯 진. 곧 종성(鍾城)·온성(穩城)·회령(會寧)·경원(慶源)·경흥(慶興)·부령(富寧).
> **신해년의 북정(北征)** 성종 22년(1491) 1월 이후 더욱 심해진 올적합(兀狄哈)의 침입을 징계하기 위하여 영안도 관찰사(永安道觀察使) 허종(許琮)을 북정 도원수(北征都元帥)로 삼아 군사 2만을 거느리고 두만강을 건너 적을 무찌르고 집을 불사른 뒤에 귀환한 일.

◎ 중종 18/10/25[비변사가 함경도에 병사 보내기를 계하다.]

비변사(備邊司)가 아뢰기를,

"평안도는 본디 병사가 있어서 조치하나, 함경도는 **조윤손**(曹閏孫)이 내려간 뒤에 조치해야 하므로 빨리 보내지 않을 수 없으니, 내월 초열흘날 이전에 보내는 것이 어떠하겠습니까?" 하니,

'아뢴 대로 하라.' 전교하였다.

◎ 중종 18/10/27[함경도의 군졸과 장비에 대한 조윤손의 계]

조윤손(曹閏孫)이 와서 아뢰기를,

"신을 함경남도 순변사(巡邊使: 조선 시대에, 왕명으로 군무(軍務)를 띠고 변경을 순찰하던 특사)로 삼으셨는데, 이러한 큰일은 참으로 감당하지 못할 듯합니다. 그러나 이미 가라고 명하셨으니, 신이 감히 사양할 수 없습니다. 서도(西道: 평안도)·남도(南道: 함경남도)는 신이 다 아는데, 함경도의 군졸은 본디 평안도에 미치지 못하고 함경남도는 더욱이 쓸 만하지 못합니다. 신이 갑산 부사(甲山府使)였을 때에 헤아려보니 수는 3~4천이나 쓸 만한 군졸이 하나도 없었습니다. 삼수(三水)·휘주(輝州) 등의 길은 아직 확실히 알지 못하나, 4~5일 걸리면 갈 수 있을 것입니다. 쫓아낼 때 수로(水路)가 좁은 곳에는 왕래하며 군사를 머물려 두지 않을 수 없는데, 군사를 머물려 두면 군졸이 모자랄 듯하고, 군사를 머물려 두지 않으면 원병(援兵)이 끊어져서 병위(兵威)가 엄하지 않을 것입니다. 원병이 있으면 군사를 돌이킬 때에도 염려가 없을 것이니, 군졸 7~8백을 더하소서. 또 장사(將士)는 누구나 말을 갖지 않았겠습니까마는, 다만 말 한 필로는 사고가 있으면 어려울 것입니다. 전에 순변(巡邊)의 행차에는 으레 전마(戰馬)를 주었으니, 10여 필을 가져가기를 청합니다. 또 활은 전에 이미 마련하였으나 시위가 혹 끊어지면 갑자기 갖추기 어려우니, 1천여 가닥을 더 가져가서 쓴 뒤에 본도(本道)의 각진(各鎭)에 반납하는 것이 어떠하겠습니까? 또 그 도는 철물이 모자라니, 편자를 많이 가져가는 것이 어떠하겠습니까?" 하니,

전교하기를,

"조정의 물론이 다 경(卿)을 마땅하게 여기므로 가게 한 것이다. 아뢴 일을 해조(該曹)의 비변사(備邊司)를 시켜 마련하도록 하라."

◎ 중종 18/10/30[순변사 조윤손이 군관과 장비에 대해 계하다.]

순변사(巡邊使) **조윤손**(曹閏孫)이 아뢰기를,

"신이 거느리는 군관(軍官)은 20인인데 16인을 부장(部將)으로 삼으니, 더 거느리는 것이 어떠하겠습니까? 또 듣건대, 본도(本道)의 병사(兵使)가 활은 청하였으나 살은 청하지 않았다 하니, 장전(長箭)·편전(片箭) 1천여 부(部)를 가져가기를 청합니다." 하니,

전교하기를,

"함경도에 20인을 보내는 일은 이미 의정(議定)하였으니 더 보낼 수 없으나, 종사관(從事官)이 너무 적으니 2원(員)을 더 내도록 하라. 장전·편전의 일은 해조(該曹)에 물으라." 하였다.

조윤손이 또 아뢰기를,

"본도의 병사가 신기전(神機箭)·지신포(紙信砲)는 계청(啓請: 임금에게 아뢰어 청하던 일)하였으나 화전(火箭)은 청하지 않았으니 4~5백 자루를 가져가는 것이 어떠하겠습니까?"

하니 '아뢴 대로 하라.' 전교하였다

◎ 중종 18/11/01[간원이 조윤손의 청에 대해 계하다.]

간원(諫院)이 아뢰기를,

"순변사(巡邊使) **조윤손**(曹閏孫)이 보덕(輔德) 이수동(李壽童)을 종사관(從事官)으로 자망(自望)하였으나, 서연(書筵: 조선 시대에, 왕세자에게 경서를 강론하던 자리)의 일은 순변보다 중하니, 상께서 보내라고 명하시는 것은 모르되 자망하는 것은 옳지 않으며, 해사(該司)도 들어 주지 말아야 합니다. 이렇게 하면 뒷폐단이 있을 것입니다." 하였으나 따르지 않았다.

◎ 중종 18/11/04[순변사 조윤손 등의 인견에 대해 전교하다.]

전교하였다.

"순변사(巡邊使) **조윤손**(曺閏孫)이 이제 큰일을 맡아서 내려가므로 인견(引見)하고 선온(宣醞: 임금이 신하에게 궁중의 사온서에서 빚은 술을 내리던 일. 또는 그 술)하지 않을 수 없으니, 그 배사(拜辭)하는 날에 인견하겠는데, 삼공(三公)·병조 판서(兵曹判書)·비변사 당상(備邊司堂上) 모두와 여섯 승지(承旨)·사관(史官) 등도 참입(參入)하도록 하라. 평안도 감사 김극성(金克成)도 중임(重任)으로 내려가니, 역시 그날 같은 때에 인견하겠다."

◎ 중종 18/11/04[순변사 조윤손에게 초구·활 등을 내리다.]

순변사 **조윤손**에게 초구(貂裘: 담비의 모피로 만든 갖옷) 및 활[弓] 1장(張), 장전(長箭) 1부(部)와 궁대(弓帒)·통개(筒介: 화살통)를 내렸다.

◎ 중종 18/11/05[평안도 관찰사 김극성이 야인 쫓는 일에 대해 단자를 올리다.]

평안도 관찰사 김극성이 아뢰기를,

"쫓아내는 일은 병사(兵使) 이지방(李之芳)이 오로지 맡아서 조치합니다마는, 신이 떠나는 것이 임박하였으므로 부득이 해야 할 일을 단자에 써서 아룁니다.

1. 모든 행군(行軍)에는 상장(上將)이 있고 반드시 부장(副將)이 있어서, 군중(軍中)의 호령은 상장이 유고하면 부장의 절제(節制)를 받는 것이며, 이제 이지방이 거느린 제장(諸將)은 다 그 도의 수령(守令)을 썼으므로 통일하기 어려울 듯합니다. 신의 생각으로는 작은 폐단을 헤아리지 말고 부장 한 사람을 따로 보내어 만전을 꾀하는 것이 어떠할까 합니다.

2. 변신(邊臣)은 조정의 규획(規畫)을 따라야 하고 조금이라도 어기는 일이 있어서는 안 되는데, 지금 무창(茂昌) 등에 와서 사는 야인(野人)을 남김없이 쫓아내야 한다고도 하고 위아래 끝만을 쫓아내야 한다고도 하여 아직 일정하지 않으며, 함경도는 어느 곳부터 어느 곳까지, 평안도는 어느 곳부터 어느 곳까지 쫓아낸다는 것도 구획하지 못하였으니, 순변사(巡邊使) **조윤손**(曺閏孫)이 떠나기 전에 잘 의

논하여 미리 정하는 것이 어떠하겠습니까?

3. 절도사(節度使)가 지경을 나간 뒤에는 관찰사가 변성(邊城)에 유진(留鎭: 군사들이 머물러 있음. 또는 군사들을 머물러 있게 함)하여 사변에 대비해야 하는데, 도내의 용맹한 장수와 군졸이 죄다 종군하고 나서 만일 수하(水下: 압록강 하류)에 경보(警報)가 있으면 거느리고 부릴 사람이 없으니, 병조를 시켜 적당한 수의 군관(軍官)을 차출하여 보내어 일이 끝날 때까지 거느리고 방어하게 하는 것이 어떠하겠습니까?"
하니,

전교하기를,

"내 생각에는 자헌(資憲: 자헌대부(資憲大夫)의 준말) 한 사람을 따로 보내고 싶으나 도내에 폐단이 있을까 염려되므로 김굉(金硡)을 관찰사 겸 영변사(觀察使兼領邊事)로 삼았는데, 김굉이 장수의 재능이 부족하므로 경(卿)의 이조 판서를 갈아서 대신하게 하였으니, 이는 변방의 일을 전담하는 것이다. 다시 다른 장수를 따로 보낸다면 이는 경을 보내는 뜻이 없을 것이다. 여느 때라면 군관을 거느릴 수 없으나, 이제 바야흐로 군사를 일으키는 때이니 거느리고 가는 것이 옳겠다. 다만 근일 무사를 많이 내려보냈고 경중(京中)도 허술해서는 안 되겠으며, 또 본도의 공억(供億: 어려운 사람에게 의식(衣食)을 주어 편안하게 생활하게 함)에 폐단이 있으므로 많이 보낼 수 없다. 종정(從征)하는 군관 이외에 이미 9인을 따로 정하여 두었으니, 경은 데려가도록 하라." 하였다.

◎ **중종 18/11/06**[박산의 연좌와 군관의 파견에 대해 의논하다.]

영중추부사 정광필·영의정 남곤·좌의정 이유청·우의정 권균·판중추부사 고형산·우찬성 이행·공조 판서 안윤덕·병조 판서 홍숙·호조 판서 김극핍·한성부 판윤 한형윤·우참찬(右參贊) 이항·지중추부사 **조윤손**(曹閏孫)·김석철·최한홍 등이 아뢰기를,

"경원(慶源) 땅에 사는 야인(野人) 박산(朴山)이 내지(內地)에 출입하면서 교통하고 혼가(婚嫁)하며 폐단을 지은 일이 많이 있는데 회령부(會寧府)에서 죄를 얻어 형장을 맞다가 죽었으며, 그 자손은 남해(南海)·거제(巨濟) 등에 분배되었습니

다. 박산은 이미 죄가 있으므로 워낙 죽어 마땅하지만, 그 연좌된 자손 거의 40여 인이 다 남방으로 옮겨졌으니, 이것은 매우 온편치 못합니다. 우리나라 사람이라도 이것은 법외(法外)의 일인데, 더구나 야인을 어찌 이렇게 대할 수 있겠습니까? 신 등이 듣건대, 경원의 야인들이 이 때문에 늘 울분하고 원망하는 마음을 품어서 공손하지 않은 일이 많이 있다 합니다. 병사(兵使)도 이 뜻을 알므로 그 서장(書狀)이 이러한 것입니다. 이미 죄를 정하였는데 이제 도로 놓아 주면 정령(政令: 정치상의 법도와 규칙)이 어지러운 듯하겠으나, 그들의 분한(忿恨)이 이러하니, 한때의 권의(權宜)로 병사의 서장에 따라 특별히 명하여 놓아 주어 돌려보낸다는 뜻을 병조(兵曹)를 시켜 야인에게 효유(曉諭: 깨달아 알아듣도록 타이름)하여 분한 마음을 풀어 주게 하는 것이 어떠하겠습니까? 또 두 도(道)에 지금 바야흐로 일이 있으니, 육진(六鎭) 사람들이 또 원망하고 분하게 여기는 일이 있게 하여서는 안 되겠습니다."
하고,

또 아뢰기를,

"김극성(金克成)이 아뢴 '야인을 쫓아낼 때에 평안·함경 두 도의 군사가 나누어 맡아서 쫓아낼 것인데 남도(南道)로부터 들어가는 자는 무창(茂昌)까지 가고, 평안도로부터 들어가는 자는 여연(閭延)까지 가서 두 길의 거리를 고르게 할 것을 의논을 정하고 내려가야 한다.'는 뜻은 옳습니다. 그러나 그 도로의 형세를 두 도에서 계문(啓聞)하기를 기다려서 그 의논을 정해야겠으며, 또 그 위아래 끝만 쫓아낼 것이 아니라 그 둔락(屯落)을 죄다 쫓아내야 하겠습니다." 하고,

◎ **중종 18/11/09**[군사 일으키는 일에 대하여 의논하다.]

영원 군수(寧遠郡守) 김기손(金麒孫)이 평안도 병사의 계본(啓本: 임금에게 큰일을 아뢸 때 제출한 문서)을 가지고 왔다. 상이 사정전(思政殿)에 나아가 순변사(巡邊使) **조윤손**(曺閏孫)을 인견(引見: 임금이 의식을 갖추고 영의정, 좌의정, 우의정 따위의 관리를 만나 보던 일)하는데, 영의정(領議政) 남곤(南袞)·좌의정(左議政) 이유청(李惟淸)·우의정(右議政) 권균(權鈞)·판중추부사(判中樞府使) 고형산(高荊山)·병조 판서(兵曹判書) 홍숙(洪淑)·공조 판서(工曹判書) 안윤덕(安潤德)·지중추부사(知中樞府事) 유

담년(柳聃年)·호조 판서(戶曹判書) 김극핍(金克愊)·한성부 판윤(漢城府判尹) 한형윤(韓亨允)·평안도 관찰사(平安道觀察使) 김극성(金克成)·도승지(都承旨) 김희수(金希壽)·좌승지(左承旨) 김말문(金末文)·우승지(右承旨) 김극개(金克愷)·우부승지(右副承旨) 윤인경(尹仁鏡)·동부승지(同副承旨) 소세량(蘇世良)·기사관(記事官) 안사언(安士彦)·가주서(假注書) 김광준(金光準)·기사관 김미(金亹)·김언(金漹) 등이 입시(入侍)하고, 김기손도 참입(參入)하였다. …… 하고,

조윤손이 아뢰기를,

"신이 이제 순변사의 중임을 받았으나, 그곳 산천의 형세와 도로를 모르는데, 이는 멀리서 헤아릴 수 없습니다. 이제 이지방이 아뢴 것을 보면, 우두머리 된 자를 죽이면 쾌할 듯하나, 뒷일을 생각하면 그렇게 해서는 안 되겠습니다." 하니,

상이 이르기를,

"불러서 죽이는 것은 옳지 않다. 군사 앞에 데리고 갔다가 죄를 따지고 놓아주면 괜찮겠으며, 몽고 글로 쫓아내는 뜻을 써서 방을 붙이는 것도 괜찮겠다. 또 군사를 일으키는 일은 반복하여 생각하여도 그 기일을 빨리 정하는 것이 옳겠다." 하였다.

…….

조윤손이 아뢰기를,

"오늘 비로소 떠나 삼수(三水)에 갔다가 무창(茂昌)에 가자면 20일정(日程)이니, 그곳에 가서 조치하자면 12월 안에는 미처 못할 것이나, 정월 초열흘날 이전에 군사를 일으킨다면 일이 군색하지 않아서 할 수 있겠습니다." 하고,

홍숙이 아뢰기를,

"정월 보름 이전에 하는 것이 마땅합니다." 하고,

김극핍이 아뢰기를,

"보름 이전에는 얼음이 녹을 리 없으며, 눈이 녹은 뒤에 행군하면 말을 먹일 수 있고 모든 일이 군색하지 않을 것입니다." 하고,

고형산이 아뢰기를,

"신이 전에 12월에 들어갔었는데, 눈이 깊어 풀이 묻혀서 말을 먹이기 어려웠으

니, 부득이 세후(歲後)에 해야 합니다." 하고,

조윤손이 아뢰기를,

"강변(江邊)의 일은 신이 아직 잘 알지 못합니다마는, 갑산의 물은 겨울이 따뜻한 해일지라도 세시(歲時)에는 얼겠으나, 여울이 빠른 곳이라면 얼더라도 굳지 않아서 비가 내리면 곧 녹을 것인데, 입춘이 세전(歲前)에 있습니다. 정월 보름 때에는 달이 밝아서 군사를 일으키기에 마땅할 듯합니다마는, 부득이 얼음길로 갔다 와야 하는데 그 사이에 비가 내리면 얼음이 녹을 것이며, 눈이 녹아서 말을 먹이기에 편리하기를 기다려서 할 수 없으니, 반드시 일찍이 들어가 쫓아내야 하겠습니다." 하니,

상이 이르기를,

"도로의 원근(遠近)을 짐작해서 하는 것이 옳겠다." 하였다.

조윤손이 아뢰기를,

"그 도(道)의 일은 신이 아직 잘 알지 못하기는 하나, 북도는 방어하는 군기(軍器)가 정제되었으되, 남도는 그렇지 않아서 데려갈 병마(兵馬)도 정제되지 않았으니, 미진한 일이 있으면 치계(馳啓)하겠습니다." 하고,

…….

◎ 중종 18/11/09[남곤 등이 야인 추장을 불러 죽이는 일에 대해 계하다.]

남곤 등이 빈청(賓廳)으로 물러가 아뢰기를,

"이지방(李之芳)이 아뢴 일에 대해서는 상 앞에서 이미 다 아뢰었습니다마는, 의논이 같지 않으니 반드시 같게 해야 합니다. 이지방의 뜻은, 추장 한두 사람을 불러와서 죄를 따지고 죽이면 뒤에는 두려워하여 다시 나오지 않을 것이라는 것입니다마는, 불러와서 죽이면 신의를 잃는 것일 듯하여 다들 옳지 않다고 합니다. 불러서 나오면 군중(軍中)에 데리고 갔다가 다 쫓아낸 뒤에 군사를 일으킨 뜻을 효유(曉諭)하고 방(榜)을 붙여서 알리는 것이 옳겠습니다. 또 그 추장들을 군중에 데리고 가면 그가 거느리는 아랫사람들이 제 추장 때문에 감히 명을 거역하지 못할 것입니다." 하니,

전교하기를,

"인견(引見) 때의 의논도 이러하였다. 다만 저들의 추장들이 불러서 나온다면 군중에 데리고 갔다가 다 쫓아낸 뒤에 그 죄를 따지고 방을 붙여서 알리는 것이 옳겠으며 또 불러서 나오지 않으면 도리어 군위(軍威)를 손상하는 폐단이 있을 것이니, 불러서 나오지 않으면 쫓는 중에 뒤떨어진 자를 사로잡아 죄를 따지고 말하기를 '국가에서 남김없이 죄다 없애야 하겠으나, 특별한 은혜로 쫓기만 하여 목을 보전시키는 것은 상은(上恩)이다.' 하여야 하겠다. 이 두 가지 뜻을 김극성(金克成)·**조윤손**(曹閏孫) 등에게 하유(下諭)하는 것이 옳겠다." 하매,

남곤 등이 아뢰기를,

"상의 분부가 지당하십니다. 이 두 가지 뜻을 김기손(金麒孫)에게 일러 보내겠습니다. **조윤손**이 가는 남도에는 부를 만한 부락이 없습니다." 하니,

'알았다' 전교하였다.

◎ 중종 18/11/09 [함경도 순변사 조윤손에게 하교한 내용]

함경도 순변사(咸鏡道巡邊使) **조윤손**(曹閏孫)에게 하교(下敎)하였다.

"국가의 일정한 땅을 선조(先祖)에게서 받았고, 변경(邊境)의 안위(安危)에 관한 처치를 이제 또 믿을 만한 신하에게 붙인다. 강역(疆域)을 두루 살피는 어려움은 모두 어진 사람을 얻어서 위임하므로, 사신의 수레가 이르게 하면 모두 임금이 친히 가는 것과 같다. 주(周)나라가 천명(天命)을 받으매 나라를 여는 데에 소공(召公 *) 같은 사람이 있었고, 한 선제(漢宣帝)가 중흥(中興)하매 노신(老臣)으로 조충국(趙充國 **)보다 나은 사람이 없었으니, 이 이적(夷狄)과 중국에 위덕(威德)이 널리 입혀진 것은 실로 순선(巡宣)의 방략이 마땅하였기 때문이다. 경(卿)은 이미 문무를 겸비하여 지모(智謀)가 있고 능히 강단(剛斷)하며, 부자가 서로 이어 일찍부터 장군(將軍)의 기풍이 있고 시서(詩書)에 도타와, 극곡(郤縠 ***) 의 장재(將材)보다 뒤지지 않으며, 전후 두 번 북방을 맡았었으므로 융추(戎醜: 오랑캐의 우두머리)가 그 이름을 잘 안다. 우리나라의 서쪽·북쪽 두 변방은 다 견시(犬豕)가 서로 인접하였는데, 더구나 이 여연(閭延)·무창(茂昌)의 들은 곧 우리 선세(先世)

의 땅이다. 당초에 먼 지방 사람을 유화(柔和)하기를 힘쓰다가 잘못하여 주성가(主成可)가 한 주거(住居)를 받는 것을 들어 주었더니, 후에 아마도 진(晉) 때에 강호(羌胡)가 변경(邊境) 안에서 살던 일과 같이 우리나라가 어지러워질 듯하여, 여러 번 변장(邊將)을 시켜 타이르게 하였었다. 그러나 도리어 나쁜 말을 내어 공손하지 않고, 우리 큰 나라를 원망하고 우리 변방 장수를 깔보아 밭을 갈고 짐승을 먹이며 부락을 불러모아 떼지어 살며, 아들을 기르고 손자를 기르며 모진 싹을 양성하여 더욱 만연해졌다. 이것은 구설(口舌)로 교화할 수 없고 군사로 쫓아내야 마땅한데, 누구를 나라의 간성(干城)으로 하여 북방의 방어를 맡길 것인가? 북방을 돌보기에 근심이 깊으니 활을 당길 생각을 늦출 수 없고, 모두 네가 합당하다 하니 장군의 직임을 맡을 만하다. 다만 편의로 종사하고 소란 없이 군사를 점고하여, 한 방면의 민정을 진정하고 삼군(三軍)의 형세를 씩씩하게 하며, 계책에 조금도 실착이 없이 함께 기각(掎角: 앞뒤에서 적을 몰아침을 비유적으로 이르는 말)의 원조를 하고 일에는 만전을 기하여 벌·전갈 같은, 작지만 무서운 독(毒)을 조심하라. 먼저 화복(禍福)으로 타일러 스스로 그 혼미(昏迷)를 깨닫게 해야 하며, 왕사(王師)는 사납게 하지 말고 찬찬히 하고, 제장(諸將)은 떠들지 말고 명령에 따라, 반드시 옛 땅을 찾되 남녀를 쫓고 집을 불사르는 데에 그치고, 군공(軍功)을 바라지 말며, 마소를 훔치고 노유(老幼)를 죽이지 말라. 저들이 힘을 떨쳐 명에 거역하거든 위엄을 떨쳐 주벌(誅伐: 죄인을 토벌(討伐)함)하라. 포용하는 인애(仁愛)를 널리 보여 변방의 말썽이 없게 하라."

소공(召公) 주 무왕(周武王)을 도와 나라를 다스렸고, 무왕이 은(殷)나라를 멸한 뒤에 북연(北燕)에 봉해졌으며, 무왕의 아들 성왕(成王) 때에는 주공(周公)과 함께 삼공(三公)의 자리에 있으면서 섬(陝) 서쪽의 땅을 맡았는데, 모든 백성이 생업을 잃지 않고 화락하게 살았으므로, 소공이 죽은 뒤에 백성이 그의 선정을 사모하여 생시 순행 때에 거처하던 곳에 있는 당(棠)나무를 베지 않았으며 감당시(甘棠詩)를 지어 불렀다 한다.

조충국(趙充國) 한(漢)나라 무제(武帝)·소제(昭帝) 때에 여러 번 흉노(匈奴)를 쳐서 공이 많았고 기사(騎射)와 용병(用兵)에 능하여, 그가 70여 세 때에 황제가 사람을 시켜 장수가 될 만한 사람을 물었더니 자기보다 나은 사람은 없다고 한 일이 있다. 선제(宣帝) 때에 영평후(營平侯)로 봉해졌으며, 논책(論策)에 능하여, 그가 올린 글은 모두가 경세(經世)에 일컬을 만한 것이었다.

> **극곡(郤穀)**　진 문공(晉文公) 때에 초 성왕(楚成王)이 제후들과 함께 송(宋)을 포위하매, 진(晉)에서는 조(曹)·위(衛)를 치면 초가 조·위를 구원할 것이고 그러면 송이 구제될 것이라 하며, 삼군(三軍)을 만들고 장수될 사람을 찾았는데, 조최(趙衰)가, 극곡은 예악(禮樂)을 좋아하고 시서(詩書)에 도타우므로 군사를 거느리는 방도를 알 것이라고 천거하였으므로, 문공이 극곡을 중군(中軍)으로 삼았다.

◎ 중종 18/11/18 [비변사가 야인 추장을 불러 말할 내용에 대해 계하다.]

비변사(備邊司)가 아뢰기를,

"북도(北道)의 성 밑에 사는 야인(野人)과 무창(茂昌) 등에 사는 야인은 왕래하여 서로 통하므로, 쫓을 때에 쫓긴 되[虜]가 원한을 품고 달아나 숨었다가 북도로 들어가면 선동하는 폐단이 없지 않을 것이고, 성 밑에 사는 야인들도 의구하여 불안한 마음이 없지 않을 것입니다. 그러니 군사를 일으킬 임시에 그 추장을 불러서, 와서 사는 되를 국가가 마지못해서 금지하여 예전에 살던 곳으로 되돌아가게 하는 것이라는 뜻을 말하고, 또 이르기를 '전일 성 밑에 살던 자 중에 혹 저들 땅에 옮겨 살다가 쫓긴 뒤에 성밑에 와서 사는 자가 있을 것인데, 이전 사람이 죄받을까 의구하거든 반드시 「국가는 금법을 어기고 와서 사는 자만을 쫓는 것이니, 너희가 예전에 살던 곳으로 돌아오더라도 죄줄 리가 만무하다. 전일 혜산진(惠山鎭)에 저들이 금법을 어기고 와서 살므로 쫓았을 따름인데, 이번에도 그와 같은 것이니 너희는 의구하지 말라.」고 하라.' 해야 하겠습니다." 하니,

전교하기를,

"추장을 불러 다 말하자는 뜻은 옳으나, 저들이 먼저 알게 되면 옳지 않으니, **조윤손**(曹閏孫)이 군사를 일으켜 들어가 쫓아내고 2~3일 뒤에 말하는 것이 옳겠다." 하였다.

◎ 중종 18/11/21 [정광필 등과 군사 일으키는 일을 논의하다.]

정광필(鄭光弼)·남곤(南袞)·이유청(李惟淸)·권균(權鈞)·홍숙(洪淑)·안윤덕(安潤德)·유담년(柳聃年)·김극핍(金克愊)·한형윤(韓亨允)·김석철(金錫哲)·최한홍(崔漢洪)·심순경(沈順徑)·박호(朴壕)·이위(李偉)가 의논하여 아뢰기를,

"순변사(巡邊使)가 이미 내려갔으므로, 길이 험하고 풀이 없어서 형세가 할 수 없으면 연유를 갖추어 치계(馳啓)할 것이니, 멀리서 헤아려 중지해서는 안 되겠습니다." 하고,

이행(李荇)이 의논 아뢰기를,

"쫓는 일은 부득이한 데에서 나오기는 하였으나, 신은 오늘 바삐 해야 할 일이 아니라고 생각합니다. 더구나 남도(南道)는 길이 험하고 마초(馬草)도 없다면 위험을 타고 행군하는 것이니, 병가(兵家)에서는 더욱 꺼려야 할 일입니다." 하니,

전교하기를,

"군사를 일으키고 무리를 움직여 죽을 땅으로 모는 것은 내가 늘 매우 어렵게 여기는 것이나, 지금 쫓아내지 않더라도 뒤에 반드시 부득이 쫓아내야 할 것인데, 만연하면 더욱 쫓기 어려울 것이다. **조윤손**(曹閏孫)이 이미 내려갔으니, 참으로 어렵다면 어찌 인마(人馬)를 다 죽게 하겠는가? **조윤손**이 아뢰는 것을 기다려서 다시 의논하여도 늦지 않을 것이다. 이행이 아뢴 것은 과연 지당하다. 군사를 일으키고 무리를 움직이는 것은 늘 만전하게 하여도 혹 불행이 있는데, 더구나 위험을 타고 행군하는 것이랴? 그러나 조정의 의논이 이미 정해졌으니, 아직 **조윤손**이 아뢰는 것을 기다리는 것이 옳겠다." 하였다.

◎ 중종 18/12/02[순변사 조윤손의 계본에 대해 우려의 뜻을 전교하다.]

순변사(巡邊使) **조윤손**(曹閏孫)의 계본(啓本)을 정원(政院)에 내리고 전교하였다.

"이제 **조윤손**이 아뢴 뜻을 보면, 저들의 말이 매우 완악하므로 쫓아내는 일을 중지할 수 없는 형세이지만, 삼수(三水)부터 무창(茂昌)까지는 6일정(日程: 1일정은 90리)이고 무창부터 김주성합(金主成哈)의 부락까지는 2일정인데, 무창부터 본진(本鎭)까지는 지금 눈이 한 자나 쌓였다 한다. 눈이 또 많이 내려서 마초(馬草)도 얻기 어렵게 되면, 군마(軍馬)를 거느리고 들어갔다가 중도에서 낭패할 걱정이 있을 듯하다. 또 권훈(權勛)이 이미 도로를 살피러 갔다면, 형세가 마초와 양식을 넉넉하게 가져갔을 것이다. 또 경중(京中)의 장사(將士)를 많이 내려보냈고 그 도

(道)의 군마도 많이 정하였는데 이제 또 6백 명을 더 청하니, 이렇게 하면 그 도의 군사는 남김없이 정벌에 따라갈 것이고 마초와 양식을 대기도 매우 어려울 것이다. 또 일이 끝난 뒤에는 방비에 관한 여러 가지 일을 전보다 훨씬 더 조치해야 할 터인데, 한 도의 백성을 다 먼저 지치게 할 수 없으니, 내가 우려한다. 이 뜻을 비변사(備邊司)에 말하라."

◎ **중종 18/12/10**[함경도 순변사 조윤손 등에게 군사 일으키는 뜻과 염려하는 뜻을 하유하다.]

함경도 순변사(咸鏡道巡邊使) **조윤손**(曹閏孫)·관찰사(觀察使) 허굉(許硡)·남도절도사(南道節度使) 반석평(潘碩枰)·평안도 관찰사(平安道觀察使) 김극성(金克成)·절도사 이지방(李之芳)에게 하유(下諭)하였다.

"내가 일찍이 고금의 계책을 보건대, 전쟁은 부득이한 경우가 아니면 일으킬 수 없는 것이다. 그러나 주 선왕(周宣王) 6월의 군사는 역시 험윤(獫狁: 중국 북쪽의 오랑캐로 뒤의 흉노(匈奴)) 때문이었으니, 이번에 쫓아내는 일을 어찌 그만둘 수 있겠는가? 내가, 김주성합(金主成哈)이 일찍이 우리에게 귀순하였다 하여 무창(茂昌) 건너편 땅에 사는 것을 허가하여 나라의 번위(蕃衛: 오랑캐를 막는 경비)로 삼았더니, 저 되[虜]가 내 은혜를 생각하지 않고 다른 종족을 꾀어들여 강을 연하여 벌여 살아 부락이 가득 퍼졌으므로, 돌려보내라고 여러번 일렀으나 나쁜 말을 더 함부로 하니 우리를 깔보는 것이 심하다. 지금의 기회를 잃고 도모하지 않으면 뒤에는 도모하기 어려울 것이니, 오늘의 거사는 아니할 수 없는 것이다. 경(卿)들은 다 계획에 참여하였으니, 어찌 모를 것이 있어서 다시 말로 이르겠는가? 다만 변방의 백성이 태평에 버릇되어 국가의 이 거사(擧事)가 참으로 먼 계책을 위한 것임을 모를까 염려된다. 아, 내가 어찌 차마 내 백성을 몰아서 흉위(凶危)의 땅으로 나아가게 하겠는가? 저 되는 인구가 점점 늘고 땅이 점점 가까워지며 기세가 더 강해지고 오만이 더 심해지니, 국가가 마침내 제어할 수 없게 되면 우리 변방 백성의 화(禍)를 이루 말할 수 있겠는가? 저 되의 해(害)가 전에는 연(年)이나 달[月]로 헤아릴 만한 것이었으나 오늘의 형세는 조석에 달려 있으니, 우리가 대응하는 방법을 어찌 조금이라도 늦출 수 있겠는가? 이것도 경들은 죄다 아는 바이나 오히려 변방 백성 중에는 내 뜻을 모르는 자가 있을 듯하다. 아, 지금 한추위를 당하였는데 변방은 추위가 더욱 심하니, 사졸(士卒)이 몹시 애쓰고 기갈(飢渴)하는 괴로움을 생각하면, 나에게 가볍고 따뜻한 옷과 맛있는 음식이 있을지라도 어찌 차마 혼자 입고 먹겠는가? 누우면 잠을 잊고 상을 대하면 먹지 못하며 감히 잠시도 마음에서 잊을 수 없다. 아마 경들도 이러할 것이며, 사졸과 함께 내 뜻을 잘 아리라. 그러므로 유시한다."

57세 (1524년)

◎ 중종 19/01/18[친경하는 일에 대해 의논하다.]

정원(政院: 승정원)에 전교하기를,

"오늘 대간이 말하기를 '서북에 일이 있어 인마와 장사(將士)가 많이 상하였으므로 가엾이 여기고 슬퍼해야 할 때이니, 적전(籍田/耤田: 임금이 몸소 농민을 두고 농사를 짓던 논밭. 그 곡식으로 신에게 제사를 지냈다.)을 친경(親耕: 임금이 농업을 장려하기 위하여 적전(籍田)에 나와 몸소 농사를 짓던 일)하는 일은 폐지할 수 없더라도 가요하고 축하를 아뢰는 등의 일은 온당치 못하다.' 하였는데, 이 말이 매우 마땅하다. 다만, 친경을 거행하면 가요 등의 일은 혹 폐지할 수 있을지라도, 이튿날의 노주연(勞酒宴)과 모든 문구(文具: 규례·의례 등을 가리킴)를 죄다 폐지할 수 없을 것이며, 또 이는 근래 거행하지 못하던 성례(盛禮)이어서 문구(文具)도 거행하지 않을 수 없을 것이므로, 친경을 멈추려 한다. 칙서를 맞이하는 데에 따른 하례는 역시 받지 않을 수 없으며, 친경을 멈추더라도 별시(別試)는 이미 중외(中外)에 하유(下諭)하였으므로 유생(儒生)들이 이미 서울에 모여들었을 것이니, 중지하여서는 안 될 것이다. 이번에 칙서를 맞이하는 것도 세상에 드문 성사(盛事)이니, 이 때문에 별시하여도 무방할 듯하다. 이 뜻을 삼공(三公)에게 의논하라." 하매,

영의정(領議政) 남곤(南袞)이 의논 아뢰기를,

"적전을 친경하는 예는 여러 해 만에 한 번 행하는 것이며, 또 이제 사방 사람들이 이미 다 들었거니와, 서방에 군사에 관한 걱정이 있다고는 하나 큰 변고가 있는

것이 아니니, 이 때문에 문득 성례를 멈출 수 없습니다. 이미 그 예를 거행한다고 하면 예문(禮文)에 실려 있는 모든 일을 본디 하나하나 다 거행해야 하니, 지나친 문구가 되는 것이 아닙니다. 예는 그러하나, 가요만 하고 결채(結綵 *)를 그만두며 헌축(獻軸)만 하게 하는 것이 온편할 듯합니다." 하고,

좌의정(左議政) 이유청(李惟淸)이 의논 아뢰기를,

"이함(李菡) 등이 다치기는 하였으나, 여러 해 행하지 못하던 성례를 이제 말한 사람이 있다 하여 쉽사리 폐지할 수 없으니, 이지방(李之芳)·**조윤손**(曹閏孫)이 무사히 회군(回軍)한 뒤에 다시 의논하여 시행하는 것이 어떠하겠습니까?" 하고,

우의정(右議政) 권균(權鈞)이 의논 아뢰기를,

"적전을 몸소 경작하는 것은 자성(粢盛: 제사에 쓰는 곡식)을 위해서일 뿐더러 또한 농사를 힘쓰도록 몸소 이끄는 것이므로 옛 임금들이 누구나 이를 중하게 여겼는데, 이제 바야흐로 이 성례를 거행하려다가 문득 멈추는 것은 온편치 못할 듯합니다. 다만, 서쪽의 소식이 두 번 왔으므로 마음을 쓰셔야 할 것이니, 모든 아름다운 것을 보는 문구의 일들을 특별히 행하지 말도록 명하시는 것이 마땅하며, 별시는 유생의 녹명(錄名: 과거(科擧)·취재(取才) 등에 앞서 응시할 자의 이름을 등록하는 것)에 정한 기일이 있으므로 중지하여서는 안 되겠습니다." 하니,

상이 이르기를,

"한 병졸이 상해되었더라도 마음 써야 하는데, 더구나 편장(偏將: 부장(副將)·대장을 도와 일부를 맡는 장수)이 다쳤으니, 차마 일국의 성례를 거행할 수 없다. 선농(先農)에 제사하는 것은 섭행(攝行: 다른 일도 겸하여 행함)하고, 별시는 상국에서 칙서를 내린 경사 때문이니 거행하는 것이 매우 마땅하다." 하였다.

> **결채(結綵)** 임금이 행차하거나 중국의 칙사가 지나갈 때, 이를 환영하는 뜻으로 여러 빛깔이 있는 실, 종이, 헝겊 따위를 문이나 지붕, 다리, 길에 내다 걸어 장식하던 일. 늑채붕

◎ 중종 19/01/19[김세한이 야인 쫓을 때의 피해 사항에 대해 계하다.]

순변사(巡邊使) **조윤손**(曹閏孫)의 군관(軍官) 김세한(金世瀚)이 와서 아뢰었다.

"야인(野人)을 쫓을 때에 군사의 말이 8필이나 다쳤으나 사람은 하나도 다치지 않았습니다."

◎ 중종 19/01/23[삼공이 군사를 선위하는 데 대해 계하다.]

삼공이 아뢰기를,

"신 등(臣等)이 듣건대, 양계(兩界 *)의 장사(將士)는 이룬 공이 없기는 하나 눈바람과 모진 추위를 무릅쓰고 이역에 다녀왔으므로 선위하는 것이 매우 마땅하고, 또 요전 북정에도 승지와 부제학을 보냈습니다. 그러나 북정 때에는 일이 매우 중대하여 이번과 같은 예가 아니고 그때 내려간 장수는 다 1품이었으므로 그렇게 하였는데, 이제는 **조윤손**(曹閏孫)이 2품으로서 내려갔고 이지방(李之芳)도 그 도의 절도사(節度使)로서 들어가 쫓았으니, 이제 승지를 보내는 것은 아마도 과중할 듯합니다. 신 등의 생각에는, 낮은 직질(職秩)의 근신(近臣)을 보내어 위로하더라도 그 은수(恩數: 임금이 베푸는 은혜의 정도)가 역시 매우 중할 듯합니다." 하니,

전교하기를,

"전례를 상고하면 다 승지와 당상(堂上)인 사람을 보내어 위로하였으므로 이번도 승지를 보내려 하였으나 내 생각에도 과한 듯하였는데, 이제 듣건대 삼공이 아뢴 것이 매우 마땅하니 직질이 낮은 내신(內臣)이 가서 위로해야 하겠다. 직제학(直提學) 민수천(閔壽千)을 함경도에, 전한(典翰) 김안정(金安鼎)을 평안도에 보내라." 하였다.

> **양계(兩界)**   고려·조선 시대에 군사적으로 중시되던 동계(東界)와 서계(西界)를 아울러 이르던 말. 동계는 함경도와 강원도의 일부 지역에, 서계는 평안도 지역에 해당된다.

◎ 중종 19/01/29[야인 쫓은 일에 대한 논상을 의논하다.]

정원(政院)이 아뢰기를,

"신 등이 평안도 절도사(平安道節度使)의 계본(啓本)을 보니, 야인을 쫓을 때에 간 곳이 없는 군졸과 이함(李菡)이 싸움에 져서 죽은 군졸을 모두 계산하면 거의

50여 인이나 되며, 신 등의 생각으로는 그중에서 미열(迷劣: 미욱하고 변변치 못함)한 사람과 얼어서 상하거나 죽은 자가 많이 있을 것입니다. 대저 군중(軍中)에서 처음에는 죽은 수를 잘 모르다가 나중에야 그 수를 아는 법인데, 이제 죽은 수가 이렇게 많은 것을 알았는데도 주장(主將) 등에게 표리(表裏)를 내린다면, 그 도의 백성이 아마도 '조정의 논상(論賞)이 알맞지 못하다.' 할 것입니다. 작은 물건이라도 임금의 논상은 반드시 공이 있는 자라야 할 수 있습니다. 이번에는 상줄 만한 공이 없는데, 이미 내신(內臣)을 보내고 또 표리를 내린다면 매우 지나칠 듯하니, 다시 대신에게 물어서 처리하소서." 하니,

전교하기를,

"아뢴 것이 매우 마땅하다. 당초에는 허공교(虛空橋)에서 군졸이 다치기는 하였으나 주장이 무사히 회군(回軍)하였다는 말을 듣고, 내가 '상전(賞典)은 아래에서 행할 수 없는 것'이라고 생각하였으므로 내가 표리를 상 주려 하였는데, 이제 죽은 자가 매우 많다는 것을 잘 알았으니, 논상은 과연 온편치 못하다. 이를 상주지 않는다면, **조윤손**(曺閏孫)에게 표리를 내리는 것도 멈추어야 하겠는지, 사관(史官)을 보내어 삼공(三公)에게 의논하라." 하였다.

영의정(領議政) 남곤(南袞)이 아뢰기를,

"이번 야인을 쫓는 일에 군중(軍中) 사람을 많이 잃은 것은 대장(大將)의 잘못이 아니기는 하나, 얻은 것이 잃은 것을 갚을 수 없으므로 참으로 슬프니, 아직은 은상(恩賞)을 멈추고 세 위장(衛將)을 추핵(推覈: 죄인을 추궁하여 죄상을 조사함)하여 계문(啓聞)한 뒤에 다시 의논하는 것이 온편하겠습니다." 하고,

좌의정(左議政) 이유청(李惟淸)이 아뢰기를,

"예로부터 대중(大衆)을 움직이면 이해(利害)가 없지 않은 법이나, 이번 쫓는 일에 인마(人馬)가 죽거나 다친 수를 확실히 알지 못하고 문득 은수(恩數)를 베푸는 것은 사체(事體)가 미안하니, 양도(兩道)에서 점검한 뒤에 다시 의논하는 것이 무방하겠습니다." 하고,

우의정(右議政) 권균(權鈞)이 아뢰기를,

"한 사람을 상주어 천 사람을 권장하는 것이니 알맞게 하는 것이 귀중하며, 알

맞지 못하면 곧 참람한 것입니다. 이지방(李之芳)은 큰 무리를 거느리고 작은 되[虜]를 쫓으면서 잘 조치하지 않았으므로 허공교의 싸움에 죽거나 사로잡힌 사람이 50명이나 되었으며, 또 되들이 추격(追擊)할 것을 겁내어 지름길로 상토(上土)에 돌아와서 저 되들이 우리를 깔보는 마음을 열어 주었고, 산단(山端) 등지에 저 되들이 사는데도 버려두고 쫓지 않아서 뒷날의 염려를 끼쳤으니, 죄책도 워낙 면하기 어려운데 다시 무슨 포상을 하겠습니까?" 하였다.

◎ **중종 19/01/29**[공조 정랑 김세한을 인견하여 군중의 일을 듣다.]

공조 정랑(工曹正郎) 김세한(金世瀚)이 북도 순변사(北道巡邊使) **조윤손**(曹閏孫)의 군중(軍中)에서 돌아왔다. 상이 사정전(思政殿)에서 인견(引見)하고 군중의 일을 물으매, 김세한이 아뢰기를,

"**조윤손**이 쓸 만한 군사 1천 8백 명을 거느리고 6일에 삼수군(三水郡)에서 발군(發軍)하여 가을파지(加乙波知)를 지나 고미평(古未坪)에 이르렀는데, 선봉장(先鋒將) 이순(李珣)이 저들 5명을 잡았으므로, 종사관(從事官) 이환(李芄)과 신(臣)을 시켜 여진(女眞) 글로 된 방문(榜文)을 가지고 타이른 뒤에 이순을 시켜 진중(陣中)으로 데려가게 하였습니다. 병위(兵威)를 성대히 벌이고 야인 5명을 진중으로 이끌어들여 벌여 세우고 배례(拜禮)시켰는데, 5인 가운데에서 장년은 2명인데 나이가 서른 댓쯤 되고 소년은 3명인데 나이는 또한 열댓쯤 되었습니다. 그 중의 하나는 박아양합(朴阿陽哈)의 아들 박나양합(朴羅陽哈)인데, 왜 나왔느냐고 물으니, 대답하기를 '홀라온(忽刺溫)·우지개(于知介) 등이 평안도의 인마(人馬)가 자주 여연(閭延) 등에 왕래한다는 소식을 듣고 중도에서 저지하려 한다는 말을 동상시(童尙時)가 족친(族親)인 온화위(溫火衛)의 야인한테서 전해 듣고 아비에게 알렸는데, 아비가 나를 시켜 삼수(三水)에 가서 고하게 하였으므로 나왔다가 잡혔으며, 동상시는 변고를 고하러 만포(滿浦)에 갔다.' 하기에,

먼저 통사(通事: 통역을 맡아보던 벼슬아치)를 박아양합의 집에 보내어 동상시한테 알리게 하고, 박나양합을 군중에 머물러 두고 길을 가리키게 하여 후주(厚州)에 이르렀습니다. 8일, 어동구비(於同仇非)에 이르고, 9일, 봉포동(奉浦洞) 밑의 박아

양합·김사지(金舍知)·김이랑합(金伊朗哈) 등이 사는 곳에 이르러 방문으로 타이르고, 만호(萬戶) 김세경(金世瓊)을 시켜 통사 및 김사지와 함께 방문(榜文)을 가지고 다시 동상시한테 가서 알리게 하였습니다. 10일, 훈두평(薰頭坪)에 이르러 결진(結陣)하였습니다. 김세경이 돌아와 보고하기를 '김사지를 시켜 동상시의 집에 방문을 전해 보냈더니 동상시가 만포에서 아직 돌아오지 않았고, 그 집에 가 보니 미열(迷劣)한 맏아들만이 있었으며, 그 둘째 아들 동아산(童牙山)은 용력(勇力)이 있는데 그의 간 곳을 물었더니 처가에 가서 돌아오지 않았다 하므로, 야인 집의 재물을 죄다 불사르고 방문으로 타이르니, 야인들이 얼음 위에 고두(叩頭)하며 사례하기를 「우리가 다시 와서 살면 우리를 죽이더라도 무슨 한이 있겠느냐?」 하였는데 거의 완전한 기색이 없었다.' 하였습니다. 11일, 봉토동으로 돌아갔다가, 12일, 고미평에 이르고, 13일, 삼수군에 이르러 명부를 대조하여 점고하였는데, 얼어 상한 사람은 없고 말 8필이 죽거나 다쳤습니다. 주장(主將)이 당초에 군중(軍中)에 명령하기를 '한 군사의 말먹이로 각각 잘게 썬 풀 20두(斗)를 지니라.' 하였으므로, 이따금 얼음길에서 다리를 다쳐 죽은 것은 있으나 굶주려 피곤해서 쓰러진 말은 없었으며, 지나는 길이 얼음 위에 눈이 쌓인 곳이면 말이 밟고 가기 어려우므로 혹 수풀 사이로 가기도 하였습니다. 저들의 집의 수는 무려 30~40이나 되었으나, 부락 안에는 가산(家産)이 없고 겉곡식과 더럽고 깨어진 나무 구유와 바가지가 있을 뿐입니다. 삼수에서 훈두평까지의 이수(里數)는 보통 빠르게 가는 것으로 계산하면 5식(息: 1식은 30리)쯤이었습니다." 하니,

상이 이르기를,

"군사의 행진은 장사진(長蛇陣)으로 하였는가, 학익진(鶴翼陣)으로 하였는가?" 하매,

김세한이 아뢰기를,

"길이 좁으면 장사진으로 하고 넓으면 학익진으로 하였습니다." 하니,

상이 이르기를,

"가 보니 저들의 수가 얼마이던가?" 하매,

김세한이 아뢰기를,

"대개 동상시의 부락에 예닐곱 사람이 있었는데 다 용력이 없었습니다. 처음에는 군사가 그 부락을 에워싸고 섰더니 다들 나오려 하지 않다가, 드디어 멀리 에워싸게 하고 통사를 시켜 부른 뒤에야 나왔습니다." 하니,

상이 이르기를,

"장년들은 어디 갔느냐고 물었는가?" 하매,

김세한이 아뢰기를,

"아산(阿山)처럼 이름이 드러난 자는 처가에 갔다 하였으나, 신의 생각으로는 평안도에 가서 도둑질하는 듯하였습니다. 무릇 용맹하지 않은 군사와 지친 말들은 도로 내보내고 거느린 군사는 1천8백 명이었습니다." 하였다.

◎ **중종19/02/03**[대간이 전의 일을 계하고, 헌부가 이지방·반석평·세 위장의 나추와 조윤손의 추고를 계하다.]

대간(臺諫)이 전의 일을 아뢰고, 헌부(憲府)가 아뢰기를,

"허공교(虛空橋)에 유진(留陣: 군사들이 머묾)한 제장(諸將)은 큰 군사를 거느리고 작은 적을 만났는데도 조치를 잘하지 못하여 많이 잡혀가고 죽었으니 나추(拿推: 범인을 잡아다 죄를 문초함)하소서. 이지방(李之芳)은 주장(主將)으로서 세 부락의 야인을 쫓지 않고 지레 다른 길로 돌아왔으므로 겁을 내어 나라의 위엄을 매우 손상하였으니 아울러 나추하소서. 반석평(潘碩枰)은 군기(軍機)에 관한 중한 일을 잘 살피지 못하고 권훈(權勛)이 도로를 살핀 일을 착오하여 아뢰었으니 파직하고 나서 추고(推考)하소서." 하고,

간원(諫院)이 아뢰기를,

"세 위장(衛將) 중에서 이함(李菡)은 경솔히 나갔다가 패하고, 한규(韓珪)는 구원하지 못하고, 유홍(柳泓)은 미처 달려가서 구원하지 못하였으므로, 그 죄가 같으니 다 나추하소서." 하고, 이지방·반석평의 일도 전과 같이 아뢰고,

또 아뢰기를,

"또 비변사(備邊司)는 진장(鎭將)을 시켜 세 부락의 야인을 쫓으려 하나, 그 계책은 잘못입니다. 세 위장이 큰 군사를 받아 가지고서도 패하였는데, 더구나 변진

(邊鎭)의 군사를 적지로 멀리 들여보내서 능히 적을 이겨 승리를 얻을 수 있겠습니까? 또 북방의 추위는 서방보다 심한데, 서방에는 동상에 걸린 자가 있고 북방에는 없다 하니, 아마도 거짓말일 것입니다. 또 순변사(巡邊使) **조윤손**(曹閏孫)은 서방 사람들을 멀리 들어가게 하여 얼어 상하게 하였으니 추고하소서."하니,

전교하기를,

"허순(許淳)·김광준(金光準)은 갈도록 하라. 별시(別試)에서 강경(講經)하는 일은 대신들이 이미 그것이 옳지 않다고 의논하였으니, 이제 고칠 수 없다. 세 위장 중에서 이함·함규는 적(賊)을 만났고 유흥은 가서 구원하였으므로, 그 죄에 본디 경중이 있으니 다 나추할 수는 없다. 우선 경차관(敬差官)을 시켜 추문(推問)하는 것이 옳다. 이지방은 세 부락의 야인을 쫓지 않고 지레 다른 길로 나왔으므로 잘못한 듯하나, 적변(賊變)을 듣고서 그런 것이니 반드시 나추할 것 없다. 반석평이 처음으로 권훈을 시켜 도로를 살피게 하였는데 권훈이 곧 첩보(牒報)하지 않았으니, 이것은 권훈의 잘못이고 반석평의 잘못이 아니다. 세 부락의 야인을 쫓는 일은, 병사(兵使)가 신보(申報)하기를, '한 진(陳)의 군사만을 시켜도 넉넉히 쫓을 수 있다.' 하였으므로 비변사가 쫓으려 한 것이다. 반드시 중지할 것 없다." 하였다.

◎ **중종 19/02/04**[정부와 비변사 당상을 인견하여 이지방과 반석평, 세 위장의 처리에 대해 의논하다.]

정부(政府)와 비변사 당상(備邊司堂上)을 인견(引見)하였다. 상이 이르기를,

"서북(西北)의 제장(諸將)의 일은 대간이 나추(拿推)하기를 청하는데, 어떠한가?" 하매,

영중추부사(領中樞府事) 정광필(鄭光弼)이 아뢰기를,

"세 위장과 이지방이 잘못한 일을 신은 잘 모르겠으나, 허공교에서 패한 것은 당초에 접전할 생각을 하지 않았는데 뜻밖에 적을 만나서 조치를 잘못하여 패한 것이므로 그 죄를 용서할 만하며, 더구나 이지방은 바야흐로 변방의 일을 조치하는데 이제 잡아온다면 그 약속이 바뀔 것입니다. 또 세 부락의 야인을 쫓는

일은 가벼이 거행할 수 없으니, 타일러서 가지 않거든 쫓는 것이 어떠하겠습니까?" 하고,

영사(領事: 영경연사(領經筵事)의 약칭) 남곤(南袞)이 아뢰기를,

"이함 등은 각각 편장(偏將: 일부를 거느리는 장수)의 직책을 받았으므로 스스로 그 도리를 다하여야 할 터인데 이처럼 패하였으니 이는 주장(主將)이 알 바가 아니며, 더구나 변방의 일의 수미(首尾)를 이지방이 잘 아니, 다른 장수로 갈음할 수 없습니다. 또 세 부락을 죄다 쫓지 않은 뜻에는 반드시 까닭이 있을 것인데, 혹 군졸이 지치고 약해져서 할 수 없는 형세였을는지도 모릅니다. 어찌 작은 잘못 때문에 나추(拿推)할 수 있겠습니까? 경차관(敬差官)을 시켜 추문(推問)하는 것이 마땅하겠습니다. 반석평의 일은 착오였을 뿐이니 나추할 것 없겠습니다." 하고,

이행(李荇)이 아뢰기를,

"세 위장의 일은 과연 이지방의 잘못이 아니나, 멀리 저들의 땅에 들어가서 조정의 의논을 지키지 않고 세 부락을 쫓지 않았으니 잘못이 큽니다. 또, 한 해 안에 큰 군사를 두 번 일으키는 것은 매우 마땅하지 않습니다. 반석평의 문서상 잘못은 추고할 수 없겠습니다. **조윤손**(曹閏孫)은 동상(冬傷)에 걸린 사람이 있다면 자수(自首)할 것인데 어찌 반드시 추고해야 하겠습니까?" 하고,

지평(地平) 장계문(張季文)이 아뢰기를,

"세 위장은 군졸을 많이 죽고 잡혀가게 하였는데, 그래도 징계하지 않는다면 저들이 다 '패군한 장수가 그대로 있다.' 할 것이니, 갈지 않을 수 없겠습니다. 반석평의 일은 작은 잘못이 아니니 파직하고 추고하소서." 하고,

정언(正言) 홍석견(洪石堅)이 아뢰기를,

"세 위장은 이미 패군하였으니, 다 나추해야 합니다. 이지방은 나라의 위엄을 손상하였고, 반석평은 군기(軍機)를 살피지 않았으니, 다 파직해야 합니다." 하니,

상이 이르기를,

"세 위장은 큰 군사를 거느리고서 많이 죽고 다치게 하였으니, 경차관을 시켜 추고 하면 경한 듯하다. 이지방은 주장으로서 일을 그르쳤으니 나추해야 마땅할 듯하나, 세 부락을 끝내 쫓지 않을 것이라면 모르되 그렇지 않다면 바야흐로 장사

(將士)가 분원(憤怨)하므로 반드시 이런 때에 쫓는 것이 옳으니, 다 이지방에게 맡겨 공효(功效: 공을 들인 보람이나 효과)를 이루도록 책임지우고서 다 쫓고 나거든 나추하여도 될 것이다. 반석평의 일은, 서북의 장사가 과연 다 선비라면 유식한 무신(武臣)으로 차출하여 보내는 것이 옳다. **조윤손**의 일은, 서장(書狀)에 동상에 걸린 자가 없다고 하였으니 지금 추고할 수 없다. 감사(監司)를 시켜 다시 살펴서 아뢰게 해야 마땅하다."하고,

이어서 정원(政院)에 전교하기를,

"세 위장은 잡아오고, 이지방은 세 부락을 쫓은 뒤에 추문하고, 반석평은 체차(遞差)하는 것이 마땅하다." 하였다.

◎ **중종 19/02/26**[영의정 남곤 등과 악포의 일과, 진의 설치, 이성언의 논상 등을 의논하다.]

영의정 남곤·좌의정 이유청·우의정 권균·판중추부사(判中樞府事) 고형산(高荊山)·좌찬성(左贊成) 이행(李荇)·병조 판서(兵曹判書) 홍숙(洪淑)·호조 판서(戶曹判書) 안윤덕(安潤德)·지중추부사(知中樞府事) 유담년(柳聃年)·한성부 판윤(漢城府判尹) 한형윤(韓亨允)·우참찬(右參贊) 이항(李抗)·호조 참판(戶曹參判) 홍경림(洪景霖)·병조 참판(兵曹參判) 박호(朴壕)·호조 참의(戶曹參議) 유희저(柳希渚) 등이 회의하여【18일에, 대간이 아뢴 악포(惡布: 품질이 나쁜 베)의 일과 순변사(巡邊使) **조윤손(曹閏孫)**이 아뢴 진(鎭)을 설치하고 성을 쌓는 일을 의득(義得)하게 하였으므로 회의하였다.】 아뢰기를,

"악포의 일은 과연 그러합니다. 가난한 백성이 한두 필을 가지고 저자에 가서 현범(見犯: 죄를 저지름)하면 이미 속(贖)하고 나서 또 죄주므로 참으로 가엾으니 금하게 하지 말아야 마땅할 듯하나, 국가에서 이미 이 법을 정하였는데도 가멸한 상인은 전혀 받들어 행하지 않고 감히 법을 무릅쓰고 기회를 타서 이익을 노립니다. 대저 국가의 현법(見法)이 행해지지 않는 것은 구차히 한때의 정상에 따라 곧 고치는데, 이 때문에 아래에서 행해지지 않게 됩니다. 이제 이 법을 고친다면 뒤에 다시는 금할 수 없을 것이니, 전일에 이미 정한 법규에 따라 아주 금하는 것이 옳겠습니다. 또 악포를 많이 쌓아둔 자로는 가멸한 상인의 집만한 것이 없

으므로, 먼저 이 무리를 다스려 뿌리를 아주 끊고서야 가난한 백성이 얻는 베[布]도 절로 좋아질 것이니, 신칙(申飭: 단단히 타일러서 경계함)하여 일체 금하게 하소서."하고,

또 아뢰기를,

"**조윤손**(曹閏孫)이 청한 후주(厚州)에 진을 설치하고 어면(魚面)·신방(神方)·구비(仇非)·동구비(童仇非) 등에 보(堡)를 새로 세우자는 일은, 전에도 이런 의논이 있었으나, 근래 군사를 일으켜 야인을 쫓는 일로 군사가 지쳤으므로 해야 할 일이기는 하나 할 수 없는 형세이니, 뒤에 다른 일이 있을 때에 따로 중신(重臣) 한 사람을 보내어 온편한지를 살피게 해서 하는 것이 옳겠습니다. 삼수(三水)의 읍성(邑城)을 물려 쌓는 일과 갑산(甲山) 등의 변방에 채운 사람 중에서 도망한 자를 쇄환(刷還: 데리고 옴)하는 일은 다 거행해야 하니, 비변사(備邊司)를 시켜 의논하게 해서 하는 것이 옳겠습니다. 군자(軍資)를 옮기는 일은 해야 하겠습니다마는, 경상도·강원도의 바다에 연한 고을들에 저축이 거의 없고, 또 조선(漕船)이 없는데, 이제 군사를 내어 만들자면 그 비용이 매우 크니 우선 남도(南道)의 창고에 있는 곡식을 옮기는 것이 어떠하겠습니까? 그러나 사변이 있으면 창고에 남겨둔 곡식도 없어서는 안 되니 적당히 헤아려서 날라 보고, 남도의 저축이 부족하거든 강원도·경상도의 곡식을 차차로 옮기는 것이 어떠하겠습니까?" 하고, ……

◎ 중종 19/04/03[간원이 지한종의 장계와 급분에 대해 계하다.]

간원(諫院)이 아뢰기를,

"부산포 첨사(釜山浦僉使) 지한종(池漢宗)은, 야인을 쫓을 때에 순변사(巡邊使) **조윤손**(曹閏孫)이 데려가려 하였으나 병을 핑계하여 가지 않았으니, 이처럼 어려운 때를 당하여 교묘히 회피하는 사람을 어찌 쓸 수 있겠습니까? 징계하지 않아서는 안됩니다. 또 근일 정시(庭試)에서 겨우 삼하(三下 *)를 받은 자에게 다 급분(給分 **)하게 하였으니, 이것은 장차 과거(科擧)에 적용하겠는데, 과거는 경하게 여길 수 없는 것입니다. 전에는 정시하더라도 으뜸을 차지한 자에게만 혹 직부(直赴 ***)시키거나 급분(給分)하였는데, 이제는 지나친 것이 매우 심하니, 이것은

권장하려다가 도리어 요행을 바라는 마음을 열어 주는 것입니다. 그 급분을 도로 거두소서." 하니,

전교하기를,

"지한종이 병을 핑계하였다고 하는데, 그때 떠메고 나와 보였으니 과연 병이 있었다. 첨사가 된들 무엇이 해롭겠는가? 유생에게 1~2분(分)을 주었을 뿐인데 도로 빼앗는 것은 옳지 않다." 하였다.

> **삼하(三下)** 시험 성적 등급의 하나. 등급은 이상(二上)·이중(二中)·이하(二下)·삼상(三上)·삼중·삼하·차상(次上)·차중·차하의 9등급으로 매기고 차하에도 못 미치는 것을 외등(外等)으로 한다.
>
> **급분(給分)** 조선 시대에, 초시의 성적이 합격에는 미치지 못하지만 비교적 성적이 좋은 사람에게 일정한 점수를 주던 일. 이를 반복하여 합친 것이 일정한 점수에 이르면 복시에 응시할 수 있었다.
>
> **직부(直赴)** 「1」 조선 시대에, 전강(殿講)·절일제·황감제·응제·통독·외방 별과 따위에 합격한 사람이 곧바로 문과의 복시 혹은 전시에 응할 수 있는 자격을 얻던 일.
> 「2」 조선 시대에, 승보(陞補)·사학 합제·공도회 따위에 합격한 사람이 곧바로 생원·진사시의 복시에 응할 수 있는 자격을 얻던 일.

57세 (1524년)

<평안도 병마절도사>

◎ 중종 19/05/15 [평안도 절도사 조윤손이 야인의 처형에 대해 치계하다.]

평안도 절도사(平安道節度使) **조윤손**(曹閏孫)이 치계(馳啓)하였다.

"야인(野人) 동아고사(童阿古舍)와 수여응거(愁汝應巨)는 다 처형하고, 동가가려(童可可呂)의 가족은 남해(南海)에 들여보내야 할 것인데 강계(江界)에 갇혀 있고, 이다랑가(李多郞可)는 정월에 죽었습니다."

◎ 중종 19/06/17 [우후 이장길이 야인을 참획한 일에 대한 평안도 절도사 조윤손의 계본]

평안도 절도사(平安道節度使: 절도사는 병마 절도사(兵馬節度使)의 약칭) **조윤손**(曹閏孫)의 계본(啓本)은 이러하다.

"우후(虞候) 이장길(李長吉)이 몸소 정탐할 때에 자성(慈城)의 남북동(南北洞)의 야인(野人) 5명이 도끼 또는 막대를 들고 숲 사이에 숨어서 엿보는 것을 아군이 엄습하여 참획(斬獲)하였으므로 귀를 베어 올려보냅니다."

◎ 중종 19/06/21 [비변사 당상들이 이장길을 논상하는 일에 관하여 아뢰다.]

비변사 당상(備邊司堂上) 고형산·안윤덕·한형윤·병조 판서 홍숙·참판 박호(朴壕)가 아뢰기를,

"평안도 병사(平安道兵使) **조윤손**(曹閏孫)의 계본(啓本)에, 우후 이장길(李長吉)이 시번령(時蕃嶺)에 들어온 야인을 잡아 베었다 하고 또 저들이 여연(閭延)에 돌아와 산다 하였는데, 이 일을 전일 전교하여 병조와 비변사가 함께 의논하게 하셨습니다. 저들을 벤 일은 이장길이 수교(受敎)의 법에 따라 한 것입니다. 대저 군기(軍機)에 관한 일은 법을 쓴 자에게 상이 있어야 하고 법을 쓰지 않은 자에게 벌이 있어야 하는데 이제 이 일은 한결같이 수교에 따라 한 것이고 바로 이것이 예(例)를 내어 꼬투리를 여는 처음이니 상주어야 할 듯합니다. 그러나 변방(邊方)의 공훈(功勳)은 일이 중대하고, 당초 조정에서 이 일을 의정(議定)할 때에 논상(論賞)에 관한 의논이 없었습니다. 아래에서 감히 마음대로 할 수 없으므로 여쭙니다. 또 와서 살던 저들을 국가에서 이미 군사를 일으켜서 구축(驅逐)하였는데, 그 뒤에 들어와서 밭을 갈고 집을 짓는 것을 버려두고 문책하지 않을 수 없으니 금지해야 마땅합니다. 그러나 이것도 큰 일이므로 마음대로 할 수 없으니 감히 여쭙니다." 하니,

전교하기를,

"저들을 잡아 벤 일은, 유사(有司)가 수교하여 행이(行移: 공문을 보냄)하였고 이장길이 수교에 따라 한 것인데, 문득 논공(論功)하면 공을 바라고 함부로 속이는 일이 있을 것이 염려된다. 적이 국경을 넘어 들어와 인물을 약탈하므로 서로 접전하여 잡아 베었다면 그 공을 논해야 하겠으나, 이장길은 논상할 수 없을 듯하다.

또 저들이 여연에 다시 들어오는 것을 막는 일은, 변장(邊將)이 조정의 처지를 기다릴 것 없이 먼저 방책을 마련하여 조치하면 좋겠으나, 이제 바야흐로 백성의 힘이 지친 때이므로 군사를 자주 움직여서 저들이 들어오는 대로 쫓을 수 없으니, 내 생각으로는 아직은 늦추고서 그 형세를 보아 천천히 도모하려 한다. 그러나 이것은 큰 일이니 대신에게 의논해야겠다. 오는 25일은 대비전(大妃殿)의 탄일(誕日)이므로 재추(宰樞 *)가 예궐(詣闕: 입궐(入闕))해야 할 것이니, 그때에 정부·비변사·병조가 함께 의논하도록 하라." 하였다.

> **재추(宰樞)** 재(宰)는 임금을 보좌하여 국정을 통괄하는 자, 추(樞)는 군정(軍政)·기밀(機密)에 관한 일을 관장하는 자로, 중국 주(周)의 총재(冢宰), 한(漢)의 승상(丞相)·상국(相國), 당송(唐宋)의 중서성(中書省)·문하성(門下省)·상서성(尚書省)의 장관 등이 재에 해당하고, 당 이래의 추밀사(樞密使)·지추밀원사(知樞密院事) 등이 추에 해당하는데, 그 연혁을 이루 다 논할 수 없으며, 한 사람이 양자를 겸하는 경우도 있었다. 후세에는 문직(文職)·무직(武職)의 중신(重臣)들을 뜻하는 말로 쓰였다.

◎ **중종 19/06/25** [남곤·이유청·권균 등이 변방 군사들의 논상과 이수동의 체직을 건의하다.]

영의정 남곤·좌의정 이유청·우의정 권균·좌참찬 유담년·우참찬 이항·판중추부사 고형산·병조 판서 홍숙·호조 판서 안윤덕·한성부 판윤 한형윤·병조 참판 박호·참의 반석평이 의논 아뢰기를,

"평안도 병사 **조윤손**(曹閏孫)의 계본을 보건대 구축(驅逐)한 뒤에 야인(野人)이 여연(閭延) 등에 다시 들어와 밭을 갈고 집을 지었다 하니 이것은 저들이 우리 병위(兵威)를 두려워하지 않고 깔보는 마음을 가져서 그럴 것입니다. 저들이 마음을 붙이고 농사를 지어 생업에 안정하도록 놓아두면, 뒷날에는 타일러 내보내기 어려워져서 반드시 병력에 의지하여 군사를 노고하게 하기까지 하고서야 쫓을 수 있을 것이니 신들의 생각으로는 저들이 안심하고 붙여 살지 못하게 해야 하겠습니다. 전일 비변사(備邊司)가 본도의 병사(兵使)의 계본으로 말미암아 공사(公事 *)로 하여, 병사에게 행이(行移)하기를 '저들의 농작물이 성숙하거든 사람을

시켜 짓밟아버리라.' 하였는데 병사 **조윤손**이 또 치계(馳啓)하기를 '바야흐로 매우 덥고 물도 불어서 거행하기 어려우므로 가을 농사가 성숙하거든 거행하기를 청한다.' 하였으니, 저들이 경작하는 화곡(禾穀)은 병사를 시켜 가을이 되거든 사람을 보내어 짓밟아버리게 하는 것이 옳겠으며, 지금은 병사를 시켜 날쌘 군사를 뽑아 자성(慈城) 땅으로 들여보내어 저들이 경작하는 것을 막되 벨 만하면 베고 형세가 어려우면 수풀에 숨었다가 저들이 경작하지 못하도록 괴롭혀서 그 이익을 잃게 하는 것이 어떠하겠습니까? 또 전일 이미 진장(鎭將)을 시켜 저들에게 타이르기를 '우리 경계에 들어오는 자는 모두 도적으로 논한다.' 하였는데도 지금 이처럼 다시 왔으니, 다시 비변사로 하여금 행이하여 진장을 시켜 저들에게 '너희들이 우리 땅에 들어오면 국가에서 반드시 변장(邊將)을 죄주고 너희들도 살아 돌아갈 수 없을 것이니 빨리 나가는 것이 마땅하다.'고 다시 타이르게 하는 것이 어떠하겠습니까? 또 저들이 다시 와서 사는 것을 변장은 저들이 집까지 짓고서야 비로소 알았으니 변장에게 하유(下諭)하기를 '변방의 일이 해이해진 것은 없으나 여러 가지로 조치하여 저들이 와서 살지 못하도록 해야 한다.' 하소서. 또 시번수(時蕃水)에 들어온 저들을 참수(斬首)한 일에 대하여 상께서 논상(論賞)하지 말아야 한다고 분부하셨는데, 이것은 실로 변방의 공훈을 즐기지 않으시는 뜻이니 상의 분부가 지당하십니다. 그러나 장수라면 상사(賞賜)를 바라지 않겠는데, 사졸은 힘을 다하여 잡았을 것이니, 이번에 공이 있는 사람을 병사를 시켜 등제(等第)하여 치계하게 하여 그 도(道)의 감사(監司)로 하여금 장속물(贓贖物)로 상주게 하는 것이 어떠하겠습니까? 이렇게 해야 뒤에도 힘을 다할 것입니다." 하니,

> **공사(公事)로 하여** 공사는 공무(公務), 공무에 관한 사안(事案)의 뜻. 공사로 하였다 함은 조정(朝廷)에서 논의하고 임금의 재가를 얻는 사안으로 삼았다는 뜻이다.

전교하기를,

"전일 이지방(李之芳)이 여러번 치계하기를 '저들의 집을 불살라 없애더라도 뒤에 다시 올 것이니 엄히 정제하여 대비하기를 청한다.' 하였는데, 내 생각에도 그러할

것이 염려되므로 이미 조정과 함께 처치할 방법을 의논하였으니, 저들이 다시 와서 살 것이라는 뜻을 상하가 모르는 것은 아니다. 다만 날쌘 군사를 뽑아서 들여보내어 수풀에 숨었다가 저격하는 일은 한두 번이라면 할 수 있겠으나 어떻게 밤낮으로 늘 그렇게 시킬 수 있겠는가? 그렇게 하면 저들도 꾀를 내어서 대비할 것이므로 도리어 욕을 당하는 폐단이 있을 것이니 변장을 시켜 저들에게 '전일 국가에서 너희들을 쫓기만 하고 후하게 대우하였는데 도리어 금령(禁令)을 무릅쓰고 와서 살면 죄다 멸망당할 것이니 빨리 나가는 것이 마땅하다.'고 타이르고 그래도 나가지 않거든 한두 해를 기다렸다가 군사를 일으켜서 치는 것이 옳겠다. 군사를 뽑아서 저격하는 방책은 거행하기 어려울 듯하니 다시 의논하여 아뢰라. 변장에게 하유하는 일은, 변장이 전혀 잘 조치하지 않았다고 할 수 없겠으나, 변장에게 책망하는 도리가 그러하여야 하니 '변방의 일에 해이한 데가 있는 것이 아닌가? 힘을 다하여 조치해야 한다.'고 하유하라. 또 논상하는 일은, 적이 우리나라 사람에게서 노략하므로 쫓아가서 빼앗거나 접전(接戰)하여 이겼다면 논상해야 하겠으나, 이 일은 조정이 이미 의논을 정하여 한계를 세우게 하고 한계 안으로 들어오는 자를 다 베게 하였으므로 이장길(李長吉) 등이 이 하유(下諭)에 따라서 한 것이니 이것은 그 직장(職掌)이 당연히 할 일이므로 상주지 말게 한 것이다. 이제 그 아랫사람에게 상준다면 그 장수만을 상주지 않는 것은 옳지 않고, 이제 상주더라도 장속물을 쓸 것이고 작질(爵秩: 작위(爵位)와 녹봉(祿俸)을 아울러 이르는 말)로 하는 것이 아니니, 궁전(弓箭: 활과 화살) 따위 물건을 그 장수에게도 아울러 내리는 것이 어떠한가? 다시 의논하라." 하매, ······.

◎ 중종 19/08/26[조윤손과 김극성이 여연에서 싸운 일에 대한 이장길의 첩보를 치계하다.]

평안도 절도사(平安道節度使) **조윤손**(曹閏孫)이 치계하기를,

"우후(虞候) 이장길(李長吉)이 첩보(牒報)하기를 '이달 19일에 먼저 5명의 척후병을 보냈더니, 여연(閭延)에서 2식(息: 1식은 30리) 떨어진 곳에서 적 30여 기(騎)가 험애(險隘)에 의거하여 궁노(弓弩)를 설치하고 또 굴을 만드는 것을 만났는데, 우리 군사를 보고 빽빽한 숲에 흩어져 숨었으므로 우리 군사가 높은 언덕에 의거하

여 에워싸니, 적이 산으로 올라가 달아났다. 이날 저녁에 적의 보졸(步卒) 50인과 말을 탄 20여 명이 길을 막고 크게 외치며 나오므로, 아군이 학익진(鶴翼陣)을 치고 높은 산기슭에 의거하여 한참 서로 싸웠는데, 적군은 아래에 있고 아군은 위에 있으므로 적이 물러갔다. 날이 저물어서 아군이 고파(高坡)로 옮겨 주둔하였는데, 밤중에 적이 다시 전군(前軍)을 범하였으나 아군은 벽(壁: 군진(軍陣)의 둘레)을 굳게 하여 동요하지 않고 따로 척후군을 보내어 살피니, 각성(角聲: 뿔나팔소리)이 되[胡]의 부락으로부터 땅을 울리며 들려왔다. 아군이 군사를 독려하여 싸움을 거듭하며 나아가 크게 격파하였는데, 되의 부락에서 10리 떨어진 곳이었다. 적 수십 인이 화살에 맞고 깊은 숲으로 달아나 들어가매, 드디어 적의 머리 3급(級)을 베고 말 3필(匹)을 빼앗았다. 여연평(閭延坪)으로 달려들어가니, 그 화곡(禾穀)은 혹 베어들여 쌓아 두기도 하고 아직 베지 않기도 하였는데, 아직 베지 않은 것은 밟아 버리고 쌓아 둔 것은 불살랐다. 또 기치(旗幟)를 성하게 펴고 화포(火炮)를 쏘고 고각(鼓角)을 울리며 말을 달려 나아가 크게 병위(兵威)를 보이고 강을 건너 들어갈 듯이 하다가 깊은 여울에 이르러 그쳤다. 사시(巳時)에 회군(回軍)하는데 적이 고각을 울리고 어지러이 외치며 이르렀으므로 아군이 싸우며 물러가며 하였다. 아군이 혹 화살에 맞기도 하고 창에 다치기도 하고 말도 화살에 맞았으나, 죽은 자는 없었다. 1식(息) 남짓 가니 적 30여 인이 좌우로 나뉘어 좁은 목에서 기다려 막고 기병(騎兵) 50여 명이 따라오며 아군을 공격하여 도전하므로, 좌돌격장(左突擊將) 평윤문(平允文)·우돌격장 이증수(李增壽)가 역격(逆擊: 적의 공격을 받고 수비하던 쪽이 갑자기 공격을 함)하여 대파하였는데, 적 20여 인이 화살에 맞아 혹 깊은 구덩이에 떨어지거나 깊은 숲으로 들어갔고 1급을 베고 1마(馬)를 빼앗았으며, 아군은 1인만이 화살에 맞았으나 구원하여 도로 살아났다. 전군(全軍)이 혼사동(混邪洞) 북쪽에 이르렀다,' 하였으므로, 신이 적이 혹 중도에서 기다려 막을 것을 염려하려 군사 2백 명을 거느리고 구원하러 들어갔습니다." 하였고, 관찰사(觀察使) 김극성(金克成)도 이 일을 치계하였는데,

전교하기를,

"이 일은 적이 변방을 범한 것이 아니라, 우리 군사가 저곳으로 들어가 서로

싸운 것이다. 저들이 화살에 많이 맞았다면, 우리 군사에도 다친 자가 있을 것인데, 전군이 온전하게 돌아왔다 하니, 변장(邊將)이 죄를 입을 것을 두려워하여 이렇게 아뢴 것이 아닌가? 이 뜻으로 본도(本道)의 감사(監司)에게 하유(下諭)하여 우리 군사 중에 다친 자가 있는지를 상세히 치계하게 하라." 하였다.

◎ 중종 19/08/27[조윤손이 발군하여 지령괴 동구 등지로 가서 대비함을 치계하다.]

평안 병사(平安兵使) **조윤손**(曹閏孫)이 치계(馳啓)하였다.

"신이 이달 21일에 상토(上土)에서 발군(發軍)하여 수주암(水注巖)에 이르러 밤이 어둡고 길이 험하므로 말을 멈추고 밝기를 기다려 장항(獐項)까지 가니, 순천 군수(順川郡守) 이세증(李世曾)의 첩정(牒呈: 서면으로 상관에게 보고함. 또는 그런 보고)을 가져오는 개천(价川)의 갑사(甲士) 장지손(張之孫)을 만났는데, 첩정에 '계전(蹊田)의 군마(軍馬)가 다 무사히 삼천기이(三川岐伊)로 나와 결진(結陣)하였다.' 하였으므로, 신이 이것을 보고 나서 지령괴 동구(池寧怪洞口) 등지로 가서 대변(待變)합니다."

◎ 중종 19/08/28[조윤손이 서장을 갖추어 오랑캐의 목을 바치다.]

평안도 병사(平安道兵使) **조윤손**(曹閏孫)이 서장(書狀)을 갖추어 되[虜]의 괵(馘: 목) 4급(級)을 급히 바치니,

전교하기를,

"주서(注書)가 살핀 뒤에 처치하라." 하였다.

◎ 중종 19/09/06[빈청에서 대신들과 중국인 쇄환과 야인의 화곡을 손상시킨 일을 의논하다.]

빈청(賓廳)에 대신들을 모아, 중국인을 쇄환(刷還)하는 일과 여연(閭延)·무창(茂昌)을 답손(踏損)한 일을 의논하였다. 삼공(三公)과 비변사 당상(備邊司堂上) 등이 아뢰기를,

"여연·무창 등의 야인(野人)의 화곡(禾穀)을 답손할 일은, 상교(上敎)에 '당초

갈고 씨를 뿌릴 때에 금하지 않고 거둬들일 때가 되어 답손하였으니, 저들이 이 때문에 원한을 맺을 것이다.' 하셨으니, 상교가 마땅하십니다. 다만 올해 3~4월 사이에 전 병사(兵使) 이지방(李之芳)이 조의(朝議)를 입어 나래(拿來: 죄인을 잡아옴)되고, 신 병사 **조윤손**(曹閏孫)이 미처 부임하지 않았으므로, 그 사이에 갈고 씨를 뿌릴 때 금하지 못하여 저들이 도로 올 수 있었습니다. 이제 저들에게 갈고 씨를 뿌리고 거둬들여 생활을 넉넉하게 할 수 있게 한다면 도리어 구축(驅逐)한 본의가 없으며, 한번 그 이익을 얻으면 저들이 돌아갈 리가 없을 것입니다. 이 뒤에는 병사(兵使)를 시켜 멀리 척후하여 갈고 씨를 뿌릴 때를 미리 알아서 저들이 나올 즈음에 형세를 보아 조치하게 하면, 저들도 나오지 못하여 자연히 답손이 잦지 않게 될 것입니다. 하고, …….

◎ **중종 19/11/21**[이환이 이지방을 의주에 보내는 일이 온편치 못함을 알리다.]

석강(夕講)에 나아갔다. 시강관(侍講官) 이환(李芄)이 아뢰기를,

"근일 평안도 감사(平安道監司) 김극성(金克成)이 의주(義州)의 묵은 땅에 보(堡)를 두고 밭을 일구기를 계청(啓請)하였는데, 조정이 의논하여 이지방(李之芳)을 보내어 다시 살펴 정하게 하였습니다. 당초에 김극성·**조윤손**(曹閏孫)은 다 변방(邊方)의 일을 알고 계략이 있으므로 본도의 감사·병사(兵使)로 삼아 변방의 일을 맡겼고 그들이 이미 형세를 살펴 정할 때에 합당하도록 힘썼는데, 또 직위가 낮은 자를 보내어 다시 살피게 하면 곧 김극성 등을 믿지 않는 것이 되니, 사체(事體)에 어그러집니다. 의주 수구보(水口堡) 위쪽의 종저동(宗底洞)과 송산(松山) 위쪽의 금강사동(金剛寺洞)은 일굴 만하나, 수호하기 어려워서 꺼릴 뿐입니다. 또 종저동은 의주에서 30리 떨어져 있고 금강사동은 의주에서 20리 떨어져 있어, 강변에서 종저동을 거쳐 금강사동에 이르는 적로(賊路)가 겨우 반식정(半息程: 1식정은 30리)이므로, 워낙 백성이 흩어져 살며 농사짓게 할 수 없으니, 반드시 그곳에 작은 보를 두고 출입하면서 경작하고 겨울에는 의주성(義州城)으로 거두어들여야 편리할 것입니다. 그러므로 김극성이 이미 보를 둘 곳을 살펴 정하여 치계(馳啓)하기를 '종저동 일대는 사면이 높고 험하여 그 가운데에 샘이 있으므로 성을 쌓으

면 1백여 집을 들일 수 있고, 금강사동은 사면이 평평하므로 성터의 크기는 사람의 수에 따라 지을 수 있습니다.' 하였습니다. 이처럼 상세하게 아뢰었으므로 매우 마땅한데 이것은 버리고 채용하지 않고 조정의 의논은 사람을 보내어 다시 살펴야 한다 하였습니다. 만약 강변에 큰 보를 두어 지킨다면 그 폐단이 작지 않을 것이니, 어찌 쉽게 할 수 있겠습니까? 더구나 국가에서 이미 의주을 중하게 여겨 성곽(城郭)을 증축하고 사람도 아직 채우지 못하였는데, 이제 또 큰 보를 따로 세우면 힘이 갈라지고 폐단이 많을 것이니, 그것이 이로운지 모르겠습니다. 평안도는 구축(驅逐: 여연(閭延)·무창(茂昌)의 야인을 쫓아낸 일을 가리킴) 한 뒤로 온 도가 소연한데다가 이제 또 여역(癘疫: 염병) 으로 죽은 사람이 수없이 많아서 피곤이 매우 심하므로 워낙 쉬이 회복하기에 겨를이 없을 터인데, 어찌 이 일로 말미암아 사신이 왕래하여 소요하게 할 수 있겠습니까? 소요하게 되면 백성이 뒷날 일구어서 의지해 사는 이익을 생각하지 않고 서로 도망할 것입니다. 신의 생각으로는 이 일을 대신들에게 다시 물어서 처치해야 하겠습니다." 하니,

상이 이르기를,

"변방의 형세를 내가 어찌 잘 알겠는가? 다만 대신이 '이지방(李之芳)이 본디 형세를 알고 또 단기(單騎)로 왕래한다.' 하므로 보내는 것이다. 아뢴 바와 같다면 대신에게 묻겠다." 하였다.

◎ **중종 19/12/28** [직제학 이환이 평안도로부터 와서 보의 설치·여역의 재상 등에 대해 아뢰다.]

직제학(直提學) 이환(李芄)이 평안도로부터 와서 복명하기를,

"신이 김극성(金克成)·**조윤손**(曺閏孫) 등을 따라 형세를 살펴보니, 의주(義州)부터 옥강보(玉江堡)까지는 그 사이의 수구 연대(水口煙臺)·소수구보(小水口堡)·송산 연대(松山煙臺)·송산보(松山堡)·구룡 연대(九龍煙臺) 같은 곳이 서로 7리나 5리 떨어져서 강을 따라 벌여 있으므로 진보(鎭堡)를 설치할 만한 빈 곳이 따로 없습니다. 조정(朝廷)의 의논이 '소수구보를 옮겨서 대수구(大水口)에 두면 종저동(宗底洞) 등이 내지(內地)가 되어 농사짓기도 편하다.' 하였는데, 이 의논이 매

우 마땅합니다. 그러나 소수구보를 옮겨 설치하는 이해(利害)는 관찰사 등이 전에 이미 아뢰었거니와, 신이 각항(各項)의 지면(地面)을 두루 다니며 함께 살펴보니, 종저동은 강변에 매우 가까워서 임시로 농보(農堡)를 설치하여 지켜면서 경작하더라도 허술한 염려가 없지 않으며, 소수구보에 성을 넓게 쌓고 군을 더 두어야 염려가 없을 것을 보장할 수 있겠습니다. 금강사동(金剛寺洞) 이남 송산평(松山坪)·대문(大門) 및 수구언(水口堰) 위쪽 등은 땅이 많이 비었고 흙도 기름지며 또 흐르는 샘이 있으므로 논이나 밭을 만들어 경작할 만한 곳이 자못 많은데, 강에서 조금 멀리 떨어져 있으므로 농보를 설치할 것 없겠습니다. 관찰사가 계청하여 농보를 설치하고 경작하려는 것은, 그 뜻이 대개 그 땅은 조정에서 이미 경작을 금하였으므로, 흩어져 사는 것을 마음대로 허가할 수 없기 때문에 농보를 설치하려 한 것이었고, 적을 막기 위하여 설치하려는 뜻이 아니었습니다. 신들이 모여 의논하기는, 대문·송산평 등을 우선 떼어준 뒤에 모자라면 종저동도 천천히 처치하여도 늦지 않을 듯하다 하였습니다. 그러나 대문 등의 땅은 매우 넓어서 3~4백 호가 들어가 살더라도 갈아 먹을 수 있습니다."하고,

또 아뢰기를,

"신이 황해도에 이르니 그때는 병이 번진 곳이 없었으나, 평안도에서 병을 피하여 이 도로 옮아온 백성이 매우 많았습니다. 신이 평산(平山) 땅에 이르러 들으니, 금암역(金巖驛) 근처에 고약한 범이 자행하여 길가는 사람을 물어 해친다 하며, 어제 새벽에 신의 일행 중에서도 말 하나를 물렸는데 사람이 구하여 면할 수 있었습니다. 촌로(村老)에게 물으니, 현령(縣令)도 잡거나 쫓지 못한다 합니다. 혹 관찰사에게 하유(下諭)하시어 잡게 하면 어떠하겠습니까?"하니,

전교하기를,

"알았다. 고약한 범이 인물을 많이 상해한다 하니, 곧 관찰사에게 일러 잡도록 하라." 하였다.

58세 (1525년)

◎ **중종 20/02/07**[평안도 병사 조윤손이 건주위의 피인들이 병마를 모으고 있음을 치계하다.]

평안도 병사 **조윤손**(曹閏孫)이 치계하였다.

"1월 26일에 건주위(建州衛)의 피인(彼人) 낭로투(浪老投) 등 네 사람이 만포(滿浦)에 나와 고하기를 '피인 심아상가(沈阿尙可)와 심보호이(沈甫好伊) 등이 병마(兵馬)를 많이 모으며 서로들 말하기를 「조선(朝鮮)의 병마가 올해에도 반드시 여연(閭延)·무창(茂昌)에 들어오게 될 것이므로 우리들이 마땅히 그들의 뒷길을 빙 둘러 끊어버려야 한다. 그렇지 않으면 우리들이 수상(水上)이나 만포(滿浦) 등지에서 도둑질하게 될 터인데 변장(邊將)들이 미리 알아차리게 된다.」'고 하였습니다. 대저 토병(土兵)들이 전염병을 겪고난 뒤 남아 있는 사람들도 거의 모두 여위고 지쳐있어, 용감하게 싸울 사람이 적으니 진실로 염려스럽습니다."

◎ **중종 20/02/09**[평안도 절도사 조윤손이 스스로를 갑사 최윤손이라고 주장하는 피인 마거천에 대해 치계하다.]

평안도 절도사 **조윤손**(曹閏孫)이 치계하였다.

"지난 갑신년(중종 19년, 1524) 12월 27일에 피인(彼人) 마거천(馬巨川)이 만포(滿浦)에 나와 하는 말이 황당(荒唐)하기에 힐문하니 그가 '나는 본래 봉상(鳳山)에 살던 갑사(甲士) 최원손(崔元孫)인데 22세 때인 기미년(연산군 5년, 1499)에 창성(昌城)으로 부방(赴防: 다른 지방의 군대가 서북 변경을 방어하기 위하여 파견 근무를 하던 일) 갔다가 야인(野人)들에게 포로가 되었으며, 따라서 중국 여자에게 장가들어 아들 셋을 낳았다. 또 7~8년 전으로 기억하는데, 우지개(亐知介) 두령(頭領) 동인보(童仁甫)와 함께 북경(北京)에 간 일이 있었다. 그때 요동(遼東) 반송(伴送) 이춘(李春)이 나에게 묻기를 ′너는 누구냐?′고 하기에, 내가 ′본래는 조선(朝鮮) 사람이다.′ 하니, 이춘이 서간(書簡) 한 봉(封)을 나에게 주면서 ′너희 나라에서 북경에 가는 이마(理馬)라는 사람이 자칭 너의 삼촌(三寸)이라 하며, 나더러 이 서간을 너에게 전해 주라고 했었다.′ 하였는데, 그 서간의 사연은 곧 「마땅히 처자를 데리고 나와야 한다.」고 한 것이었습니다. 이번에 내가 나오게 된 것은, 먼저 이런 뜻을 고하고 들어갔다가 다시 처자를 거느리고 나오려는 것입니다.′ 하여, 말이 모순되는 것이 많기 때문에 박천(博川)에 가두었습니다."

◎ 중종 20/02/21[정조사가 강을 건너면 시급히 치계하도록 하다. 평안도 변방 보고를 하게 하다.]

평안도 절도사 **조윤손**(曹閏孫)의 장계(狀啓)를 내리며 일렀다.

"피인(彼人)들이 이 달 13일 인시(寅時)에 출발하여 도적질할 계책을 세웠다면 어찌 이런 우려스러운 일이 있겠느냐? 이때는 정조사가 돌아오는 때여서 더욱 염려스러우니, 정조사가 강을 건너거든 시급히 치계(馳啓)하도록 평안도에 효유(曉諭)해야 한다. 또 이 계본(啓本)이 중간에서 지체되었으니, 무릇 변방 보고도 지체하지 말도록 아울러 효유해야 한다."

◎ 중종 20/08/29[평안도 병사 조윤손이 전리품을 올려보내다.]

평안도 병사 **조윤손**(曹閏孫)이, 벽동진(碧潼鎭)의 척후군(斥候軍)이 잡아서 벤 오랑캐의 머리 넷과 활 및 화살을 올려보내니 '알았다.' 전교하였다.

◎ 중종 20/09/01[평안도 병사 조윤손이 벽동 군수 이극공의 첩보 내용을 추고중임을 장계하다.]

평안도 병사 **조윤손**(曹閏孫)이 장계(狀啓)하였다.

"벽동 군수(碧潼郡守) 이극공(李克恭)의 첩보(牒報)에 '이번 8월 23일에 군사를 뽑아 건너편 채가동(蔡家洞)에서 정탐하는데, 피인(彼人) 7명이 산 속에서 달려나와 우리 군사 김수영(金壽永)에게 활을 쏘아 맞혔지만 상해하지는 못했습니다. 갑사(甲士) 김선손(金善孫) 등이 함께 싸워 네 사람의 머리를 베고 아울러 활과 화살 등의 물건을 빼앗았는데, 다만 사냥하던 야인(野人)들을 공(功)을 바라 사격하고 베고 한 것인지 적실히 알지 못하겠기 때문에, 지금 바야흐로 추고(推考)하고 있습니다."

58세 (1525년)

<병으로 사직을 청함>

◎ 중종 20/10/02[평안도 절도사 조윤손의 거취에 대해 삼공은 체직시키지 말도록

아뢰다.]

전교하기를,

"평안도 절도사(平安道節度使) **조윤손**(曹閏孫)이 병으로 정사(呈辭)했고, 또한 그의 어버이가 병이 더쳤다고 했다. 변장(邊將)이 몸이 아프게 되면 마땅히 요양(療養)하도록 해야 하는데, 이는 어미가 또한 병이 있으니, 이 사람의 거취(去就)는 실로 난처하다. 사관(史官)을 보내 삼공에게 수의(收議)하라."하매,

영의정 남곤이 아뢰기를,

"평안도는 지금 피인(彼人)들을 구축(驅逐)한 뒤가 되어서, 방비의 긴급함이 다른 때보다 배나 됩니다. 또한 **조윤손**은 구축할 때에 길을 분담하고 들어가서 구축 작업을 하여 이미 그 일을 해냈고, 이어 본도(本道)의 절도사에 임명되었으니, 국가에서 책임을 맡긴 뜻이 또한 융숭합니다. 항차 겨울철이 되어 장차 강 바닥이 얼게 될 것이므로 바로 오랑캐들이 틈을 노려 준동할 때인데, 만약 지금 아들의 어버이 위하는 사정을 들어 주기 위해 체직하도록 한다면, 이는 전진(戰陣)에 임박하여 장수를 바꾸는 격이어서 큰 계책에 결함이 생길까 싶으니, 이번에 우선 유시를 내려 마음을 다해 그 직에 있도록 하고, 그의 어미 병을 치료하는 일은, 따로 은전(恩典)을 내려 그의 마음을 위로해줌이 어떠하겠습니까?" 하고, 좌의정 이유청과 우의정 권균의 의논도 같았다.

◎ 중종 20/10/02[조윤손의 일에 대해 삼공의 의논대로 시행할 것을 지시하다.]

삼공의 의논을 내리며 일렀다.

"삼공의 의논이 똑같다. 평소에는 단지 나의 생각대로 직에 있도록 권면하고 위로할 뿐이었지만, 이는 삼공의 의논이니, 아울러 유시의 끝에 기록하여 알게 하도록 하고, 경상도 관찰사에게는 **윤손**(閏孫)의 어미 병 구료(救療)할 것을 아울러 유시하라."

◎ 중종 20/10/03[군수의 보충과 절도사 조윤손의 체직에 대해 삼공과 의논토록 지시하다.]

호조의 공사를 내리며 이르기를,

"함경도에서 무곡(貿穀)을 하여 군자(軍資)를 보충함은 아름다운 일이다. 그러나 또한 수해를 입은 곳이 있어 모두 풍년든 것은 아니고, 또한 관원이 무곡하고 독촉하여 받을 적에 폐단이 없지 않을 것이다. 옛 사람의 말에 '풍년이지만 흉년만 못하다.'고 했듯이, 공사채(公私債)를 갚느라 써버리는 것이 여전한 데다 또한 공무곡(公貿穀)까지 하면 흉년과 다름없게 될 것이고, 관원을 보내 두량(斗量: 말로 되어 셈하는 것) 하려면 사신(使臣)이 왔다갔다 하느라 또한 폐단이 없지 않을 것이니, 올해는 아직 정지하고 내년에 풍년들기를 기다렸다 함이 어떻겠는가? 또 평안도 절도사 **조윤손**(曺閏孫)은 이미 조리하여 일을 보도록 했지만 바야흐로 변방에 사단이 있으니, 개만(箇滿)하여 반드시 체직하게 된다면, 책임을 맡긴 뜻이 없게 된다. 그러니 개만이 이미 다 찼더라도 체직하지는 않음이 어떻겠는가? 삼공에게 의논하라." 하니,

◎ 중종 20/10/03 [평안도·함경도의 병사를 잉임하게 된 연유를 지제교에게 유시토록 하다.]

전교하기를,

"양계(兩界)의 병사(兵使)는 진실로 잉임(仍任: 기한이 다 된 관리를 그 자리에 그대로 남겨 둠)하도록 해야 하는데, 잉임하는 일을 단지 승전(承傳)만 받고 말면, 반드시 잉임하게 된 연유를 알지 못할 것이니, 지제교(知製敎)를 시켜 유서(諭書)짓기를, '구축(驅逐)한 이후에 방어하는 일이 긴급하고도 중요한데 변방 사단이 없지 않으니, 경(卿)들은 마음을 다해 직책을 준행하라. 적임자를 구득하기 어려운데, 한갓 나만 아름답게 여기는 것이 아니라 조정에서도 그렇게 여기므로 이에 잉임하도록 한다. 또 변방을 지키는 장사(將士)들이 방어하느라 매우 고생하는 것이 심히 근념(勤念)되니, 경들이 또한 돌보아주어야 한다.' 하고, 또 홑 철릭 두 벌, 과두(裹肚: 복부(腹部)를 싸는 것) 한 벌, 검은 서피(黍皮: 담비 가죽)로 만든 당혜(唐鞋), 전구(氈具: 전으로 만든 침구나 방석)를 내려줄 것을 아울러 유시하라."

하고, 이어 평안도와 함경북도에 납의(衲衣: 방한복) 80벌·어교(魚膠: 부레풀) 2백

근·전죽(箭竹: 화살대) 4만 개와 함경남도에 납의 40벌·어교 70근·전죽(箭竹) 4만 개를 보내도록 하고, **조윤손**(曹閏孫)의 어미에게 약품(藥品)과 음식물을 내려주는 것도 아울러 교서에 써 넣도록 하였다.

◎ 중종 20/11/20[정원이 평안 병사 조윤손이 인장을 사용한 일에 대해 아뢰다.]

    정원이 아뢰기를,

    "무릇 인장(印章)은 공사(公事)에만 사용하고 사사(私事)에는 사용하지 않는 법인데, 이번에 평안 병사 **조윤손**(曹閏孫)이 사은표(謝恩表)에 인장을 사용한 것은 합당치 못하고 또 공사도 아니므로, 차사원(差使員)을 내보내는 것은 합당치 못하다는 것을 이미 임신년에 전교(傳敎)받았는데, **조윤손**이 영변 판관(寧邊判官) 김경(金暻)을 내보냈으니 추고(推考)하기 바랍니다." 하니,

    전교하기를,

    "인장을 사용한 일은 곧 규식(規式)을 알지 못한 것인데 어찌 큰 허물이 되겠는가? 또 수교(受敎)한 일은 외방(外方) 관원은 반드시 다 알지 못할 것이니 추고하지 말라." 하였다.

◎ 중종 20/윤12/22[평안도 절도사 조윤손이 피인 심아시응가 등의 노략질에 대해 장계하다.]

    평안도 절도사 **조윤손**(曹閏孫)이 장계하였다.

    "온화위(溫火衛)의 피인(彼人) 동속시(童束時) 등의 말이 '건주위(建州衛)의 피인 심아시응가(沈阿時應可) 등이 얼음이 풀리기 전 눈이 녹아 길이 열리면 만포(滿浦) 등지의 각 진보(鎭堡)에서 노략질하려 한다.' 했습니다."

59세 (1526년)

◎ 중종 21/01/25[평안도 절도사 조윤손이 만호 김영유와 첨사 이한신의 인물평을 치계하다.]

    평안도 절도사 **조윤손**(曹閏孫)이 치계(馳啓)하기를,

"상토(上土) 만호(萬戶) 김영유(金永綏)는 무재(武才)와 용맹이 남보다 뛰어나고 군졸(軍卒)들을 잘 돌봅니다. 노강 첨사(老江僉使) 이한신(李漢臣)은 용렬하고 비루하며 어리석고 어두우며 군사 행정에 졸렬합니다."

하니, 전교하기를,

"승진과 폄척(貶斥)에 관한 서장(書狀)이 단지 이 도에서만이 아니라 다른 도에서도 속속 계달(啓達)되고 있으니, 포장(襃奬)하는 절목(節目)을 미리 마련하여 아뢴 것을 병조에 말해주라." 하였다.

◎ 중종 21/05/25[평안 병사 조윤손이 중국 사람들이 인산진의 대모성에 어망을 설치한 사실을 보고하다.]

평안 병사(平安兵使) **조윤손**(曹閏孫)이 치계(馳啓)하기를,

"중국 사람들이 인산진(麟山鎭) 경내(境內)의 대모성(大母城) 맞은편에다 어망(漁網)을 쳤는데 이는 근고에 없었던 일입니다. 만약 금지하지 않는다면 결국은 조처하기 어렵게 될 것입니다. 직동보(直洞堡) 초항강(草項江) 가로 야인(野人) 20여 명이 어망을 가지고 나오기에 여진(女眞) 훈도(訓導)를 시켜 불렀더니, 강가에다 서계(書契)를 버리고 도로 들어갔습니다. 또 만포진(滿浦鎭) 근처의 야인 10여 명이 옹장(甕墻) 입구에다 자피선(者皮船: 짐승의 가죽으로 만든 배)을 매어 놓았습니다. 이것이 비록 건너편 산록(山麓)이기는 하지만 많은 군마(軍馬)를 데리고 바로 강가에까지 이른 것은 전례에 없었던 일입니다. 황탄(荒誕)스러운 짓인 듯하니, 요해처에 미리 조치해 둠으로써 변란에 대비하게 하소서." 하고, 야인들이 버리고 간 서계도 아울러 올렸다.

◎ 중종 21/05/26[평안도 병사 조윤손이 기주위의 야인 왕삭시가 서울로 조알하러 오려 한다는 뜻을 보고하다.]

평안도 병사 **조윤손**(曹閏孫)이 치계하기를,

"기주위(崎州衛)의 야인 왕삭시(王朔時)가 만포진에 와서 '아비 왕산적하(王山赤下)가 억울하게 죽임을 당했다는 뜻을 이미 전달했습니다. 그러나 나는 이제

성심으로 귀의하려 하니 서울로 조알(朝謁)하러 가게 해주십시오.' 했습니다. 그러나 왕삭시는 용맹하고, 게다가 자기 아비를 위해 복수하려 한다고 지난날 야인들이 와서 고발한 바 있습니다. 그런데 이제 왕삭시가 다시 서울로 조알하러 오겠다고 하니 그 마음을 헤아리기가 어려워서 감히 아룁니다." 하니,

계본(啓本)을 정원에 내리면서 이르기를,

"왕삭시가 비록 성심으로 귀의하려 한다 하지만 그 간교한 속셈은 헤아리기가 어렵다. 그는 아비가 죽임당한 것 때문에 우리나라와 원한을 맺고 있는 처지다. 그가 서울에 온다면 반드시 우리나라의 허실(虛實)을 알게 될 것이다. 그가 오거든 변장(邊將)이 잘 대우해서 원망하는 마음이 생기지 않도록 하라. 서울로 올라오게 하는 것은 허락할 수 없다."

◎ 중종 21/05/28[병조 판서 김극핍이 왕삭시의 조알을 허락할 것을 건의하다.]

병조 판서(兵曹判書) 김극핍(金克愊)이 평안도 절도사(平安道節度使) **조윤손**(曹閏孫)의 계본으로 아뢰기를,

"이 계본에 '왕삭시가 서울로 조알하러 오기를 청한다.' 했습니다. 이 사람이 전일 만포진에 왔을 때 그의 아비가 죄를 져서 죽임받았다는 일을 이미 효유(曉諭)했고, 이번에 왔을 적에도 효유했습니다. 지난번 야인들이 잇달아 고발하기를 '자기 아비가 죽임받은 것을 원망해서 만포진 등처로 나와 노략질함으로써 보복하려 한다.' 했습니다. 그런데 이제 서울로 오려 하니 그런 일은 없을 것 같습니다. 상의 분부에 '서울로 오게 하지 말고 변장을 시켜서 효유하여 흔단이 생기지 말게 하라.' 했습니다. 그러나 이 사람이 자기 아비가 살았을 때도 서울에 왔었고 도로(道路)를 왕래했었으니 알 만한 것은 모두 알고 있습니다. 아비가 죄를 져 죽임받았더라도 아들은 반드시 원망을 품는 법이니, 이제 이 사람이 성심으로 귀의하는지의 여부는 알 수 없습니다. 그러나 변장이 '너의 아비는 죄를 져서 죽임받았다 하더라도 네가 성심으로 귀의한다면 의당 한결같이 대우하겠다.' 했습니다. 그랬는데 이제 거절한다면 이 사람이 서운히 생각하여 더욱 원망이 깊어질까 염려됩니다. 변장이 효유하는 것이, 어찌 서울에 와서 조알하게 하여 예조(禮曹)에서 상세히 효

유하는 것만 하겠습니까? 대저 야인들의 마음은 한때 노여움을 품었다가도 후하게 대접하면 반드시 절로 풀어지고 맙니다. 때문에 감히 이렇게 아룁니다." 하니, 전교하기를,

"나는 계본만 보았을 뿐 이 사람이 왔다간 적이 있었다는 것은 몰랐다. 그래서 내 생각에는 이 사람이 겉으로는 귀의하는 체하면서 속으로는 우리의 정세를 탐지하려는 것으로 여겼기 때문에 그렇게 전교한 것이다. 아뢴바 내용으로 공사(公事)를 만들어 정부에 보고하라." 하였다.

◎ 중종21/05/29[비변사에서 변방 방위와 관련한 조윤손의 계본을 대신들과 의논하기를 청하다.]

비변사(備邊司)가 아뢰기를,

"신 등이 **조윤손**(曹閏孫)의 계본 내용을 보건대 '야을외강(也乙外江) 가에 와서 사는 야인이 70여 호나 됩니다. 이곳은 우리 국경과 매우 가까울 뿐 아니라 북경으로 왕래하는 사신들의 도로에서도 멀지 않습니다. 반드시 후환이 있을 것이므로 조정의 계책을 듣고 싶다.' 했습니다. 이 일은 비변사와 병조에서 감히 마음대로 처리할 수 없는 것이기에 대신들과 의논해서 조처하고 싶습니다." 하니,

전교하기를,

"병조와 정부가 합좌(合坐)해서 같이 의논하라." 하였다.

◎ 중종21/06/06[대간이 전 평안 병사 조윤손을 도로 그 자리에 임명할 것을 건의하다.]

대간이 전의 일을 아뢰었다. 또 아뢰기를,

"전 평안 병사 **조윤손**(曹閏孫)은, 전일 그가 정사(呈辭)할 때 상께서 특별히 잉임(仍任: 직(職)의 임기가 만료되었어도 다른 데로 옮기지 않고 그 직에 그대로 두는 것)할 것을 명했고 또 표리(表裏: 안팎 옷감)까지 하사했습니다. 또 그 어미가 있는 곳에도 약이(藥餌)와 식물(食物)을 후하게 지급했으니 상의 은혜가 지극히 중했습니다. 그런데도 연소한 계모(繼母)를 시켜 외람되이 상언(上言)하게 했으니 지극히 부당한

처사입니다. 속히 도로 잉임시키도록 명하소서. 그 어미의 상언 때문에 바로 체직시켰다면 지사(知事)가 궐원(闕員)이라도 제수할 필요가 없는 것입니다. 그런데도 제수했으니 병조의 처사가 매우 잘못입니다." 하니,

전교하기를,

"**조윤손**에 대한 일은, 변방 일을 중히 여긴 것이니 아뢴 말이 지당하다. 하지만 영상(領相) 남곤(南袞)이 체직시키라 해서 체직시킨 것이다. 지사(知事)로 제수한 것은 병조에서 의당 상세히 살폈을 것이다. 아마 틀림없이 전직이 중임(重任)이라 해서 지사에 제수했을 것이다." 하였다.

60세 (1527년)

<공조 판서>

◎ 중종 22/05/21 [김극핍·조윤손·한효원·이세응·민수천·이홍간·이희건·이언적 등을 제수함]

김극핍(金克愊)을 의정부 우찬성에, **조윤손**(曹閏孫)을 공조 판서에, 한효원(韓效元)을 호조 판서에, 이세응(李世應)을 호조 참판에, 홍언필(洪彦弼)을 사헌부 대사헌에, 최세절(崔世節)을 황해도 관찰사에, 민수천(閔壽千)을 성균관 대사성에, 이홍간(李弘幹)·이희건(李熙騫)을 장령(掌令)에, 이언적(李彦迪)·황헌(黃憲)을 지평(持平)에, 김근사(金謹思)를 동지중추부사(同知中樞府事)에 제수하였다.

◎ 중종 22/05/23 [공조 판서 조윤손이 사직을 아뢰다.]

공조 판서 **조윤손**(曹閏孫)이 사직하였으나 따르지 않았다.

◎ 중종 22/06/02 [대간이 왕자·부마의 제택에 대한 일을 아뢰다.]

대간이 왕자와 부마의 제택(第宅: 저택)에 대한 일을 아뢰었다. 또 아뢰기를, "찬성(贊成)의 직임은 홍화(弘化)하는 이공(貳公: 정승 다음 자리)으로 직책과 소임이 가볍지 않으니 의당 가려서 제수하여야 할 것입니다. 김극핍(金克愊)을 지금 우찬성에 제수했는데 사람과 기국이 합당하지 않으니 개정하소서. 공조 판서 **조**

윤손은 육경(六卿)에 불합합니다. 황해도 관찰사 최세절(崔世節)은 본디 여론이 있었으므로 방면(方面)의 직임에 합당치 못하니 아울러 체직시키소서." 하고,

간원은 아뢰기를,

"호조 참판 이세응(李世應)은 본디 물의가 있으니 체직시키소서. 지제교(知製敎)는 문한(文翰)으로 중한 소임입니다. 상진(尙震)과 신영(申瑛)은 본디 물의가 있었고, 김홍윤(金弘胤)은 신진(新進)의 선비로 물의가 흡족히 여기지 않습니다. 아울러 체직시키소서." 하였으나 모두 윤허하지 않았다.

◎ 중종 22/07/02[대간이 왕자녀 제택의 일, 사헌부는 조윤손의 일을 아뢰다]

대간이 왕자녀(王子女) 제택(第宅)의 일을 아뢰고, 헌부는 **조윤손**(曹閏孫)의 일을 아뢰었다. 다시 아뢰었으나 따르지 않았다.

◎ 중종 22/07/03[대간이 왕자녀 제택의 일, 사헌부는 조윤손의 일을 아뢰다.]

대간이 왕자녀의 제택에 제도에 지나친 일을 아뢰고, 헌부는 **조윤손**의 일을 아뢰었다. 그러나 따르지 않았다.

◎ 중종 22/07/04[대간이 왕자녀 제택의 일, 사헌부는 조윤손의 일을 아뢰다.]

대간이 왕자녀 제택이 제도에 지나친 일을 아뢰고, 헌부는 **조윤손**의 일을 아뢰었다. 그러나 윤허하지 않았다.

◎ 중종 22/07/06[공조 판서 조윤손이 두 번이나 사직을 아뢰다.]

공조 판서 **조윤손**이 사직하였다. 두 번 아뢰었으나 윤허하지 않았다.

61세 (1528년)

◎ 중종 23/02/01[부름을 받은 대신들이 야인의 일과 정윤겸의 일을 아뢰다.]

영의정(領議政) 정광필(鄭光弼)·우의정(右議政) 이행(李荇)·좌찬성(左贊成) 홍숙(洪淑)·우찬성(右贊成) 김극핍(金克愊)·좌참찬(左參贊) 안윤덕(安潤德)【좌의정

(左議政) 심정(沈貞)은 그의 아들 복(服) 때문에 참여하지 않았다.】·병조 판서(兵曹判書) 이항(李沆)·참판(參判) 윤희인(尹希仁)·참의(參議) 송숙근(宋叔瑾)·참지(參知) 김선(金璇)·예조 판서(禮曹判書)·허굉(許硡)·형조 판서(刑曹判書) 한형윤(韓亨允)·공조 판서(工曹判書) 조윤손(曹閏孫)·호조 판서(戶曹判書) 한효원(韓效元)·계림군(鷄林君) 최한홍(崔漢洪)·동지중추부사(同知中樞府事) 김석철(金釋哲) 이지방(李之芳)【허굉(許硡) 이하는 비변사 당상이다.】·형조 참판(刑曹參判) 이사균(李思鈞)·동지중추부사 이권(李菤) 유미(柳湄)·한성부 좌윤(漢城府左尹) 심순경(沈順徑)·우윤(右尹) 이기(李芑)·동지(同知) 유계종(柳繼宗)【이사균 이하는 지변사 재상이다.】 이 부름을 받고 빈청(賓廳)에 모였다. 정광필과 이행이 아뢰기를,

"변방의 일은 지금 자세히 다 의논할 수가 없습니다. 다만 삼위 야인(三衛野人)이 나오면 대답할 말은, 마땅히 심원(深遠)한 뜻으로 개론(開論)해야 합니다. 청컨대 이 일을 먼저 의논하여 형순(亨順)에게 말해 주는 것이 어떻겠습니까? 또 조처해야 할 모든 일은, 오늘 모인 신하들이 만약 신들과 함께 의논하면, 비록 의견이 있어 말하고자 하더라도 임의로 말하기를 어렵게 여겨 혹 감히 말하지 못할까 하오니, 청컨대 각자의 소견을 서계(書啓)한 연후에 정하는 것이 어떻겠습니까? 또 평안도의 전(前) 병사(兵使) 정윤겸(鄭允謙)은 변방 방비를 조심하지 않았다 하여, 어제 헌부(憲府)로 하여금 추고하게 하였습니다. 이번 일은 비록 자신이 범한 일은 아니지만, 조종조에서 단지 변방 백성이 노략질만 당해도 병사를 잡아다가 추고하는 것은, 변방 백성을 경동(警動)시키기 위한 것이었습니다. 이제 변방의 장수가 해를 당하기에 이르렀는데도, 병사를 헌부로 하여금 추고하게만 한다면 이는 경동시키는 뜻이 없어보일 듯합니다. 새 병사【이권(李菤)이다.】를 빨리 부임하게 하고, 정윤겸은 잡아다 추고하소서." 하니,

전교하였다.

"아뢴 대로 하라. 단 정윤겸을 잡아다 추문하는 일은 내가 모른 바가 아니다. 사손(思遜)이 해를 당한 것은 스스로 잘못한 것이지 병사가 안 일이 아니므로 헌부로 하여금 추고하게 한 것인데, 이제 아뢴 뜻을 듣건대 매우 당연하다. 조옥(詔獄)에 내려 추고하라."

◎ 중종 23/02/01[이항 등이 야인를 조처하는 논의를 단자로 적어 입계하다.]

이항 등이 아뢰기를,

"지금은 바야흐로 사변(事變)이 있는 때인데 비변사와 지변사 무신 가운데 오랑캐의 정세 및 양계(兩界)의 형세(形勢)를 아는 자가 적습니다. 2~3명을 더 차출(差出)하소서." 하고는, 또 함께 의논한 단자(單子)를 입계하였다.

단자의 내용은 다음과 같다.

1. 토병(土兵)이 빈약한 문제는 병사(兵使)가 분방(分防)할 때 짐작해서 시행하는 것이 편리하다.

1. 21일에 사변을 진고(進告)한 하보을해(下甫乙害) 야인들이 다시 오면 '전일 너희들이 와서 진고한 일은 매우 적실(的實)했는데, 전 첨사(僉使)가 심상한 일로 보아 준비 없이 강을 건넜으니 후회 막급이다.' 하고는, 곡진히 접대해 추장(推獎: 추천하고 장려함)해야 한다.

1. 귀순한 야인을 접대하는 일은, 이항·안윤덕·한형윤·최한홍·심순경·유계종·유미 등은 의논하기를 '이번의 사변은 비록 놀라운 일이지만 일체 접대하지 않음으로써 우리의 형적(形迹: 남은 자취)을 드러내서는 안 된다. 우선 전처럼 접대하면서 오랑캐의 정세를 자세히 탐지해 그 형세를 보아가면서 조처하는 것이 편리하다.' 하였고,

윤손(閏孫)·허굉·효원·석철·사균·지방·희인·이기·숙근·김선 등은 의논하기를 '귀순한 야인은 비록 끝까지 거절해서는 안 되지만 이제 변장이 피살되었는데도 전처럼 접대하면 국위(國威)가 아주 없게 된다. 그러나 역시 영원히 끊어 귀순의 길을 막아서도 안 된다. 그들이 만약 오면 한두 사람을 불러 진장(鎭將)이 면대하여 말하기를 「너희들은 겉으로는 귀순한 것처럼 꾸미나 속으로는 독심(毒心)을 품고 있어 이곳저곳 통래하면서 이런 큰 사변을 일으켰다. 너희들이 성심으로 귀순했다면 저들과 상관하지 말고 의당 곧바로 변을 일으킨 자를 잡아 바치라. 그러면 전처럼 접대할 뿐만 아니라 후한 상을 줄 것이요, 그렇지 않고 순역(順逆)을 구별하지 못할 경우에는 부득이 끊겠다.」 하여, 그들의 뜻을 살피는 것이 어떤가?" 하였다.

◎ 중종 23/02/03 [평안도 절도사의 의망 단자를 내리고 대신의 의견을 듣다.]

영의정 정광필(鄭光弼)·우의정 이행(李荇)·좌찬성(左贊成) 홍숙(洪淑)·좌참찬(左參贊) 안윤덕(安潤德)이 명을 받고 왔다. 평안도 절도사의 의망 단자(擬望單子)를 내리고 【김극핍(金克愊)·한형윤(韓亨允)·**조윤손**(曹閏孫)·허굉(許硡)·신공제(申公濟)·최한홍(崔漢洪)·이사균(李思鈞)·이기(李芑)를 의망했다.】 이르기를,

"평안도 절도사 이권은 무신 가운데서 그보다 나은 자가 있겠는가? 다만 대간이 회유(懷柔)하고 비어(備禦)할 지략이 없다고 한다. 이 의망 단자를 보건대, 김극핍은 본도(本道)의 감사 이세응(李世應)과 혼인(婚姻)한 집안이고, 한형윤은 인물은 불합하지 않으나 변방 일을 알지 못하니 합당하지 못할 듯하다. **조윤손**과 최한홍이 합당하나 전에 이미 했었으니 다시 보내는 것은 불가하다. 신공제는 나이 비록 적으나 머리가 일찍 세어 주장(主將)으로 저들이 보기에 부당하다. 이기는 매양 변직(邊職)으로 있어 서울에 있는 날짜가 적어 아직 반년도 못되었는데 다시 변방으로 보내는 것은 매우 온편치 못하고, 공로 역시 헤아리지 않을 수 없다. 허굉과 이사균 이 두 사람이 합당한데, 더구나 허굉은 육경(六卿)의 한 사람이니, 이런 중망(重望)있는 인물을 차견하면 서쪽 근심은 거의 잊을 수가 있다. 이 두 사람 중에 누가 좋은지 의논하여 아뢰라. 또 양계의 일은 조정 상하가 항상 유념하기를 마침내 변이 일어날까 염려했었는데 지금 불의에 이런 변이 생겼으니 매우 놀라운 일이다. 대간이, 송인강(宋仁剛)이 심사손을 구원하지 않아 해를 입었다고 논계하여 잡아다 추고하기를 청하기 때문에 잡아오도록 명했다. 나의 뜻은 당초 변방의 흔단을 연 자가 더욱 죄가 중하고, 송인강은 말죄(末罪)라고 여겼다. 변방이 여러해 동안 무사했는데 이제 흔단이 열려 이 지경이 되었으니, 당초 변방의 흔단을 연 자가 더욱 잘못한 것이다. 내 뜻이 이렇기 때문에 말하는 것이다." 하매,

정광필이 아뢰기를,

"하문하신 두 사람은 모두 합당합니다. 만약 회유하고 비어하는 것으로 말하면 허굉만한 자가 없으니, 이 사람을 보내는 것이 합당합니다. 그러나 주장 역시 어찌 접전(接戰)할 때가 없겠습니까? 이로 말하자면 **조윤손**이 매우 합당합니다. 이 사람은 비록 일찍이 그 도의 병사(兵使)를 지냈으나 그것은 따질 필요가 없습니다.

또 상교(上敎)에 '변방의 흔단을 연 자가 잘못이다.' 하였는데, 이는 고금의 통론(通論)입니다. 그러나 조정에서 지금 바야흐로 입정(入征)할 일을 의논하면서 어떤 사람은 옳다 하고 어떤 사람은 옳지 못하다고 하는 이때에, 만약 변방의 흔단을 연 죄를 추론(追論)하면 인심이 저상(沮喪)되어 감히 건의(建議)하지 못할 것이니, 어찌 일에 방해가 되지 않겠습니까? 형세로 보아 추론해서는 안 됩니다." 하니,

전교하기를,

"대신은 **조윤손**이 합당하다 했지만, 다시 보내는 것은 온편치 못하다는 내용으로 전일 대간이 아뢰었기 때문에 다시 보내지 못하게 한 것이다. 지금 만약 그 사람을 임명하여 여론(輿論)이 반드시 부당하다고 여겨 아뢰면 체직시킬 것이니, 자주 체직시키는 것은 본디 부당한 일이다. 그뿐만이 아니라 저들이 전일에 일찍이 병사를 지낸 사람이 다시 왔다는 것을 알면, 반드시 조정에 사람이 없다고 여겨 장차 조정을 경시하는 마음이 있게 될 것이다. 단 조만간 입정(入征)하려면 **조윤손**이 궁마(弓馬)와 전진(戰陣)에 능하니, 차견하는 것이 과연 합당하다. 그러나 다시 보내는 것은 불가하니, 허굉과 이사균 두 사람 가운데서 다시 의논하여 한 사람을 정해 아뢰라. 다시 변방의 흔단을 연 자를 추론하려는 것이 아니고, 내 뜻이 그러므로 말한 것이다. 만약 그 죄를 추론한다면 그 죄가 가볍지 않을 것이다. 만포의 사변은 그 근본이 변방의 흔단을 연 데서 시작하여 마침내 변장이 해를 입는 지경에 이르렀으니, 매우 통분한 일이다. 마음 같아서는 군사를 일으켜 그 족속을 모조리 섬멸하고 싶지만 우선 병식(兵食)에 여유가 없기 때문에 하지 못한다. 지금 형세가 입정(入征)할 수 없으니 저들 역시 반드시 다시 변방을 노략질하지 않을 것이다. 그러나 어찌 잊을 수 있겠는가? 전일 변방의 흔단을 연 자는 과연 추론해서 대죄(大罪)로 결단해서는 안 되지만, 그들을 서용(敍用)할 때 청현직(淸顯職)에 서용해서는 안 된다. 대간이 역시 논계해야 한다." 하매,

정광필이 아뢰기를,

"허굉은 지위가 중하므로 합당합니다. 그러나 신이 **조윤손**으로 아뢰는 것은, 저들이 열진(列鎭)을 휩쓸고 다시 나와 노략질을 할지 모르기 때문입니다. 만약 그렇지 않고 또 입정(入征)하지도 않는다면 병사는 그 땅에 들어가 서로 싸울 필

요가 없습니다. 만약 그들이 무수히 나와 열진과 충돌을 하면 변장은 비록 각기 자기 진을 지키더라도 병사는 친히 구원해야 합니다. 이런 때를 당해 만약 말타고 활쏘는 무재가 없는 자라면 어찌 적을 깨뜨릴 수 있겠습니까? 다시 보내지 않는 법은 변란이 있을 때는 행해서는 안 됩니다. 옛날 호인(胡人)도 흑면 대왕(黑面大王)이 다시 왔다고 하자, 마침내 두려워하여 복종하는 마음을 품게 되었었습니다. 이로 본다면 옛날에도 어찌 다시 간 사람이 없었겠습니까? 또 조종조 때 일로 말하더라도 김종서(金宗瑞)는 9년 동안이나 변방에 있었는데, 그때 그것 때문에 조정에 사람이 없다고 하지 않았습니다. 패군(敗軍)한 사람은 본디 다시 보낼 수 없지만, 그렇지 않다면 어찌 다시 가는 사람이라 해서 구애되어 보내지 않을 수 있겠습니까? 신은 지금의 변방은 유사시이므로 부득이 활 쏘고 말 타는 무재가 있어, 친히 싸울 수 있는 사람을 보내는 것이 상책이라고 생각합니다." 하였다.

　광필이 이어 이행과 홍숙 등에게 말하기를,

　"여러분의 의견은 어떻소?" 하니,

　이행이 아뢰기를,

　"신의 생각에는 허굉이 마땅하다고 여겨집니다." 하고,

　홍숙은 아뢰기를,

　"하문하신 두 사람을 보건대 허굉이 마땅합니다." 하였다.【광필이 이행과 홍숙이 아뢴 말을 듣고는 "영공(令公) 등이 모두 그렇게 아뢰면 나중에 가서 어떻게 하려고 그러시오." 하니, 이행은 이때 마침 술에 취해 부복(俯伏)하고 있을 뿐이고, 홍숙은 미소(微笑)하며 답하기를 "각자의 뜻을 아뢴 것뿐이오." 하였다.】

　광필이 아뢰기를,

　"변방의 흔단을 연 자는 추론해서는 안 됩니다. 우리나라 사람은 모두가 경박하여 굳은 뜻이 없습니다. 이제 만일 변방 흔단을 연 자의 죄를 추론한다면 인심이 저상되어 장래의 일에 크게 방해가 됩니다. 신은 그 사람들이 대죄(大罪)를 받는 것이 두려워 비호하려는 것이 아닙니다. 또 입정(入征)하는 일을 1~2년 안에 경솔하게 해서는 안 되지만 어찌 잊을 수 있겠습니까? 마땅히 저들 오랑캐의 정상(情狀)과 우리나라의 병세(兵勢)를 보아 때를 기다려 해야 합니다. 지금 바야흐로

입정을 의논하는 터에 만약 추론한다면, 신은 인심이 저상되어 감히 발언하지 못할까 염려됩니다. 대저 당초의 변방 흔단의 일은 비록 일시의 잘못이긴 하나 그 본의는 역시 만세의 계려(計慮: 헤아려 생각함)에서 했던 것입니다." 하니,

전교하였다.

"대신이 **조윤손**이 마땅하다고 하기 때문에 이 사람에게 낙점(落點)했다. 변방 흔단을 연 자는 추론하지 말라는 일은 알았다."

61세 (1528년)
<평안도 병마수군절도사>

◎ 중종 23(1528)/02/03[조윤손을 평안도 병마수군절도사에 제수하다.]

조윤손(曺閏孫)을 평안도 병마수군절도사(兵馬水軍節度使)에 제수하였다.

◎ 중종 23/02/04[함경북도 사변에 대해 조처하라는 전교]

정광필(鄭光弼)·이행(李荇)·홍숙(洪淑)·김극핍(金克愊)·안윤덕(安潤德)·이항(李沆)·한형윤(韓亨允)·한효원(韓効元)·허굉(許硡)·이사균(李思鈞)·김석철(金錫哲)·윤희인(尹希仁)·최한홍(崔漢洪)·이지방(李之芳)·송숙근(宋叔瑾)·김선(金璇)이 명을 받고 왔다.

전교하기를,

"변장이 적은 군사로 건너편으로 깊이 들어가 벌목을 한다고 한다. 이는 부당한 일인데도 유원 첨사(柔遠僉使) 원세상(元世上)이 경솔히 들어갔다가 적을 만나 인물(人物)이 포로가 되게 하였다. 마땅히 즉시 추격하였어야 하는데 날이 저물어서 즉시 추격하지 못하였다고 핑계하니, 지극히 부당하다. 온성 판관(穩城判官) 최준명(崔濬明)은, 적은 군사를 벌목에 보내놓고 적변(賊變)을 들었으면 마땅히 달려가 구원해야 하는데도 하지 않았으니, 역시 부당하다. 만포 첨사가 해를 입을 때 송인강(宋仁剛) 등은 구원하지 않았고, 또 즉시 추격도 하지 않았기 때문에 이미 잡아오도록 명하였으니, 원세상과 최준명 역시 잡아다 추문해야 하는가? 또 사로잡은 저들 야인은 '우리가 전에 서로 약속하기를 「수상(水上)과 수하(水下)를 왕래

할 때 혹 적은 숫자의 사람들이 들어와 벌목을 하면 소와 말을 노략질하자.」하였다.' 하는데, 만포의 사변은 그 말과 가까우니, 수상과 수하에서 길을 나누어 노략질한 일을 자세히 추국(推鞫)해야 한다. 그러나 생포한 야인을 만약 그곳에 두고 추국하면 반드시 자세하게 할 수 없을 것이니, 붙잡아다 엄중히 가두어 놓고 금부가 추국하는 것이 어떠한가? 전에도 저들 야인을 붙잡아 온 일이 있기 때문에 묻는 것이다. 또 별시위 김수문(金守文)은 저들이 노략질할 때에 야인 및 그들이 탄 말을 쏘았으니, 이 사람은 상을 주어도 되는가? 만포에서도 계필(桂苾)이란 사람이 포로가 되어 갔다가, 야인의 말을 찌르고 야인이 그 말을 구하려고 하는 틈을 타 도망쳐 왔다. 이 사람은 비록 김수문과는 다르지만 그러나 역시 상을 줄 만하다. 대저 상격(賞格)이 분명한 연후에야 후인(後人)을 격려할 수 있기 때문에 묻는 것이다." 하매,

　광필이 아뢰기를,

"신들이 함경도에 또 적변(賊邊)이 있다는 말을 들으니, 더욱 놀랍습니다. 이 일은 진장(鎭將)이 잘못한 것입니다. 저들이 방금 보복을 꾀하는 때에 빈약(貧弱)한 군사를 이끌고 건너편으로 깊이 들어갔기 때문에, 저들이 약탈할 계책을 낸 것입니다. 진장 최준명과 원세상이 이미 힘써 싸우지 않았고 또 추격하지도 않았으니, 매우 잘못입니다. 잡아다 추문하는 것이 마땅합니다. 대저 계본(啓本) 안에 말할 것을 믿을 수가 없으니 청컨대, 일에 능란한 조관(朝官)을 보내 적변이 일어난 원인을 자세히 추열(推閱: 죄인을 심문함)해 와야 합니다. 또 생포한 야인을 데려오는 일에 대해 신은, 야인들이 노략질한 일은 별다른 뜻이 없다고 생각합니다. 데려오지 말고 그곳에 두고 추문해도 무방할 것 같습니다. 이행(李荇) 이하의 뜻은 모두 잡아다 추문해야 한다고 하니, 위에서 환히 살펴 아실 것입니다. 또 김수문은 별도로 논공(論功)하는 것은 지나친 것이며, 계필(桂苾)은 장수가 피살되었는데도 그 사건의 원인이 아직 밝혀지지 않아 공이 나타나지 않았으니, 경차관으로 하여금 추고하여 아뢰게 한 뒤 논공함이 어떻겠습니까? 또 병사 반석평(潘碩枰)도 잡아다 추문해야 하나 이번 사건은 만포의 사변과 다릅니다. 그 인물 역시 얻기 어려운 사람이고 적을 사로잡았으니, 공과(功過)가 비슷합니다. 인물이 사로

잡힌 것은 진장(鎭將)의 잘못이지 병사가 안 일이 아니니, 행이(行移)하여 추고하는 것이 어떻겠습니까?" 하니,

전교하기를,

"유원 첨사와 온성 판관은 잡아다 추문하는 것이 마땅하다. 생포한 야인을 추고하는 일은 경차관(敬差官)을 속히 뽑아 내일 안으로 출발시켜, 그로 하여금 추고하게 해야 한다. 김수문과 계필을 논공(論功)하는 것은 경차관이 추고하여 아뢴 후에 동시에 논공해야 한다. 반석평을 잡아오는 일은, 온성의 변(變)은 만포의 변과 다르기는 하다. 당시 변방 인물이 포로가 된 것을 주장(主將)이 안 것은 아니지만, 병사를 잡아다 추문하는 것이 예(例)이다. 우리나라 사람이 사로잡히지 않고 저들만 사로잡았으면 빛나는 공이지만, 이번 일은 우리나라 사람은 많이 사로잡히고 적은 단지 하나를 사로잡았을 뿐이다. 또 같은 사건인데 평안도 병사는 잡아오고 함경도 병사는 잡아오지 않는다면 사체(事體)에만 다를 뿐 아니라, 여론(輿論) 역시 없지 않을 것이다. 어찌 인물을 아끼느라 법을 그르치겠는가? 다시 의논하여 아뢰라." 하고,

이행(李荇) 이하에게 전교하기를,

"생포한 야인을 처음에는 잡아다 추고하려 하였으나 지금 다시 생각하건대, 저들 야인을 육진(六鎭)의 옥에 가두면 반드시 우리나라 도로를 모를 것이다. 그러나 지금 만약 잡아다가 추고하고 끝내 돌려보내지 않으면 그만이겠으나 만약 돌려보내면 왕래하는 동안 우리나라 도로를 반드시 자세히 알게 될 것이니 이는 안 될 듯하다. 또 그곳에 가두어 두면 그의 부형과 자제가 그가 살아 있음을 들어 알고 생환(生還)시키려고, 반드시 사로잡힌 우리나라 사람을 쇄환(刷還)하여 그를 방송해 달라고 할 것이다." 하매,

이행이 아뢰기를,

"신들은 각기 의견을 아뢴 것일 뿐입니다. 상교가 참으로 지당합니다." 하였다.

광필이 의논하여 아뢰기를,

"인물이 비록 사로잡히긴 했으나 적을 사로잡으면 논공하여 면죄시키는 것은

전례가 있습니다. 전의 일을 보건대 임신년에 **조윤손**(曹閏孫)이 갑산 부사(甲山府使)로 있을 때 인물이 사로잡혔으나, 야인을 사로잡았기 때문에 **윤손**과 당시의 병사 오보(吳堡)는 모두 죄를 받지 않았습니다. 이런 전례가 있기 때문에 아뢴 것입니다." 하니,

전교하였다.

"아뢴 뜻은 알았다

◎ **중종 23/02/04**[평안도 절도사 조윤손이 서북 사변으로 사직을 아뢰다.]

평안도 절도사 **조윤손**(曹閏孫)이 아뢰기를,

"상께서 신을 보내시니 신이 어느 곳인들 가지 않겠습니까? 그러나 지금은 사변이 이미 생겼으니 조처해야 할 모든 일을 반드시 하지 못할 것입니다. 조정에서 다시 의논하여 다른 사람을 가려 보내소서." 하니,

전교하기를,

"어제 대신에게 의논했더니, 경을 아뢰었기 때문에 경을 제배(除拜)한 것이다. 지금 다시 의논한다 할지라도 어찌 다른 의사가 있겠는가? 사직하지 말라." 하매,

조윤손이 아뢰기를,

"도내(道內)의 남쪽 고을 부방 군사(赴防軍士)를 전에는 3번(番)으로 나누었는데, 후에 무사한 때에 군사를 쉬게 하려고 4번으로 나누었습니다. 지금은 사변이 이미 생겼으니, 청컨대 전처럼 다시 3번으로 돌리소서. 또 신은 본영(本營)으로 향하지 않고 즉시 만포(滿浦)로 가겠으니, 데리고 가는 군관(軍官) 12명에게 말을 주게 하소서." 하니,

'아뢴 대로 하라.' 전교하였다.

◎ **중종 23/02/06**[(대신들이 송인강과 안종탄 등의 일을 아뢰다.]

조강(朝講)에 나아갔다. 대간(臺諫)이 전의 일을 아뢰었으나 윤허하지 않았다. 영사(領事) 정광필이 아뢰기를,

"전날 오보(吳堡)가 병사(兵使)가 되었을 때 **조윤손**(曹閏孫)이 갑산 부사(甲山

府使)로 있었는데, 우리나라 인물이 사로잡혀갔으나 적을 포로로 잡았기 때문에 공과(功過)가 서로 맞먹기에 모두 죄주지 않았습니다. 전의 예로 보아서 공과를 따지지 않을 수 없습니다. 사변이 잇달아 생기는데 변장을 그때마다 잡아오면 자리를 채우기가 매우 어렵고, 역로(驛路) 역시 소란할 것입니다." 하니,

상이 이르기를,

"군령(軍令)이 해이(解弛)한 것이 지금 같은 때가 없다. 송인강(宋仁剛)과 안종탄(安從坦) 등의 일은 군령으로 보아 매우 부당하니, 모름지기 잡아다가 추국(推鞫)하여 군령을 시행한 연후에야 변방 백성들이 군령이 있는 줄을 알아 두려워할 것이다." 하매, ……

◎ 중종 23/02/06 [상이 만포 사변에 대해 조윤손에게, 유원의 일은 정귀아에게 이르다.]

상이, 평안도 병사 **조윤손**(曹閏孫)과 유원 첨사(柔遠僉使) 정귀아(鄭歸雅)를 선정전(宣政殿)에서 인견하였다.

상이 **조윤손**에게 이르기를,

"근래의 만포 사변[滿浦之變]은 매우 한심하다. 이는 변장이 잘못한 소치이니, 병사는 항상 절제(節制)를 엄명하게 하여 변장으로 하여금 임의로 저들 땅으로 들어가지 못하게 해야 한다. 또 들건대 변장이 연음(宴飮)을 좋아한다 하니, 경(卿)은 엄칙하여 금지시키라." 하매,

윤손이 아뢰기를,

"신은 있는 힘을 다하겠습니다. 다만 본도(本道)의 군마(軍馬)가 야인을 구축하고 전염병을 거친 이후 매우 잔폐(殘弊)되었고, 각진의 보병(堡兵)도 부실합니다. 평소에는 비록 남쪽 고을 군사가 분방(分防)하지만, 남쪽 고을의 군사도 건장하고 실한 자가 적으니, 어찌 이들로써 방어할 수 있겠습니까? 이것이 참으로 염려스럽습니다. 또 이 도는 남쪽과 달라서 전죽(箭竹)을 쉽게 얻을 수 없고 각궁(角弓) 역시 부족한데, 이는 신이 가서 조처하겠습니다. 그리고 이 도의 전마(戰馬)도 우려됩니다. 근래 잇달아 흉년이 들었기 때문에 강변(江邊)의 군사 중 입마(立馬)한

자가 적으며 혹 말이 있더라도 모두 실하지 못합니다. 행여 뜻밖의 변이라도 있게 되면 말이 없이도 대처할 수 있겠습니까? 신은 각 목장(牧場)의 말을 헤아려 분급 (分給)해야 마땅하다고 생각합니다. 겨울에 강변의 척후 군사는 방한의(防寒衣)를 입어야 후망(候望: 살펴 바라봄)할 수 있는데, 각 진의 척후 군사 수가 많아 50벌의 납의(衲衣)로는 모두에게 주기는 부족하니, 이 역시 염려됩니다. 이런 일들은 마땅히 신이 가서 본 후 다시 계청(啓請)하겠습니다." 하였다.

◎ **중종 23/02/11**[병조가 조윤손이 요구한 말에 대해 계청이 없어 시행 못함을 아뢰다.]

병조가 아뢰기를,

"평안도 병사(平安道兵使) **조윤손**(曹閏孫)이 배사(拜辭)할 때에 아뢰기를 '본도(本道)의 말이 없는 군사에게 각 목장(牧場)의 말을 산급(散給)하소서.' 하였습니다. 그러나 병사(兵使)는 단지 전례(前例)만을 끌어대었을 뿐 각별히 계청(啓請)하는 뜻은 없었습니다. 그리고 감사가 계청한 공사(公事)가 없이 무단히 시행할 수 없기 때문에 단지 전례만을 상고하여 산급할 것으로 서계(書啓)합니다." 하니,

전교하였다.

"목장 말을 그 수를 헤아려서 군사에게 나누어 주라."

◎ **중종 23/03/07**[정광필이 야인을 대처할 방안을 올려 정부와 비변사에 의논하게 하다.]

상이 이르기를,

"평안도 각 역(驛)들이 회복될 동안 각 목장(牧場)의 말들을 제급(題給)함이 마땅하다. 다만 목장의 생마(生馬)를 곧바로 훈련시켜 사용할 수는 없을 것이니, 우선 사복시(司僕寺: 궁중에서 가마나 말에 관한 일을 맡아보던 관청)의 마필로 숫자를 맞추어 들여보내는 것이 과연 옳겠다." 하매,

광필이 아뢰기를,

"대저 평안도의 일은 이곳에서는 헤아려 조처하기가 어려우니, 모름지기 지위

와 명망을 아울러 겸비한 이에게 일도(一道)의 일을 모두 맡기어 각별히 조치하게 하는 것이 좋겠습니다. 무릇 역로(驛路)의 폐단과 군사의 무기와 군량 등 조처해야 할 일들이 매우 많으니, 가을 추수를 끝낸 뒤에 중신(重臣)을 파견하여 일을 살펴서 조처하게 하는 것이 마땅합니다. 또한 조만간에 문죄하는 군대를 동원한다면 병사가 당연히 먼저 대적(對敵)하게 되므로 조정에서는 벌써 **조윤손(曹閏孫)**을 병사로 골라 파견했습니다. 그러나 무반 재상(武班宰相)의 숫자가 적으니 모름지기 널리 의논, 무반 가운데서 두서너 사람을 각별히 탁용(擢用)하여 위망(位望)을 양성시켰다가 유사시에 기용하는 것이 온편할 것입니다. 이와 같은 등속의 일을 상께서 유의하시어 잊지 마소서. 또 비록 군대(軍隊)을 일으키고자 하지만 지금은 바야흐로 온 나라에 기근이 들었으니 가벼이 일으킬 수가 없습니다. 서울의 백성들은 모두가 '하루 이틀 사이에 군대를 일으켜 정벌하러 갈 것이다.' 한다 합니다. 이 때문에 소동이 일어 하삼도(下三道: 충청도·경상도·전라도)에까지 파급되어 온통 시끄럽다 하니, 이는 반드시 어떤 경박스런 사람이 먼저 말을 조작하여 백성들의 마음을 동요시켰기 때문입니다. 인심이 먼저 동요되는 일은 역시 매우 부당합니다." 하니,

상이 이르기를,

"어제 병조에서 서계(書啓)한 사건은 마땅히 정부와 비변사가 궐정(闕庭)에 모이는 날 의논하게 하라. 다만 이 일은 가벼이 일으킬 수 없다. 그래서 곧 처결할 수 없다는 뜻을 병조(兵曹)에 말하였다."

◎ **중종 23/04/09**[영의정 정광필 등이 중신을 보내 변방의 정세를 살핀 다음에 토벌할 것을 건의하다.]

영의정 정광필·좌의정 심정·우의정 이행(李荇)·병조 판서 이항(李沆)·예조 판서 허굉(許硡)·좌참찬 안윤덕(安潤德)·호조 판서 윤은보(尹殷輔)·우윤(右尹) 김석철(金錫哲)·계림군(雞林君) 최한홍(崔漢洪)·동지중추부사 이지방(李之芳)·병조 참판 윤희인(尹希仁) 등이 함께 의논하여 아뢰기를,

"서쪽 지방을 토벌하는 일은, 마땅히 잊지 않고서 해야 할 일입니다. 그 도【평안

도이다.】에 있는 장수들이 어질지 못한 것이 아니지만 조종조(祖宗朝)의 규모(規模)를 보건대, 그 도에 있는 장수들은 부원수의 소임이 되고 다시 품계(品階)가 높은 사람을 내려보내 명령을 주관하도록 한 것이 곧 그때의 법도였습니다. 만일 이번에 부득이 일을 거행하려면, 병사 및 여타 사람들이 모두 그 사람의 지휘를 따르도록 한 다음에야 될 것입니다. 지난날에는 허종(許琮)이 북쪽을 정벌할 때에 먼저 가서 변방 정세를 순찰했고 돌아와서는 조정과 의논한 다음에 또다시 내려 갔으니, 왔다갔다할 적에 폐단이 있는 것은 진실로 헤아릴 것이 없습니다. 대저 변방의 정세가 조정의 의논과 서로 배치된다면 먼 데에서 제어할 수 없을 것이니, 반드시 가서 살펴보고 온 다음에 큰 일을 거행해야 합니다. 병마(兵馬)의 허실에 관해서는 변장(邊將)들이 마땅히 알아서 처리해야 할 일입니다. 그러나 반드시 조정에서 중신(重臣)에게 위임하여 보낸 다음에야 일이 또한 이루어질 것이니, 만일 추수하고 하기로 하면 더욱 시급하게 가서 알아보고 오게 해야 합니다.

상께서, 순변사(巡邊使)라는 이름을 띠고 간다면 피인(彼人)들이 반드시 쉽사리 알아차리고 미리 대비하게 될 것이라고 분부하셨는데, 신들의 생각에는 먼저 알게되더라도 방해될 것이 없다고 여깁니다. 변장들이 열병(閱兵)하고 나서 그 날이나 다음날에는 들어가 정벌하여, 마음 놓고 농사짓지 못하게 함이 합당합니다. 반복해서 헤아려보건대, 마땅히 변방 정세를 자세히 알고 난 다음에 해야 하기 때문에 신들이 이렇게 의논한 것이고 다시 다른 의견은 없었습니다. 또 사람들의 의논이 한결같지 못하여 더러는 시급하게 일을 거행해야 한다 하고, 더러는 서서히 해야 한다고 합니다. 대저 하든지 않든지 간에 반드시 능란하게 자세히 헤아리고 따져서 할 사람을 가려서 내려보내야 하는데, 피인들이 보고서 비록 쓸데없이 왔다갔다한다고 하더라도 이는 방해될 것이 없습니다." 하니,

전교하였다.

"어제 다시 의논할 때의 의견이, 현재 조정의 재상 중에 변방 일을 잘 아는 사람이 한둘이 아니고, 그 도에 있는 장수【병사(兵使) 조윤손(曹閏孫)을 말한다.】도 조정이 가려서 보낸 사람이니, 군사와 양식 조치하는 일 및 정벌의 지속(遲速)을 모두 그들에게 들어보아 사세를 보면서 해 가고, 만일 그들이 감당하지 못하겠으면 시

종 변방 일을 맡길 만한 사람으로 보내되 한 도(道)의 책임을 전부 부여하여, 군사와 양식 및 거사(擧事)의 지속을 모두 알아서 처리하게 하자고 했기 때문에 다시 의논하도록 한 것이다. 지금 순변사를 내려보낸다면, 중신이 오갈 적에 한갓 폐단만 끼치게 되고 별로 유익한 일이 없을 것이다. 피인들로 하여금 먼저 알아차리게 하여 마음 놓고 농사짓지 못하도록 하자는 말은 합당한 듯하다. 그러나 먼저 알아차리고 미리 대비하게 한다면 이 역시 합당치 못하다. 다만 조정 대신들이 한두 사람이 아닌데, 어찌 웬만하게 헤아리고 의논한 것이겠는가? 마땅히 의논한 대로 하라."

◎ 중종 23/04/12 [정부·병조·비변사가 추수하기 전이라도 순변사를 보낼 것을 건의하다.]

정부·병조·비변사가 함께 의논하여 아뢰기를,

"순변사가 갈 적의 세쇄(細瑣: 자잘구레함)한 폐단은 신들도 헤아리지 않은 것이 아닙니다. 그러나 부득이 보내야만 하기 때문에 전번에 이미 의계(議啓)했던 것입니다. 토벌하는 일을, 그 도(道)에 있는 사람들이 혹은 시급히 거행해야 한다 하고 혹은 서서히 해야 한다고 하는데, 조정의 의논은 대저 그 도의 일을 멀리 여기서 헤아릴 수 없다고 여겼었습니다. 무릇 방어하는 일 및 군마(軍馬)와 군량을 미리 조치해야 할 일이 매우 많은데, 이런 일들을 어떻게 글자로 모두 써서 보낼 수 있겠습니까? 반드시 내려가서 순심(巡審)하고 온 다음에야 의논해 할 수 있습니다. 이전에는 해마다 하는 일은 비록 조금 흉년이 들더라도 그 때문에 구애되지 않았었으니, 이극균(李克均)도 오래 변방에 있었고 또한 세종조(世宗朝)에는 절도사를 이상(貳相)인 사람을 차임하여 보냈었습니다. 만일 추수하고 거사하려면, 지금 내려보내지 않고서는 반드시 미처 조치하지 못하게 될 것입니다. 대간의 의견은 필시 온 평안도를 **조윤손**(曹閏孫)에게 맡기려는 것입니다. 그러나 어찌 **조윤손** 한 사람의 말을 모두 취신(取信)할 수 있겠습니까? 신들의 생각은 이러한 것에 지나지 않습니다." 하니,

전교하였다.

"당초에 나의 생각이, 순변사가 가는 것이 농사철에 폐해가 되겠기 때문에 또한 다시 의논하도록 했던 것이다. 어제 순변사를 인견할 때 그의 하는 말을 들어보건대, 비록 지금 내려가더라도 무릇 일을 독단(獨斷)해서 할 수는 없고, 마땅히 감사·병사와 함께 의논하여 하겠다고 했으니, 만일 여러 사람과 함께 의논하여 하게 된다면 이 역시 폐단이 없으리라고 할 수 없다. 대간이 올린 차자가 어찌 소견이 없는 것이겠는가? 대간 외에도 논의하는 사람이 있는가 싶다. 지금 대신들은 부득이하여 내려보내는 것이라 하고 대간은 또한 이처럼 아뢰니, 위에서 따를 데를 알지 못하겠다. 이처럼 흔들리고 결정되지 않는다면, 또한 순변사를 단정코 보내게 될 것인지를 알지 못하겠는데, 내 생각에 **조윤손**이 평상시라면 해 갈 수 있지만 지금은 변방에 사단이 있으니, 조종조(祖宗朝)에 이상(貳相)인 사람을 보낸 예대로 해야 한다고 여긴다. 단 추수하기를 기다렸다가 순변사를 내려보내는 것이 어떻겠으며, 만일 사태가 위급하다고 여겨진다면 즉각 **조윤손**에게 직(職)을 제수하여 내려보내는 것이 또한 어떨는지? 이 두 가지 뜻으로 의논하여 아뢰라."

◎ **중종 23/04/12**[정광필 등이 토벌 여부의 결정을 위해 순변사를 보낼 것을 건의하다.]

정광필 등 일동이 의논하여 다시 아뢰기를,

"조종조에 김종서(金宗瑞)가 이상으로서 8년이나 변방(邊方)에 있었던 것은 그가 문무(文武)의 재주를 겸한 사람이었기 때문에 그렇게 한 것입니다. 허굉이 조신(朝臣)들 중에 계략이 있는 사람이기는 합니다. 그러나 **조윤손**(曹閏孫)이 해 가는 일을 허굉은 반드시 해가지 못하고, 허굉이 해가는 일을 **조윤손**은 반드시 해가지 못할 수 있는 법입니다. 먼 세대의 일은 알 수 없습니다마는 세종조(世宗朝)의 일을 보건대, 토벌할 적에 도원수(都元帥)가 있었고 또한 부원수가 있었으니, 부원수는 선봉(先鋒)으로 쳐들어가고 계략이 있는 사람으로 뒤에서 막으며 호령(號令)을 맡게 한 것입니다. 이번에 신들이 허굉을 보내려 하는 것도 반드시 올해에 꼭 들어가 토벌하려는 것이 아니라, 토벌 여부를 결정하기 위해 꼭 순심(巡審)해 보아야 하기 때문에 아뢴 것입니다. 상께서 만일 가을이 되어야 내려보낼 수 있다고 여기시거나 꼭 올해에 거사(擧事)할 것이 없다고 여기신다면, 비록 지금 보내지 않더라도 되니, 이는 성상께서 재량하시기에 달렸습니다." 하니,

전교하였다.

"변장(邊將)이 살해되었으니 상하의 통분한 마음이 어찌 한이 있겠는가? 만일 군사와 군량이 넉넉하다면 마땅히 즉각 토벌해야 한다. 어제 순변사도 비록 통분한 마음이 있기는 하지만 반드시 군사와 군량을 넉넉하게 한 다음에 거사해야 한다고 했으니, 추수 때에 가서 순심하되 다시 거사하는 것이 합당한지를 의논하여 하는 것이 매우 온당하다."

◎ **중종 23/04/21**[조강에 나아가 변방 백성의 부역의 과중함과 환상의 폐해 등에 대한 의견을 듣다.]

…… 상이 이르기를,

"변장이 살해되었으니 어찌 이런 통분한 일이 있겠는가? 만일 군사와 식량이 여유가 있다면 누군들 즉각 토벌하고 싶지 않겠는가마는, 군사와 식량이 부족하니 진실로 경솔하게 할 수가 없다. 만일 거사를 한다면 마침내 대거 출동하게 될 것이니 널리 중의를 들어보고 해야 한다." 하매,

이항이 아뢰기를,

"위에서 특별히 경연관(經筵官 *)을 보내 나가서 순문(巡問)하도록 하는 것을 그들이 어찌 알지 못하고, 심사손(沈思遜)이 재상의 아들인 것도 어찌 알지 못하였겠습니까? 그들이 반드시 알고서 범한 짓이니, 만일 마침내 버려두고 문책하지 않는다면 그들이 더욱 우리를 경멸하는 마음을 키우게 될까 싶습니다. 또 **조윤손**(曹閏孫)을 당초에 육경(六卿) 중에서 가려서 보낸 것은 주의(注意)를 중하게 한 일입니다. 그러나 그가 내려간 뒤에 별로 계품(啓稟)하는 일도 없고 조정도 하문(下問)하여 조처하는 일이 없었으니 온당하지 못한 듯합니다. 이미 소임을 제수받아 내려갔으니, 마땅히 하서(下書)하여 변방 일을 물어보아 묘당(廟堂) 대신들로 하여금 짐작해서 조처하도록 해야 합니다. **조윤손**의 생각을 조정이 알지 못하고 조정의 뜻을 **조윤손**이 알지 못하고 있으니, 이것이 어찌 국가에서 위임하여 보낸

본의이겠습니까? 매우 미편한 일이기 때문에 아룁니다." 하고, …….

> **경연관(經筵官)** 경연에 입시(入侍)하는 관원. 의정(議政)이 겸임하는 영사(領事), 정2품(실지는 종1품도 포함됨)인 조관(朝官)이 겸임하는 지사(知事), 종2품이 겸임하는 동지사(同知事), 승지(承旨)와 홍문관 부제학이 겸임하는 참찬관(參贊官), 홍문관 관원이 직질(職秩)에 따라 겸임하는 시강관(侍講官)·시독관(侍讀官)·검토관(檢討官)·사경(司經)·설경(說經)·전경(典經)이 있다. 그리고 사헌부·사간원의 관원이 입참(入參)하고, 기사(記事)하기 위해 입참하는 관원이 있으며, 이 밖에도 특명으로 입시하는 특진관(特進官)이 있고, 명에 따라 그 밖의 당상관 등이 입시하기도 한다. 여기에 말한 경연관은 허광(許硡)을 가리킨다.

◎ 중종 23/04/21[평안도 절도사 조윤손에게 만포의 변에 대한 의견을 묻다.]

평안도 절도사 **조윤손**(曹閏孫)이 개탁(開坼: 봉한 글을 뜯어보는 것)할 글의 내용은 이러하다.

"만포(滿浦)의 변은 근고(近古)에 없던 일이니 죄를 묻는 군사를 출동시키지 않을 수 없다. 다만 동병(動兵)하는 일을 멀리서 헤아릴 수 없으니, 토벌할 시기의 조만(早晩)과 대거 출동할 것인지 혹은 본도의 군사로 들어가 토벌할 것인지, 가부를 경(卿)이 헤아려 시급히 치계(馳啓)하라."

◎ 중종 23/04/26[무신 48명이 야인들의 토벌에 관하여 의견을 적어 올리다.]

…… 동지중추부사 김석철(金錫哲)은 의논드리기를,

"평안도는 근년 이래로 흉년이 거듭되어 백성들이 살아갈 수 없는데다, 피인들을 구축(驅逐)한 뒤에 여역(癘疫)이 퍼져 사람들이 사상되어 민가가 쓸쓸해졌습니다. 그런데 이번에 또 만포(滿浦)의 변이 생겨 사명(使命)의 왕래가 끊이지 않으므로 역로(驛路)가 소연(騷然)해지고 역마(驛馬)들이 지쳐 있습니다. 이번 순변사의 길을 비록 간소하게 한다 하더라도 영접하고 전송하고 접대하는 폐단이 적지 않을 것이며, 갖가지 농민들이 생업을 잃어 백성들이 편히 쉬지 못하니 큰일을 거행할 수 없습니다. 허광(許硡)이 이미 순변사 임명을 받았으니 마땅히 그 사람에게 그대로 한 방면(方面)의 소임을 제수하여, 절도사 **조윤손**(曹閏孫)과 함께 가부를 상의하고 사기(事機)를 짐작하며 성보(城堡)에 드나들며 오랑캐들의 정세를 갖추 살피게 하였다가, 가을에 초목들이 말라지기 전에 길을 나누어 들어가 엄습하여 쳐서 집들을 소각하고 농작물을 짓밟아버려 겨울을 날 준비를 하지 못하게 하는 것이 좋은 계책입니다. 올가을에 이렇게 하여 생업이 안정되지 못하게 한다면, 오랑캐들의 마음에 반드시 다시는 쳐오지 않으리라 여겨 우리에 대한 대비를 늦추게 될 듯하니, 내년 4~5월 무렵에 황해도의 정병(精兵)과 서울의 굳센 군사를 뽑아내어 불의에 대거 출동하여 토벌한다면, 오랑캐들도 잡게 되고 국치(國恥)도 씻게 될 것입니다." 하고, …….

◎ **중종 23/05/16**[조강에서 정언 이찬 등이 비변사의 혁파 문제와 순변사의 파견 시기 등을 의논하다.]

…… 심정은 아뢰기를,

"만일 큰 일을 거행하려면 순변사를 보내지 않고서는 해 갈 수 없습니다. 지금 차출(差出)했으니 모든 일을 위임하여 하게 해야 합니다. 만일 잔단 폐단들을 모두 여기 앉아서 멀리 헤아리고만 있다면, 비록 순변사가 내려간다 하더라도 손 댈 곳이 없어 일을 조치해 가지 못할 것입니다. 조종조의 일을 보더라도 큰일을 거행할 적에는 잔단 폐단들을 모두 헤아리지 않았었으니, 반드시 순변사가 내려간 다음에야 모든 일을 모두 계획하여 처리하게 됩니다. 병사를 육경(六卿)인 **조윤손**(曹閏孫)으로 차임하여 보냈으니 처리해 가지 못하지는 않을 것입니다. 그러나 순변사를 특별히 내려보내는 것은 변방 사정과 군량 등의 일을 짐작하고 헤아려서 처리하게 하려 한 것입니다. 만일 잔단 폐단을 헤아리고 내려보내지 않는다면 일이 마침내 이루어지지 못할 것입니다. 큰일을 결정한다면 마땅히 순변사에게 위임한 다음에야 거의 성공할 수 있을 것입니다." 하고, …….

◎ **중종 23/06/03**[건주위의 야인들이 도적질할 계책을 세운다는 평안도 절도사 조윤손의 계본]

평안도 절도사 **조윤손**(曹閏孫)이 치계(馳啓)하였다.

"온화위(溫火衛)의 피인(彼人) 박야랑개(朴也郞介) 등 5명이 고해 온 내용에 '건주위(建州衛)의 피인들 3백여 명이 군사를 모아 도적질할 계책을 세운다.'고 했기에, 강 위쪽이나 강 아래 각 진보(鎭堡)의 방비하는 모든 일을 배나 더 조치했습니다."

◎ 중종 23/06/07[야인을 추문한 평안도 절도사 조윤손의 계본과 이에 대한 병조·비변사의 공사]

평안도 절도사 **조윤손**(曺閏孫)의 계본(啓本)과 첨부된 병조·비변사가 함께 의논한 공사(公事)를 정원에 내렸다. 그 계본에,

"강계 부사(江界府使) 고자겸(高自謙)의 첩보(牒報)에, 본부(本府) 죄수 피인(彼人) 낭사방개(浪舍方介)를 통사(通事)를 시켜 추문(推問)하니, 그가 공술하기를 '나는 낭사방개가 아니라 곧 낭시여응거(浪時汝應巨)라는 사람으로서 항시 우지개(丟知介) 부락에서 살았는데, 지난 2월 그믐께 처자를 데리고 이웃집에 가서 술을 마시다 집에 돌아오는 도중에 갑자기 이막지(李莫只)라는 사람 등 9명에게 납치되어 이막지의 집으로 가서 그대로 석 달을 머무르게 되었습니다. 하루는 낭나랑개(浪羅郞介)라는 사람이 집 주인 이막지에게 내 몸값을 주고 사서 데리고 가므로 그의 집으로 따라가 이틀을 머무는데, 이때 나를 달래기를 「내가 너를 데리고 만포(滿浦)로 가겠으니, 진장(鎭將)이 묻거든, 너는 마땅히 전일에 도적질한 이막지와 공모했던 낭소을고대의 아비 사방개라고 해야 한다. 만일 내가 말한 대로 하지 않으면 내가 즉각 너를 죽여 버릴 것이고, 네가 내 말대로 한다면 네가 생존하여 조선(朝鮮)땅에서 영구히 살게 될 것이다.」하며, 갖가지 말로 공갈하고 위협했습니다. 나는 미욱하고 용렬한 사람이기 때문에 하루라도 생명을 연장하려 하여, 나랑개가 꾀는 대로 속이고 꾸며서 공술했었습니다. 나는 사방개가 아니라, 우지개 부락의 낭시여응거가 사실 내 이름입니다.' 했습니다. 이 초사(招辭)는 당초에 만포 진장이 추문한 초사와 크게 서로 다른데 단지 이뿐만이 아닙니다. 사방개라는 사람의 나이가 거의 63~64세나 되어 보이는데다 몸은 난장이와 같고 지극히 미욱하고도 용렬하여, 의심스러운 데가 있는 듯하다고 했습니다.

첩보의 사연이 이러하기 때문에 신이 다시 귀성 부사(龜城府使) 유상령(柳尙齡)을 자세하고 착실하게 추문해 보라고 차송(差送)했습니다. 당초에 임사이두 등이 사방개를 잡아다 놓고 돌아갈 적에 언약하는 말이, 6월 10일 안에 도적의 괴수를 틀림없이 사로잡아오겠다고 간고(懇告)했었습니다. 지금 사방개라는 사람의 초사를 보건대, 이막지의 집으로 가서 그대로 석 달을 지내다가 낭나랑개에게 팔려갔는데, 나랑개가 달래어 데리고 나왔다고 했으니, 이는 반드시 임사이두 등이 이여롱거(李汝弄巨)·이막지와 서로 호응하여 도적질을 한 상황이 명백한 일입니다. 또한 아무 관계가 없는 사람을 낭소을고대의 아비 사방개라고 사로잡아다 속여서 진고(進告)하였으니 지극히 간흉(奸譎)합니다. 만일 유상령이 추문해 본 말이 진실로 강계 부사가 추문한 상황과 똑같게 된다면, 임사이두 등이 나오기를 기다렸다 처리하는 것이 어떻겠습니까?" 하고,

병조와 비변사가 함께 의논드리기를,

"사방개의 초사를 보건대, 임사이두 등이 낭시여응거를 사방개라고 지칭(指稱)하여 변장을 속여 상을 받기까지 했으니 간사함이 막심한 일이거니와, 사방개라는 사람의 말도 모두 믿기가 어려우니, 모름지기 증거를 대어 추문하여 간위(奸僞)를 따져야 합니다. 임사이두 등이 나온다면 모두 강을 건너오도록 해놓고, 그를 따라온 사람들 중에 우직(愚直)한 자를 가려 차분한 마음으로 말없이 기억해 두고서, 술을 먹이며 이야기할 적에 사방개의 근각(根脚)을 형편대로 캐물어보아야 합니다. 또 임사이두 등에게도 낭소을고대의 아비라고 사칭(詐稱)한 연유를 자세하게 추열(推閱)해 보아야 하는데, 그래도 앞서의 말대로 고집하고 바른 대로 자백하지 않는다면, 사방개라는 사람과 한자리에서 대질(對質)하여, 임사이두·낭오로투·낭나랑개 세 사람을 모두 다 굳게 가두어놓고, 이를 따라온 사람들에게 진장이 말해주기를 '사방개라는 사람은 본디 우지개 부락의 낭시여응거인데, 도적 낭소을고대의 아비라고 사칭하여 잡아다 바친 것은 반드시 곡절이 있는 것이어서 부득불 추문해 보아야 하기 때문에 임사이두 등을 이번에 우선 구류(拘留)했으니, 너희들은 각기 이런 뜻을 알아차리고서 도적의 괴수들을 시급히 잡아온다면 조정에 계문(啓聞)하여 처리하게 하겠다.'고 하여, 이런 뜻으로 타일러 들여보내는 것

이 가합니다." 했는데,

이어 전교하였다.

"임사이두 등이 6월 10일 안으로 틀림없이 나오겠다고는 했어도 기일에 맞추어 나올 것인지 알 수는 없지만, 만일 10일에 나와 변장(邊將)이 접대하여 들여보내 버린다면 이런 뜻을 타이르지 못하게 될까 싶으니, 즉각 말을 내어 밤낮으로 달려가 유시하도록 하라."

◎ 중종 23/07/03 [영의정 정광필 등이 대내전이 보내온 서계와 계후에 관한 일 등을 의논드리다.]

…… 정광필 등이 또 아뢰기를,

"신들이 순변사 허굉(許磁)이 가지고 갈 교서(敎書)를 보건대, 일체의 군사에 관한 정책을 경(卿)이 편리하게 처단하는 대로 들어 주겠다고 했으니 하게 될 일이 모두 들어 있는 것 같기는 합니다마는, 무릇 감사(監司)가 나가게 될 적에도 직접 결단해 가야 할 조목들을 또한 교서에다 써서 줍니다. 허굉이 이미 중한 소임을 받고 나가게 되었으니, 정원으로 하여금 전일에 순변사에게 준 교서의 체례를 고찰하여, 직접 결단해갈 조목을 첨가하여 기록하게 함이 어떻겠습니까? 평안도 병사 **조윤손**(曹閏孫)으로 하여금 허굉의 지휘를 받게 해야 할 것인데, 허굉의 좌목(座目: 자리의 차례에 적은 목록. 직급)이 **조윤손**의 아래여서 편리하지 못할 듯합니다. 이는 관작(官爵)에 관한 일이라 아래에서 아뢸 수가 없기는 합니다. 그러나 좌목이 이러하기 때문에 감히 아룁니다." 하니,

전교하였다.

"교서는 전례를 고찰해 보아 부표(付標)하는 것이 가하다. 허굉의 직계에 관한 일은 위에서도 알고 있다. 허굉은 인물이 쓸 만한 사람인데 요사이 빈자리가 없기 때문에 미처 처리하지 못했으니 마땅히 짐작해서 하겠다."

◎ 중종 23/10/19 [야인의 일에 관한 평안도 절도사 조윤손의 계본]

평안도 절도사 **조윤손**(曹潤孫)의 계본(啓本)을 정원에 내리면서 이르기를,

"이 계본은 해조(該曹)를 시켜 빨리 공사(公事)를 만들게 하라. 또 그 올려보낸 되[胡]의 머리는 주서(注書)를 보내어 보게 하라."【사관(史官)을 시켜 보게 한 뒤에 한성부(漢城府)에 보내어 야인(野人)이 왕래할 때에 지나는 길 가에 묻어 두게 하는 것이 관례이다.】하였는데,

그 계본은 다음과 같다.

"이달 14일 우후(虞候) 양윤의(梁允義)의 첩정(牒呈)에 '상토(上土) 경내의 자성(慈城) 혼야동(混耶洞) 등에서 적의 형적을 살피는 일을 강계 부사(江界府使) 고자겸(高自謙)과 함께 의논하여, 지난 11일에 자성에 이르러 결진(結陣)하였다가 적을 만나 추격하였는데, 척후(斥候) 김수경(金戍庚)이 한 사람을 쏘아 맞혀 참수(斬首)하고 내금위(內禁衛) 이환(李環) 등이 두 사람을 쏘아 맞히고 별시위(別侍衛) 김세원(金世元)도 한 사람을 베었으며, 12일에 전군(全軍)이 상토진(上土鎭)으로 돌아왔다. 그 벤 괵(馘) 2급(級), 활[弓] 3장(張), 철전(鐵箭) 8개, 모저피라도(毛猪皮羅稻) 3부(部), 미식대(米食帒) 2개를 감봉(監封)하여 김수경에게 주어 날라 보낸다 …….' 하였습니다. 저들은 구축(驅逐)한 이래로도 오만하여 마음을 고치지 안고 경작하고 어렵(漁獵)하며 오로지 우리 땅인 곳을 마음대로 마구 다닙니다. 그래서 지난 갑신년(1524년, 중종19)에 어렵하는 사람을 베어 장대에 걸었는데도 두려워하지 않고, 또 그 해 가을에 화곡(禾穀)을 밟아 손상하였으므로 많이 잡아 베어 여러 번 병위(兵威)를 보였는데도, 거의 징계되는 것이 없으니 매우 사납습니다. 또 자성 등은 상토진에서 멀리 떨어져 있지 않아서 늘 체탐(體探)하는 곳인데도, 적의 무리가 뜻대로 머물러 살고 산 위와 산골짜기에 망보는 막(幕)을 많이 설치하였는데, 이번 척후 때에는 멧부리에 나누어 올라가 연기를 올려 서로 응하였으니 다른 뜻을 가졌을 것입니다."

또 저들이 수상(水上)에 둔병(屯兵)하여 도둑질한 계책을 꾸민다는 것을 여러 번 와서 고하니, 그 흉악하고 교활한 술책을 쉽게 살필 수 없습니다. 만포(滿浦) 이남은 각 진보(鎭堡)가 강을 따라 벌여 설치되어 있으므로 몰래 엿보고 입구(入寇)하기가 어려울 듯하나, 만포 이북은 저 적이 강가에 벌여 살고 건너오기가 어렵지 않으므로 허술한 틈을 타서 몰래 발동할 것이 또한 염려되므로 군관(軍官)과

수영 패(隨營牌: 감영(監營)·병영(兵營)에 직속된 군사. 패는 작은 수의 군대를 뜻하는 단위 명사다.)의 날랜 사람을 추파(楸坡)·이동(梨洞)·상토 등에 나누어 보내고, 그 나머지 각 진보도 삼가 조치하고 사변에 대비하게 하였으며, 벤 머리와 활과 화살은 위의 김수경에게 주어 감봉하여 올려보냅니다. ……."

◎ 중종 23/10/20[호인의 머리를 벤 일에 대해 논상하라고 전교하다.]

정원에 전교하였다.

"평안도 병사(平安道兵使)【조윤손(曺潤孫)이다.】가 호인(胡人)의 머리를 벤 것을 올려보낸다고 한 계본(啓本)에 관한 일은, 오늘 아침에 전교해야 할 것인데 미처 전교하지 못하였다. 그 참급(斬級)을 가져온 자는 누구인가? 조종조에서는 접전하다가 쏘아 맞히고 머리를 벤 사람이면 임금이 인견하여 그 일을 묻고 기쁜 뜻을 보였다. 그러나 이제 변방(邊方)에 일이 있을 때에 체탐(體探)하러 들어갔다가 산행(山行)하고 어렵(漁獵)하는 호인을 베었다면 또한 폐단이 없지 않을 것이다. 접전하여 머리를 베어 왔다면 기쁜 뜻을 보여야 하겠으나, 접전하여 베어 온 것이 아니라면 또한 옳지 않을 것이니, 병조(兵曹)와 비변사(備邊司)를 시켜 그 시비를 물은 뒤에 논상(論賞)하도록 하라."

◎ 중종 23/10/21[호인의 머리를 벤 일에 대해 전교하다.]

정원에 전교하였다.

"전에 내린 평안도 병사의 계본에 '체탐하는 일로 들어갔다가 적들이 혼야동(混耶洞)에 나왔는데 그 두 사람을 잡고 베고 또 그 궁전(弓箭)과 환도(環刀)를 빼앗은 것을 감봉(監封)하여 올려보낸다.' 하였다. 대저 저들이 먼저 우리 지경에 와서 싸우려 하였다면 우리가 대적하지 않을 수 없겠으나, 어렵하러 나왔는데 이처럼 변방의 말썽이 있을 때에 공(功)을 바라고 베었다면, 이는 스스로 변방의 말썽을 일으킨 것이다. 저 변장(邊將)의 계본에는 '적이 불의에 혼야동에 나왔으므로 베었다.' 하였으나 믿을 수 없으니 다시 경차관(敬差官)을 보내어 자세히 분간하여 오게 하는 것이 어떤가? 이 공사(公事)는 이미 해사(該司)를 시켜 마련하여 회계

(回啓)하였으나, 내일 대신이 서정(西征)을 의논할 때에 아울러 의논하여 아뢰라. 변방의 말썽이 이러하므로 더욱이 서정하여서는 안 되겠으니 이 뜻도 아울러 말하도록 하라."

◎ 중종 23/12/19 [헌부가 야인을 꾀어 잡는 일이 불가하다고 건의하다.]

대간이 전의 일을 아뢰었다. 헌부가 또 아뢰기를,

"만포 첨사(滿浦僉使) 이형순(李亨順)이 도둑의 괴수를 유인하는 일은, 전일 사중(司中)이 끝없는 화난을 열게 될 것이라고 염려하므로 아뢰었는데, 이제 들으니 다시 그 공사를 마땅하게 여겨 시행한다 합니다. 전에 망합(莽哈)과 왕산적하(王山赤下)의 죄를 다스린 뒤로 변경(邊境)이 무사하므로 변장(邊將)이 잘못 생각하고서 이렇게 계청(啓請)한 것입니다. 저들이 금수 같기는 하나 곡직(曲直)을 아는 것은 매우 분명합니다. 요즈음 평안도 절도사(平安道節度使)【조윤손(曺閏孫)이다.】의 계본(啓本)을 보면 '동청례(童靑禮)가 주벌(誅罰)되고 이미 20여 년이 지났으나 저들은 오히려 분원(憤怨)을 품고 잊지 않는다.' 하였는데, 이 일의 허실(虛實)은 알 수 없으나, 이에 의하여 생각한다면, 우리나라에 한 번 그릇된 처사가 있으면 마음에 잊지 않고 늘 분원한 마음을 가질 것입니다. 저들이 먼저 범한 것이 있더라도 우리는 도리를 잃어서는 안되거니와, 꾀어 오게 하여 잡더라도 바른 도리가 아닙니다. 대저 변경은 안정(安靜)이 첫째인데, 어찌 우리가 먼저 신의를 잃어 함부로 끝없는 걱정거리를 만들 수 있겠습니까? 반복하여 생각하여 보아도 이렇게 해서는 안되겠으니 이형순의 계책을 쓰지 마소서.

◎ 중종 23/12/22 [의정부·육조·한성부·중추부·비변사가 모여 야인을 꾀어 잡는 일에 관해 의논하다.]

······ 정광필과 이행 등이 아뢰기를,

"신들의 생각으로는 이번에 쇄환(刷還)하는 사람을 차라리 받지 않고 말지언정 이렇게 해서는 안 되겠습니다. 한 늙은 여자를 쇄환하는 일로 나오는 무리가 50인이나 되는 것은 우리나라의 대우가 어떠한지를 보려는 것이니 그 계책을 진실로 헤아리기 어렵습니다. 잡는 일도 반드시 이루어지지는 않을 것이며, 이제 기회를 버리지 않고 잡더라도 뒷날의 뉘우침이 또한 있을 수 있습니다. 그러나 신들은 저들이 반드시 나오려 하지 않으리라고 생각하거니와, 나오지 않는데도 헛된 일에 계책을 베풀었다가 일이 끝내 이루어지지 않으면, 저들도 이 꾀를 알아서 우리나라를 믿지 않을 것입니다. 이렇게 되면, 그 일을 이루지는 못하고 한갓 우리의 얕은 꾀를 누설하여 변방의 말썽을 돋우게 될 것입니다. 변방의 일은 진실로 쉽사리 요동하여서는 안되는 것이니 이 일은 지극히 어렵습니다. 한두 해 동안 치욕을 씻지 않더라도 오히려 해롭지 않으니, 함부로 허술한 계책을 만들어 변방에 일을 일으키고 말썽과 화난을 만들어서는 안 됩니다. 이러한 속임수를 변장이 계청(啓請)하였더라도 조정은 본디 억제하고 쓰지 않아야 할 것이며, 일을 성취하더라도 이 때문에 그 변장을 논상할 수는 없습니다." 하니,

전교하였다.

"조정이 변방의 일을 **조윤손**(曺閏孫)과 허굉에게 맡긴 까닭은 서방의 근심을 잊으려는 것이었다. 처음에 이미 가려 차출하여 맡겼는데 이제 또 일마다 따르지 않으면 또한 섭섭한 것이니, 허굉과 변장에게 맡겨서 절제(節制)하게 해야 할 것이다."

62세 (1529년)

◎ 중종 24/02/23 [병조 판서 이항 등이 북경 사행의 요로에 야인들이 출몰하는 일에 대해 논의하다.]

병조 판서 이항 등이 아뢰기를,

"평안도 관찰사(平安道觀察使) 허굉(許磁)의 서장(書狀)에 '연산보(連山堡) 근처의 중국인이 와서 말하기를 「건주위(建州衛)의 야인들 1천여 명이 요로(要路)에 둔치고 있으면서 부경(赴京)한 사신이 돌아올 때에 탕참(湯站) 등에서 요격(邀擊)한다더라.」 했다.' 하였고, 절도사(節度使) **조윤손**(曺閏孫)도 이것을 아뢰었으니, 상께서 진념하시는 것은 마땅합니다. 그러나 신이 전에 부경하였을 때에 보건대 일로(一路)가 다 중국의 변진(邊鎭)에서 나와 방어하는 관내이니, 저들이 이렇게

말하기는 하지만 어찌 다른 나라의 땅에 오래 둔치고 있다가 사신을 요격할 수 있겠습니까? 우리나라의 사신과 서로 만날 리가 만무합니다. 그러나 갑자기 혹 서로 만나면 뜻밖의 변이 있을는지도 알 수 없는데, 이제 감사(監司)의 서장에 '탕참(湯站)의 요해처(要害處)는 각별히 조처하여 방어하고 군사를 모아 머물러 있게 한다.' 하였으니, 병조에서는 다시 조치에 대해 의논할 만한 것이 없습니다." 하니, '알았다.' 전교하였다.

◎ 중종 24/08/18[야인과 교전한 전말을 보고한 평안도 절도사 조윤손의 장계]

평안도 절도사 **조윤손**(曹閏孫)의 계본(啓本)을 내리면서 일렀다.

"이 일은 해사(該司)가 스스로 공사를 만들어 회계(回啓)할 것이다. 다만 내 생각에는 무시로 정탐하러 들어갔다가 저들을 만나 절제 없이 서로 싸우는데, 우리나라 사람들이 공을 세우기 위해 먼저 쏜다면 저들 역시 부득불 대응하여 서로 싸우게 될 것으로 여겨진다. 이 일로 인하여 변방에 흔단이 생긴다면 그 폐단이 작지 않을 것이다. 자세히 살필 것으로 병조와 비변사에 말하라."

【계본은 다음과 같다. "야인들의 의심스러운 곳을 척후(斥候)하고자 군관(軍官) 송인정(宋仁貞) 등을 뽑아 지령괴(池寧怪) 동구에 들어가 엿보게 하였는데 야인 20명과 만나 한참 동안 교전하였습니다. 그런데 저들은 여러 명이 화살을 맞고 패하여 달아나므로, 우리 군사는 산에 올라 끝까지 추격하다가 화살 맞은 적 1명의 수급(首級)을 베어 돌아왔습니다. 그 수급과 저들이 버리고 간 구리 솥[銅釜] 및 의복과 식량을 인정(仁貞)에게 주어 올려보냅니다."】

◎ 중종 24/09/05[야인들을 소탕한 일에 대한 평안도 병사 조윤손의 장계]

평안도 병사 **조윤손**(曹閏孫)이 치계(馳啓)하기를,

"금년 8월 28일 척후군(斥候軍) 강정옥(姜貞玉) 등의 보고서에 '우리가 도적들의 종적을 탐문하기 위해 진파(榛坡)에 이르니, 도적 40여 명이 잠복하고 있다가 일시에 소리지르며 활을 쏘았다. 그래서 우리들은 수목(樹木)을 의지하고 있었는데, 남자중(南自中)이 추격해 들어가 도적 1명을 사살하고 참수(斬首)하자 도적들이 달아났.' 하였고, 또 이날 이산 군수(理山郡守) 이경지(李敬知)가 정문(呈文)한 내용에는 '저들 야인이 각기 자피선(者皮船)을 타고 파저강(波猪江)에서 출발하여 성인교(聖人橋)에 이르러 이쪽 강변에 도착하였다. 그래서 즉시 산양회 보

권관(山羊會堡權管) 이세복(李世福)과 함께 말을 달려 나갔다. 저들 중 1명이 형제암산(兄弟巖山) 밑으로 달아나는 것을, 이세복이 사살하고 김치형(金致亨)이 참수하였다. 저들 중 1명은 사태를 살피면서 자피선을 타고 멀리 강을 건너갔으므로 추격하여 체포하지 못했다. 말을 달려 파저강에 도착하니 자피선 5척이 있었고 저들이 각기 타고 있었으며, 3명이 모습을 드러냈다가는 되돌아갔다. 벤 수급(首級)·대구(帶具)·칼[刀子] 등을 올려보낸다.'고 하였습니다." 하니,

전교하기를,

"삼공의 의논을 모으라." 하였다.

영의정 정광필(鄭光弼)이 의논드리기를,

"수상(水上)과 수하(水下)에 모두 적변이 있으니, 경계를 엄히 하여야겠습니다. 그러나 멀리 조정에서 통제한다면, 어찌 시기에 맞춰 조처할 수 있겠습니까? 감사가 병사(兵使)에게 가서 상의하여 변을 대비하도록 조처하게 하되, 조금도 소홀함이 없도록 하유(下諭)하는 것이 합당할 듯합니다." 하고,

좌의정 심정(沈貞)은 의논드리기를,

"병사의 비보(飛報)를 보건대 적당들이 모여 있는 형적이 이미 드러났으니, 방비하는 모든 일을 심상히 보아서는 안됩니다. 그러나 조처를 멀리서 헤아릴 수 없으므로 군기(軍機)는 역시 조정에서 통제하기가 어려우니, 감사 허굉(許硡)으로 하여금 **조윤손**과 의논하여 절제사(節制使)에게 모든 일을 위임하도록 급히 하유하심이 어떻겠습니까?" 하고,

우의정 이행(李荇)은 의논드리기를,

"변보를 보니 저들 야인들이 간혹 노략질을 했다고는 하나, 변경을 침범한 예는 없었습니다. 그러니 조정에서 먼저 소동을 피우지 말고 변장으로 하여금 적당히 조처하도록 함이 어떻겠습니까?" 하니,

전교하였다.

"의결(議決)한 내용을 감사에게 하유하라."

◎ 중종 24/09/12 [병조에서 야인들에 대한 방비책을 문의하다.]

병조가 아뢰기를,

"평안도 병사 **조윤손**(曹閏孫)의 계본(啓本)에 '저들 야인이 노략질할 계획을 꾸민다.' 했는데, 병사(兵使) 혼자 있으니 조처하기가 어려울 것입니다. 이 일은 본조와 비변사(備邊司)가 같이 의논하여 처리해야 할 일입니다. 그러나 군기(軍機)는 중대한 일이어서 독단할 수가 없으니 대신과 함께 의논하소서." 하니,

전교하였다.

"대신들과 함께 의논함이 과연 지당하다. 그러나 요즘 변방이 조용하지를 못한 데다 저들이 노략질하려 멋대로 국경을 넘나든다면 장수된 사람이 공격하려는 것은 당연한 것이다. 그러나 저 도둑들이 만약 먼저 나와서 국경을 침범한다면 모르겠거니와 우리나라 척후병(斥候兵)이 우연히 서로 만났다가 먼저 싸웠는데도 이를 이유로 공격한다면 저들도 분심(憤心)을 품지 않을 수 없을 것이다. 더구나 지금 평안도와 황해도는 흉년이 들어 군량 또한 생각하지 않을 수 없는 입장이니, 우리나라는 성벽을 굳게 지키는 것이 낫지 않겠는가? 이 뜻도 아울러 대신들과 의논하라."

◎ 중종 24/09/15 [장령 상진이 속포의 징수에 대해, 동지사 홍언필이 인재 충원의 방법으로 별천을 건의하다.]

…… 심정(沈貞)이 아뢰기를,

"남자중(南自中)은 8세에 오랑캐의 땅으로 잡혀갔었습니다. 그뒤에 되돌아온 것은 부모가 있기 때문이었습니다. 그러나 부모가 모두 사망하여 지금은 의지할 것이 없으니, 오랑캐와 다를 것이 없습니다. 국가에서 이 사람을 우대하여 겸사복(兼司僕)을 제수하여 변방에 파견했었습니다. 지금 군관(軍官)으로 내려가서 저들이 우리 국경을 넘나들 때에 마침 저들 7~8인과 맞닥뜨렸으므로 화살통을 찬 자를 쏘아 명중시켰습니다. 그자가 넘어졌다가 다시 일어나는 것을 추격하여 목을 베어 가지고 왔습니다. 이런데도 공이 없다고 할 수 있겠습니까?"

신이 그 도의 병사【**조윤손**(曹閏孫)이다.】말을 자세히 들으니 '이런 사람을 논상하지 않으면 누가 감히 국사를 위하여 전력하겠는가?' 하였습니다. 나라에서는 공을

노려 사단을 일으킬 염려가 있다 하여 상을 주지 않았습니다. 그러나 공이 있는데도 상주지 않는 것도 작은 일이 아닙니다. 장수와 변방 사졸의 마음을 모으기는 진실로 쉽지 않은데, 마음이 흩어진다면 이것을 하루아침에 수합할 수는 없는 것입니다.

신은 또 평소에 품고 있던 생각을 아뢰겠습니다. 평시 양사(兩司)와 시종(侍從)이 올린 소차(疏箚: 상소(上疏)와 차자(箚子)를 아울러 이르는 말)는 반드시 그릇된 것을 바로잡는 일이 있는 것으로 여겼기 때문에 아룁니다. 상께서 열람하시고 그릇된 일이 있다면 고치시고 없다면 면려(勉勵)하소서. 혹 온편치 못한 뜻이 있을 때는 마땅히 성상소(城上所)나 부제학(副提學)을 인견하고 설명하심이 지극히 온당한 것입니다.

근래에는 이렇게 하지 않고 으레 비망기(備忘記)로 답하십니다. 이는 필시 아랫사람들로 하여금 성의(聖意)를 상세히 알게 하려는 것으로 과연 합당한 듯합니다. 그러나 비망기는 조종조(祖宗朝)에서는 없던 일입니다. 일단 하서하시면 각사(各司)의 서리(書吏)들이 베껴 쓸 때에 정서(正書)하지 못하여 틀리는 사례가 많고 심지어는 문리(文理)가 통하지 않기도 합니다. 이를 사방에 전파하므로 여러 사람들이 보기에 지극히 번잡스러움은 물론 사체(事體)에도 매우 합당치 못합니다. 옛말에 '천도(天道)는 말이 없어도 만물이 생성되고, 임금은 말이 없어도 얼굴은 화목하다.' 했습니다. 이런 일은 우연히 한 번 하는 것은 모르겠지만, 매양 그렇게 한다면 임금의 말씀이 사방에 전파되어 보고 듣기에 지극히 미안합니다. 또 하교하신 말씀이, 일을 아뢴 사람에게 변명하는 것 같기도 하여, 이 또한 언로(言路)에 방해가 됩니다. 불러들여서 면대하여 하교하심이 좋겠습니다만, 이는 상께서 짐작하여 하실 일입니다." 하니,

◎ **중종 24/10/05[야인들의 내습에 대한 평안도 절도사 조윤손의 장계]**

평안도 절도사(平安道節度使) **조윤손**(曹閏孫)이 다음과 같은 내용으로 치계(馳啓)하였다. 야인(野人)들이 대소파아(大小坡兒)의 건너편과 삼기동(三岐洞) 등지에 막(幕)을 짓고 둔취(屯聚)해 있고, 또 대로토동(大老土洞)·애고개(艾古介)·양기

평(兩岐坪)·토계동(土界洞)·온도동(溫道洞)·갈현(葛峴)·와천동(瓦遷洞) 및 강의 상류와 하류를 왕래하면서 염탐을 하고 있고, 건주위(建州衛)의 이막지(李莫只)·동억시(童億時) 및 여연(閭延)의 거응구내(巨應仇乃) 등이 작당(作黨)하여 우리 땅에 와서 노략질할 것을 모의하고 있다는 것이었다.

◎ 중종 24/10/08 [야인의 내습 모의에 대한 평안도 절도사 조윤손의 장계]

　평안도 절도사(節度使) **조윤손**(曺閏孫)이 치계(馳啓)하였다.

　"야인들이 군사를 모아 노략질할 약속을 했다는 정황을 마아을두(馬阿乙豆)【전일에 와서 고발한 자이다.】에게 다시 물었더니, 대답하기를 '적당들은 갑옷을 입고 말을 타고 장검(長劍)을 가지고 싸우면서 추격하면 반드시 이길 것이라고 항상 계획을 꾸미고 있는데, 건주위 이막지(李莫只)와 여연(閭延)의 거응구내(巨應仇乃) 등이 지금 강물이 얕은 것을 기회로 군사를 모아 노략질하려고 한다.「강을 건너기가 어려우면 얼음이 얼기를 기다려 각진의 연대군(煙臺軍)이나 행인들을 잡아가지고 돌아오자. 그러면 조선의 군마가 반드시 추격할 것이다. 그때 좌우의 산골짜기에 매복하고 있다가 협격하자.」고 계략을 세우고 있다. 산양회(山羊會)에서 참수(斬首)된 적은 우리 동리 사람이 아니라 내을외강(乃乙外江)과 동파(銅坡) 등지에 사는 사람들이 침범한 것으로, 우리는 모르는 일이다. 지난해에 만포(滿浦)에서 있었던 변란에도 사건이 일어나기 3일 전에 분명히 진고(進告)했는데도, 첨사(僉使)가 나의 말을 믿지 않고 군사를 거느리고 강을 건너갔다가 해를 당한 것이다. 그 뒤에는 나에게는 은택이 없었다. 그래서 경보가 있어도 빈번히 와서 고하지 않았다. 그러나 이번의 적당이 군사를 모아 노략질하려는 것은 두 번 세 번 분명히 들었으므로 나라의 은혜를 차마 저버리지 못하여 늙고 노둔(魯鈍)한 몸으로 달려와서 고한다.' 하였습니다."

◎ 중종 24/11/12 [평안도 절도사 조윤손이 야인 참수의 일로 대죄하다.]

　평안도 절도사 **조윤손**(曺閏孫)의 서장(書狀)을 정원에 내리면서 이르기를,

　"지난번 평안도에서 도적을 잡은 일을 변장(邊將)은 '변경을 침범했기에 참수

(斬首)하였다.' 했다. 이 서장을 보건대, 진하사(進賀使) 이함(李菡)이 신옥형(申玉衡)에게 '국경을 침범하였다가 참수당한 도적이다.' 했고, 어떤 사람은 강을 건너 추격하여 잡았다.'고도 하여 일이 적실하지 않기 때문에 **윤손**이 대죄한다고 하니, 어떻게 된 것인가? 병조에 문의하여 아뢰라." 하매,

병조가 회계(回啓)하기를,

"**윤손**은 옥형의 말을 듣고 대죄한 것이지, 추격하여 적의 목을 베었다는 자취는 별로 없습니다. 이제 이함이 왔으니 말의 근원을 물은 다음 감사가 있는 곳에 하유(下諭)하여 진위(眞僞)를 안 뒤에 답하는 것이 어떻겠습니까?" 하니,

전교하였다.

"감사에게 물어서 답한다면 일이 반드시 늦어질 것이다. 한 방면을 맡긴 사람을 이런 일로 추고할 수는 없다. 대죄하지 말도록 병사에게 하유하고, 이함을 불러 말의 근원을 묻도록 하라."

◎ 중종 24/11/20[변경의 도적을 추포한 일에 대해 이함과 신옥형의 말이 서로 어긋나다.]

조강에 나아갔다. 헌납(獻納) 윤풍형(尹豊亨)이 김숙의 일을 아뢰었으나 윤허하지 않았다. 집의 오준이 아뢰기를,

"평안도 병사 **조윤손**(曹閏孫)의 서장을 보건대 '강을 건너서 추격하며 목베었다.'고 했습니다. 이함(李菡)이 신옥형(申玉衡)에게 말하지 않았다면 옥형이 어찌 헛말을 **윤손**에게 전했겠습니까? 이함이 만약 옥형에게 말했다면 그를 하문할 때에 모두 진달했어야 하는데 그렇게 하지 않았습니다. 이함과 옥형을 말이 같도록 추문하여 허실(虛實)이 분별된 뒤에라야 **윤손**의 마음도 편안할 것입니다." 하고,

지사(知事) 윤은보(尹殷輔)는 아뢰기를,

"강 건너 추격하여 체포한 것은 적실하지 않다는 말을, 옥형은 이함에게서 들었고 **윤손**은 옥형으로부터 들었다고 했습니다. 그러나 하문하실 때에 이함이 '저 도적들이 우리나라에 죄를 졌으니, 강을 건너 추격하여 잡아도 괜찮다. 그러나 다른 말은 언급하지 않았다.'고 했습니다. 그렇다면 '강 건너 추격하여 잡았다.'는

말을 옥형이 어찌하여 **윤손**에게 말했겠습니까? 또 서장(書狀)을 올리고 대죄할 때에 반드시 옥형에게 자세히 물었어야 할 것입니다. 어찌 얼핏 들은 말 때문에 대죄까지 하겠습니까? 신의 생각으로는 옥형이 서울에 있을 때 산양회(山羊會)에서 도적을 참(斬)한 사실에 대해 '변경을 침범했다가 참수되었다.'고 들었을 것입니다. 그런데 그곳에 도착해 보니, 적실하지 않은 것 같으므로 스스로 말하기가 곤란하여 이함(李菡)의 말이라고 가탁하고 한 말일 것입니다. 그렇다면 모르긴 해도 **윤손**이 강을 건너 추격하여 잡은 도적을 변경을 침범했기 때문에 참수한 것이라고 계문한 것이 아니겠습니까? 이것이 사실이라면 한편으로는 조정을 속이고, 한편으로는 공을 바라 흔단을 연 것입니다. 이는 관계되는 바가 가볍지 않으니, 묻지 않고 버려둘 수 없습니다." 하고,

영사(領事) 심정(沈貞)은 아뢰기를,

"신이 그 서장을 보지는 못했습니다마는, 사사로 한 말로 추문할 수는 없을 것 같습니다. 그러나 관계되는 바가 매우 중하니, 분명하게 추문하여 헛말임이 드러나야 **윤손**의 마음도 편안할 것입니다. 실지로 강을 건너가서 포획했다면 그 죄가 가볍지 않습니다." 하니,

상이 이르기를,

"이함에게 물어보니, 그 말이 옥형의 말과 다른 데가 있었다. 이는 실로 관계되는 바가 크니, 추문해야 한다." 하였다.

◎ 중종 24/11/20 [신옥형·이함의 일에 경차관을 차임하여 추고하다.]

정원에 전교하였다.

"경연에서 직제학(直提學) 권예(權輗)가 '강원도에서 이미 벤 재목들은 백성들의 노력이 많이 들었으니 헛되이 버릴 수 없다. 벌채한 재목을 운반해 와 쓰되 연례로 바치는 공물(供物)의 수량을 감하는 것이 어떤가?' 하였다. 또 대사헌 윤은보(尹殷輔)는 '**조윤손**(曹閏孫)의 서장에 「강을 건너 추격해서 포획했다.」는 말은 신옥형(申玉衡)과 이함(李菡)의 말이 각기 다르니, 관원을 파견하여 추열(推閱)하여야 한다.' 하였다. 관질(官秩)이 높고 변방의 사정을 잘 아는 사람을 경차관(敬差

官)으로 차임하여 추문하도록 하라. 또 좌의정 심정은 '**윤손**의 서장을 그때 못보았다.'고 했다. 사변에 관한 서장이나 계본(啓本)을 대신이 몰라서는 안 되니, 이다음부터는 이런 일은 모두 대신들에게 알리도록 하라."

◎ 중종 24/11/21[이함·신옥형의 일을 추고할 경차관의 파견 여부를 다시 논의케 하다.]

삼공이 아뢰기를,

"평안도 병사 **조윤손**(曹閏孫)의 일을 추고할 경차관을 지금 보내겠다고 하셨습니다. 그러나 **윤손**은 이미 군기(軍機)의 중임을 맡았으니, 신중히 해야 합니다. 지금 경차관을 파견하여 추고하는 것은 마땅치 않은 듯합니다. 이는 친구 간에 서로 말한 것인데 추고한다면 그 군졸들도 아울러 국문해야 됩니다. 그렇게 되면 군사들의 마음이 동요될 것입니다. 지금 경차관을 파견하는 것이 사체(事體)에 어떨는지 모르겠습니다."하니,

전교하였다.

"이함의 말과 옥형의 말이 서로 다르고, 실제로 강을 건너 추격해서 잡았다면 관계되는 바가 중하기에 추문하지 않을 수 없는 것이다. 대신 역시 추문해야 한다고 했기 때문에 경차관을 차하(差下: 벼슬을 시키던 일)하였다. 그런데 지금 정승들이 아뢴 것을 보니 취품(取稟: 웃어른께 여쭈어서 그 의견을 기다림)하는 것 같으나 그 가부를 분명히 말하고 있지 않다. 이런 중대한 일을 취품으로 해서는 안된다. 경차관을 보내는 일의 편부(便否)를 다시 의논하여 아뢰라. 또 경차관을 보내 추문하면 이함은 서울에 있고 옥형은 저곳에 있어 증거를 조사할 수 없다. 지금 옥형을 잡아다가 이함과 면대시켜 증거 조사를 하면 반드시 시비가 가려져서 강을 건너 추격하여 잡은 사실이 저절로 해명될 것이다. 내 생각은 우선은 추고하지 말고 옥형 등을 먼저 추문하는 것이 어떻겠는가? 이 뜻도 아울러 의논하여 아뢰라."

◎ 중종 24/11/22[이함·신옥형을 추문한 뒤에 경차관을 파견하도록 하다.]

영상(領相) 정광필이 의논드리기를,

"이 일의 허실(虛實)은 알 수 없으나 급하게 추관(推官)을 보낸다면 군사들이 동요될 것이니, 관계되는 바가 크기에 어제 아뢰었습니다. 신옥형과 이함에게 먼저 묻는다는 상의 하교가 지당합니다." 하고,

좌상 심정은 의논드리기를,

"**조윤손**(曺閏孫)의 서장을 자세히 보건대 야인들을 참획했다는 장소가 명백합니다. 하물며 여러 조방장(助防將)과 군관(軍官)들의 입과 귀가 있으므로 끝까지 숨길 수 없는데 말할 필요가 있겠습니까? **윤손**은 옥형의 말을 듣고 더욱 놀라 살폈을 것인데, 기망(欺罔)했다면 어찌 감히 다시 아뢰었겠습니까? 그런데도 믿지 않고 관원을 보내 추핵(推覈)한다면 장수에게 특별히 변방을 맡긴 본의도 없는 것이고, 결국은 수졸(戍卒)까지도 국문하게 되어 변방 정세도 동요될 것입니다. 신의 생각으로는 지금 글을 내려 위안시킴이 마땅할 듯합니다. 옥형이 이함의 말을 전한 것과 이함이 아뢴 말과 다를 경우, 이를 증거로 삼을 수 있을 듯합니다. 그러나 오랑캐를 참획한 절차는 두 사람 다 못 본 것이고, 전해들은 말을 주고받다가 우연히 잘못된 것이어서 적실하게 증거를 댈 수 없습니다. 이 일은 끝까지 따지지 않더라도 끝내는 반드시 바른 데로 귀결될 것입니다. 더구나 서장에 '옥형 등이 말하기를……'이라 하였으니, 옥형 혼자서 말한 것은 아닙니다. 말한 사람들을 어떻게 모두 잡아다가 증언하게 할 수 있겠습니까? 신의 생각으로는 옥형도 추문할 수 없다고 여깁니다." 하고,

우상 이행은 아뢰기를,

"신과 이함은 사촌간이고 옥형과는 사돈간이라서 의논하기가 미안하여 의논드릴 수가 없습니다." 하니,

상이 영상의 의논을 따르고 이어 정원에 전교하였다.

"옥형을 추고하라는 전지(傳旨)는 우선은 시행하지를 말고 빨리 옥형을 잡아오라는 승전을 받들라. 또 **윤손**은 말의 출처를 따지기 위해 추열(推閱)하라고 감사에게 이보(移報)했다고 했으니, 감사가 필시 변장(邊將)을 추문할 것이다. 즉시 감사에게 옥형을 잡아와서 이함과 동시에 조사한 뒤에 경차관을 보내어 추문할 것이니, **윤손**이 보고한 일에 대해서는 우선 추고하지 말라는 것으로 하유하라.

지금 다시 이함을 불러 '옥형에게 물어보면 「이함의 말이다.」라고 할 것이니, 지금 숨겼다가 심문한 뒤에 바른 말 하는 것은 부당할 것이다.'고 말해 주고 자세히 물어서 아뢰라. 함(菡)은 2품이니 어찌 바로 아뢰지 않겠는가?"

◎ 중종 24/12/18[이함·신옥형의 일에 대한 의금부의 계목]

이함(李菡)을 형추한 공사(公事)를 금부에 내리면서 일렀다.

"이함이 군졸들이 막외(幕外)에서 서로 말한 것을 듣고도 바로 계달하지 않았으니, 당연히 형추(刑推)해야 한다. 그러나 2품관(品官)에게 갑자기 형신을 가할 수는 없으니, 이제 바로 계달하지 않았다는 내용으로 다시 추문하라. 그렇게 해서 승복(承服)하지 않거든 형추하도록 하라. 이런 내용으로 판부(判付)하노라."

【금부(禁府)의 계목(啓目)은 다음과 같다. "이함의 초사(招辭)에는 '경사(京師)에 갔다가 돌아올 때 동팔참(東八站)에 이르러서 유숙(留宿)하였다. 이때 막외(幕外)의 호송군(護送軍)들이 서로 「산양회(山羊會)에서 적(賊)을 참획한 일은 부실한데도 논공(論功)하였으니 공평치 못하다.」하는 말을 들었다. 평양에 와서 감사(監司)인 사촌(四寸) 이기(李芑)와 말하던 도중 얘기가 나왔을 뿐이었다. 전일에 하문(下問)할 때에는 신옥형(申玉衡)에게 말을 했는가의 여부만을 물었기에 이기에게 말한 일은 즉시 계달하지 않았었다.' 했습니다. 이는 지극히 정직하지 못한 처사였습니다. 형추를 가하여 실정을 알아내는 것이 어떻겠습니까? 또 신옥형의 초사에는 '지난 10월 20일 평양에 이르러서 감사 이기를 만났더니, 나에게 「산양회의 적들은 궁시(弓矢)도 없이 자피선(者皮船)을 타고 왔으니, 적로(賊虜)라 할 수 없다. 내가 듣기로는 저들이 어렵(漁獵) 때문에 앞 강(江)에 왕래하고 있었다고 하는데, 전번에 참획한 것이 이들이 아닌가 의심스럽다. 그 허실을 살펴서 추핵(推覈)하여야겠다. 공(公)들은 압록강 가에 도착하거든 다시 상세히 탐문하여 나에게 알려 달라.」하였다. 그래서 내가 「영공(令公)은 부임한 지 오래지 않는데 어떻게 이런 소식을 들었는가?」 물으니, 이기가 「이함이 나에게 산양회의 일은 매우 부실한데 논공하였으니 잘못이다. 만약 상가(賞加)하게 되면 결국 탄로나게 될 것이라고 했다.」하였다. 내가 이 말을 듣고서 **조윤손(曺閏孫)**에게 이런 내용을 이야기했다. 이함에게 물어보라.' 하였습니다. 때문에 금부에서 이함을 추문한 것입니다."】

63세 (1530년)

◎ 중종 25/01/11[심정이, 이함의 부정직한 계달에 대하여 철저히 추문할 것을 건의하다.]

조강에 나아갔다. 영사 심정이 아뢰기를,

"이함(李菡)의 말에 대해서는, 당초 친구들 간에 술자리에서 한 말이고 변방의 인심을 동요시켜서는 안 된다고 여겼고, **조윤손(曺閏孫)**은 육경(六卿)의 한 사람이니 믿고 위임하지 않을 수 없다고 여겼습니다. 그리하여 추문(推問)해서는 안 된다는 뜻으로 아뢰었었습니다. 이함이 만일 헛말을 했다면 무례(無禮)한 사람입니다. 다시 들어보니 그의 말은 근거가 없는 말이었습니다. 의주(義州)의 변보(邊報)에 의하면 체포한 야인(野人)은 바로 물고기를 잡으러 온 사람으로 손에 낚싯줄을 가지고 있었다고 합니다. 이런 말이 이미 퍼졌고, 지금 이산 군수(理山郡守) 이경지(李敬智)는 바로 이기(李芑)가 의주 목사(義州牧事)로 있을 때 판관(判官)이었고 **조윤손**이 연경(燕京)에 갈 때는 군관(軍官)이었는데도 외직(外職)으로 나와 있으니 아마도 이런 일 때문인가 의심스럽습니다. 또 들기로는 군공(軍功)을 논할 때에 장언량(張彦良)은 화를 내면서 '나는 모르는 일이다. 무슨 군공이 있는가?' 했고, **조윤손**은 이함의 말을 듣고 깜짝 놀라 조방장(助防將) 지세방(池世芳)에게 물었더니 모른다고 했다 합니다. 세방의 비호 여부와 **윤손**이 아는지 모르는지에 대해서는 알 수가 없습니다. **윤손**이 조방장에 임명해 주기를 계청(啓請)하자 병조와 비변사가 같이 의논, 방어(防禦)가 긴급할 것이라 여겨 즉시 조방장에 임명하여 보냄에 따라, 평양(平壤)으로 나아온 것입니다. 평양은 압록강 강변과 매우 멀고 서울과는 지극히 가깝습니다. 이렇게 살펴보면 허술한 일이 많습니다. 당초 경차관(敬差官)을 시켜 추문하려고 하지 않은 것은 형장(刑杖)을 사용하면 변방의 백성들이 소요될까 우려해서입니다. 이함은 직접 보지 않았을 뿐 아니라 정신도 흐릿하니, 그 말을 사실로 받아들이기가 어렵습니다. 신옥형(申玉衡)을 불러 물어보면 그 실정을 알 수 있을 것입니다. 옥형이 숨기고 말하지 않는다면 이함과 다를 것이 없습니다. 옥형이 평범한 사람에게 말한 것이 아니라 재상에게 말했습니다. 당연히 하문(下問)해야 합니다." 하였다.

◎ 중종 25/01/14[조윤손을 파직시킬 것을 논의하다.]

　대간이 아뢰기를,

　"평안도 절도사 **조윤손**(曺閏孫)이 산양회에서 적을 참획한 일에 대해서는, 당초 진장(鎭將)이 첩보(牒報)했기 때문에 허실을 몰랐습니다. 이 일이 부실한 것으로 전파된 데 이르러서는 매우 경악스러웠으니, 허실을 상세히 조사해야 됩니다.

감사(監司) 이기(李芑)에게 공문을 보내어 추고하게 했지만 허실을 상세히 조사하여 말의 출처를 추궁, 뒷날 의심스러움을 야기시킬 여지를 없애지 않았다니, 지극히 잘못된 처사입니다. 경차관(敬差官)이 내려가서 추문하여 사실을 알게 되면 절로 해당되는 율(律)이 있을 것입니다. 그러나 그곳에 둔 채 군졸(軍卒)을 추문할 수는 없습니다. 우선 파직시키소서." 하고, 헌부는 한경훈(韓慶勳)의 일을 아뢰니, 전교하였다.

"**조윤손**(曹閏孫)은, 전례대로 추고한다면 사실을 파악한 뒤에 파직시켜야 된다. 그런데 대간이 이렇게 아뢰고, 대신들도 잘못이라고 한다. 삼공의 의논을 모아 결정을 내리겠다. 한경훈의 일은 윤허하지 않는다."

◎ 중종 25/01/15[조윤손을 파직시키다.]

삼공이 의논하여 아뢰기를,

"**조윤손**에 대한 일, 대간이 아뢴 말이 지당합니다. 속히 새 병사(兵使)를 차출하여 보내는 것이 어떻겠습니까?" 하니,

전교하였다.

"**윤손**은, 삼공이 모두 파직시켜야 된다고 했기 때문에 파직한다."

◎ 중종 25/01/26[조윤손이 20일 새벽에 산양회 보에서 있었던 적변을 치계하다.]

평안도 병사 **조윤손**(曹閏孫)이 치계(馳啓)하였다.

"이달 20일 새벽 북쪽의 연대군(烟臺軍)이 달려와서 '산양회(山羊會) 보(堡)의 옛 연대(烟臺)에 불빛이 보인다.'고 하므로, 틀림없이 적변(賊變)이 있는가 보다고 여기고, 우후(虞候)·조방장(助防將) 등과 군사를 데리고 산양회 보로 달려갔습니다. 가보니 성(城)의 남문(南門)과 서쪽 마을 5~6가(家)가 적들에 의해 불타고 있었습니다. 적들은 세 길로 나누어 돌아갔는데 적들의 숫자는 알 수가 없었습니다. 경솔히 추격하다가는 복병술(伏兵術)에 빠질까 우려스러워서, 서서히 적변(賊變)을 보아가면서 조처하기로 하였습니다."

◎ 중종 25/01/28[조윤손이 적들이 버리고 간 활과 화살을 올려보내다.]

평안도 절도사 **조윤손**(曺閏孫)이, 적(賊)들이 버리고 간 활과 화살을 올려보냈는데, 해조(該曹)에 내리라고 명하였다. 【야인들이 산양회에서 노략질할 적에 아군(我軍)이 추격했으나 미치지 못하고, 그들이 버린 활과 화살만 주워가지고 돌아왔다.】

◎ 중종 25/01/28[평안도 절도사 조윤손을 파직시키고 이사균을 임명하다.]

정원에 전교하였다.

"산양회와 강계에서 적을 참획한 일이 부실하다는 것으로 추문하고자 하여 대신들에게 의논했더니, 대신들은 모두 추문해야 된다고 했다. 그러나 이행이 홀로 '사간(事干: 범죄에 관련된 종범)을 추문하지 않고 변장을 잡아다가 추문하게 되면 군정(軍情)이 동요된다.'고 했다. 그래서 산양회와 강계에서 적을 참획한 것이 부실한 변장은 가두어놓고 추문하게 했고, 아무아무는 부실하다는 내용으로 임권(任權)에게 하서하여 급급히 치계(馳啓)하게 했다. 뒤에 또 평안도의 변보(邊報)에 대한 계본(啓本)을 보니, 변장이 먼저 전쟁의 단서를 열었기 때문에 저들이 원수를 갚기 위해 이렇게 노략질한다고 했다. 변장들은 모두 싸움에 달려갈 수 있는 사람들이다. 이들을 죄다 추문한다면 방어(防禦)만 허술할 뿐이 아니라 군정도 동요될 것이다. 그리고 서로 싸우다가 적을 명중시킨 변장 가운데는 반드시 공과(功過)가 상쇄될 사람도 있다고 하니, 변방 일이 잠잠해진 뒤에 추문하는 것이 어떻겠는가?

조윤손(曺閏孫)은 잘못한 일이 있기 때문에 조정과 대간이 함께 논박하여 파직시켰다. 그러나 **윤손**은 자기가 이미 파직된지를 모르고 있기 때문에 계본이 이러했지, 파직되었다는 것을 알았다면 틀림없이 일을 다스리지 않았을 것이다. 주장(主將)이 없으면 방어에도 곤란하니, 이사균(李思鈞)이 부임하여 교대하기 전까지는 **윤손**으로 하여금 유방(留防) 하게 하는 것이 어떻겠는가? 평안도 관찰사는 무재(武才)가 있는 문신(文臣)인데 또 이사균을 절도사에 임명하였다. 이렇게 한 것은, 조정의 여론이고 병조의 뜻이었다. 이사균은 과연 변장에 합당하다. 그러나 도원수(都元帥)는 아무리 문약하여도 할 수가 있는 것이지만, 부원수(副元帥)는 반드시 무신(武臣)으로 임명해야 된다. 감사(監司)는 문신을 임명해도 되지만 병사(兵使)는 모름지기 무신을 임명해야 된다. 그런 뒤에야 아랫사람들도 믿을 데가 있게 된다. 내뜻은 이사균을 체직하고 싶어서 하는 말이 아니다. 감사와 병사가 모두 문신이고 변방의 일이 끊이지 않으므로 말하는 것이다.

　이사균에게는 상경(上京)하도록 재촉하여 2~3일 내로 출발하게 하는 것이 어떻겠는가? 내일 정부와 병조 비변사를 빈청(賓廳)에 모아 의논하여 아뢰게 하라. 탕참(湯站) 변사(邊事)에 관한 차비문(差批文: 요동(遼東)에서 우리나라 임금에게 보내는 공문(公文)도 아울러 보여 의논하게 하고, 임권에게 보낸 하서(下書)와 평안도의 변보에 대한 계본(啓本)도 아울러 보이라.”

◎ 중종 25/01/29[이사균의 부임을 독촉하게 하다.]

　영의정 정광필(鄭光弼), 좌의정 심정(沈貞), 우의정 이행(李荇), 좌찬성 김극핍(金克愊), 우찬성 김극성(金克成), 병조 판서 윤은보(尹殷輔), 지중추부사 안윤덕(安潤德), 좌참찬 조원기(趙元紀), 지중추부사 한형윤(韓亨允), 우참찬 한효원(韓效元), 호조 판서 신공제(申公濟), 청계군(淸溪君) 정윤겸(鄭允謙), 청성군(淸城君) 심순경(沈順徑), 한성부 우윤 황침(黃琛), 병조 참판 유관(柳灌), 참의 남세웅(南世雄), 참지 원계채(元繼蔡)가 평안도 변장(邊將) 등을 처치하는 일 때문에 모여서 의논하였다.

　광필·심정·이행·극핍·극성이 의논드리기를,

　“산양회와 강계 등의 일은, 경차관이 전처럼 사목(事目)을 가지고 간다면 소요가 일지는 않을 것이니 지금 하유하여 다시 효유할 필요가 없습니다. **조윤손(曺閏孫)**은 이미 파직시켰으므로 유방(留防)시키더라도 마음대로 통제하기가 어려울 것입니다. 이제 다시 감사(監司)에게 하유하여 새 병사(兵使)가 부임하기 전에는 변경(邊境)을 순행하면서 장사(將士)들에게 법에 어긋난 짓을 못하도록 거듭 타이르게 하소서. 이사균은 절제(節制)를 감당할 만하고 또 이미 위임(委任)했으니, 다시 이론을 제기하는 것은 마땅치 않습니다. 속히 부임하여 조처하게 하는 것이 어떻겠습니까?” 하고,

은보·윤덕·순경·황침·유관·세옹·계채는 의논드리기를,

"변장들이 적을 참획한 일이 부실한 것이라는 사상(事狀)에 대해서는 이미 경관(京官: 조선 시대 서울에 있던 여러 관아의 벼슬을 통틀어 이르던 말)을 보내어 추핵(推覈)하고 있으니, 중지해서는 안 됩니다. 그러나 방금 오랑캐의 기병(騎兵)들이 많이 날뛰고 있는데 변장을 가두고 추문하면 군정(軍情)이 동요될 뿐만 아니라 방비도 허술해질 것입니다. 우선 얼음이 풀려 적들이 물러간 다음 추문해도 늦지 않을 것 같습니다. **조윤손**은 이미 체직시켰습니다. 비록 유방하도록 책임지워도 위령(威令: 위엄이 있는 명령)이 시행되지 않을 것이고, 사체에도 어긋납니다. 그리고 문신을 절도사에 제수하는 것은, 평시라면 그래도 가능한 일입니다. 그러나 지금은 변경(邊警)이 있는 때인데 감사와 병사를 모두 문신으로 차임하여 보내는 것은 사기(事機)에 어긋나는 점이 있습니다. 상의 분부가 지당하십니다. 그러나 이사균은 차임된 지가 이미 오래니 다시 여론을 제기해서는 안 됩니다. 날짜를 정하여 출발시키는 것이 어떻겠습니까?" 하고,

　원기·형윤·효원·공제·윤겸은 의논드리기를,

"산양회와 강계에서 적을 참획한 일에 대해 의논(議論)이 들끓고 있으니, 끝까지 추문하여 사람들의 의심을 풀어주지 않을 수 없습니다. 그리고 사변(事變)이 잠잠해질 시기를 기필하기가 어렵고, 잠잠해진 뒤에 추문한다면 늦어질까 우려스럽습니다. 그러나 경차관으로 하여금 급속히 추고하여 그 가운데 대단치 않은 자는 즉시 석방(釋放)하여 방어(防禦)에 임하게 하는 것이 어떻겠습니까? **조윤손**은 이미 파직시켰습니다. 유방시키더라도 호령이 시행되지 않을 뿐 아니라 사체에도 방해가 있을 것 같습니다. 그리고 사변(事變)이 잠잠해질 시기를 기필하기가 어렵고, 잠잠해진 뒤에 추문한다면 늦어질까 우려스럽습니다. 그러나 경차관으로 하여금 급속히 추고하여 그 가운데 대단치 않은 자는 즉시 석방(釋放)하여 방어(防禦)에 임하게 하는 것이 어떻겠습니까? 그리고 평시라면 문신을 절도에 제수하여 보내도 되겠습니다만, 지금은 오랑캐의 기병들이 많이 날뛰고 있어 변란이 언제 발생할지 모르는 상황인데 문신을 차견(差遣)하는 것은 적당한 시기가 아닌 것 같습니다. 무신 가운데 변방 일을 잘 아는 자를 선택, 날짜를 정하여 보내는 것이

온당할 것 같습니다." 하니,

전교하였다.

"이제 여러 의논들을 보니 줄거리는 같았으므로 삼공의 의논에 낙점(落點)하였다. 유장(儒將: 선비인 장수)은 고금의 사실에 널리 통달하였으므로 평시에 조처하는 일에 대해서는 반드시 빈틈없는 계책을 세울 것이다. 그러나 적이 사방에서 공격해올 것이 우려되는 때에 군사들이 믿고 방어할 수 있기에는 무장(武將)만 못할 것 같기에 의논한 것뿐이다. 이사균이 합당하지 못하여 체직하려는 것은 아니다. 그리고 **조윤손**은 당초 조정에서 같이 의논하여 다시 평안 병사(平安兵使)에 제수했었으나 이제 한때의 일로 파직되었다. 전말(顚末)을 추문해 보면 자연 해당되는 율이 있을 것이다. 대신과 대간이 모두 파직시켜야 한다고 하기 때문에 중의(衆議)에 따라 파직하였다. 이 시점에서 이사균과 **조윤손**보다 나은 사람이 잘은 모르겠지만 몇이나 되겠는가. 이사균에게 빨리 부임하도록 독촉하라."

◎ 중종 25/01/29[평안도 절도사 이사균을 선정전에서 인견하다.]

상이 선정전(宣政殿)에 나아가 평안도 절도사 이사균을 인견(引見)하였다. 상이 사균에게 이르기를,

"강계와 산양회에서 적을 참획한 일이 부실한 일에 대해 지금 추문하고 있으나 그 허실을 아직 모르고 있다. 변장(邊將)들이 공을 노려 일을 야기하여, 변경을 불안정하게 하였으니 지극히 잘못된 일이다. **조윤손**(曹閏孫)은 잘못한 일이 많기 때문에 조정이 같이 의논하여 파직하였다. 파직되었다는 말을 들으면 즉시 상경(上京)할 것이니, 속히 출발하도록 하라." 하니,

이사균이 아뢰기를,

"2~3일 안에 출발하라는 전교(傳敎)도 있었습니다. 군관(軍官)들이 미처 행장을 꾸리지 못하면 신(臣)이 먼저 출발하겠습니다. 그러나 신은 유생으로서 오랫동안 시종(侍從)으로 있었고 이제는 이미 연로하여 직임을 감당할 수 없을 것 같습니다. 신은 조정에서 세운 계책을 준행하고 군사들은 신의 통제(統制)를 따른다면, 삼가 몸과 마음을 바쳐 죽을 힘을 다하겠습니다. 그리고 육진(六鎭)의 성 밑에

사는 야인(野人)들과는 원망을 맺어 그들이 발분(發憤)하게 되면 그 화(禍)가 삼포왜란(三浦倭亂)보다 더 참혹할 것이지만, 그들의 마음을 얻게 되면 모두 열복하여 오랑캐의 실정을 알려 줄 것입니다. 이렇게 되면 방어할 수가 있겠습니다. 함경도와 평안도는 야인(野人)들이 드나들면서 노략질을 하기 때문에 방어하기가 매우 곤란합니다. 여름철에는 무사할 것으로 여겨지지만 우거진 숲속에 숨어서 틈을 엿봐가며 노략질을 하면 겨울철보다 더 곤란합니다. 전에 이장곤(李長坤)이 평안도 병사로 있을 적에 야인(野人)들이 노략질할 계획을 세우고 동정을 살피러 물길로 나아왔을 때 우리나라 사람이 포획(捕獲)하자 거짓 낚시질 또는 목욕하려는 것이라고 핑계했고, 이에 따라 즉시 놓아 보냈습니다. 그뒤에 듣기로는, 마침 비가 내려 물이 불은 탓으로 많은 야인(野人)들이 익사(溺死)했기 때문에 노략질을 못했다고 합니다. 지금 자피선(者皮船: 짐승의 가죽으로 만든 배)을 타고 낚시질한다고 핑계대는 자들도 장차 노략질하기 위해 허실을 엿보러 온 것인지도 모릅니다. 저들은 흉악한 사계(詐計)가 있어 믿을 수가 없습니다." 하였다.

상이 이르기를,

"평안도 군사들은, 지난번 전염병 때문에 반은 사망했으므로 용건(勇健)한 사람들이 거의 다 없어졌다. 서울의 군사들이 가서 방어하게 한다 하더라도 토병(土兵) 같을 수야 있겠는가?" 하니, ……

◎ **중종 25/02/03**[검토관 김의정 등이 평안도 변장들의 처벌이 너무 가벼웠음을 아뢰다.]

조강에 나아갔다. 검토관(檢討官) 김의정(金義貞)이 아뢰기를,

"신은 평안도 변장들의 일을 듣고 매우 경악하였습니다. 그런데 단지 경차관(敬差官)【임권(任權)임.】으로 하여금 추문하게 한 것은 가벼운 조처인 것 같습니다. 고기잡이 나온 사람을 참획한 정상이 너무도 분명하여 의심의 여지가 없습니다. 병사(兵使) **조윤손**(曺閏孫)이 당초에는 허실을 몰랐을지라도 도내(道內)가 떠들썩하는 지경에 이르러서도 몰랐을 리가 있겠습니까? 죄과(罪過)를 면하기 위해 대죄(待罪)한다는 서장(書狀)을 올리고 나서는 또 그 말의 출처를 추문하려 했으니,

더욱 잘못된 짓입니다. 고기잡이 나온 야인(野人)을 참획하고 나서 일이 생길까 우려하여 조방장(助防將)을 차임해 주길 계청했습니다. 그리하여 조방장만 여러 진(鎭)에다 나누어 유방시키고 **윤손** 자신은 다른 곳에 물러가 있었으니, 더욱 부당한 일입니다.

　근래 무략(武略)이 굳건하지 못하여, 야인(野人)들이 산양회를 분탕질할 때에 구원하는 자가 하나도 없어서 아무도 없는 곳을 들어가듯 했습니다. 조방장들에게 미리 조처하여 방어하게 했다면 반드시 이런 환란이 없었을 것입니다. 그들이 분탕질한 뒤에도 그뒤를 추격하였다는 말을 못 들었으니 적격자인 변장이 있다고 할 수 있겠습니까? **윤손**은 각별히 잡아다가 추문하는 것이 지당합니다. 이 일은 매우 중요합니다. 모름지기 철저히 추핵(推覈)하여 죄 있는 자가 요행히 면하고 죄 없는 자가 재앙(災殃)에 걸리는 일이 없게 하소서. 그런 뒤라야 변방 백성들이 통쾌하게 여길 것입니다." 하니,

　상이 이르기를,

"과연 지당한 말이다. 만약 참으로 허사(虛事)였다면 지극히 경악스러운 일이다. 사간(事干)을 다 잡아다 추국할 수가 없기에 부득이 경차관을 시켜 추국하게 하였다. 변장들을 잡아다가 추문하기 위해서 대신들과 의논한 결과 안 된다고 했고, 또 변장들을 동시에 잡아온다면 틀림없이 변방의 군정이 동요될 것이다. 따라서 경차관으로 하여금 대체적인 줄거리를 추문하게 한 다음 병사를 추문해야 한다." 하였다.

◎ 중종 25/02/10[신옥형·방효의·유상령 등을 추고하게 하다.]

　"평안도 감사(平安道監司)가 전후로 올린 장계(狀啓)를 보면 변장(邊將)이 공 세우기를 좋아하여 변방에 흔단을 열어놓은 사실이 이제 이미 환히 드러났습니다. 방호의(方好義)와 유상령(柳尙齡) 등을 속히 잡아다 추고해서 조정이 경동(驚動)하고 있는 뜻을 보이소서. 그들이 참획해 온 것은 아이들과 여인들로서 국경을 침범해 온 자들을 추격하여 참획한 것이 아닙니다. 그리고 저들의 첫 부락에 들어가서 그들의 작은 주둔지를 칠 때에도 조정에 아뢰지 않았고 주장(主將)도 있지

않았는데 제멋대로 들어가 쳐서 변방 밖에서 공 세우기를 요망하여 변방의 흔단을 열어놓은 것은 지극히 해괴하고 경악스런 일입니다. 지난번에 산양회와 진파(榛坡)에서 참획한 것이 부실(不實)하였던 사건은 주장이 잘못했던 일이었는데, 조정에서 완만히 처치(處置)했기 때문에 연달아 이와 같이 공 세우기를 요망하여 일을 만드는 사람이 있게 된 것입니다. **조윤손**(曹閏孫)도 아울러 잡아다 추고하소서. 재상(宰相) 자리에 있는 사람으로서 파직되었단 말을 들었다면 곧 올라왔어야 하는데 지금껏 오지 않았으니 또한 잘못입니다."하니,

상이 일렀다.

"신옥형·방호의·유상령의 일은 아뢴 대로 하라. 나머지는 윤허하지 않는다."

◎ **중종 25/02/11**[몇 신하들이 조윤손의 말을 듣고 나서 방효의 등을 추고하게 하다.]

비변사 당상(備邊司堂上) 김극성(金克成)·안윤덕(安潤德)·한형윤(韓亨允)·신공제(申公濟)·황침(黃琛)과 병조 판서 윤은보(尹殷輔), 참의(參議) 남세웅(南世雄), 참지(參知) 원계채(元繼蔡)가 아뢰기를,

"평안 감사의 서장(書狀)에 '방호의의 첩정(牒呈)에 「절도사가 비변사의 관자(關子)에 의거하여……」했다.' 하므로 신들이 앞뒤의 공사(公事)를 상고하여 열람해 보니 저들이 노략질할 때에 엄습하여 추격하라는 영(令)을 내린 관자는 있어도 들어가 치라는 공사는 없습니다. 그렇다면 비변사의 관자에 의거했다고 일컬은 것은 곧 근거없는 일입니다. 그러나 방호의와 유상령이 제멋대로 갑자기 들어가 친 것이 아니요, 절도사와 약속한 것이 이렇다고 하였으니, 절도사의 약속이 사실이라면 호의와 상령인들 어떻게 그 영을 따르지 않을 수 있었겠습니까. 그러고 보면 노약을 참획해 온 것은 과연 잘못이나, 들어가 친 것은 그들의 죄가 아닌 듯합니다. 지금 강의 얼음이 풀리지 않아서 적(賊)의 변란이 있을까 두려운데 호의와 상령을 잡아온다면 변방 정세가 동요되어 방비가 허술해질 것입니다. **조윤손**(曹閏孫)은 이미 잡아오라 명하셨으니 모름지기 먼저 **윤손**에게 들어가 친 사실을 물어보아서 만약 주장의 영(令)이 아니었거든 호의와 상령을 추고하는 것이

어떻겠습니까?" 하니,

전교하였다.

"호의 등이 들어가 친 것은 주장의 영이 아니다. **조윤손**이 비록 병조와 비변사의 관자에 의거하여 호의 등에 이문(移文)한 것이라고는 하지만 그러나 그 관자에는 '조심스럽게 적의 동정을 살펴서 기회를 보아 다시 진격하되 편의에 따라 조처하라.' 하였으니, 이것은 몸소 적의 변란을 보고서 동독하여 들어가 칠 것을 명한 것이 아니고 다만 멀리서 지시를 받은 것이 이러한 것이다. 그리고 21일 산양회를 분탕질하고 노략질할 때에 바로 그때를 타서 추격하여 포획(捕獲)하지 못하고 도적이 물러간 후 29일에 이르러서야 감히 들어가 쳐서 노약을 참획했으니, 이것이 어찌 **조윤손**의 영이었겠는가? 나는 서장(書狀)을 보고 크게 놀라고 해괴하게 여겼다. 대간이 반드시 서장을 보고 조정에 아뢰지 않고 주장에게 품달하지 않았다는 것으로 논계하였을 것이므로, 호의와 상령을 잡아다가 추고하도록 한 것이다."

◎ **중종 25/02/16**[조윤손을 우선은 보방하게 하다.]

금부의 공사(公事)를 정원에 내리면서 일렀다.

"**조윤손**(曹閏孫)의 일은 방호의를 추문한 다음에야 알 수가 있다. 그러나 노재상(老宰相)이라서 단지 원정(原情)에 의거 문초(問招)하였는데도 한결같이 전지(傳旨)에 따라 승복(承服)하였다. 그러나 지금 곧바로 조율(照律)하여 죄주어서는 안 된다. 그리고 또 오래도록 옥중(獄中)에 둘 수도 없으니 이제 우선 보방(保放)하고 호의 등의 추고가 하나로 귀결되기를 기다려서 다시 문초하는 것이 어떠할지 의금부에 물어보라."

◎ **중종 25/02/16**[정원이 조윤손 건에 대한 상의 분부가 지당했음을 아뢰다.]

정원이 금부 당상(禁府堂上)의 뜻으로 아뢰었다.

"**조윤손**(曹閏孫)은 재상의 반열로서 상께서 하문하신 일이기 때문에 비록 즉시 승복은 하였습니다만, 상교의 분부가 과연 지당합니다."

◎ 중종 25/02/28[몇 신하가 남효의를 광주 목사로 삼은 것은 도리에 어긋난다고
　 아뢰다.]

　…… 영사 정광필이 아뢰었다.

　"지금 변방(邊方) 장수(將帥)의 일【조윤손 들의 일을 가리킴】은, 처결한 후면 개정해서는 안 됩니다. 신의 뜻으로는 소소한 절차의 일을 모두 잘못했다 해서 아울러 죄준다면 변방 장수[邊將]들은 지금부터는 손 쓸 수가 없어서 떨쳐 일어나는 일이 없을 것입니다. 그리고 나가 싸울 땅은 바로 북지(北地)인데 군졸을 사지(死地)로 몰아넣는 일은 장수의 엄한 위엄이 아니면 되지 않습니다. 그런데 지금 만약 그들 모두에게 죄를 준다면 후일의 일은 반드시 어려울 것이오니, 상께서 헤아려 처리하소서."

◎ 중종 25/02/28[삼정승이 조윤손과 방효의 등에게 죄주지 말 것을 의논드리다.]

　영의정 정광필이 의논드리기를,

　"지금 **조윤손**(曹閏孫)이 공술(供述)한 것 및 평안도 감사 이기(李芑)의 계본(啓本) 안의 사연을 보니, 비록 반복해서 생각을 해보아도 방호의 등은 죄가 없는 듯하여 오늘 아침 경연(經筵)에서도 이 뜻을 주달하였습니다." 하고,

　좌의정 심정은 의논드리기를,

　"**윤손**과 호의 등의 일은 관계된 것이 가볍지 않기 때문에 합좌(合坐: 조선 시대에, 당상관이 모여 중대한 일을 의논하던 일)할 때에 함께 의논하여 아뢰려고 하였는데, 추핵(推覈: 죄인을 추궁하여 죄상을 조사함)하는 중이기 때문에 우선 정지하였습니다. 광필이 경연에서 아뢴 것이 바로 신의 뜻입니다." 하고,

　우의정 이행(李荇)은 의논드리기를,

　"지금 **윤손**의 초사(招辭)를 보니 호의 등이 소보을하(小甫乙下)를 엄습한 것은 주장(主將)의 지시에 의한 것인데 엄습할 때에 어찌 노약자인줄 알았겠습니까. 그러니 호의 등을 이 일로 죄주어서는 안 되며, 변장(邊將)이 조처하는 것도 혹 한때의 권의(權宜: 임시적인 편의)에서 나오는 것이니, 만약 일체 처벌을 한다면 신은 변방의 인정(人情)이 해이될까 두렵습니다. 신이 전날 경연에서 이미 이 뜻을 아

뢰었습니다만 단 윤손이 이미 승복하였으니, 조율(照律)하게 한 뒤에 상께서 재결하시는 것이 어떻겠습니까?" 하니,

　　전교하였다.

　　"알았다. **윤손**은 병사(兵使)로서 호령하는 사람인데, 지금 이 사람을 만약 죄준다면 차후에는 병사들이 반드시 절제(節制)할 수 없을 것이니, 아울러 추고하지 말도록 하라."

◎ **중종 25/02/30[김극핍이 평안도 변방과 전라도에 글을 내려 유시할 것을 건의하다.]**

　　…… 지사 김극핍이 아뢰기를,

　　"요즈음 변장(邊將)의 일은 모두 옥형에게서 말미암은 것인데, 변방 사람들은 시비를 알지 못하므로 따라갈 바를 모릅니다. 지난번 만포(滿浦)에서 변(變)이 일어났을 때에【심사손(沈思孫)이 피살되었던 일이다.】 안종탄(安從坦)과 유개(柳漑)가 즉시 추격하여 포획하지 않았기 때문에, 추고한 다음 평안도 강변(江邊)에 충군(充軍)시켰는데, 강변에서 방수(防守)하는 군졸의 뜻은 반드시 적이 국경을 침범하면 마땅히 추격·포획해야 하는 것으로 생각할 것입니다. 만포에 변이 발생한 뒤로 크게 문죄(問罪)하는 군사를 일으키고자 하였으나 의논이 한결같지 않았기 때문에 감히 하지를 못했는데, 저들이 스스로 안집하지 않고 또 산양회를 분탕질하였으니, 그들의 거리낌없이 자행하는 것이 이와 같습니다. 그러므로 변장들은 반드시 추격하여 토벌하려 하는 것이고, 군졸들 또한 그 누가 분통히 여기는 마음을 갖지 않았겠습니까. 그런데 우후(虞候) 및 조방장을 일시에 잡아다 추고하니, 변방의 사람들은 반드시 '전에는 즉시 추격하여 포획하지 않은 것으로 죄를 입고, 지금은 추격하여 포획한 것 때문에 죄를 입었다.' 하고 따라갈 곳을 몰라 할 것입니다. 그리고 **조윤손**(曹閏孫)과 방호의를 모두 무죄(無罪)로 놓아주었으나 변방 사람들이 어찌 조정의 뜻을 알겠습니까. 모름지기 글을 내려 효유해서 변방 백성들로 하여금 그 까닭을 알게 하는 것이 어떻겠습니까?" 하니,

　　상이 이르기를,

"호의 등을 끝까지 추격했다 해서 추고한 것이 아니라 저들이 노략질할 적에 추격하지 못했기 때문에 지금까지 추고하고 있는 것이다. 산양회의 고피(皷皮) 및 장물(贓物)이 부락(部落)에 있었기 때문에 조정이 함께 의논해서 무죄로 돌려 놓아준 것이니, 변방 백성들이 어떻게 알겠는가. 과연 효유해야 하겠다." 하였다.

◎ 중종 25/03/03[헌부가 승지들 모두와 원주 판관 전순인을 파직시킬 것을 청하다.]

간원이 박문련(朴文璉)·변안(邊晏)과 승지 및 권응창(權應昌)·최수천(崔守川) 등의 일을 아뢰고, 또 아뢰기를,

"군사를 출동시켜 멀리 타국의 국경에 들어가서 그 부락(部落)을 정토(征討)하면서도 조정(朝廷)에 품하지도 않고, 적로(賊虜)들이 우리 국경에 함부로 들어와서 포위하고 분탕질을 해도 즉시 추격하지 않았으니, 변장(邊將)의 죄가 이것보다 더 클 수가 없습니다. 그런데도 그에게 죄주지 않는다면 나중에는 경계하는 바가 없어서 변방에 시끄러운 말썽이 그치지 않을 것입니다. 그가 조정에 품하지도 않고 타국의 국경에 들어가 정토한 죄는 당초에 방호의와 유상령에게 있다고 하므로 즉시 잡아다가 추문(推問)하자 죄를 **조윤손**(曹閏孫)에게 돌렸으며, **윤손**을 추문하자 일일이 승복하였는데도 빨리 조율하지 않고 문득 포기해 버리고 있으니, 일이 이와 같이 전도된 경우는 없습니다.

지금 군사를 출동시켜 타국의 경계에 들어가 정토하면서도 조정에 품하지 않은 데 대한 죄를 다스리지 않는다면 이 후에도 공 세우기를 좋아하여 일을 일으키는 환란이 끊임없을 것이며 적로가 함부로 들어와 분탕질을 쳐도 즉시 추격하지 않은 죄를 다스리지 않는다면 변방의 민정(民情)이 해이해질 것이니, 그 누가 적을 보면 죽음을 무릅쓰고 싸우려 하겠습니까? 이 두 일은 크게 변방 일에 관계된 것이지만 예사로이 버려두므로 여론이 달갑게 생각하지 않습니다. 다시 대신(大臣)들과 거듭 상의하여 확정지어서 엄하고도 조심스럽게 처치함으로써 후회되는 일이 없게 하소서." 하였다.

◎ 중종 25/03/04[간원이 조윤손을 죄율대로 죄줄 것과 최연을 추국시킬 것을 청하다.]

대간이 승지들의 일과 박문련·변안의 일에 대하여 아뢰고, 또 전승개와 전공간의 일에 대하여 아뢰었다. 간원이 또 권응창과 최수천 등의 일을 아뢰고, 또 아뢰기를,

"방호의를 추국(推鞫)하니 **조윤손**(曹閏孫)의 실수가 곧 드러났으며, **윤손**도 숨기지 않고 낱낱이 승복하였습니다. 그런데 조율도 하기 전에 곧 버려두라 명하셨으니, 이와 같이 하신다면 변방에 공을 세우길 좋아하여 일을 만드는 환란이 끝이 없을 것입니다. 그리고 다른 나라 국경에 들어가 정토(征討)하기 전에 즉시 품하였다면 비록 사세(事勢)가 급박했다 하더라도 군사를 출동시킬 때쯤에는 그래도 조정에 보고 되었을 것입니다. 대신들이 '만약 **윤손**에게 죄를 준다면 변방의 인심이 동요될 것이다.'고 하지만, 지금 대신에게 다시 묻더라도 그 사람이 조정에 품하지 않은 죄까지 어찌 없다고 할 수 있겠습니까? 모름지기 다시 의논하여 처리한 다음에야 변장이 조심하게 되고, 변방도 엄숙해져서 뒷날의 폐단이 없게 될 것입니다. 조율대로 죄주라고 명하소서.

그리고 승지들을 추고하는 전지(傳旨)에 있어서는 주서(注書) 최연(崔演)이 전교의 뜻이 이와 같다 하고 상지(上旨)를 거짓 칭탁해서 대간이 아뢴 말을 빼버렸으니, 이것은 곧 무례(無禮)한 처사이므로 공함(公緘: 공사(公事)에 관하여 왕래하는 문서나 편지를 통틀어 이르는 말)으로만 물어서는 안 됩니다. 조옥(詔獄: 조선 시대 의금부에 딸려 관인 및 양반 계급의 범죄자를 가두어 두던 감옥)에 명하여 끝까지 추국케 하소서. 또 지금 추고 전지(推考傳旨)를 보면 전의 전지와 다를 것이 없으니 이것은 반드시 최연이 상지를 거짓 칭탁했기 때문에 이러한 것입니다." 하니,

전교하였다.

"승지들의 일은 정부(政府)와 의논하여 결정(決定)하였거니와 최연이 상지를 거짓 칭탁했다는 것은 모르겠다. 대간이 전의 전지나 후의 전지가 다른 점이 없다고 하는데 전의 전지에는 '자못 조심하는 뜻을 상실했다.'는 등의 말이 없었으나 후의 전지에는 남김없이 다 말했다고 본다. 내가 말은 하지 않았으나 대간이 아뢴

말은 아울러 전지에 기록해야 옳다. 그러나 저 사람은 일을 겪어보지 못한 주서로서 생각건대 상(上)이 말하지 않았기 때문에 아울러 기록하지 않은 것이라고 보아지니, 법사(法司)에게 추고하게 하라. 나머지도 윤허하지 않는다."

◎ 중종 25/03/13[간원이 유윤덕·조윤손·김연손 등에게 죄줄 것을 청하다.]

헌부가 전의 일을 아뢰었다. 간원이 차자를 가지고 들어와 아뢰었다.

"유윤덕(柳潤德) 등은 임금 측근의 중요한 자리에 있는 처지이므로 털끝만한 작은 일이라도 마땅히 살피고 삼가서 항상 실수가 있을까 두려워해야 합니다. 그런데 지난번 산양회에서 적을 참획한 일을 하문할 적에 경악(經幄=經筵)의 말을 써서 신옥형에게 보이고, 심지어는 사초까지 등서(謄書)하여 변군(邊郡)에 전파해서 측근으로서 조심하는 뜻을 크게 잃었으니 관계가 가볍지 않습니다. 여론이 시끄럽게 퍼져 가고 있으니 불가불 율(律)로 다스려서 뒷날을 징계해야 하겠기에 신들이 논계하였던 바, 이미 한 달이 지났어도 상의 들으심은 멀기만 하므로 공론이 더욱 답답하게 여겨 못내 실망하고 있습니다. 윤덕 등이 비록 행공(行公)한다고 하나 청사(廳事)에 나오지 못하고 있어서 정원의 중지(重地)가 비어 있은 지 이미 오래되었습니다. 이것으로 볼 때 더욱 망설이는 것은 마땅치 않습니다. 그리고 이미 대간의 논핵을 받은 처지라면 마땅히 조심하고 깨우쳐서 깊이 뉘우치고 자책해야 할 터인데, 큰 거리에 출입할 즈음에 엄연히 의장(儀章)을 갖추고 조금도 조심하고 꺼리는 의향이 없으니, 이것은 공론이 없다고 해서 도리어 더욱 방자하고 있음을 또한 볼 수 있습니다. 빨리 그 관직을 파면시켜 공론을 통쾌하게 하소서.

그리고 **조윤손**(曹閏孫)은 한 지방의 주수(主帥)로서 주책(籌策: 이익과 손해를 헤아려 생각한 꾀.)에 방법을 어그러뜨리고 방비(防備)에 예비(豫備)가 없어서 적로(賊虜)들이 변진(邊鎭)을 분탕질하게 만들고도 쫓아가 포획할 계책마저 잃었으며, 군사를 출동시켜서 정벌하는 일은 국가의 중대사이므로 결코 제멋대로 할 수 없는 것인데, 편안히 품명(稟命)도 하지 않고 저들의 노약(老弱)을 노략해서 서쪽 변방의 전쟁 단서만 열어놓은 사실을 조옥(詔獄)에서 이미 다 자복을 받았습니다. **윤**

손의 죄는 용서할 수 없는 것인데 도리어 법률에 의거하여 치죄하지 않고 버려두시니, 신들은 그 이유를 이해하지 못하겠습니다. 비록 복병(伏兵)이 있다는 보고(報告)를 들었기 때문에 즉각 추격하여 포획하지 못한 것이니 마땅히 죄줄 것이 아니라 하나, 만약 다음에 이와 같은 적변(賊變)이 있을 때 변장 중에 **윤손**과 같이 복병이 있었다는 핑계로 국경(國境)에서만 배회할 뿐 감히 분격하지 못하는 사람이 있게 된다면 전하께서 또한 죄줄 수 없을 것입니다. 그리고 **윤손**이 말하는 복병이 있기 때문이란 말은 실로 죄를 면할 계책에서 나온 것입니다.

또한 정토하는 일에 있어서는, 일의 기미가 급박하여 형편상 품하지 못했다면 진실로 그러한 사유를 급히 달려 보고했어야 마땅한데 끝내 조정으로 하여금 알지 못하게 하였으니, 그 뜻의 소재를 모르겠습니다. 더구나 저들의 경계에 들어가 정토한 지가 한 달이란 오랜 기간이 지난 것을 보면 일의 기미가 급박해서가 아니요, 공 세우기를 좋아하는 마음이 급박해서 그런 것입니다. **윤손**의 죄상이 저러한데 전하께서는 한갓 대신의 의논에 구애되시어 스스로 결단짓지 못하시니, 신들은 서운한 마음을 이기지 못하겠습니다. 본률(本律)에 의하여 그 죄를 정하소서.
…… 전교하였다. …….

조윤손의 일은 '복병이 있었다고 한 말은 사실상 죄를 모면할 계책이었다.'고 하였는데, 그것은 사로잡혔다 도망온 중국 사람과 호노(胡奴)들이 복병이 있었다고 고변(告變)한 일을 연달아 계문한 것일 뿐이며 **윤손**이 제 말로 한 것이 아니다. 그리고 추격을 조치한 것은 제장(諸將)들을 부서를 정하게 하여 군사를 출동시켜 정토하면서 계문하지 않은 예(例)는 아니다. 그런데 오늘아침 경연에서 다시 대신의 말을 들으니, 만약 **윤손**을 죄준다면 앞으로 변장들이 호령(號令)하기가 어렵게 된다 하였다. 그러니 이것도 따져보지 않아서는 안 될 일이며, 크게 변방 일에 관계되어 있는 것이므로 지금 그를 죄주어서는 안 되겠다.

◎ 중종 25/03/14 [간원이 조윤손과 조적 등의 일을 아뢰다.]

간원이 **조윤손**(曹閏孫)과 조적 등의 일을 아뢰었으나 모두 윤허하지 않았다.

63세 (1530년)

<지중추부사>

◎ 중종 25/09/28[지사 조윤손의 서용을 개정할 것, 전 복성군 이미의 죽은 아내의 예장에 관한 논의]

사헌부가 아뢰기를,

"지사(知事) **조윤손**(曹閏孫)은 앞서 평안도 병사로 있을 때 군기(軍機)와 절도(節度)를 그르친 일이 있어 산양회(山羊會)와 진파(榛坡)의 사건이 스스로 밝혀 주고 있는데, 계본(啓本)이 지극히 잘못되었습니다. 그런데 파직된 지 얼마 안 되어 이번에 준품(準品: 품계에 준하는 벼슬)으로 서용함은 징계하는 뜻이 없으니 개정하소서.

◎ 중종 25/09/29[사헌부가 조윤손·송익수의 일을 아뢰었으나 윤허하지 않다.]

사헌부가 **조윤손**(曹閏孫)과 송익수(宋益粹)의 일을 아뢰었으나 모두 윤허하지 않았다

◎ 중종 25/10/01[헌부가 조윤손·송익수·유무빈의 일을 아뢰었으나 윤허하지 않다.]

헌부(憲府)가 **조윤손**(曹閏孫)·송익수·유무빈(柳茂濱)의 일을 아뢰었으나 모두 윤허하지 않았다.

◎ 중종 25/10/08[표류한 유구국 사람을 본국으로 돌려보내는 것에 대한 논의]

영중추부사 이행, 우의정 장순손, 판중추부사 홍숙, 병조 판서 김극성, 지중추부사 안윤덕, 좌참찬 조원기, 지중추부사 **조윤손**(曹閏孫)과 김당 등이 의논하여 아뢰기를,

"위에서 살리기를 좋아하시는 덕에 있어서는 다른 나라의 표류한 사람일지라도, 온전히 살아 돌아갈 방도를 찾아 다하지 않는 것이 없어야 하므로, 중국에 고하고 들여보내는 것이 마땅할 듯하나, 전례가 없으므로 경솔히 말머리를 꺼내

기가 어려울 듯하고, 먼저 고하지 않고 데려가서 유구국의 사신에게 넘겨주는 것은 사체에 있어서 신중을 기해야 합니다. 근래 중국의 법금(法禁)이 점점 엄하여지므로, 우리나라의 통사(通事)가 다른 나라의 사신과 사사로이 서로 말하는 것도 온당치 못할 듯하고, 사신에게 전위(專委)하여 딸려 보내는 것은 그 형세가 또한 어렵습니다. 아직은 여기에 묵게 하여 세월이 오래 가면 저절로 그 말을 통할 수 있을 것이니, 그 바라는 것을 안 뒤에 다시 의논하여 조처하는 것이 어떠하겠습니까?" 하고, ······.

65세 (1532년)
<의정부 우참찬>

◎ 중종 27/04/03[조윤손에게 관직을 제수하다.]

　조윤손(曹潤孫)을 의정부 우참찬에 제수하였다.

◎ 중종 27/04/03[헌부가 조윤손의 체직을 아뢰니 불허허다.]

　헌부가 아뢰기를,
　"묘당(廟堂)은 정치를 조화시키는 곳으로 참찬은 중요한 직책입니다. 그러므로 반드시 재상 중에서 덕망 있는 사람으로 앉혀야 되는데 **조윤손**(曹閏孫)은 다른 사람보다 특이한 재덕이 없고 인망(人望)도 가벼운 사람입니다. 체직시키소서." 하였으나, 윤허하지 않았다.

◎ 중종 27/04/04[조윤손을 체직하다.]

　헌부가 **조윤손**(曹閏孫)의 일을 아뢰니 체직시키라고 전교하였다.

65세 (1532년)
<특진관>

◎ 중종 27/09/25[봉수·천변·장수·귀화인에 대해 의논하다.]

…… 상이 이르기를,

"급박스럽게 추문하여 반드시 폐단이 있을 것이니, 자연스레 추문하는 것이 과연 마땅하다." 하였다.

특진관 **조윤손**(曺閏孫)이 아뢰기를,

"매독(每毒)【오랑캐의 이름임】이 육진(六鎭)의 추장(酋長)이 되어 지난해 이곳에 와서 우리 관관(館官)을 욕보였고, 또 대동하고 온 사람이 도사(都事)가 탈 말을 빼앗아 타고 갔습니다. 그들의 사나운 행동이 이미 드러났는데도 심처야인들과의 결혼이 점점 늘어나고 있는가 하면, 나라를 위하는 마음도 전 같지 않아서 어떤 때는 진장(鎭將)을 능멸하는 경우도 있습니다.

그리고 웅천(熊泉)의 일을 들어보아도 옛적만 못하여 관원(官員)이 나와 앉아도 왜인들이 마음대로 출입하고 있으며, 지난해 나라에서 정포(正布)를 줄 때에는 심지어 던져버리고 받지 않는 자도 있었다고 하니, 이런 일들은 옛날에는 없었던 일입니다. 그들의 거만하고 사나움이 이미 극에 달하고 있으니 무엇으로 제지할 수가 있겠습니까." 하고, …….

65세 (1532년)
<한성부 판윤>

◎ 중종 27/12/29[이사균·김안로·조윤손 등에게 관직을 제수하다.]

이사균(李思鈞)을 이조 판서에, 김안로를 예조 판서에, **조윤손**(曺閏孫)을 한성부 판윤에 제수하였다

66세 (1533년)

◎ 중종 28년(1533, 65세)/05/26[흉모 연루자들의 처리를 의논하다.]

좌의정 장순손(張順孫), 우의정 한효원(韓效元), 병조 판서 윤은보(尹殷輔), 좌찬성 김근사(金謹思), 공조 판서 안윤덕(安潤德), 한성부 판윤 **조윤손**(曺閏孫), 이조 판서 이사균(李思均), 좌참찬 손주(孫澍), 한성부 좌윤 이기(李芑), 우윤 박광영(朴光榮), 호조 판서 최세절(崔世節), 공조 참판 김양진(金楊震), 병조 참판 윤임(尹

任), 형조 참판 채소권(蔡紹權), 예조 참판 이귀령(李龜齡), 형조 참의 이현보(李賢輔), 병조 참의 채세걸(蔡世傑), 공조 참의 김계우(金季愚), 예조 참의 윤개(尹漑), 호조 참의 조침(趙琛), 이조 참의 강현(姜顯) 등이 모두 빈청(賓廳)으로 나아왔다.
【영의정 정광필은 직방(直房)에 이르러 논박당했다는 말을 듣고 들어오지 않았고, 호조 판서 김안로는 아뢸 일 때문에 들어왔다가 의논을 모으라는 명이 있다는 말을 듣고 아프다고 핑계대고 나갔다.】 장순손과 한효원이 판서 이상과 모여 앉아 같이 의논한 뒤에 참판과 참의 등을 불러 말하기를,

"각자의 뜻을 말하지 않겠는가?" 하니,

참의 등이 머뭇거리면서 말을 잃고 매우 곤란해 하였다. 그러다가 강력히 재촉한 뒤에야 말하였다.

◎ 중종 28/07/15[한성부가 법사를 모욕한 일에 대해 논의하다.]

대사헌 심언광(沈彦光) 등이 아뢰기를,

"법사(法司: 조선 시대에, 형조와 한성부를 아울러 이르던 말.)가 함문(緘問: 6품 이상의 관원이 경미한 죄과를 범했을 경우에 서면(書面)으로 추문(推問)하는 일)하면 아무리 직위가 높은 재상이라도 그 함답(緘答: 6품 이상의 관원이, 경미한 죄를 범한 일에 대한 서면 답변)의 내용을 반드시 공손하게 하고 거만하거나 모욕적으로 할 수 없는 것은 법사(法司)를 존중하는 때문입니다. 법사를 존중하는 것은 바로 조정을 존중하는 것입니다. 어떻게 한때 대원(臺員: 사헌부의 관원) 중에 올바르지 못한 사람이 있었다는 것 때문에 법사를 경시할 수 있겠습니까. 전번에 사중(司中)에서 한성부(漢城府) 송자(訟者) 신준미(申遵美)의 고장(告狀)에 의거 그 송사 사연을 가져다가 고찰하였더니, 그 아내가 살았을 때 방매한 집을 사후에 그 아비 신준미에게 추징하는 것으로 정상에 합당하지 못한 것이기 때문에, 신들이 이것을 한성부 당상(漢城府堂上)에게 함문하였습니다. 그랬더니 **조윤손**(曹閏孫)·이기(李芑)·박광영(朴光榮)이 함답한 사연 속에 모욕적인 말이 많았습니다. '법을 굽혀 결급(決給: 승소를 선고함)할 수 없다'고 하기도 하고 '이렇게 하면 매우 법을 어기는 일이다.'라고 하기도 하였는데, 그 뜻은 법사의 함문을 법을 굽히고 어기는 것으로 여긴 것입니다. 색랑(色郞: 일정한

일을 나누어 맡은 낭청) 조이(趙耳)도 붓을 함부로 놀려서 잘못을 얼버무리면서 모욕하는 뜻이 있었습니다. 이런 모욕을 받게 된 것은 모두 신들의 보잘것없음에 연유한 것입니다. 신들은 법관으로서 사람들에게 모욕을 받았으므로 뻔뻔스레 그대로 직에 있을 수 없습니다. 신들을 체직시켜 주소서." 하니,

답하였다.

"한성부가 법사를 모욕한 것은 잘못이다. 그러나 헌부(憲府)에 무슨 관계가 있겠는가? 사직하지 말라."

◎ 중종 28/07/15[법사 능멸의 책임으로 유응룡을 체직하다.]

헌부가 아뢰기를,

"**조윤손**(曺閏孫)·이기·박광영·조이 등이 법사를 모욕한 정상이 함답이 사연에 다 나타났으니, 다시 물어볼 것도 없습니다. 재상(宰相)과 조관(朝官)이 법사를 능멸하여 모욕하는 말을 하기까지 하였으니, 한번 그 단서가 열리면 조정의 기강이 어떻게 유지되겠습니까. 신들은 뒤 폐단을 우려하여 감히 아뢰니, 모두 파직시키소서. 별와서(別瓦署 *)는 혁파할 수 없습니다. 그러나 제조(提調 **)가 올바른 사람이 아니기 때문에 빈곤한 자는 기와를 받지 못하고 권세 있는 사람은 두세 채의 집을 지을 수 있는 많은 기와를 받았으니, 이것이 별와서를 설립한 본뜻이겠습니까? 그 책임이 모두 제조에게 있으니, 유응룡(柳應龍)은 체직시키고 다른 사람을 골라서 차임하소서." 하니,

전교하기를,

"유응룡은 체직시키라. 한성부의 관리에 관한 일은 나도 법사를 모욕하고서 그대로 직에 있을 수는 없다고 생각된다. 그러나 삼 당상(三堂上)을 일시에 파직시키는 것은 역시 중대한 일이기 때문에 대신에게 의논하려 한다." 하고,

이어 정원에 전교하기를,

"곧 주서를 보내어 헌부가 아뢴 전말에 의거 삼공에게 하문하라." 하였다.

> **별와서(別瓦署)** 조선시대, 한성의 민간에게 공급할 기와와 벽돌의 제조를 맡았던 관아. 관원으로는 제조(提調)·별좌(別坐)가 있었다.

> **제조(提調)**   조선 시대에, 중앙에서 각 사(司) 또는 청(廳)의 우두머리가 아니면서 각 관아의 일을 다스리던 직책

◎ 중종 28/11/05[사면에 관해 논의하다.]

　…… 영사 장순손이 아뢰기를,

　"지금 평안도에 군졸이 없다고 들었는데 그것은 오로지 경사에 가는 행차 때문입니다. 지금 아랫사람이 이같이 아뢰었고 상의 전교 역시 그러하였으니, 앞으로 서장관 등이 마땅히 준행하도록 할 것이고 준행하지 않는다면 죄주어야 할 것입니다. 상께서 공무역을 말도록 하셨는데도 통사들이 비밀리에 무역한다면 실효가 없을 것 같습니다. 지난번 **조윤손**(曹閏孫)이 평안도 절도사로 있을 때는 군사를 4개 번(番)으로 나누었었는데 근래 다시 3개 번으로 되어 군졸들이 집에 있을 날이 없다고 하니 지금 다시 그 편부를 하문하시어 도로 4개 번으로 나누어서 무어(撫禦)가 제대로 되도록 하고, 또 그 내용을 절도사에게 하교하심이 좋을 줄 압니다."

　하였다. ……

67세 (1534년)

<함경도 관찰사>

◎ 중종 29/04/02[김인손·오준·유보 등에게 관직을 제수하다.]

　함경도 감사 김인손(金麟孫)을 형조 판서에, 오준(吳準)을 한성부 좌윤에 【모두 특별히 제수한 것이다.】, 유보(柳溥)를 공조 판서에, 한윤창(韓潤昌)을 승정원 좌승지에, 윤풍형(尹豊亨)을 동부승지에, 이임(李任)을 홍문관 직제학에, 채세영(蔡世英)을 사간원 사간에, **조윤손**(曹閏孫)을 함경도 관찰사에, 채세걸(蔡世傑)을 황해도 관찰사에 제수하였다.

◎ 중종 29/04/03[헌부에서 전일의 관직 임명에 부적절함을 지적하다.]

　헌부가 전의 일을 아뢰었다. 또 아뢰기를,

"전라좌도 수사(全羅左道水使) 이권(李菤)은 가문의 붙이가 많고 종족이 강성하여 함부로 위복(威福)을 농간하다가 조정에 죄를 얻었으니, 조정의 반열에 끼인 것만으로도 과분합니다. 그의 아우 이기(李芑)가 그 도의 강진(康津)에 귀양가 있으니 더더욱 군사의 중한 소임을 쥐고 절제(節制)하는 일을 맡길 수는 없습니다. 더구나 성질이 본디 탐오스럽고 무례하여 가는 곳마다 거두어들여 모두 자기 집으로 실어가므로 물론이 침뱉고 비루하게 여기니, 시급히 체직시키소서. 병조도 공론을 무시하고 이런 사람을 주의(注擬)하였으니 매우 그릅니다.

함경도는 관북(關北)의 중요한 지역이므로 조종조(祖宗朝)로부터 관찰사를 가려서 보냈습니다. 지금의 **조윤손**(曹閏孫)은 물망에 차지 못하여 한 방면(方面)의 중한 소임에 합당하지 못합니다. 장례원 사평(掌隷院司評) 이봉(李葑)은 인물이 경박하고 망령되어 사송(詞訟)을 맡는 자리에는 합당하지 못하고, 경상도 도사(慶尙道都事) 민선(閔瑄)은 인물이 용렬하고 망령되어 포폄(褒貶)을 맡는 소임에는 합당하지 못하며, 충청도 도사(忠淸道都事) 이만균(李萬鈞)은 전에 함경도 도사로 있을 때에 물의가 있었으니, 포폄을 맡는 소임에 합당하지 못합니다. 모두 체직시키소서." 하니,

전교하였다.

"우안국(禹安國)과 윤침(尹沈) 등의 일은 윤허하지 않는다. 이권의 일은, 요사이 인물이 모자라 경상좌도 수사도 외방 소임에 있는 사람을 옮겨 차정했는데, 이 전라좌도 수사도 역시 외방 소임에 있는 사람으로 충당하여 차정해서는 안되겠기에 이권에게 낙점(落點: 관원을 임명할 때 이조(吏曹)나 병조(兵曹)가 후보자 3인을 갖추어 입계하면 임금이 그 중에서 합당한 사람의 이름 위에 점을 찍어 확정하는 것)한 것이다. 이기가 그 도(道)에서 귀양 살고 있는 것은 내가 또한 미처 헤아리지 못했다. 동생이 죄를 입고 그 도에 있다면 보낼 수 없으니 체직시키도록 하라. **조윤손**의 일은 무반(武班)으로 관찰사에 제수되었으니 병사(兵使)와 같은 경우가 아니기는 하다. 그러나 유담년(柳聃年)도 전에 평안도 감사가 되기도 했었고 또한 일찍이 판윤(判尹)을 지낸 사람이니 체직시킬 것 없다.

이봉은 전에 한성부 참군(漢城府參軍)이었으니 이번에 사평(司評)이 된 것이

어찌 불가하겠는가. 윤허하지 않는다. 민선과 이만균은 인물이 어떤지 모르겠다. 그러나 포폄을 맡을 관원은 반드시 가려서 차정해야 하니 체직시키는 것이 옳겠다."

≪사신은 논한다. 김안로가 이행을 미워했는데, 이권이 이행의 형이었기 때문에 논박 받게 된 것이다.≫

◎ 중종 29/04/11[사인 신석간이 삼공의 뜻으로 무반 조윤손의 외방 임용이 부적절하다고 아뢰다.]

사인(舍人) 신석간(申石澗)이 삼공의 뜻으로 아뢰기를,

"요사이 무신(武臣) 재상으로서 임용할 만한 사람은 단지 **조윤손**(曺閏孫)과 윤임(尹任) 등 두어 사람뿐입니다. 사고(事故)란 알 수 없는 법인데 갑자기 임용해야 할 데가 있게 된다면 장차 어떻게 할 것입니까? **조윤손**이 당초 관찰사가 되었을 적에 신들이 즉시 아뢰려고 했는데, 마침 이 일 때문에 논박받게 되었으므로 이제까지 아뢰지 못했습니다. 이제는 마땅히 나가게 되었기에 감히 아룁니다. 선왕(先王) 때에는 이러한 사람이 많았으므로 더러 외방의 소임에 임용했었지만, 지금은 사람이 모자라므로 전조(銓曹)가 부득이 의망(擬望)한 것입니다. 변방의 일이 중대하기는 하지만 조정에 사람이 없어서는 안 되니, **조윤손**은 보내지 마소서." 하니,

전교하였다.

"무반에 사람이 모자라는 것을 나 역시 생각하지 않은 것이 아니다. 요사이 사람이 모자라기 때문에 사세가 부득이하여 무반으로 관찰사에 제수한 것이니, 만일 다른 사람이 있다면 이런 사람을 제수할 것 없다. 과연 아뢴 뜻대로 **조윤손**은 체직시키도록 하라."

◎ 중종 29/09/13[대장 조윤손 등이 군령을 어기고 먼저 진을 파한 한석 등의 위장을 추국토록 청하다.]

임진강 건너편에 있던 대장(大將) **조윤손**(曺閏孫)과 김인손(金麟孫)이 아뢰기를,

"표신(標信: 조선 후기에, 궁중에 급변을 전하거나 궁궐 문을 드나들 때에 쓰던 문표(門標). 중종 3년(1508)에 시행하였다.)을 가진 선전관이 어젯밤에 이르렀으므로 신은 이미 진을 파하였습니다. 모든 군령은 반드시 대장에게 아뢰고 행하는 것이 예(例)인데, 좌위장(左衛將) 한석(韓碩) 외 4명의 위장은 먼저 진을 파하고 가버렸습니다. 우위장(右衛將)은 진을 파하고 갔을 뿐 아니라 궐군(闕軍: 병역의 복무에서 빠진 군정)의 일도 종사관을 시켜 보고하였습니다. 군령이 해이해졌으니 군법에 의거, 추국하소서."
하니,

전교하였다.

"아뢴 대로 조옥(詔獄)에서 추국하라."

◎ **중종 29/09/29 [한효원이 조윤손이 양장곶에 진을 설치하는 등의 일을 감사·병수사와 하도록 아뢰다.]**

한효원이 아뢰기를,

"**조윤손**(曺閏孫)을 변방으로 보내어 순찰케 할 것이라는 말을 듣고 신은 이미 경연에서 대략 아뢰었으나 아직 다 아뢰지는 못했습니다. 양장곶(羊腸串)에 진(鎭)을 설치하자는 논의는 전부터 있었으나 참으로 설치한다면 미조항(彌助項)의 고사에 따라 거진(巨鎭: 조선 시대에, 각 도에 설치하였던 중간 규모의 군사 진영. 군사 작전상 중요한 거점에 배치하였으며, 절제사와 첨절제사를 두어 지휘하게 하였다.)을 설치해야 합니다. 그러나 이 양장곶에 진을 설치하면 부산포(釜山浦)가 안에 있게 되니 내진(內鎭)으로 왜인과 상대함은 불편합니다. 부산진을 다대포(多大浦)로 옮기고 또 부산포를 경상 좌도의 수영(水營)으로 삼아 수사(水使)를 거기에 있게 하며, 진(鎭)은 양장곶에 설치하고 다대포의 군졸을 거기로 옮겨 채운 뒤에 당상관을 그곳 첨사(僉使)로 삼는다면, 저절로 거진이 될 것입니다. 그 밖에 긴요치 아니한 작은 진들은 다 파하는 것이 옳겠습니다. 또 수영을 옮기거나 부산진을 옮기는 일 등은, 멀리서 결정하면 폐단이 있을 듯도 하나 부산포는 본시 왜인을 상대하는 곳이므로 객관(客館)도 커서 수사가 있을 만하며, 다대포의 관사도 굉장하므로 부산 첨사가 있을 만합니다. 객관만 더 확장해서 지으면 된다고 장순손(張順孫)이 재임할 적에

늘 아뢰려고 했던 것입니다. 이제 **조윤손**이 가게 되면 작은 진들은 그대로 두어야 좋을지 혁파해야 좋을지 하는 문제와 군졸을 옮기는 문제 등의 일을 아울러 관찰하도록 하고 또 좌도의 병영과 수영이 다 울산군에 있어 거리가 서로 멀지 않으므로 수영을 옮긴다면 사체에도 맞고 실상에도 맞을 듯합니다. 이러한 모든 일들을 **조윤손**이 감사, 병수사(兵水使)와 더불어 그 가부를 함께 관찰하여 아뢰라는 뜻으로 병조(兵曹)에게 사목(事目)을 만들어 보내게 함이 어떻겠습니까?" 하니,

전교하였다.

"말한 바가 지당하다. 아뢴 대로 하라."

◎ **중종 29/10/01**[헌부가 경상도의 흉년을 들어 순변사를 보내지 말 것 등을 청하니 따르다.]

헌부가 김광철·양연·정백붕의 일을 아뢰었다. 또 아뢰기를,

"경상도는 근래 서너 해 동안 흉년이 들어 백성들의 생활이 궁핍합니다. 금년이 비록 조금 낫다고는 하지만 경상도는 여전히 농사가 부실합니다. 더구나 경상좌우도는 점마(點馬)와 말을 모는 일로 백성들이 이미 피해를 보았는데 이제 또 순변사를 보낸다면 그 폐단이 더욱 심할 것입니다. 진을 설치하는 것이 좋을지 어떨지 알아보는 문제는 감사와 병수사가 함께 심정(審定)하게 함으로써 백성의 힘을 덜어 주소서. 설사 **조윤손**(曹閏孫)을 보낸다 하더라도 폐만 끼칠 뿐이니, 보내지 마소서." 하고,

간원은 아뢰기를,

"타위(打圍: 임금이 하는 사냥)는 바로 강무(講武)하는 일이니, 강무하는 장소는 아무 곳이나 정할 수 없습니다. 천금(薦禽: 새로 잡은 날짐승의 고기를 종묘에 먼저 올리는 것)도 폐지할 수 없는 일이기는 하지만, 홍복산(弘福山)은 길이 멀고 험하며 시간도 모자랍니다. 밤에 돌아오면서까지 거둥할 필요가 뭐 있겠습니까. 더구나 말을 달려 오가는 길에 장졸(將卒)들이 뒤에 처진다면 호위가 허술할 뿐만이 아닌데, 임금의 거둥이 이렇듯 군색해서야 되겠습니까? 정지하소서." 하니,

답하기를,

"순변사는 기다렸다가 내년에 보내도록 하라. 타위의 일은 내가 하려고 한 일이 아니라 대신들이, 천금과 열무(閱武: 임금이 몸소 군대를 사열함)는 오랫동안 폐지할 수 없는 일이라고 하기에 하려고 했던 것이다. 아뢴 뜻은 밤이 깊을까를 염려한 것인데 가까운 곳에도 반드시 짐승이 있을 터이니, 느지막하게 나갔다가 일찍이 돌아올 수 있는 곳으로 고쳐 심정하도록 하라." 하고,

정원에 전교하였다.

"홍복산 타위는 정지하라. 봉현(蜂峴) 등이 가깝고 짐승도 있을 것이니, 병조판서 및 좌우상 대장(左右廂大將)과 원유사(苑囿使)로 하여금 내일 함께 간심(看審: 자세히 보아 살핌)하게 하라. 또 아무리 가까운 곳이라 하더라도 조치는 소홀하게 하지 말라."

68세 (1535년)
<특진관>

◎ 중종 30/02/14[조강에서 영사 김근사 등이 가덕도의 진 설치의과 다대포 등지의 봉수 설치의 일에 대해 논하다.]

조강에 나아갔다. 영사(領事) 김근사가 아뢰기를,

"가덕도(加德島)에 진(鎭)을 설치하는 일은 **조윤손**(曺閏孫)이 지난번 그 곳에 내려 갈 적에 가서 살펴보고 조치하도록 하였다가 대간이 안 된다고 하여 중지하였습니다. 가덕도는 신이 가보지는 못하였으나 사람에게 들으니, 바다 가운데 있긴 하나 육지와의 거리가 멀지 않다 하였습니다. 경오 왜란(庚午倭亂) 이후 관찰사와 절도사로 하여금 직접 가서 보고 살피게 하였으나 우물쭈물하고 지금껏 하지 않았습니다. 지금 **윤손**이 입시하였으니, 상께서 그 곳의 형세를 하문하시고 조처하심이 타당합니다."하고,

특진관 **조윤손**은 아뢰기를,

"가덕도는 험하고도 가파른 매우 높은 산으로 암석이 깎아 세운듯 우뚝 솟았으므로 배를 댈 수 없어 왜인들도 양장곶(羊場串)에 정박한 다음 들어와 웅거하였습니다. 우리나라가 이곳에 진을 설치하면 왜인이 다니는 길목의 요충(要衝)을 점거

하는 것이니, 병력(兵力)이 부족하더라도 왜인이 어찌할 도리가 없을 것은 물론이고, 제포(薺浦) 등에는 진을 설치하여 지키지 않아도 됩니다. 남방(南方)은 인물이 많으니, 진을 설치하는 데 무슨 어려움이 있겠습니까. 또 가리포(加里浦) 사량(蛇梁)은 바다 가운데 멀리 떨어져 있는데도 진을 설치하여 지키는데 하물며 가덕이겠습니까. 병력에 대해서는 신이 모르겠습니다만, 진을 설치하는 것은 당연합니다. 또 신이 좌도 병사(左道兵使)로 있을 적에 진을 설치한 것을 보니 금방(禁防)이 엄밀하였습니다. 그러나 가덕도는 어염(魚鹽)의 이점이 있어서 왜인이 항상 이곳에 머무르고 있으므로, 장사치들은 캄캄한 밤중이라도 몰래 왕래하고 있으니, 수진장(守鎭將)이 어떻게 알 수 있겠습니까. 이러니 그간에 피해자가 있어도 어떻게 알 수 있었겠습니까. 그곳에 진을 설치하여 수군(水軍)을 많이 주둔시키고 또 봉수(烽燧)를 설치하면, 적변(賊變)이 생기더라도 다대포(多大浦)와 안골포(安骨浦)에서는 변보(變報)를 즉시 알 수 있어 하루저녁에 서울까지 전달될 수 있습니다. 그리고 왜인은 양장곶에 배를 정박하므로 가고 싶은 대로 몰래 갈 수 있습니다만, 이곳에 진을 설치하면, 와서 정박 할 수 없고 또 급수로(汲水路)를 끊게 되니 어떻게 침범해 오겠습니까." 하고,

    특진관 최세절(崔世節)은 아뢰기를,

"다대포와 부산포 등처는 신이 김공석(金公奭)·원팽조(元彭祖)와 함께 가서 보았습니다. 몰운도(沒雲島)는 곧 왜선(倭船)의 후망처(候望處)이니, 이곳에 봉수를 설치하면 왜인들이 부산포와 제포 사이를 왕래하는 것을 알 수 있을 것입니다. 왜인은 교활하기 짝이 없어서 항시 몰래 제포로 가던 자가 우리에게 발견되면 부산포에 가다가 잘못하여 이곳에 도착했다고 칭탁하고, 몰래 부산포로 가는 자들도 그러하니, 이는 반드시 속사정이 있어서 그렇게 하는 것입니다. 신은 육지 사람들이 바닷가 고을에 와서 밤을 틈타 개인적으로 매매하리라 생각하고 고장도(高壯島)를 수색하였던 바 1명을 잡아가지고 왔습니다. 이곳은 조그만 섬인데도 몰래 들어가 매매를 하는데 더구나 가덕도처럼 크고도 가까우며 어염의 이점이 있는 곳이겠습니까. 만약 몰운도에 후망대를 설치하면 몰래 드나들며 매매할 수는 없을 것입니다." 하니,

전교하였다.

"가덕도에 진을 설치하는 것과 무신(武臣)을 뽑는 것은 모두 중대한 일이다. 후일 정부가 합석할 때 병조와 지변사 당상(知邊事堂上) 등이 회의하여 아뢰라."

68세 (1535년)
<공조 판서>

◎ 중종 30/02/18[유보·손주·김인손 등에게 관직을 제수하다.]

유보(柳溥)를 의정부 우찬성(議政府右贊成)에, 손주(孫澍)를 좌참찬(左參贊)에, 김인손(金麟孫)을 우참찬(右參贊)에, 윤인경(尹仁鏡)을 호조 판서(戶曹判書)에, 유관(柳灌)을 예조 판서(禮曹判書)에, **조윤손**(曹閏孫)을 공조 판서(工曹判書)에 황사우(黃士祐)를 사헌부 대사헌(司憲府大司憲)에, 김미(金亹)를 홍문관 교리(弘文館校理)에 제수하였다.

◎ 중종 30/02/22[의정부·병조가 의논하여 유장과 무장을 뽑고 의정부·이조·예조가 의논하여 사유를 뽑다.]

정부와 병조가 함께 의논하여, 유장(儒將)에 이사균(李思鈞)·김인손(金麟孫)·최세절(崔世節)과 무장(武將)에 **조윤손**(曹閏孫)·우맹선(禹孟善)·황침(黃琛)·장언량(張彦良)과 무신으로 배양할 사람에 김철수(金鐵壽)·김수연(金秀淵)·조윤무(曹允武)·지세방(池世芳)·이사증(李思曾)·조안국(趙安國)·허연(許碾) 등을 뽑았다.

정부·이조·예조가 함께 의논하여 사유(師儒)에 적합한 사람으로 정사룡(鄭士龍)·이희보(李希輔)·이순(李純)·황효공(黃孝恭)·윤사익(尹思翼)·조세영(趙世英)·임계중(任繼重)·김미(金亹)·원혼(元混)·조사수(趙士秀)·홍덕연(洪德演)·김백순(金伯醇)·박세호(朴世豪) 등을 뽑았다.

◎ 중종 30/03/22[유보 등이 조정 비방 사건 관련자들을 차등을 두어 처벌할 것을 아뢰다.]

유보(柳溥)·**조윤손**(曹閏孫)·서지(徐祉)·유관(柳灌)·소세양(蘇世讓)·윤인경(尹

仁鏡)·황사우(黃士祐) 등이 의논드렸다.

"근래 인심이 부박하여 부정한 의논이 많았으므로 일찍이 교서를 내려 정녕히 경계하여 타이르셨으니, 마땅히 심려를 깨끗이 하여 모두 큰 교화로 귀결되어야 했습니다. 그럼에도 이제 사악한 사람들이 감히 모반할 마음을 품고 조정을 혼란시키려 획책했으니, 율에 의거 죄를 정함이 마땅합니다. 다만 사람을 형벌하는 중대한 일은 신중하게 의결해야 한다는 상의 분부는 지당합니다. 차등을 두어 죄를 정함으로써 살리기 좋아하는 덕을 보이시는 것이 어떻겠습니까. 위에서 재가하소서."

68세 (1635)

<의정부 좌참찬>

◎ 중종 30/04/19[조윤손·손주·윤임 등에게 관직을 제수하다.]

조윤손(曺閏孫)을 의정부 좌참찬에, 손주(孫澍)를 우참찬에, 윤임(尹任)을 공조 판서에, 권예(權輗)를 호조 참판에, 윤풍형(尹豊亨)을 이조 참의에, 유세린(柳世麟)을 병조 참지에, 하계선(河繼善)을 홍문관 전한에, 신영(申瑛)을 교리에, 정희렴(鄭希廉)을 사간원 정언에 제수하였다.

◎ 중종 30/06/27[대간이 손주와 유보 등이 권점을 잘못 친 일을 아뢰니 그 처벌에 대해 전교하다.]

대간이 이몽린 등의 일을 아뢰었으나 윤허하지 않았다. 또 아뢰기를,

"어제 윤은보가 '조광원의 이름 밑에 먼저 권점이 있었다.'고 아뢰었는데 오늘 이조 판서 심언경(沈彦慶)의 함답(緘答)에 '조광원과 나익의 이름 밑에 처음에는 권점이 있지 않았다. 또한 어느 관원이 한 것인지도 모르겠다.' 했고, 유보는 '나익에게만 권점을 쳤다.'고 했으며, 우참찬(右參贊) 조윤손(曺閏孫)은 자신이 무인(武人)이라는 것으로 인혐(引嫌: 벼슬아치가 어떤 일에 대한 책임을 느낌)하여 권점을 치지 않았다고 합니다. 그렇다면 먼저 광원(光遠)에게 권점을 친 자는 반드시 손주(孫澍)일 것입니다. 권간(權奸: 권력과 세력을 가진 간사한 신하)의 서얼(庶孼)은 시종(侍從)으로 뽑을 수 없다는 것을 누구나 다 아는 일인데, 공론을 꺼리지 않고 남몰래

끌어 들이려고 이름 밑에 은밀히 권점을 쳤으니, 이미 사특한 짓을 하였습니다. 공론이 이미 일어났고 시종과 대간이 함께 논계(論啓)하는데도 자신의 소행을 숨기고 자취를 혼란시키기 위해 아직도 사실대로 아뢰지 않고 있으니, 더욱 무례합니다. 파직시키소서. 나익(羅漢)의 이름 밑에 친 세 개의 권점이 김근사(金謹思)·김안로(金安老)·**조윤손**(曹閏孫)·심언경(沈彦慶)의 소행이 아니라면, 실로 윤은보(尹殷輔)·유보(柳溥)·손주(孫澍) 등이 친 권점일 것입니다. 나익에 대해 물의가 있다는 것은 누구나 다 아는 것인데, 보는 높은 품계에 있는 재상으로서 공론을 무시한 채 사적으로 가까운 사람을 천거하였으니, 찬성의 자리에 있을 수 없습니다. 체직시키소서." 하니, 답하였다.

◎ 중종 30/06/29[영의정 김근사 등이 병사 송숙근을 체직시킨 일에 대해 아뢰다.]

영의정 김근사와 좌의정 김안로가 아뢰기를,

"병사(兵使) 송숙근(宋叔瑾)을 체직하라고 명하셨습니다. 신들이 듣기로는 조종조(祖宗朝) 때 이름은 기억하지 못하겠습니다만 어느 병사가 어버이가 늙었고 체직해야 할 시기가 되었는데, 늙은 어버이를 나라에서 봉양해 주라고 명하고 체직시키지 않았다고 하였습니다. 이는 북방을 중히 여긴 조처입니다. 근래에 **조윤손**(曹閏孫)과 황침(黃琛)도 늙은 어버이가 있는데 모두 병사(兵使)로 있습니다. 그러니 송숙근을 체직시키는 것은 온당치 못합니다. 또 지금 국가에 일이 없지 않는데, 숙근이 규피(窺避)하는 것도 잘못입니다." 하니, 답하였다.

◎ 중종 30/07/26[영의정 김근사 등이 벌봉전에 대해 의논하다.]

영의정 김근사, 우찬성 유보(柳溥), 좌참찬 **조윤손**(曹閏孫), 우참찬 김인손이 벌봉전(罰俸錢)에 대하여 의논드리기를,

"《대명률》의 벌봉전(罰俸錢)은 한(漢)나라 때 주금(酎金)에 따라 줄이던 유법(遺法)입니다. 또 우리 조정에서 종친(宗親)은 구사(丘史: 임금이 종친과 공신에게 구종(驅從)으로 준 관노비. 품위(品位)에 따라 수가 정해져 있었다.)를 거두어들이고, 조관(朝官)은 자급을 강등시킨 것이 모두 법률 밖에 일이긴 하지만 아마도 이를 모방한 듯합니

다. 죄가 파직에 이르지 않는다고 특별히 서용하게 되면 체직을 자주하여 사람을 구하기 어려운 걱정이 있을 듯합니다. 그렇다고 공죄(公罪)를 추문만 하고 벌이 없으면 역시 징계하는 뜻이 없게 됩니다. 행직(行職)은 자급을 강등시키면 꺼릴 것이 없게 되고 수직(守職: 품계는 낮으나 직위는 높은 벼슬을 통틀어 이르는 말. 관직 앞에 '수(守)' 자를 붙인다.)은 자급을 강등하면 아울러 현직까지 해임해야 하니 똑같은 죄에 벌이 다르게 된다면 상벌이 명백하지 못하게 될까 염려됩니다. 따라서 벌봉전을 시행하는 것만 못합니다. 다만 우리나라에는 봉전(俸錢)제도가 없으므로 이제 이 법으로 벌주려고 한다면 녹봉(祿俸)으로 해야 될 것입니다. 그러나 중요한 것은 죄의 경중에 따라 녹봉 감소(減少)의 정도를 정해야 할 것입니다. 해조(該曹)에 명하여 마련, 의논하여 결정하게 하소서." 하니, 알았다고 전교하였다.

◎ **중종 30/09/15**[제릉의 제사에 관련된 사람에게 가자(加資)하고 물품을 하사할 것을 명하다.]

전교하였다.

"아헌관(亞獻官)【김근사임】, 종헌관(終獻官)【김안로임】에게 안장 갖춘 말 각 1필 씩을 주고 제릉에 제사지낼 때의 집사자와 목청전 다례(茶禮)의 집사자에게 각각 한 자급 씩을 가자하고, 자궁(資窮)된 자에게는 대가(代加)하라. 포영사(布營使)【**조윤손**(曹閏孫)임】와 지응사(支應使)【유보(柳溥)임】에게는 각각 단의(緞衣) 1건(件), 가죽신 1켤레 씩을 하사하고, 포영사의 종사관(從事官)과 지응사의 종사관에게는 각각 별조궁(別造弓) 1장(張)을 하사하라. 음식물을 관장한 사옹원 제조(司饔院提調)에게는 단의(緞衣) 1건, 낭관(郞官)에게는 별조궁 1장을 하사하라. 후릉(厚陵) 제사에 헌관(獻官)을 대행한 자에게는 숙마(熟馬) 1필, 집사자에게는 각각 아마(兒馬) 1필 씩을 하사하고, 경기 관찰사와 개성부 유수에게는 단의 1건과 가죽신 1켤레 씩을 하사하고, 경기 도사(京畿都事), 개성부의 경력(經歷)과 도사, 파주 목사(坡州牧使)·고양 군수(高陽郡守)·양주 목사(楊州牧使)·장단 부사(長湍府使)·풍덕 군수(豊德郡守)·개성부 교수(開城府敎授)·목청전 참봉(穆淸殿參奉)·제릉 참봉·후릉 참봉에게는 각각 주의(紬衣) 1건씩을 하사하고, 경덕궁(景德宮) 궁지기에게는 별조궁 1장을 하사하라."

68세 (1535년)
<경상도 순변사>

◎ 중종 30/11/16[의정부와 병조에서 변방 지역의 여러 문제에 논하다.]

의정부와 병조가 의논하여 아뢰기를,

"이제 **조윤손**(曹閏孫)과 이사균 등의 계본을 보니, 가덕도(加德島)에 진(鎭)을 설치하는 일과 수영(水營)을 옮기는 등의 일은 자세하고 치밀한 듯합니다. 계본대로 시행하는 것이 옳겠으나, 다만 큰 공사를 일으키려면 반드시 때를 보아야 합니다. 경상도의 연안에 있는 모든 고을이 수재와 한해를 입은데다 농사가 잘 되지 않아서 많은 인부를 부리기가 곤란합니다. 또 서북의 국경 사건으로 해서 그에 따른 뒷수습에 한창 바쁘므로 일시에 함께 시작하여서는 안 됩니다. 아직 뒷날을 기다려 다시 의논하기로 하고 순변사(巡邊使) **조윤손**을 속히 올라오라고 하유(下諭)하는 것이 어떻겠습니까?" 하고, ……

◎ 중종 30/12/28[영의정 김근사 등이 북쪽 변방 관리들의 비리와 야인의 일에 대해 의논하다.]

영의정 김근사, 좌의정 김안로, 우의정 윤은보, 좌찬성 유보, 우찬성 황사우, 좌참찬 **조윤손**(曹閏孫), 병조 판서 윤임, 우참찬 김인손, 병조 참판 오결이 의논하여 아뢰기를,

"이제 함경도 감사의 계본(啓本)을 보면, 박세영(朴世英)과 남귀년(南龜年) 등이 처음 어전(魚箭)의 수직(守直)으로 정송(定送)되었는데 사로잡히자 복병(伏兵)이 있었다고 하였고, 쇄환(刷還)할 적에는 야인(野人)들에게 말과 소를 주며 화해를 빌고서는 곧 싸워서 탈환을 하였다 했고, 저들의 경계에서 어정거리다 저들을 보지도 못했으면서 적굴에 깊숙이 들어가서 포를 쏘아 몰아내고 추격해오는 적을 두 번이나 격퇴했다고 하였습니다. 자기들이 힘써 싸웠다고 과장하여, 조정을 속이고 성상을 기만하였으니, 그 죄는 용서할 수 없습니다. ……

69세 (1536년)

◎ 중종 31/02/29[대신들이 경변사의 서장을 아뢰며 야인에 대한 대책을 건의하다.]

영의정 김근사, 좌의정 김안로, 우의정 윤은보, 좌참찬 **조윤손**(曹閏孫), 호조 판서 소세양(蘇世讓), 병조 판서 윤임(尹任), 우참찬 김인손(金麟孫), 청성군(青城君) 심순경(沈順徑), 좌윤(左尹) 윤희평(尹熙平), 병조 참판 오결(吳潔) 등이 경변사(警邊使)의 서장(書狀)에 관하여 아뢰었다. …….

◎ 중종 31/04/02[대신들이 심언광의 서장에 대한 논의를 아뢰다.]

영의정 김근사(金謹思), 좌의정 김안로(金安老), 우의정 윤은보(尹殷輔), 좌찬성 유보, 우찬성 심언경, 좌참찬 **조윤손**(曹閏孫), 병조 판서 윤임(尹任), 우참찬 김인손(金麟孫), 한성부 좌윤 윤희평(尹熙平), 우윤 황침(黃琛), 호조 참판 반석평(潘碩枰), 동지중추부사 김호(金琥), 병조 참판 오결(吳潔) 등이 빈청에 나아가 아뢰기를,

"동평고(童平古)【임투의 건너편에 살던 오랑캐임】 등은 처음부터 우리나라를 배반할 뜻이 없었는데, 지금 내지에 살기를 청한 말을 살펴보니 실정과 사연이 매우 간절하고 절박하여 진실로 원하는 것 같습니다. 그들 조상이 살던 땅은 이미 금지되어 철거하였으니 본토로 돌아가려 하여도 또 고통을 받을 것이므로 이러지도 저러지도 못하게 되어 진실로 용납할 곳이 없습니다. 저들이 우리와 다른 종족이긴 하나 또한 임금의 포용력 있는 교화로 보아 궁지에 몰려 오는 자들을 거절하기가 곤란할 것 같습니다. 저들이 과연 처자식을 모두 데리고 다시 온다면 남쪽 지방의 외딴 섬에 나누어 살게 하고 구휼하여 안거하게 함으로써 그들을 안심시키소서. …….

◎ 중종 31/04/29[무관들에게 진법에 대해 직접 물어보며 대답을 듣다.]

김근사에게 전교하기를,

"평상시 군대를 교열(教閱: 군대를 열병하는 것을 말함)할 때는 오행 진법(五行陣法)만 사용하였다. 이러므로 무사들이 오행 진법 외에는 모두를 자세하게 연구하지

않으니, 장사진(長蛇陣)·학익진(鶴翼陣)·어린진(魚鱗陣)·조운진(鳥雲陣)·언월진(偃月陣)·각월진(却月陣) 등과 같은 진들은 아는 사람들이 드물다. 경과 **조윤손**(曹閏孫)·윤임(尹任) 등이 함께 탑전에 나아와서 지금 여기에 들어와 활을 쏜 무신들을 하나하나 이름을 불러 진법을 강론하게 하라. 저번에 고형산(高荊山)이 병조 판서로 있을 적에도 일찍이 진법을 강론하였으니, 이것은 예부터 있던 예이다."
하였다.

◎ 중종 31/06/16[대신들이 안행량 공사와 정만종의 서용을 서계하다.]

영의정 김근사(金謹思), 좌의정 김안로(金安老), 좌찬성 유보(柳溥), 우찬성 심언경(沈彦慶), 좌참찬 **조윤손**(曹閏孫), 호조 판서 소세양(蘇世讓), 참판 반석평(潘碩枰)이 서계(書啓)하였다.

"안행량(安行梁)의 공사는 호조만의 뜻이 아니라 온 조정의 논의로 정한 것인데, 지금 상의 분부를 듣고 보니 너무도 황공스럽습니다. 중들을 역사시킬 일을 거론한 것은 애당초 안행량 역사만을 위해서 거론한 것은 아니었습니다. 근래 불교는 매우 쇠퇴하였으나 중들의 번성함은 숭배(崇拜: 신이나 부처 따위의 종교적 대상을 우러러 신앙함)할 때에 비하여 백 배만 될 뿐이 아닙니다. 그런데 그 교리에 있어서는 자비스런 계율이 없고 국법에 있어서는 도첩(度牒)을 제한하여 억제하는 금법이 없어서, 어디서든지 멋대로 굴지만 절제할 바가 없습니다. 처음에는 죄를 피하고 병역을 피하는 소굴이 되었는데 이제는 도적의 소굴로 변하여 무덤을 파헤치고 사람을 찔러 죽이는 행위를 대낮에도 기탄없이 저지릅니다. 이와 같이 흉악하고 사나움이 점점 심해지니 그 습성은 이미 고질화되어 늦추어주면 더욱 심하고 다 그치면 환란이 생겨나서 이루 다 제지할 수 없고, 이루 다 죽일 수도 없게 되었습니다. 일찍 막지 않았다가 마침내 도끼와 창을 사용한 뒤에야 평정하게 되었으니 어찌 성상(聖上)에게 큰 누가 아니겠습니까. …….

◎ 중종 31/07/07[조윤손·황침 등이 대열하는 장소에 대해 아뢰다.]

좌상 대장(左廂大將) **조윤손**(曹閏孫), 우상 대장(右廂大將) 황침(黃琛), 병조 참

지 조인규(趙仁奎) 등이 아뢰기를,

"녹양장(綠楊場) 대열(大閱)하는 곳의 전좌(殿坐)할 자리를 간심(看審)해 보니 도봉산(道峯山) 거암(擧巖) 아래 산기슭이 동쪽으로 추동(楸洞)을 향하여 있는데 중산(中山)과는 거리가 5~6리쯤 동네 어귀가 평탄하고 광활해서 10만 병마(兵馬)라도 용납할 수 있었습니다." 하니, 그곳에서 대열(大閱: 임금이 군대를 정렬해 놓고 친히 검열함. 또는 그런 검열)하라고 전교하였다.

69세 (1536년)
<포영사>

◎ 중종 31/07/16[조윤손을 대열할 때 포영사로 삼다.]

정원에 전교하였다.

"전번에는 형조 판서 유관(柳灌)을 포영사(布營使: 거둥(임금의 나들이) 때 총지휘를 맡은 관원) 에 제수했는데 지금은 파직되었다. 포영사의 임무가 대장보다 중하여 누구나 감내할 수 있는 것이 아니니, **조윤손**(曺閏孫)이 지금 대장이 되었으나 포영사로 옮겨 차임하라. 지난번 제릉(齊陵) 행행 때에도 **윤손**을 포영사로 삼았었으니 이번에도 다시 맡겨야겠다. 그러나 전일에 유도대장(留都大將: 임금이 서울을 떠나 거둥할 때, 도성 안을 지키던 대장)으로 예정하였기 때문에 물의가 있었으니, 이제는 병조에 일러 임시로 낙점(落點)하게 하라."

69세 (1536년)
<함경도 관찰사>

◎ 중종 31/10/12[조윤손을 함경도 관찰사에, 신공제를 동지중추부사에 제수하다.]

조윤손(曺閏孫)을 함경도 관찰사에, 신공제(申公濟)를 동지중추부사에 제수하였다.

◎ 중종 31/10/12[삼공이 조윤손·서지·윤개의 체직을 건의하자 이를 윤허하다.]

삼공이 아뢰기를,

"서지(徐祉)를 공조 판서에, **조윤손**(曹閏孫)을 함경도 관찰사에 제수하셨습니다. 서지는 부임한 지 얼마 안 되었는데 지금 올라오게 하면 맞이하고 보내는 폐가 있게 됩니다. 이는 품계를 뛰어넘은 직임이 아닌 것으로 애초 공조 판서에서 감사에 제수된 것입니다. **조윤손**은 전일 감사로 있을 때에 조정의 의논이 노련한 무신은 조정에 있게 해야 한다고 하였는데, 지금 **윤손**을 감사에 제수하여 외방으로 보내니 물론에 어떠하겠습니까? 그리고 윤개(尹漑)를 연안 부사(延安府使)에 제수하였는데, 윤개는 승문원 부제조(承文院副提調)로 있었고 한어(漢語)에 정통하기 때문에 앞서 외임에 제수되었을 때에도 아뢰어 체직시켰습니다. 대체로 문신들이 한어를 강할 때에 윤개만큼 발음에 능한 사람이 없었습니다. 그런데 지금 윤개를 외임에 제수하는 것은 온당치 못합니다." 하니,

전교하였다.

"아뢴 말이 모두 타당하다. 체직하라."

◎ 중종 31/11/27 [병조가 수군 회복 계책에 대한 의논을 건의하다.]

병조가 아뢰었다.

"수군(水軍)을 정상으로 회복시키는 계책에 대해 전일 **조윤손**(曹閏孫)이 2번(番)으로 나누어 군역(軍役)을 세워야 한다고 아뢰었는데, 고형산(高荊山)이 순찰할 때에 2번을 4번으로 나누었습니다. 지금은 그 고역이 2번으로 하던 때보다 더 심각하니, 보인(保人 *)을 더 주거나 아니면 수군의 자제 중에서 다른 역(役)에 종사하고 있는 자를 본역(本役)으로 돌리는 것이 타당할 듯하다고 합니다. 이 2번과 4번의 편부(便否)에 대하여 팔도 관찰사와 병사(兵使)·수사(水使) 등처에 물으니, 연혁(沿革)에 대한 논의가 일치되지 않았습니다. 함부로 독단할 수 없으니 의정부와 의논하소서."

> **보인(保人)** 조선 시대에, 군(軍)에 직접 복무하지 아니하던 병역 의무자. 정군(正軍) 한 명에 대하여 두 명에서 네 명씩 배당하여, 실제로 복무하는 대신에 베나 무명 따위를 나라에 바쳤다.

70세 (1537년)
<특진관>

◎ 중종 32/04/25[대신들과 희릉 장인을 감독하는 문제 등에 대해 의논하다.]

…… 특진관 **조윤손**(曹閏孫)이 아뢰기를,

"지금의 장인들은 모두 유명 무실합니다. 공조와 선공감(繕工監) 같은 데에도 모두 장인이 없어 무슨 일을 하게 되면 사사 장인들도 모두 서투릅니다. 대개 급료가 감소되었으므로 모두들 이 업을 좋아하지 않아서 그렇습니다." 하고, …….

70세 (1537년)
<공조 판서>

◎ 중종 32/04/25[희릉을 옮기도록 하다.]

전교하기를,

"능을 옮기는 일은 분명하게 처리하여 후세에 다시 사특한 말이 없도록 해야 한다고 했는데, 이 말이 옳다. 옮겨 장사해야 할 것인지를 정부와 육경(六卿: 육조 판서) 및 판윤(判尹)을 불러 의논하여 정하라." 하니,

영의정 김근사, 좌의정 김안로, 우의정 윤은보, 우찬성 심언경, 공조 판서 **조윤손**(曹閏孫), 호조 판서 소세양(蘇世讓), 병조 판서 윤임(尹任), 예조 판서 윤인경(尹仁鏡), 형조 판서 김인손(金麟孫), 이조 판서 심언광(沈彦光), 판윤 오결(吳潔)이 의논드리기를,

"≪일기≫를 고찰해 보건대, 산릉도감(山陵都監)이 계품한 말이 그러했고, 그때의 낭관 및 석공들의 말도 그러했습니다. 그러니 금정(金井)에 박힌 돌을 파내기가 어려워서 옮겨서 아래의 혈 자리를 사용했다면 반드시 돌을 파내고서야 쓸 수 있었을 것입니다. 또 언덕이 짧으므로 위의 혈 자리를 2척 가량 합쳐서 쓴 다음에야 제대로 되었을 것입니다. 석공이 '윗면 및 좌우의 돌 뿌리를 제거할 수 없어서 그대로 두고 삼물(三物)을 쌓았다.'고 하고, 또 '당시의 제조 및 낭관이 모두들 이 말이 새나갈까 몹시 두려워했으므로 내가 오랫동안 입 밖에 내지 않았다. 지금은 그 관원들이 모두 돌아갔기에 이런 말을 하는 것이다.'고 했습니다. 이로 본다

면 그 당시에도 또한 온편하지 못하다고 여기는 뜻이 있었던 것인데, 조정에서만 알지 못했던 것입니다. …….

◎ 중종 32/07/12[정원에 인사 행정에 관해 전교하다.]

정원에 전교하기를,

"오늘 정사(政事: 벼슬아치의 임명과 해임에 관한 일)할 때 이조의 당상(堂上 *)·낭청(郎廳: 당하관)은 전원을 체직해야 한다.【상피할 관원을 추천했기 때문이다.】 판서는 내가 특별히 차임(差任: 벼슬아치의 임명)하겠다." 하고,

또 정원에 전교하였다.

"권예(權輗)를 이조 판서에 제수하고 즉시 명초(命招: 왕명에 의하여 대신을 부름) 하여 정사하게 하라. 그리고 심언광(沈彦光)을 참찬에 제수하고 싶지만 심언경(沈彦慶)【언광의 형이다.】이 마침 우찬성으로 있으니 공조 판서 **조윤손**(曹閏孫)을 참찬에 제수하고 언광을 공조 판서에 제수하라. 형조 판서가 또 비어 있으니 오결(吳潔)이 행공(行公: 출근)할 수 있다면 오결을 형조 판서에 제수하고 만약 병이 위독하여 나올 수 없다면 다시 품하여 충원하도록 하라. 재상의 수가 적어 망(望 **)을 갖추기가 곤란할 터이니 단망(單望)으로 주의하라고 아울러 이조에 말하라."

> **당상(堂上)** 조선 시대에 둔, 정삼품 상(上) 이상의 품계에 해당하는 벼슬을 통틀어 이르는 말. 문관은 통정대부, 무관은 절충장군, 종친은 명선대부, 의빈(儀賓)은 봉순대부 이상이 이에 해당한다.
>
> **망(望)** 어느 직임에 합당한 후보자. 관리 임명에 앞서 전조(銓曹)가 그 벼슬에 합당한 후보자를 임금에게 천거하는데 이것을 의망(擬望)이라 한다. 삼망(三望)을 주의하는 것이 상례이나, 합당한 후보자가 모자라거나 특정한 사람을 그 벼슬에 임명해야 할 까닭이 있으면 이망(二望: 두 사람의 후보) 또는 단망(單望: 한 사람의 후보)을 주의하는 경우도 있다.

70세 (1537년)
<의정부 좌참찬>

◎ 중종 32/07/12[조윤손·권예·오준 등에게 관직을 제수하다.]

조윤손(曺閏孫)을 의정부 좌참찬에, 권예를 이조 판서에, 오준(吳準)을 형조 판서에, 심언광을 공조 판서에, 유세린(柳世麟)을 이조 참판에, 정옥형(丁玉亨)을 예조 참판에, 성윤(成倫)을 형조 참판에, 윤침(尹沈)을 사간원 정언에 제수하였다.

◎ 중종 32/10/24[성윤과 소세양에게 각각 권예를 참찬에, 황헌을 대사간에 임명할 것을 전교하다.]

이조 참판 성윤(成倫)에게 전교하기를,

"지금 정부의 동벽(東壁: 좌참찬)은 채워졌으나 서벽(西壁: 우참찬)은 참찬 **조윤손**(曺閏孫)이 휴가를 얻어 밖에 나가 있다. 혹시 나라에 큰 일이 있어 정부에서 의논하려면 참찬이 없어서는 안 된다. 지금 인물이 모자라 육경 역시 충원하기가 어려우나 정부가 더욱 중하니 권예(權輗)를 참찬에 임명하는 것이 옳다." 하고,

소세양(蘇世讓)에게 전교하였다.

"지금 나라에 큰 일이 있는데 양사(兩司) 가운데 대사간 소봉(蘇逢)은 휴가로 밖에 나가 있고 사간 채낙(蔡洛)은 이제 승지가 되었다. 사간은 차차 차출해도 되겠으나 대사간은 장관이니 이런 때에 없을 수 없다. 지금 황헌(黃憲)이 병조 참의로 정청(政廳: 조선 시대 이조나 병조의 전관(銓官)이 궁중에서 정사를 보던 곳)에 들어와 있으니, 황헌을 대사간에 주의(注擬)하되 단망(單望)으로 하라."

> 주의(注擬)　벼슬아치를 임명할 때 임금에게 후보자 세 사람을 정하여 올리던 일.
> 단망(單望)　조선 시대에, 관리를 천거할 때 세 사람을 추천하는 삼망(三望)의 관례를 따르지 않고 한 사람만을 추천하던 일

70세 (1537년)

<병조 판서>

◎ 중종 32/10/24[권예·소세양·조윤손·박수량·허자·채낙·황헌·임필형에게 관직을 제수하다.]

권예를 의정부 우참찬에, 소세양을 이조 판서에, **조윤손**(曺閏孫)을 병조 판서에,

박수량을 호조 참판에, 허자(許磁)를 병조 참지에, 채낙을 승정원 동부승지에, 황헌을 사간원 대사간에, 임필형(任弼亨)을 사간에 제수하였다.

◎ **중종 32/12/19**[혜성의 출현으로 재변이 일어나지 않도록 신중을 기할 것을 논하다.]

…… 홍언필은 아뢰기를,

"성세창(成世昌)도 천문을 압니다. 평상시에 그의 집안에서 별의 형상을 그려 놓은 것을 보았습니다. 성세창이 지금은 틀림없이 눈이 어두울 것이나 그로 하여금 조짐을 점치게 하는 것이 옳겠습니다. 성종조에도 김응기(金應箕)와 조지서(趙之瑞)로 하여금 천문을 관측하게 하였습니다. 지금도 옛날의 예(例)대로 하게 하소서.

그리고 혜성이 비록 병상(兵象)이라고 하나 이 때문에 병사(兵士)를 훈련시키거나 군졸(軍卒)을 점검하는 것은 옳지 않습니다. 또 문관(文官)과 무관(武官)을 함께 기용하는 것은 국운을 영구하게 하는 방법입니다. 그 전에는 더러 무신을 승지(承旨)나 참의(參議)로 삼았는데 요즈음에 와서 참여시키거나 기용하지 않습니다.

대체로 문무(文武)의 도리는 수레의 두 바퀴와 같아 바퀴 하나가 빠져버리면 수레는 틀림없이 뒤집힙니다. 그러니 모름지기 지모(智謀)와 사려(思慮)가 심원한 사람을 가려 명망을 길러서 기용하는 것이 좋겠습니다. 조충국(趙充國 *)·등예(鄧艾)·왕준(王濬) 등은 모두 지모와 사려가 심원했기 때문에 공(功)을 이룰 수 있었습니다. 만약 평소에 기르지 않았다가 갑자기 풍진(風塵: 전쟁으로 인한 난리)의 경고가 생기면 앞으로 어떻게 나라를 다스리겠습니까? 신은 별의 변고 때문에 이런 말을 하는 것이 아닙니다. 본래부터 아뢰고자 하였던 것입니다. 이번에 **조윤손**(曹潤孫)을 병조 판서로 삼으셨는데, 그 밖의 합당한 사람도 모름지기 명망을 기르게 하여 갑작스런 일에 대비하는 것이 옳습니다." 하였는데,

상이 이르기를,

"무신(武臣)이 명망을 기른 뒤라야만 사졸(士卒)들을 향하여 나아갈 바를 알게 될 것이다. 경의 말이 매우 절실하고 마땅하다."

> **조충국(趙充國)** 중국 전한(前漢) 때의 무장(武將). **등예(鄧艾)** 중국 삼국시대 위(魏)의 명장.
> **왕준(王濬)** 중국 진(晉)나라 때의 무장.

71세 (1538년)

◎ 중종 33/04/19[윤은보·김극성 등이 절도사의 계품에 대하여 의논드리다.]

 영의정 윤은보, 우의정 김극성, 병조 판서 **조윤손**(曺閏孫), 참판 김희열, 참의 유인숙이 의논드리기를,

 "지금 평안도 병사의 계본(啓本)을 살펴보니, 무창(茂昌) 등처에 함부로 와서 겁도 없이 농사지으며 사는 야인의 수효가 전보다 배나 많습니다. 지금 그대로 내버려두고 문죄(問罪)하지 않는다면 거주하는 자가 점점 많아져 날로 커질 것이니, 이는 매우 우려되는 일입니다.

 오랑캐의 실정은 반드시 척후병을 깊숙이 들여보내야 알 수 있는 것입니다. 그러나 아군(我軍)이 해를 입을까 우려하여 정탐을 약간 늦추기라도 한다면, 저들 오랑캐가 갑자기 문정(門庭: 대문이나 중문 안에 있는 뜰)을 범할지라도 미처 알지 못하게 될 것입니다. 지금 군졸을 많이 뽑아 여러 길로 정탐하는 것은 강 연안에 거주하는 오랑캐의 형편과 금하는 지역에 함부로 들어와 농사짓는 자가 얼마나 되는가를 알아 미리 방지하려는 것입니다. 평상시의 척후에 비할 것이 아니니 자주 해서 예기치 못한 변을 초래해선 안 될 것입니다.

 금하는 지역에 와서 함부로 농사짓는 자를 금즙(禁戢: 어떤 사람을 물리치거나 어떤 일을 하지 못하도록 금함)시킬 다른 방책은 없고, 곡식이 자랄 때에 건장한 장수와 날랜 병졸을 보내어 미리 정탐하였다가 갑자기 침입하여 발로 짓밟고 낫으로 베어 함부로 들어와 농사지을 수 없다는 뜻을 보이는 것이 타당할 듯싶습니다. 다만 곡식이 다 자랄 때쯤이면 초목이 무성하니 군사 기밀이 누설되어 혹 꾐에 빠져 함정에 떨어지는 것도 염려치 않을 수 없습니다. 절도사에게 사의(事宜)를 헤아려 그때그때 사유를 갖추어 계품하고 시행케 하는 것이 어떻겠습니까?" 하니, 알았다고 전교하였다.

71세 (1538년)
<특진관>

◎ 중종 33/05/16 [석강에 나아가다.]

　석강에 나아갔다. 시강관 이언적(李彦迪)이 아뢰기를,
"양계(兩界: 함경도와 평안도)의 백성들이 지칠 대로 지쳐 내지(內地: 변두리가 아닌 중심 지역)로 옮겨오기 때문에 강계(江界)같은 곳은 비다시피 되었습니다. 상의원(尙衣院: 조선 시대 임금의 의복과 궁내의 일용품, 보물 따위의 관리를 맡아보던 관아)에의 초피(貂皮) 공납 때문에 그 괴로움을 견디지 못하고 서로 뒤를 이어 떠돌아 다닙니다. 그 고을이 장차 버려지게 될 것이니, 대신에게 명하여서 정상을 회복시킬 방도를 상세하게 헤아려 보도록 하소서." 하고,
　특진관(特進官) **조윤손**(曺閏孫)은 아뢰기를,
"갑산(甲山)의 초피는 빛깔이 누렇고 털이 두꺼워서 진상(進上)에는 합당하지 아니하나, 그것이 토산품(土産品)이기 때문에 바쳤던 것입니다. 그런데 근년 이래로 토산품이 없어서 산속 깊은 곳의 야인(野人)의 것을 사다가 공납하니, 갑산과 삼수 같은 곳은 이것 때문에 백성들이 떠나가서 장차 비게 되었습니다. 비록 빛깔이 나쁘더라도 상의원(尙衣院: 조선 시대에, 임금의 의복과 궁내의 일용품, 보물 따위의 관리를 맡아보던 관아)은 폐해를 생각하여 적당한 양(量)으로 받아들임이 옳겠습니다." 하니,
　상이 일렀다.
"근자에 이 폐해를 아뢴 자가 많기 때문에 의논한 것이다. 해사(該司)가 적당한 양으로 받아들이되 점퇴(點退: 받은 물건을 살펴보아 마음에 들지 아니한 것은 도로 물리침)를 심하게 하지 않는다면 폐해도 줄어들 것이다."

71세 (1538년)
<의정부 우참찬>

◎ 중종 33/10/09 [김안국·조윤손·윤인경·성세창·이귀령·임백령·이언적·안현·정세호 등에게 관직을 제수하다.]

김안국(金安國)을 의정부 좌참찬에, **조윤손**(曹閏孫)을 우참찬에, 윤인경(尹仁鏡)을 이조 판서에, 성세창(成世昌)을 형조 판서에, 이귀령(李龜齡)을 공조 판서에, 임백령(林百齡)을 이조 참판에, 이언적(李彦迪)을 전주 부윤에, 안현(安玹)을 세자시강원 보덕에, 정세호(鄭世虎)를 홍문관 응교에 제수하였다.

74세 (1541년)

◎ 중종 36/06/19[윤은보·윤인경 등이 성절사의 장계에 대해 의논하다.]

또 영상과 좌·우상에게 전교하기를,

"정부의 서벽(西壁: 집무실의 좌석이 서쪽에 있는 관직. 의정부의 좌·우 참찬) 이 모두 비어 있어서 전날 있었던 정사(政事: 벼슬아치의 임명과 해임에 관한 일)에서 뽑으려 하였으나 인물이 부족하기 때문에 뽑지 못했다. 그래서 내일 도목정사(都目政事: 이조·병조에서 벼슬아치의 치적을 심사하여 면직하거나 승진시키던 일)에서는 차출하려고 한다. **조윤손**(曹潤孫)은 이미 탈상(脫喪)을 하였고, 또 일찍이 이 직을 지냈으니, 만약 이미 올라왔으면 이 사람으로 참찬(參贊)을 삼는 것이 좋을 듯한데, 올라왔는지의 여부를 알 수가 없다. 그리고 삼년 동안 상중(喪中)에 있던 사람이니 기력이 어떠한지도 모르겠다. 만약 올라오지 않았는데 차임(差任: 벼슬아치를 임명하던 일)한다면 서벽(西壁)이 또 반드시 오래도록 비어 있게 될 것이다. 그러므로 편리한지의 여부를 알아서 제수하려 한다." 하니,

윤은보 등이 회계(回啓: 임금의 물음에 대하여 신하들이 심의하여 대답하던 일)하기를,

"이 사람이 이미 복을 마치고 직을 받았으니 만약 연고가 없다면 의당 즉시 사은(謝恩)해야 할 터인데 아직 올라오지 않았습니다. 만약 가까운 시일 내에 올라온다면 그 사이에는 비록 비워 두더라도 기다리는 것이 무방하겠습니다." 하자, 알았다고 답하였다.

74세 (1541년)

<동지중추부사>

◎ 중종 36/07/26[헌부가 상제의 기강과 예문에 대해 아뢰다.]

헌부가 아뢰기를,

"근래에 인심이 야박하고 인륜(人倫)이 크게 훼손되어 상제(喪制)의 기강이 해이해졌습니다. 비록 유식한 사류(士類)라 하더라도 예제(禮制)를 삼가지 않아 방자하고 염치없는 자들이 연달아 생겨나고 있으니 분하게 여기지 않는 사림(士林)들이 없습니다. 지중추부사(知中樞府事) **조윤손**(曹閏孫)은 나이가 70이 넘어서 모친상(母親喪)을 당했는데 비록 한결같이 예문(禮文)은 따르지 못한다 하더라도 많은 사람이 모인 공적인 좌석이나 집에서 손님을 접대할 때에 공공연히 고기를 먹었고 심지어 화려한 의복을 입기까지 하면서도 조금도 거리낌이 없었으니 그의 무식함이 심합니다. 한 도(道)의 사명(使命)을 받든 사람이 혹 서로 대하고 함께 고기를 먹으면서 그 그름을 깨닫지 못하고 있으니 그 사습(私習)이 올바르지 못함을 이것으로도 알 수 있습니다. **조윤손**은 품질(品秩)이 높은 재상인데도 그 소행이 이와 같으니, 궁벽한 시골 사람들이 보고 듣는 데에 관계가 있습니다. 다시 조정 반열에 낄 수 없으니 사판(仕版: 벼슬아치의 명부(名簿))에서 삭제하여 풍교(風敎)를 장려하소서. …… 하니,

답하였다.

"**조윤손**에게 이런 허물이 있었는지를 전혀 몰랐다. 그러므로 오히려 찬찬에 특명으로 제수했고, 정사(呈辭: 벼슬아치가 벼슬을 그만두거나 말미를 받기 위하여 청원서를 내던 일)했을 때에는 혹은 음식물을 주고 조리(調理)하도록 하유(下諭: 타일러 가르침)하였는데, 이것은 늙은 재상을 우대하는 뜻이었다. 그런데 이 허물이 있다는 것을 들어 보니 윤리 상 매우 중대한 관계가 있다. 그러니 아뢴 대로 따르는 것이 마땅하겠다.

김형은 다른 직과는 다르다. 사표(師表)의 직은 중대하니 아뢴 대로 윤허한다. 한구와 김희성의 일도 아울러 윤허한다."

75세 (1542년)

◎ 중종 37/04/01[학문 진흥과 관원 선발에 관해 대신들과 의논하다.]

…… 윤인경이 아뢰기를,

"조종(祖宗) 때에는 제조(提調: 조선 시대 중앙에서 각 사(司) 또는 청(廳)의 우두머리가 아니면서 각 관아의 일을 다스리던 직책)를 이미 차출하였어도 아는 자가 또 있으면 상좌(常坐)하는 제조로 삼아서 권장하였습니다. 변방의 방비에 관한 일은 먹을 것을 넉넉하게 하고 군사를 넉넉하게 하는 것이 먼저 힘쓸 일입니다. 신이 들건대, 함경도 경흥(慶興)은 사람이 적고, 강계(江界)는 입거(入居)한 사람이 있기는 하나 또한 토병(土兵)이 아니라 합니다. 토병은 본토에서 나고 자라서 되[虜]의 사정을 잘 알고 길에 익숙하므로, 남방의 군졸 열이 그 하나를 당하지 못하니, 특별히 유념하셔야 합니다. 지금 조정에 노숙한 장수가 없으니, 혹 뜻밖의 변고가 생기면 누구에게 절제(節制)를 맡길 수 있겠습니까? 전에 **조윤손**(曹潤孫)이 대간(臺諫)에게 논박받았으나, 이 사람은 전에 재상의 반열에 있었으며 서방에 출입하였으므로 변방의 일에 익숙합니다. 상중(喪中)에 고기를 먹어서 논박받기는 하였으나, 나이가 70이 되었으므로 예문(禮文)으로 보면 또한 최질(衰絰)을 입을 뿐입니다. 그런데 물의가 비난하는 것은 손님을 마주하여 버젓이 먹었기 때문입니다. 비난하는 것은 매우 마땅하나, 조정에 선 것이 또한 오래니, 폐하여 버려 두는 것은 온편하지 못합니다." 하니,

상이 이르기를,

"늙었기 때문에 변장(邊將)이 될 수는 없으나 조정에 있으면서 변방의 일을 의논할 수는 있을 것이다. 다만 잘못이 여느 것이 아니라 효행에 관계된다. 그러므로 문득 일을 맡길 수는 없으나, 조정이 의논하여 쓰면 괜찮겠다." 하였다.

◎ 중종 37/04/11[중국 변방의 일, 전옥의 죄인을 옮기는 일 등에 관해 대신들과 의논하다.]

윤은보와 홍언필이 또 의논드리기를,

"상중(喪中)에 몸에 병이 있으면 고깃국으로 목숨이나 겨우 보전해야 마땅한데, **조윤손**(曹潤孫)은 버젓이 손님을 마주하여 꺼림 없이 고기를 먹었으니, 참으로 죄가 있습니다. 다만 **조윤손**은 나이가 70이 넘었으므로 음식에 고기가 있어야 하며, 예문(禮文)에 '70세 이상이면 최마(衰麻)를 입을 뿐이고 술을 마시고 고기를

먹는 것은 여느 때와 같이 한다.'하였는데, 사판(仕版)에서 삭제(削除)까지 한 것은 지나친 듯합니다.

　근래 각도의 잔폐한 고을의 수령 중에 가족을 거느리지 않고 가서 3년에 체임되는 자가 한둘이 아니므로 다르게 하기 어려울 듯합니다. 그러나 예안 현감(禮安縣監) 김수옹(金守雍)은 다스린 보람이 조금은 있다 하니, 올해의 농사를 보아 곡식이 잘 되거든 가족을 거느리고 가서 6년을 유임하도록 허가하는 것이 어떻겠습니까?" 하니, 알았다고 답하였다.

◎ 중종 37/04/12[조윤손이 상중에 고기와 술을 먹자 간원이 체직하도록 아뢰다.]

　간원이 아뢰기를,

　"예문에 '70세 이상이면 최마(衰麻)를 입을 뿐이고 술을 마시고 고기를 먹는 것은 여느 때와 같이 한다.'하였더라도, 이것은 늙고 병든 사람이 부득이하여 임시방편에 따른다는 뜻이지, 버젓이 장만하여 꺼림 없이 연음(宴飮)하는 것을 뜻하는 말은 아닙니다. **조윤손**(曹潤孫)은 상중에 있으면서 소를 잡아 장만하고 손님을 모아 크게 잔치를 벌여 술을 마시고 고기를 먹되, 조금도 부끄러워하지 않으니 지극히 무식합니다. 전일에 논계하여 사판에서 삭제까지 하였는데, 이제 다시 재상의 반열에 낀다면, 불초한 자들이 반드시 '상중에 삼가지 않아도 무방하다.' 할 것입니다. 투박한 풍속을 격려하는 방도가 아니니, 거두어 서용하지 마소서." 하니,

　답하였다.

　"조윤손의 일을 대신이 경연에서 아뢰었는데, 나는 '효도는 온갖 행실의 근원인데 자식으로서 그 행실을 잃었으니 일이 치도(治道)에 관계된다.'고 생각하였다. 다만 **조윤손**은 오랫동안 무반(武班)의 벼슬을 한 사람인데 폐기되었으므로 어떻게 해야 옳을는지 몰라서 대신에게 의논하였더니, 대신이 예문(禮文)을 들어서 아뢰었으므로 서용하라고 명하였다. 이제 아뢴 말을 보건대, 상중에 있으면서 소를 잡아 장만하여 손님을 크게 모았다 하니, 늙고 병든 사람이 부득이하여 임시방편에 따라 목숨을 보전하는 예는 아닌 듯하다. 대신이 의득(議得)할 때에 이 뜻을 알고서 의논하여 아뢴 것인가? 모르고서 다만 예문의 방편을 따르는 일을 들어서

의논하여 아뢴 것인가? 대신에게 다시 의논하겠다."

◎ 중종 37/04/17[조윤손의 일을 삼공이 아뢰다.]

"**조윤손**(曺潤孫)의 일은 전에 간원이 아뢰어서 알게 되었는데, 그 때에는 다만 버젓이 뭇사람을 마주하여 거리낌없이 고기를 먹었다는 말을 들었을 뿐, 소를 잡아 장만하고 손을 모아 크게 잔치를 열어 술을 마신 일은 듣지 못하였으므로, 신들이 아뢴 것이 전과 같았습니다. **조윤손**이 한 짓이 과연 간관이 처음에 논한 것과 같다면 사판에서 삭제하더라도 아까울 것이 없습니다. 다만 **조윤손**은 벼슬을 지낸 것이 매우 오래고 변방 장수의 직임을 여러 번 받았으며 벼슬이 참찬과 판서에 이르렀으므로 사리를 대강 아니, 상례(喪禮)를 삼가 지키지 않은 것이 이토록 극도에 이르지는 않았을 듯합니다. 어떤 병사(兵使)【장언량(張彦良)】가 **조윤손**을 조위(弔慰: 죽은 사람을 조문(弔問)하고 유가족을 위문함)하러 찾아갔던 날에 아랫사람이 소를 잡아 음식을 차려 바쳤다는 말을 들은 듯한데, 이 말을 믿을 수는 없으나, 혹 이 말이 남에게 전파된 것이 아닌가 생각됩니다." 하니,

정원에 전교하였다.

"이제 대신의 의논을 보건대, 아랫사람이 소를 잡아서 음식을 차려 바쳤다 하였는데 이것은 **조윤손**이 몰랐던 것일지라도 고기를 먹은 것은 마찬가지이다. 물의가 이러하므로 명교(名敎)에 관계되니, 서용하라는 승전을 쓰지 말도록 하라."

76세 (1543년)

◎ 중종 38/01/27[천재지변·청병·백성 이주·인사 문제·복성군 문제를 당상과 의논하다.]

우찬성 권벌이 아뢰기를,

"변괴(變怪)의 징후에 대해서는 좌우에서 빠짐없이 아뢰었습니다. 대체로 인사(人事)가 순한 뒤에 천리(天理)도 순해진다는 것은 적실하게 대응되는 말은 아닐지라도 군신(君臣) 사이에 아마도 미진한 일이 많이 있는 듯합니다. 지난번 양연(梁淵)은 병든 지 오래되고 또 위독하여 죽음에 이르렀는데도 상께서는 모르셨으

며, 김안국(金安國)도 병든 지 수개월이 되었는데도 스스로 자기의 회포를 진계(陳啓)하지 않았으니, 아랫사람으로서 진실로 미진함이 있었습니다. 그러나 상께서도 죽음에 다달아 말할 수 없게 된 뒤에야 비로소 승지(承旨)를 보내어 하문하셨습니다. 옛사람이, 사람이 죽을 때는 그 말이 선(善)하다고 하였습니다. 그러므로 중국에서는 신하가 죽을 때는 반드시 유표(遺表: 신하가 죽을 즈음에 임금에게 올리는 글)를 요구했는데 우리나라는 대신이 회포를 진술하고자 하나 위에서나 아래에서 모두 원하지를 않으니, 이것이 재변을 불러들인 원인은 아닐지라도 온편치 못한 뜻이 있기 때문에 감히 아뢰는 것입니다.

전날 이언적(李彦迪)이, 복성군(福城君)의 죽음은 조정이 모두 애매하게 여기고 있으면서도 아뢰는 자가 있지 않다고 아뢴 말은, 지친(至親) 사이라고 하더라도 말하기 어려운 것이었습니다. 군신(君臣)과 부자(父子)는 인륜의 첫머리이므로 그 도리를 다하지 않으면 안 됩니다. 지나간 일은 진실로 말할 필요가 없습니다. 그러나 조신(朝臣)으로서 죄를 얻은 자가 많은데 이들이 소인들이라면 마땅히 엄하게 막고 통렬하게 다스려야만 할 것입니다. 그러나 혹 여기에 이르지 않았는데도 극죄(極罪)를 받고 내쫓긴 사람이 있기도 하니, 어찌 도리를 다했다고 할 수 있겠습니까?

그리고 오래도록 노역(勞役)한 사람은 의리상 버려서는 안 됩니다. **조윤손**(曺閏孫)이 과연 상사(喪事)를 당하여 삼가지 못했지만, 70세 후에는 고기를 먹는다는 것이 예문(禮文)에 있습니다. 착오라고 한다면 모르지만 삭적(削籍)까지 하는 것은 정도에 벗어난 것이라고 여겨지며, 오래도록 노역한 사람을 한 가지 실수로 버리는 것도 미진한 듯합니다. 그리고 그는 이미 늙었으니 어찌 오래 살 수 있겠습니까? 옛사람은 임금과 신하를 팔다리와 머리에 비교했는데 망각한 듯이 하는 것은 진실로 온편하지 못한 일입니다. 무릇 인륜의 일은 닦아서 그 도리를 다하지 않으면 안됩니다." 하니,

상이 일렀다.

"조정 대신으로 임용할 만한 사람은 비록 한 사람이 죽더라도 오히려 더없이 슬픈 일인데, 더구나 양연과 김안국이 잇따라 죽은 데이겠는가. 아래에서는 즉시

아뢰지 못했고 위에서는 유언을 듣지 못했으니, 문병(問病)하는 일이 과연 늦어서 그렇게 된 것이다. 따라서 매우 미안하게 여긴다."

◎ 중종 38/07/04[승정원에 기구를 장려하도록 전교하다.]

정원에 전교하였다.

"나라를 다스리는 도리로서는 기구(耆舊: '늙은이'를 이르는 말. 기(耆)는 예순 살을, 구(耈)는 아흔 살을 이른다.)를 존중하고 장려해야 옳다. 더구나 인심이 예전과 같지 않아서 기로(耆老: 나이가 많고 오래 벼슬한 사람)를 무시하고 염치가 아주 없으니, 장려하는 뜻을 보여야 마땅하다. 관안(官案: 관원의 성명·내력 등을 모아 적어 둔 문서)을 살펴보면, 윤금손(尹金孫)은 정2품이 된 지 이제 38년이나 되었으니, 현용(顯用: 높은 직위에 등용함)은 없었더라도 이는 노성(老成: 많은 경험을 쌓아 세상일에 익숙함)한 사람이다. **조윤손**(曹閏孫)은 잘못한 것이 없지는 않으나, 변방(邊方)의 일에 익숙한데 영구히 서용(敍用: 죄를 지어 면관(免官)되었던 사람을 다시 벼슬자리에 등용함)하지 않는 것은 온편(穩便: 사리에 맞고 원만함)하지 못하다. 송흠(宋欽)은 청렴·개결한 것으로 칭찬받으며 지위가 정2품에 있다. 윤금손·송흠은 나이가 다 여든이 넘었으니, 숭품(崇品: 1품의 별칭)에 올려야 마땅하다. **조윤손**은 서용하여 비변사(備邊司)의 당상(堂上)을 삼는 것이 옳을 듯하다. 현직(顯職)에 있는 자라면 의논하지 않더라도 특별히 가자(加資: 벼슬아치의 위계를 높임)할 수 있으나, 이 사람들은 출사(出仕)하지 않기도 하고 산지(散地: 벼슬이 없어 한산한 지위)에 있기도 하므로 일찍이 의논하려 했는데 그렇게 하지 못하였으니, 대신에게 의논하여 아뢰게 하라."

◎ 중종 38/07/06[사헌부·예조 등에서 건의한 일들을 대신들과 의논하다.]

…… 윤은보와 윤인경이 의논드리기를,

"…… **조윤손**(曹閏孫)은 계모(繼母)의 상(喪)을 삼가지 않았으므로 진실로 죄가 있습니다. 다만, 사람의 나이가 70이상이 되면 이미 매우 쇠약하여 고기 음식이 없으면 반드시 버티어 갈 기력이 없으니, 예문(禮文)에 이른바 최마(衰麻: 부모, 증조부모, 고조부모의 상중에 아들이 입는 상복인 베옷.)만 입고 여느 때처럼 술을 마시고 고기를 먹는다 한 것이 이 때문입니다. **조윤손**은 스스로 나이가 늙고 기력이 쇠약하다고 생각하고, 고기를 먹는다는 글이 예문에 있는 것은 알았으나 고기를 먹는 것이 마지못하는 경우라는 것을 깨닫지 못하여, 손을 마주하여서도 그렇게 하되 꺼리는 빛이 없는 듯하였으므로, 이 때문에 물의가 있어서 오래 폐기하고 서용하지 않게 되었으나, 이것은 세심히 생각하지 않았던 잘못일 뿐입니다. **조윤손**은 양계(兩界)에서 늙어서 변방의 일을 잘 알고 한 번 변방의 장수를 지냈고 재차 서방 군사를 맡았으므로 또한 숙장(宿將: 경험이 많은 장수)이라 하겠으니, 특별히 명하여 거두어 서용하여 변방의 일을 문의하시겠다는 위의 분부가 지당합니다." 하고,

홍언필은 의논드리기를,

"나이가 많은 사람을 존중하고 예우하는 것은 예전의 선정(善政)입니다. 윤금손·송흠은 역대의 조정에서 벼슬을 지내서 지금의 기구(耆舊)로서는 이 사람들보다 앞선 사람이 없으므로 숭질(崇秩: 높은 벼슬)에 올려서 늙은이의 남은 세월을 위로하려는 데에 성의(聖意)가 있으니, 조야(朝野)에서 이를 듣고 누구인들 감격하지 않겠습니까? **조윤손**은 여러번 변방의 장수를 지내어 변방의 일을 오래 익혔으니, 전에 사람들의 논의가 있기는 하였으나 어찌 숙장을 오래 폐기하겠습니까. 이제 거두어 써서 때때로 변방의 일을 하문하여야 마땅합니다. 이것이 곧 예전에 이른바 사람을 등용하는 것이 주도면밀하다는 것입니다." 하고, ……

의득 단자(議得單子)를 정원에 내리면서 이르기를,

"철조하는 일은 윤은보·유관·이기 등의 의논을 따르고, 윤금손·송흠·**조윤손**의 일은 윤은보·윤인경의 의논을 따른다." 하고,

전교하였다.

"조시를 멈추는 일은 조정의 의논이 한결같지는 않으나, 《대전》의 법은 조종의 구법(舊法)이니, 한결같이 《대전(大典: 《경국대전(經國大典)》의 약칭)에 따라서 하자는 의논이 당연하다. 거행하기도 하고 아니하기도 한 것은 유사(有司)가 잘 살피지 못한 것이니, 한결같이 《대전》을 따르는 것이 또한 옳지 않겠는가?"

◎ 중종 38/09/17[대사헌 임백령 등이 가덕도에 진을 두는 일을 아뢰다.]

상참(常參 *)을 받았다. 조강에 나아갔다. 대사간 정유선(鄭惟善)이 전의 일을 아뢰니, 유수천(柳壽千)의 일은 아뢴 대로 하라 하고 나머지는 다 윤허하지 않았다. 대사헌 임백령(林百齡)이 아뢰기를,

"신이 경상도 관찰사였을 때에 병사(兵使)·수사(水使)와 그 곳에서 오래 산 사람에게 물었더니 다들 말하기를 '가덕도(加德島)에 진(鎭)을 두면 왜적이 그 섬에 와서 배를 대지 못하고 전라도에서 도둑질하려는 자도 지나가지 못할 것인데, 이제 군졸을 낼 곳이 없으므로 진을 두지는 못하나, 내지(內地)에 둔 진을 여기에 옮겨 둔다면 매우 편리할 것이다.' 하였고, 전에 **조윤손**(曹閏孫)이 여기에 진을 두는 일을 이미 아뢰었으나 시행되지 않자 스스로 말하기를 '여기에 진을 두면 왜적이 와서 배를 대었을 때에 그들이 조회하러 온 왜인인지 아닌지를 점검하여 물리치거나 받아들이고, 바다에서 채취하는 사람들도 진 안에서 채취하면 해를 입는 일이 없을 것이다.' 하였으니, 혹 변방의 일을 아는 자를 보내 살피게 한 뒤에 시행하면 어떻겠습니까?"하고,

영사(領事) 윤은보는 아뢰기를,

"이 말이 매우 마땅합니다. 가덕도에 진을 두면 왜노들이 도적질하지 못할 것이며, 가덕도는 왜인들이 다니는 뱃길의 초면(初面)에 있으니 왜선이 섬 가까이 오면 조회하러 오는 왜인인지 아닌지를 알 수 있을 것입니다. 조회하러 온 왜인이 아닐 때에는 즉시 격퇴한다면 바다에서 채취하는 사람이 어찌 해를 입겠습니까. **조윤손**이 이 뜻을 잘 알고 장순손(張順孫)도 전에 가서 보았으므로 진을 둘 것을 이미 아뢰었으나 미루어 오고 결정하지 못하였으니, 이제 두는 것이 어떻겠습니까?" 하니,

상이 일렀다.

"백성이 해를 많이 받는다면 이미 의논하여 정한 일이니 빨리 시행해야 한다."

상참(常參) 조의(朝儀)의 하나. 종친부(宗親府)·의정부(議政府)·충훈부(忠勳府)·중추부(中樞府)·의빈부(儀賓府)·돈령부(敦寧府)·육조(六曹)·한성부(漢城府)의 당상관(堂上官)과 사헌부(司憲府)·사간원(司諫院)의 각 1원(員)과 경연(經筵)의 당상관·당하관 각 2원 등이 매일 윤차(輪次)로 임금 앞에 모여 배례(拜禮)하는 의례(儀禮)인데, 예를 마치고 아뢸 일이 있으면 전(殿)에 올라가 아뢴다. ≪경국대전(經國大典)≫ 예전(禮典) 조의(朝儀).

◎ 중종 38/09/23[의정부가 ≪후속록≫ 문제와 대역 죄인의 읍호 처리 문제를 아뢰다.]

정부가 의논하여 아뢰기를, …….

가덕도(加德島)에 진(鎭)을 두는 일은 서로 의견이 다르므로 전에 **조윤손**(曺閏孫)을 보내어 본도의 관찰사·병사·수사와 함께 살펴서 아뢰게 하였고, 조정(朝廷)의 의논도 그 아뢴 바에 따르려 한 지 이미 오래되었습니다. 다만 이제까지 미루어 온 것은 대개 어렵게 여기기 때문이었으니, 병사(兵事)를 잘 알고 남방의 벼슬을 오래 지낸 자와 다시 상의하여 처리하는 것이 어떻겠습니까? …….

77세 (1544년)
<상호군>

◎ 중종 39/03/04[상호군 조윤손이 서울에 올라와 숙배하다.]

상호군(上護軍) **조윤손**(曺閏孫)이 서울에 올라와 숙배(肅拜)하였다.

≪사신은 논한다. **윤손**은 계모(繼母)의 복을 입느라 진주(晉州)에 있을 때에 관찰사로 온 김정국(金正國)을 그의 집으로 초청하였다. 소를 잡아 잔치를 차려 술상이 더없이 풍성했는데 **윤손**이 상복 차림으로 나와 대접하면서 평상시같이 고기를 먹었으므로 보는 사람들이 놀라지 않는 이가 없었다. 김정국은 이미 만나러 갔었기 때문에 바로 나와 버리지는 못하였지만 끝내 젓가락도 안 대고 돌아왔었다. 그 뒤에 논박을 받아 조정의 반열에 끼이지 못한 지 오래였는데, 전의 장수를 영구히 버려둘 수 없다고 하는 자가 있었으므로 드디어 군직(軍職)을 부여하게 되었다. 이에 이르러 진주에서 올라와 사은(謝恩)한 것이다.≫

77세 (1544년)
<지중추부사>

◎ 중종 39/04/18[의정부와 육조의 대신들이 사량진의 일을 아뢰다.]

영의정 윤은보(尹殷輔), 좌의정 홍언필(洪彦弼), 우의정 윤인경(尹仁鏡), 좌찬성

(左贊成) 이기(李芑), 좌참찬(左參贊) 권벌(權橃), 지중추부사(知中樞府事) **조윤손**(曺閏孫), 호조 판서 성세창(成世昌), 해양군(海陽君) 윤희평(尹熙平), 병조 판서 정옥형(丁玉亨), 지중추부사 우맹선(禹孟善), 예조 판서 임권(任權), 호조 참판 장언량(張彦良) 등이 의논드리기를,

"왜구(倭寇)들이 갑주(甲冑)를 갖추고 궁시(弓矢)와 성을 오르는 기구를 가지기까지 했었으니, 뜻이 성을 함락하고 사람을 마구 죽여 크게 독기를 부리려는 데 있는 것인데, 유택이 갑자기 적변(賊變)을 만나서도 오히려 능히 온 성을 굳게 지켜서 패배하지 않았습니다. 적을 대비하는 방략은 극진하지 못했던 듯합니다. 그러나 또한 직무를 잘못 수행하지는 않았으니 체직하지 말고 잉임(仍任)시켜 남은 군력(軍力)을 수습하게 하는 것이 군정(軍政)에 방해로울 것이 없습니다. 따로 사명(使命)을 보내는 일은 비록 폐단이 없을 수는 없습니다마는, 이번에 왜인들이 저지른 변은 근래에 보지 못하던 일이니, 적들이 들어온 곳과 적을 막아서 싸운 상황, 상해 입은 군졸의 인원수와 군관(軍官)들이 장수의 명령을 받고 힘을 다해 방어한 일들에 대해 경차관(敬差官)으로 하여금 상세하게 모두 추문하여 아뢰게 하는 것이 어떻겠습니까?" 하고, ······.

◎ 중종 39/05/05[정승·판서·비변사·당상들과 왜노를 거절하는 것이 합당한지 여부를 의논하다.]

정부 전원과 육조(六曹)의 판서, 해조(該曹)의 비변사(備邊司) 당상을 명초(命招)하여 왜노(倭奴)를 거절하는 것이 합당한지를 의논하게 했다. 윤은보(尹殷輔)·윤인경(尹仁鏡)·이기(李芑)·권벌(權橃)·정순붕(鄭順朋)·유인숙(柳仁淑)·허자(許磁)·황헌(黃憲)·임권(任權)·**조윤손**(曺閏孫)·장언량(張彦良)·최보한(崔輔漢)이 의논드리기를,

"국가에서 왜인(倭人)들을 대우하는 데에는 예부터 내려오는 법이 있는데, 요사이는 지나치게 후하게 대우하여 곡진하게 그들의 요청을 들어주므로 은덕에 감사하는 뜻은 있지 않고 그만 의리를 업신여기는 마음만 생겼으며, 쓸데없는 물건들을 가지고 한정이 있는 재물을 요구하므로, 국가의 저축이 거의 다 되어 장차 지탱

할 수 없게 되었습니다. 이번에는 또한 군사를 출동하여 침범해 왔으니, 만일 대의(大義)를 들어 문책하지 않는다면 앞날의 일을 보장하기 어려울 것이므로 의리에 의거하여 방비할 때가 바로 지금입니다. 동평관(東平館)에 머물러 있는 소이전(小二殿 *) 및 상왜(常倭)들에게 말해 주기를 '우리나라에서 너희들 대우를 한결같이 후하게 하고 있는데 너희들이 우리나라의 후한 은덕을 배반하여, 아무 달 아무 날 사량진(蛇梁鎭)에 군사를 대거 출동하여 침입했으니, 인호(隣好)의 의리가 어디 있느냐? 의리로 보아 마땅히 너희들을 사절하고 접대하지 않아야겠지만, 너희들은 나온 지가 이미 오래되었으므로 이번만은 접대하겠으니 이후로는 나오지 말라.' 하고, 가지고 온 상품도 조금만 무역해 주며, 대마 도주(對馬島主)에게도 역시 이런 뜻으로 합당하게 가감하여 엄중한 말로 통유(通諭)하고서, 접대를 허락하지 말고 하는 짓을 관망하는 것이 어떻겠습니까?" 하고, ······.

> **소이전(小二殿)** 　　일본 막부(幕府)의 제후. 구전(九殿)의 하나로 조선 태종(太宗) 때부터 매년 사신을 우리나라에 보내 조공(朝貢)을 바쳤다.

◎ 중종 39/05/22[영의정 윤은보 등을 불러 왜노 사절·건주우위 등의 일을 의논하게 하다.]

영의정 윤은보(尹殷輔), 우의정 윤인경(尹仁鏡), 좌찬성 이기(李芑), 좌참찬 권벌(權橃), 우참찬 정순붕(鄭順朋), 비변사 당상 윤임(尹任)·**조윤손**(曹閏孫)·윤희평(尹熙平), 이조 판서 신광한(申光漢), 참판 신거관(愼居寬), 참의 김명윤(金明胤), 병조 판서 정옥형(丁玉亨), 참판 신영(申瑛), 호조 판서 성세창(成世昌). 참판 장언량(張彦良), 참의 이명규(李名珪), 예조 판서 임권(任權), 참판 최보한(崔輔漢), 참의 김익수(金益壽), 형조 판서 민제인(閔齊仁), 참의 권기(權祺), 공조 판서 유인숙(柳仁淑), 참판 윤사익(尹思翼), 참의 이임(李霖), 한성부 판윤 황헌(黃憲), 좌윤 윤개(尹漑), 우윤 정세호(鄭世虎) 등이 명을 받고 빈청에 나아오니,

전교하였다.

"오늘 바야흐로 왜노 사절하는 일을 의논할 참인데, 평안도 병사의 계본【*】이 또 왔다.【*그 계본에 이르기를 '피인(彼人)들의 말이「삼위(三衞)-명나라 때 길림성(吉林省) 지

방에 여진족(女眞族)을 다스리기 위해 설치한 위. 곧 건주위(建州衛)·건주좌위(建州左衛)·건주우위를 말함-의 달자(㺚子: 서북변의 오랑캐라는 뜻으로, 중국 명나라에서 몽골 족을 이르던 말.)들이 각각 1만여 명의 사람을 거느리고 이 달 6일 군대를 출동하여 수하(水下)에서 도적질을 하기로 언약했다.'」고 했습니다.' 하였다.】

　　피인(彼人)들의 말을 비록 믿을 수는 없지만, 탕참(湯站) 지방에서 소란을 일으킨 일로 본다면 믿을 수 없는 것이라고만 할 수도 없다. 대저 조종조(祖宗朝)에는 변방의 경보(警報)가 없는 해가 없다가 내가 즉위(卽位)하고서는 마침 오랜 동안 아무 일이 없었다. 지난날의 일을 참고해보면 무사한 끝에는 으레 일이 생겼으니 진실로 작은 걱정이 아니다. 서쪽 지방에 비록 병사(兵使)가 있기는 하지만 혹시 의외의 변을 만나면 미처 조치하지 못할까 염려되어 일찍이 무장(武將)을 보내 군관(軍官)을 정돈하여 거느리고 방산(方山) 등지에서 방수(防戍)하게 하고 싶었는데, 모든 사람들의 의논이 폐단이 있을 것이라고 하므로 하지 않았었다. 이번에 탕참 안의 주민들이 도망하여 도적들을 피한 일로 본다면 미리 조치하지 않을 수 없다. 내 생각에는 무사들로 하여금 군마(軍馬)를 거느리고 들어가 방수하되, 소문이 아주 그치거든 돌아오게 하고 싶은데 어떻겠는가? 이런 뜻으로 의정부·비변사·병조가 의계(議啓)하라."

◎ **중종 39/05/22**[왜인은 국왕의 사신 이외는 일체 거절토록 하고 가덕도에 진을 쌓도록 하다.]

　　윤은보·윤인경·이기·권벌·**조윤손**(曹閏孫)·유인숙·정순붕·황헌·임권·장언량·최보한이 의논드리기를,

　　"국가에서 왜인(倭人)들 대우를 지나치게 후하게 하고 예에 맞게 절제하지 않으므로, 점점 오만 방자한 마음이 생겨 한없이 구색(求索: 애써 찾아냄)하여 반드시 만족해야 그만두었고, 심지어 군사를 일으켜 우리의 성읍(城邑)을 침범하기까지 하였습니다. 이대로 두고 제재하지 않는다면 뒷날에는 반드시 지탱하기 어려울 것이기에, 신들의 의견을 앞서 의논할 적에 이미 다 말씀드렸습니다. 국가를 다스리는 사람은 마땅히 백년 계획을 생각해야 하고 구차하게 눈 앞의 곤란한 것만 생각해서는 안 됩니다. 만일 지금 변이 생길 것만 꺼리어 그전처럼 대우하고 한없

이 은덕만 베풀다가는 위엄과 덕이 점차로 감소되고 병비(兵備) 또한 따라서 해이해져 마침내는 바로잡을 수 없을 것입니다. 지금 이 기회에 의리를 들어 거절한다면 의리가 엄하게 되고 말이 곧게 되어 저들이 반드시 두려워할 줄 알게 될 것입니다. 비록 더러 도발할 것이 염려되지만, 마침내는 반드시 와서 애걸할 것이므로 주도권(主導權)이 우리에게 있을 것이니, 어찌 적을 방어하는 장구한 계책이 아니겠습니까? 국가에서 연해변(沿海邊)에 진(鎭)을 설치한 것은 본래 도이(島夷)들 때문이었으니, 변방 방비를 거듭 신칙하되 장수를 가리고 군사들을 훈련시켜, 주인으로서 손을 대하고 곧은 것으로 굽은 것을 대비해 간다면, 그들이 마땅히 의리에 복종하여 멋대로 침범하지 않을 것입니다. 그런 다음에 그들의 성의를 보아 합당하게 조치해 간다면, 근심이 없을 것을 보장할 수 있을 것인데 끝내 무슨 후회가 있겠습니까." 하고, ……

◎ **중종 39/07/25[경상도 순변 체찰사 이기의 배사에 따른 교서]**

경상도 순변 체찰사(慶尙道巡邊體察使) 이기(李芑)가 배사(拜辭)하였는데, 교서(敎書)에 이르기를, ……

가덕진(加德鎭)을 청설하는 계책은 조종(祖宗)께서 미처 이루지 못했던 계획이다. 내가 어찌 땅을 넓혀 변방을 열려고 하겠으며, 또 어찌 백성을 괴롭혀 군사를 움직이려 하겠는가. 내지(內地)의 연약한 군졸을 뽑아 바다 안의 외롭고 위태로운 성(城)을 지키자면 세력이 많이 모자라는데, 관방(關防: 변방의 방비를 위하여 설치한 요새.)이 어찌 반드시 튼튼하리라고 보장하겠는가. 그러나 일은 때에 따라 손익(損益)하고 획책은 기회에 임하여 변통하는 것이니, 노장(老將)이 계획한 옛 규례를 채택했고 왕년에 상의했던 계획에서 나왔으나 【을미년(1535) 가을에 우참찬(右參贊) **조윤손**(曺閏孫)이 순변사(巡邊使)가 되어 진을 설치하는 일을 규획(規劃)하였는데, 조정의 의논이 같지 않아서 일이 시행되지 않았다.】 규례에 얽매어 변통하지 않을 수 없고, 일을 조치하는 것은 일을 아는 사람에게 물어야 한다. 저 북방에 진을 둔 일에서 우리 열조(烈祖)를 생각하건대, 뭇 사람이 함께 비방하여 뭇 말이 조정에 가득찼건만, 강직하고 우뚝한 충신의 굳건하여 뽑을 수 없는 뜻에 힘입어 【김종서(金宗瑞)가 육진(六鎭)에 성을 쌓은 일을 가리킨다.】 한때의 뭇 사람이 꺼리는 것을 무릅쓰고 만세의 특이한 공훈을 세우셨다. 변방은 나라를 지키는 데에 있어서 가장 중요하고, 국가는 이에 힘입어서 안정되거니와, 바다에 떨어져 있는 진보(鎭堡)는 또한 오랑캐를 접대하는 문호이다. 강역의 대소는 같지 않더라도 실로 경략의 조치는 다를 것이 없으니, 요해(要害: 전쟁에서, 자기편에는 꼭 필요하면서도 적에게는 해로운 지점)를 자리잡고 앉아 예전에 엿보던 조짐을 막고, 풍랑을 멀리 바라보아 배가 통행하는 길을 끊어야 한다. 오는 것을 거절하는 것은 다만 악을 징계하려는 것이고, 진을 설치하는 것은 백성을 편안하게 하기 위한 것이다. 임금은 평등하게 인애(仁愛)하려는 것이 본심인데, 장수들이 공을 좋아하여 적을 이기려는 데로만 돌아갈까 염려된다. 진정(鎭定)은 말썽을 없애기만 바라야 하고 방략(方略)은 군사를 함부로 쓰지 않아야 한다. ······.

◎ **중종 39/09/12**[경상도 체찰사 이기가 올린 계본에 의하여 진보와 노비 선출의 일을 의논하다.]

정원이 비변사 당상【홍언필·윤인경·성세창·정옥형·**조윤손(曺潤孫)**·윤인경·우맹선.】의 뜻으로 아뢰기를,

"체찰사(體察使)【이기(李芑)】의 계본【*】에 대하여 회계(回啓)해야 하겠으나, 진보를 그대로 두거나 폐지하는 일과 노비를 뽑아 주는 일과 번상(番上: 지방의 군사를 뽑아서 차례로 서울의 군영으로 보내던 일)하는 군사를 덜어 내는 등의 일은 지극히 중대하므로 홀로 의논할 수 없습니다. 그러니 정부·육경(六卿)·지변사 당상(知邊事堂上) 등이 궐정에 모이거나 정부에 모여서 의논하는 것이 어떠하겠습니까?" 하니,

전교하였다.

"뒷날 정부가 합좌(合坐)할 때에 의논하도록 하라."

【* 계본은 다음과 같다. "가덕도(加德島)는 진보(鎭堡)의 성터를 친히 살펴서 감독하여 쌓되 전폐(全廢)한 진(鎭)의 군사와 방어가 수월한 곳의 군사를 뽑아 옮겨 채워 주며, 다대포(多大浦)는 군사를 더 주고 첨사(僉使)를 차출하며, 부산포(釜山浦)는 군위(軍威)가 모자라니 정병(正兵) 2대(隊)가 상번(上番)하지 말고 유방(留防)하며, 동래현(東萊縣)은 왜인의 물건을 나르느라 폐해를 받으니 가까운 고을이 날라서 폐해를 없애고 그 아권(衙眷)을 회복될 때까지는 데려가지 말게 하며, 사천(泗川)에는 군관(軍

官)을 차출하여 보내지 말며, 가덕진(加德鎭)·천성진(天城鎭)은 노비를 정하여 주며, 적량(赤梁)은 성안에 물이 없으니 샘이 있는 곳으로 옮기며, 양산(梁山)·곤양(昆陽)의 수령은 무재(武才)가 있는 자로 바꾸어야 합니다."】

80세 (1547년)
<동지중추부사>

◎ 명종 2년(1547, 79세)/01/27[심연원·남세건·민기 등에게 관직을 제수하다.]

심연원(沈連源)을 의정부 좌참찬으로, 남세건(南世健)을 형조 참판으로, 유진동(柳辰仝)을 승정원 도승지로, 민기(閔箕)를 홍문관 응교로, 유잠(柳潛)을 사헌부 지평으로, 이원록(李元祿)을 홍문관 교리로, 권용(權容)을 부교리로, 이충남(李沖南)을 공조 좌랑으로,【문음(門蔭)으로 이기(李芑)의 동서이다.】심수경(沈守慶)을 사간원 정언으로, 남궁 침(南宮忱)을 홍문관 수찬으로, 이감(李戡)을 부수찬으로, 안명세(安名世)를 승정원 주서로, 임보신(任輔臣)을 홍문관 박사(弘文館博士)로, 김익(金灣)·이억상(李億祥)을 예문관 검열(藝文館檢閱)로, 민제인(閔齊仁)을 지중추부사(知中樞府事) 여원군(驪原君)으로, **조윤손(曹閏孫)**을 지중추부사로, 봉승종(奉承宗)을 충청도 병마절도사로 삼았다.

사후의 기사

◎ 명종 13년(1558)/02/16[비변사와 대신이 순찰사의 일을 의논하여 아뢰다.]

비변사와 대신·영부사가 함께 의논드리기를, …….

헌부가 아뢴 폐단에 대해서도 신들이 상의하지 않은 것은 아닙니다만 적의 형세를 헤아려보건대 심상하지 않은 듯하기에 미리 조치하려고 순찰사를 보내자고 청한 것입니다. 그 칭호는 신들이 처음에는 방어사(防禦使)라고 부르려 하였으나, 이렇게 인심이 해이한 때에 명칭이 중하지 않으면 절제하는 데에 방해되는 것이 있을까 염려한 것이니, 중종 때에 황형(黃衡)은 북방(北方)에,【임신년(1512, 중종 7년)에 오랑캐가 도둑질을 하므로 달래서 진정시키는 일로 갔다.】**조윤손(曹潤孫)**은 남방(南方)에,【을미년(1535, 중종 30년)에 가덕도(加德島)에 진(鎭)을 설치하는 일로 갔다.】우맹선(禹孟善)은 서방(西方)에 【경자년(1540, 중종 35년) 에 자성(慈城)을 다시 설립하는 일로 갔다.】 모두 순변사(巡邊使)의 칭호를 띠고 갔었는데, 순변과 순찰은 다를 것이 없으므로 감히 순찰이라 칭호해서 그 이름을 중하게 한 것입니다. …….

> **을묘년의 변고** 을묘년(1555년, 명종 10) 5월 12일에 대마 도주(對馬島主)로부터 왜변(倭變)이 있을 것이라는 경보가 있었고 16일에는 전라도 관찰사로부터 왜선(倭船) 70여 척이 11일에 이미 영암(靈巖)의 달량포(達梁浦)에 와서 민가를 불사르고 달량성을 포위하였다는 치계(馳啓)가 있었다. 13일에 달량성이 함락되었으나, 전주 부윤(全州府尹) 이윤경(李潤慶)의 창의(倡義)로 출전한 전주의 군사가 영암 향교(鄕校)에서 적을 대파하고 1백여 급(級)을 베어 승세를 굳혔다.

제3부
장호공 연구 논문

진주지역의 역사 자원으로서 조윤손 연구

박 용 국*

≪차 례≫

Ⅰ. 머리말
Ⅱ. 인물 소개의 오류와 관력(官歷)에 대한 검토
  1. 인물 소개 자료에 대한 검토
  2. 관력에 대한 검토
  3. 주요한 관력에 나타난 인물적 특성
Ⅲ. 어떠한 인물이었나
  1. 창녕 본가에서 진주 처향으로 이주
  2. 자와 시호는 그의 삶을 대변하는 말
  3. 70이 넘어 사판(仕版)에서 이름 삭제
  4. 한발 늦어 잊힌 인물
Ⅳ. 맺음말

Ⅰ. 머리말

조윤손(曺潤孫, 1468~1547)은 본관이 창녕(昌寧), 자가 억지(億之), 시호가 장호(莊胡)이다. 조부가 울진현령 조안중(曺顔仲)이며, 1468년(예종 1) 진주목 송곡(현재 진주시 금곡면 송곡리)에서 아버지 조숙기(曺淑沂, 1434~1509)와 어머니 정유의(鄭攸宜)의 딸 사이에서 태어났다. 그는 1492년(24세)에 별시무과에 급제하여

---

* (재)신라문화유산연구원 학술연구실장. pyg941021@hanmail.net

남북의 외적을 방비하고 물리치는 데에 크게 공을 세운 인물로서 보기 드문 군사적 능력을 발휘했다. 군수와 현감, 병마절도사와 관찰사 등 외직만이 아니라 의정부 좌·우참찬, 한성부판윤, 공조판서, 병조판서 등 내직을 지내기도 했다.

조윤손은 16세기 중엽 이래 지역인의 기억에서 늘 대표적인 진주지역 인물 중의 한 사람이었다. 진주지역 명사(名士)들의 손으로 수집되고 편찬된 17세기 초 대표적인 읍지인 『진양지(晉陽誌)』에도 언급되고 있다. 1632년 편찬의 『진양지』 산천조(山川條)에 "월아산은 월아미리(月牙彌里)에 있다. 발산(鉢山)이 서쪽으로 달려와서 원통산(圓通山)이 되고, 원통산이 서북쪽으로 향하여 와서 이 산이 되었다. 두 봉우리가 서로 대치하여 본주(本州)의 수구(水口)를 가렸다. 동쪽에는 비봉(飛鳳)의 형국이 있고, 서쪽에는 천마(天馬)의 형국이 있어 산의 동쪽에는 정승이 나고 산의 서쪽에는 장수가 난다고 일컬었으니, 재상으로는 강맹경(姜孟卿, 1410~1461)·강혼(姜渾, 1464~1519)을 이르고, 장수로는 조윤손·정은부(鄭殷富, 생몰년 미상)를 이른다. 이것만 아니라 산의 사면(四面) 아래에는 예부터 인재를 배출하였다."1)라고 수록되어 있다. 이렇듯 조윤손은 진주의 풍수형국에서 수구(水口)를 가리는 월아산의 천마(天馬) 형국을 대표하는 진주지역의 큰 인물이었다.

한편 조윤손의 묘비명은 당대 최고의 문장가 관포(灌圃) 어득강(魚得江, 1470~1550)이 짓고, 초서의 일인자여서 '초성(草聖)'으로 불린 고산(孤山) 황기로(黃耆老, 1521~?)가 해서(楷書)로 썼다. 조숙기의 묘비명은 목계(木溪) 강혼(姜渾)이 짓고, 관포 어득강이 썼다. 두 비명은 많이 마모되어 잘 알아볼 수 없으나 내용은 『진양지』에 전하고 있다. 조숙기 부부, 조윤손 부부, 셋째 딸 부부[정항(鄭沆) 부부]의 3대 묘 등은 2010년 2월 11일 경상남도 기념물 제272호 '진주 이곡리 조숙기 묘역'으로 지정되어 보호받고 있다.

그런데 조윤손은 생몰년조차 잊힌 채 지역인의 기억에서도 사라진 지 오래이다. 『한국민족문화대백과』 등의 인물 소개란을 보면 조윤손은 생몰년 미상이며, 무과 급제 시기도 1502년이라고 기술하고 있다.2) 이 외에도 조윤손 관력의 기본 내용

---

1) 『晉陽誌』 권1, 「山川」, "月牙山在月牙彌里 鉢山西走爲圓通山 圓通山向西北來爲此山 兩峰對峙爲本州水口之蔽 東有飛鳳形 西有天馬形 古稱山東出相 山西出將 相謂姜孟卿 姜渾 將謂曺潤孫 鄭殷富也. 非但此也山之四面之下 自古人材輩出"

에도 오류를 확인할 수 있다. 조윤손은 중종반정에 앞서 이미 연산군을 구축하려는 계획을 세웠다. 그러나 조윤손이 미처 행동으로 옮기기 전에 한양에서 박원종(朴元宗)·성희안(成希顏) 등이 거사에 성공하였던 것이다. 한발 늦어 역사에서 잊힌 인물이라고 하면 지나친 표현일까.

역사는 승리자의 것이며, 그들에 의해서 만들어지기도 한다. 이는 긍정적이든지, 아니면 부정적이든지, 또는 둘 모두의 성격을 갖고 있든지 간에 역사와 역사서에서 분명히 파악 가능한 현실이다. 이러한 평가는 심지어 20세기 한국의 역사교육의 현실에도 전혀 그렇지 않다고 부정할 수 없을 것이다. 그렇다면 지역에서 조윤손이라는 인물을 어떻게 기억해야 할까. 그를 기억할 수 있는 말이 무엇일까. 조윤손은 한발 늦어 잊힌 인물이다. 그러나 지역인의 기억에서 결코 잊힐 수 없는 인물이었다. 우선 지역 인물 발굴의 차원에서 조윤손에 대한 제대로 된 인물 정리가 필요하다. 이 글의 또 다른 목적은 기존 인물 소개의 오류를 바로 잡는 데에 있다.

II. 인물 소개의 오류와 관력(官歷)에 대한 검토

1. 인물 소개 자료에 대한 검토

조선시대의 역사 인물 가운데 당시 했던 역할에 비해서 전혀 주목받지 못한 인물이 하나 둘이 아닐 것이다. 이 글에서 다루는 조윤손도 그 좋은 예가 아닐까 한다. 아래 자료는 가계를 제외한 『한국민족문화대백과』 등의 조윤손이라는 인물을 소개하고 있는 내용의 일부이다.

> II-1. 무과에 급제, 동·서양계 절도사(節度使)가 되었다. 당시에 여연(閭延)·무창(茂昌)에 야인들이 들어와 점점 부락(部落)을 이루게 되어 중종의

---
2) 한국학중앙연구원 편, 『한국민족문화대백과』, 한국학중앙연구원, 2010 ; 두산백과 (http://www.doopedia.co.kr)

명을 받들어 야인들을 국경 밖으로 몰아내었다. 그 공으로 병조판서(兵曹判書)에 영진하였고, 뒤에 좌찬성(左贊成)에 이르렀다.3)

II-2. 1502년(연산군 8) 무과에 급제하고, 이듬해 선전관이 되었으며, 1506년 유빈(柳濱)·윤탕로(尹湯老) 등과 협의하여 연산군을 폐하려 하였으나 박원종·성희안 등의 반정이 먼저 성공하였으므로 공신녹권(功臣錄券)만을 받았다. 1509년(중종 4) 웅천현감이 되어 남해안 일대에 침입한 왜구를 격파하였으며, 1512년 갑산부사로 야인을 토벌하였다. 이듬해 함경도병마절도사로 부임하였으며, 1523년 야인이 여연·무창에 침입하여 점차로 부락을 형성하려 하는 것을 몰아냈다. 1528년 평안도병마절도사로 부임하여 다시 야인의 침입을 격퇴하고, 1533년 한성부 판윤, 1536년 병조판서를 거쳐 좌찬성에 이르렀다. 시호는 장호이다.4)

II-3. 1502년(연산군 8) 무과에 급제한 뒤, 다음해 선전관이 되고, 1506년 유빈 등과 함께 연산군을 폐하려 했으나, 성희안·박원종 등의 반정이 먼저 성공하여 공신녹권만 받았다. 1509년(중종 4) 웅천현감(熊川縣監) 때 남해안 일대의 왜구를 격파하고, 1512년 갑산부사로 야인을 토벌하고, 이듬해 함경도병마절도사로 특진, 여연·무창에 들어와 정착하려는 야인을 몰아냈다. 평안도병마절도사로 재차 야인의 침입을 물리치고, 1533년 한성부판윤을 거쳐 1536년 병조판서가 되고 좌찬성에 이르렀다.5)

II-4. 1502년(연산군 8) 무과에 급제하고, 이듬해 선전관이 되었다. 1506년 유빈·윤상로(尹湯老) 등과 협의하여 연산군을 폐하려 하였으나 박원종·성희안 등의 반정이 먼저 성공하였으므로 공신녹권만을 받았다. 1509년 웅천현감으로 있을 때 남해안 일대에 침입한 왜구를 격파하였으며, 1512년 갑산부사로 야인을 토벌하였다. 이듬해 함경도병마절도사로 부임하였으며, 1523년 야인이 여연·무창에 침입하여 점차로 마을을 형성하려 하는 것을 몰아냈다. 1528년 평안도병

---

3) 이홍직 편, 『새국사사전』, 교학사, 1983(초판).
4) 한국학중앙연구원 편, 『한국민족문화대백과』, 한국학중앙연구원, 2010. 인용문 내용 가운데 국한문 혼용 부분은 한문으로 바꾸었으며, 이하 이 장에서 인용하는 내용도 그렇게 했다.
5) 두산백과사전 두피디아 홈페이지(http://www.doopedia.co.kr), 曺潤孫 편.

마절도사로 부임하여 다시 야인의 침입을 격퇴하였다. 1533년(중종 28) 한성부 판윤, 1536년 병조판서를 거쳐 좌찬성에 이르렀다.6)

위의 인용 자료를 종합하면 공통적인 오류를 발견할 수 있다. 공통적인 오류만 해도 첫째, 1502년 무과에 급제한 사실, 둘째, 1503년에 선전관 제수 부분, 셋째, 1506년 유빈(柳濱)·윤탕로(尹湯老) 등과 협의하여 연산군을 폐하려 하였다는 부분, 넷째, 1536년 병조판서에 제수된 문제, 다섯째 관직이 좌찬성에 이르렀다는 점을 지적할 수 있다. 그리고 '1509년 웅천현감이 되어'라거나 '1509년 웅천현감 때', 또는 '1509년 웅천현감으로 있을 때'라는 부분도 오해의 여지가 있는 서술이다.

먼저 조윤손이 1502년에 무과에 급제했다는 설을 검토하겠다. 관포 어득강(1470~1550)이 찬(撰)한 조윤손의 비명에는 "공은 시례(詩禮, 사대부) 가정에서 태어나 24세에 무과에 급제하여 선전관이 되었다."7)라고 하였다. 조윤손의 비명에서 무과에 급제한 시기는 일반적으로 알려진 1502년(연산군 8)이 아니라 1492년(성종 23)으로 나온다. 이는 1503년(연산군 9) 1월 조윤손을 종4품 양산군수(梁山郡守)에 제수하자, 대간의 반대가 심하였다는 반대 논의에서도 증명이 된다.

대간의 계론 가운데 사간(司諫) 이의손(李懿孫)은 "조윤손이 처음 선전관에 제수되었다가 겨우 3년이 지났는데, 갑자기 4품직으로 승진시킨 것은 매우 지나칩니다."8)라고 했으며, 집의(執義) 김율(金硉)은 "조윤손이 선전관에 임명된 지가 3년이 안되어 갑자기 4품직에 승진되었습니다."9)라고 하였다. 이 내용에서 보더

---

6) 디지털진주문화대전 홈페이지(http://jinju.grandculture.net), 전통시대 인물(曺潤孫 편). 인용문 가운데 尹湯老는 尹湯老의 오류이다.
7) 『晉陽誌』 권4, 塚墓 「曺潤孫碑銘」(魚得江 撰), "公生於詩禮 年二紀出身於武爲宣傳官." 조숙기와 조윤손 부자의 비명은 1632년 편찬의 『晉陽誌』 권4, 塚墓條에 실려 전한다. 다만 비명의 첫머리 일부를 생략하고 있다. 이하 『晉陽誌』 권4, 塚墓條에 실린 「正憲大夫議政府左參贊兼五衛都摠管知訓練院事曺公墓碑銘」(魚得江 撰)은 「曺潤孫碑銘」(魚得江 撰)으로 약칭하겠다. 아울러 같은 책의 「嘉善大夫慶州府尹兼慶州鎭兵馬節制使曺公墓碑銘」(姜渾 撰)도 「曺淑沂碑銘」(姜渾 撰)으로 약칭하겠다.
8) 『燕山君日記』 권48, 연산군 9년 1월 8일(丙子), "懿孫曰 曺潤孫初授宣傳官 纔閱三歲 驟陞四品 甚濫."
9) 『燕山君日記』 권48, 연산군 9년 1월 9일(丁丑).

라도 기존의 1502년 무과 급제설은 명백한 오류이다. 따라서 관포 어득강이 지은 비명에 나오는 내용이 사실에 부합하는 것으로 보인다.

요컨대 조윤손은 24세 되던 1492년(성종 23)에 무과에 급제하여 1500년 초에 선전관에 제수되었다.

다음으로 조윤손이 1503년에 선전관에 제수되었다는 설의 문제는 앞의 무과 급제 시기가 밝혀지면서 자연스럽게 오류가 드러난다. 그렇지만 좀 더 자료를 통해서 살펴보도록 하겠다.

어득강이 찬한 비명을 보면 조윤손이 1492년 무과에 급제하여 선전관이 되었다. 그런데 앞의 이의손과 김율의 논계 내용을 보면 조윤손은 1503년 접어들면서 선전관에 제수된 지가 3년 정도였던 것으로 보인다. 그렇다면 1500년 1월을 전후하여 조윤손이 선전관에 제수되었던 것으로 볼 수 있다. 아무튼 조윤손은 24세(1492)에 무과에 급제한 이후 처음으로 선전관에 임명되었던 것은 확실하다. 그렇다면 조윤손이 제수 받은 선전관은 어떠한 관직이었나.

주지하다시피 선전관은 근시(近侍, 임금을 가까이 모시던 신하)의 직임이어서 서반 승지(西班承旨)로 지목될 정도로 청요직(淸要職, 삶에 흠이 없는 사람이 갖는 정부의 중요한 직책)으로 간주되었다. 특히 선전관은 무재(武才)가 있고 효용(驍勇, 날래고 용감함)한 사람을 선발·임명하여 장차 무반의 중추적 존재로 성장할 인재들이었으며, 끊임없이 무예와 병법을 연마하도록 되어 있었다. 무엇보다 선전관에 임명된 이는 승진(陞進)과 가계(加階, 품계를 올리는 일)에 상당한 특전을 입기도 하였다. 따라서 조윤손이 무재를 타고났을 뿐만 아니라 문과 출신 조숙기의 아들이었던 점도 불차탁용(계급의 차례를 밟지 않고 임용함)에 다름이 없는 파격적인 관직 제수를 받았던 것과 무관하지 않을 것이다. 이에 대해서 이의손 등 대간들이 1503년 1월 8일 이후에도 여러 차례 조윤손의 탁용(擢用, 많은 사람 가운데 뽑아씀)을 반대하는 논계(論啓, 신하가 임금의 잘못을 따져 아룀)로써 연산군을 압박하였다. 그러나 연산군은 대간들의 논계를 일체 들어주지 않았다.[10] 이처럼 조윤손이 무과에 급제하여 선전관을

---

10) 『燕山君日記』 권48, 연산군 9년 1월 9일(丁丑) ; 1월 10일(戊寅) ; 1월 11일(己卯) ; 1월 13일(辛巳) ; 1월 14일(壬午) ; 1월 15일(癸未) ; 1월 17일(乙酉) ; 1월 19일(丁亥) ; 1월 20일(戊子).

제수 받은 것은 단순히 가문의 배경만이 아니라 무재(武才)가 있었기 때문이었다. 이는 이후 그의 군사적 활동과 그에 대한 조정의 평가에서도 증명이 된다.

이상에서 살펴본 것처럼 조윤손은 1503년에 선전관으로 제수된 것이 아니라 종4품 양산군수에 제수되었던 것이다. 후술하듯이 조윤손의 양산군수 제수에 대한 대간의 반대는 상당히 심하였다.

셋째, 조윤손이 1506년 유빈·윤탕로 등과 협의하여 연산군을 폐하려 하였다는 서술 부분이다. 이는 명백한 오류이다. 박원종·성희안·유순정 등이 반정에 성공한 후 공신을 책정한 내용 말미에 사신(史臣)이 공신 책정에 대해서 논하였다. 사신은 "연산 말년에 장차 복망(覆亡, 나라나 집안이 망함)할 화가 있었으나, 조정에 있는 뭇 신하는 한 사람도 계교를 내어 의를 외치는 일이 없었으되, 전라도에서는 유빈 등이 거사할 것을 같이 모의하여 서울과 지방에 격문을 띄웠고, 경상도에서는 조윤손 등이 가까운 친척인 윤탕로와 더불어 기병할 것을 협모(協謀)했으나 거사하기에 미치지 못하였는데, 마침 박원종 등이 먼저 대의를 세움에 힘입었으니, 삼공(三公, 영의정, 좌의정, 우의정) 육경(六卿, 육조 판서)은 목숨을 보전할 수 있었던 것만으로도 족하다 할 수 있다. 그런데 훈맹(勳盟, 조선 시대에, 임금과 공신(功臣)이 짐승을 잡아 하늘에 제사 지내고 단결을 맹세하던 일)에 참여해서는 부끄럽게 여기지 않고 또 자제로 하여금 훈적(勳籍, 신하가 세운 공로의 내용을 기록한 문서)에 참여하게 하였으니, 그 이른바 공이 무슨 일인지 알지 못하겠다."11)라고 비판하였다.

이상과 같이 전라도에서는 유빈 등이, 경상도에서는 조윤손 등이 각기 연산군을 폐하려고 모의를 하였던 것이다. 조윤손이 유빈 등과 협의했던 것으로 볼 수 없다.

넷째, 1536년 병조판서에 제수되었다는 문제이다. 이는 명백한 실록의 자료를 통해서 간단히 해결된다. 1536년을 전후한 관력을 살펴보자. 1536년 10월 함경도 관찰사에 제수되었으나 바로 체직하여 내직에 머물도록 했다.12) 1536년 중종은 조윤손을 임금 행차시 포영사에 제수했다. 조윤손은 1537년 7월에 이르러 의정부 좌참찬(議政府左參贊)에 제수되고,13) 1537년(중종 32) 10월에 이르러 병조판서에

---

11) 『中宗實錄』 권1, 중종 1년 9월 8일(甲申).
12) 『中宗實錄』 권82, 중종 31년 10월 12일(甲午).

임명되었다.14) 당시 조윤손의 병조판서 제수를 두고 진주에서는 온 고을의 영광으로 여겼다.15) 이처럼 1537년 10월에 조윤손은 병조판서에 임명되었다. 다음해 4월까지 병조판서에 재임하고 5월 무렵 특진관에 제수되었던 것으로 보인다.

다섯째, 조윤손의 최고 관직이 종1품 좌찬성에 이르렀다는 인물 소개의 오류를 지적하겠다. 조윤손은 1532년 4월 처음으로 의정부우참찬에 제수되었다가 바로 다음날 체직된 것16)을 제외하고 의정부의 참찬에 세 번이나 제수되었다.17) 그러나 좌찬성에 제수되었다는 실록이나 비명의 기록은 보이지 않는다. 이는 당대 실록의 관직 제수를 통해서 보거나 그의 비문 내용에 비추어 명백한 오류이다.

끝으로 1509년에 웅천현감이 되어 삼포왜란을 제압한 사실의 문제이다. 조윤손은 양산군수로서 6년의 임기를 채우고 1508년 1월에 내직인 군기시첨정(軍器寺僉正)을 제수받았다. 조윤손이 웅천현감을 제수받았던 정확한 달은 알 수 없으나 1509년 3월 이전인 것은 틀림이 없다. 3월에 박원종과 유순정 등이 웅천·동래 등처의 왜노(倭奴, 일본사람을 낮잡아 이르던 말) 문제를 논의하면서 "남방의 염포(鹽浦)·동래 등과 같은 곳의 수령과 만호를 당상관으로 차견(差遣, 사람을 시켜 보냄)할 일을 앞서 순정이 계청(啓請, 임금에게 아뢰어 청하던 일)하였는데, 웅천만은 홀로 당상관을 차견하지 않았습니다. 지금 현감 조윤손은 합당한 사람이나, 당상관으로 승진시켜 차송(差送=차견)하는 일은 아래에 있어서 감히 계청하지 못하오나, 그 인품만은 당상관에 합당한 사람입니다."18)라고 하였기 때문이다.

후술하겠지만 웅천현감 조윤손을 당상관으로 올려 제수하는 문제는 대신들과 대간들 사이에 한 달 간이나 논쟁거리였다. 이에 대해서 목계 강혼은 조숙기의 비문에서 아들 윤손이 그 때 양산군수로 있다가 임기가 만료되어 군기시 첨정이 되었으나 또 공을 위하여 웅천현감을 자원하였다고 하고, 관포 어득강은 조윤손의 비문에서 부 조숙기가 일흔여섯으로 고향에서 노년을 보내고 있었으므로 봉양

---

13) 『中宗實錄』 권85, 중종 32년 7월 12일(己丑).
14) 『中宗實錄』 권85, 중종 32년 10월 24일(庚午).
15) 『晉陽誌』 권4, 塚墓 「曺潤孫碑銘」(魚得江 撰), "馳來者乃除公兵曹判書也 一鄕榮之".
16) 『中宗實錄』 권73, 중종 27년 4월 3일(辛巳) ; 『中宗實錄』 권73, 중종 27년 4월 4일(壬午).
17) 『晉陽誌』 권4, 塚墓 「曺潤孫碑銘」(魚得江 撰).
18) 『中宗實錄』 권8, 중종 4년 3월 12일(甲辰).

하고 문안드리기 위해서 직급이 낮은 웅천현감을 자청했다고 적고 있다.[19]

그런데 조윤손이 웅천현감으로 부임한 지 얼마 지나지 않아 아버지 상을 당하였다. 아버지 조숙기가 경주부윤(1503~1505)을 끝으로 관계에서 물러나 진주 송곡에서 유유자적하다가 1509년 5월 19일 76세를 일기로 돌아가자, 시묘살이를 하였다.[20] 후술하겠지만 1510년 4월에 삼포왜란이 일어나 웅천이 함락되는 등 상황이 급박해지자, 조정에서 상중에 있던 진주의 조윤손과 정은부[21]의 출전을 명하였던 것이다. 출정하여 제포(薺浦)에서 왜인 삼백여 명의 목을 베는 공을 세웠다.[22]

이상과 같이 앞의 백과사전에서 조윤손이 1509년 웅천현감으로 있을 때 남해안 일대에 침입한 왜구를 격파했다는 부분도 오해의 여지가 있어 수정이 필요하다. 조윤손은 1509년 웅천현감에 제수되어 재임 중에 아버지 상을 당하여 시묘살이를 하였으며, 1510년 4월에 삼포왜란이 일어나 웅천이 함락되는 등 급박한 상황에서 조정의 명령으로 상중에 출정하여 크게 공을 세웠던 것이다.

요컨대 가장 기본적인 편년체 실록만 확인해도 밝힐 수 있는 조윤손 관력의 여러 사실에서 오류를 범하고 있다. 이는 단순히 집필자의 문제가 아니라 편견에 비롯되었을 것으로 짐작이 간다. 문과 급제에 문집을 남겼다면 과연 인물 집필자가 그러한 오류를 범했겠는가. 더구나 오류 내용에는 실록의 내용을 통해서 쉽게 바로잡을 수 있는 사실도 포함되어 있다. 따라서 앞에서 지적한 오류는 근거 사료를 통해서 바로잡아야 한다. 한 인물의 관력은 그의 삶을 평가하는 데에 가장 기본적으로 검토해야 할 부분이기 때문이다.

지금껏 살펴보았듯이 조윤손이 역사에 남긴 족적이 결코 적지 않았다. 그럼에도 불구하고 조윤손이라는 인물을 소개하는 여러 백과사전의 집필자는 간단히 해결할 수 있는 관력의 내용조차 오류를 범하였다. 비명만 봐도 확인할 수 있는

---

19) 『晉陽誌』 권4, 塚墓 「曺淑沂碑銘」(姜渾 撰) ; 『晉陽誌』 권4, 塚墓 「曺潤孫碑銘」(魚得江 撰).
20) 『晉陽誌』 권4, 塚墓 「曺潤孫碑銘」(魚得江 撰).
21) 정은부는 1509년 慶尙右道水使로 있을 때 아버지 상을 당하여 시묘살이 중이었다. 정은부는 아버지 상중에 참전하여 그 활약상이 軍功 1등이었다. 『中宗實錄』 권11, 중종 5년 6월 9일(癸巳) ; 『晉陽誌』 권3, 人物 「鄭殷富」.
22) 『晉陽誌』 권4, 塚墓 「曺潤孫碑銘」(魚得江 撰).

생몰년을 하나같이 미상으로 처리한 것은 두말 할 필요도 없다. 조윤손의 관력을 보여주는 관포 어득강의 비명이 전하고 있음에도 불구하고 기본적인 생몰년과 주요한 삶의 전환기를 놓쳐버리는 실수를 저질렀던 것이다. 이는 인물 사전 집필자가 자료의 철저한 검토나 고민 없이 앞선 연구자의 실수[23]를 되풀이한 것에 지나지 않는다.

2. 관력(官歷)에 대한 검토

비명(碑銘)과 연보(年譜)를 포함한 행장(行狀, 죽은 사람이 평생 살아온 일을 적은 글)은 인물 연구의 기본 자료이다. 행장은 한 인물의 사상과 행력(行歷, 지내 온 경력)이 그와 가깝든지, 아니면 멀든지 간에 타인으로부터 1차적으로 평가·정리된 것이기 때문이다. 또한 행장은 한 인물의 공부가 사회적으로 어떻게 확산되었던가를 보여주는 일차적 자료이며, 한 인물의 인간 형성의 이상과 그 방법이 드러나기도 한다. 물론 그 인물 연구에서 행장 자료는 비판적 검토가 선결되어야 한다.[24] 그래서 조윤손의 비명과 관력을 중심으로 한 그의 자료를 검토함으로써 그에 관한 객관적인 자료를 정리하고자 한다. 앞에서 살펴보았듯이 기존의 조윤손 소개 내용은 오류가 적지 않기 때문이다.

1492년 무과별시에 급제하여 선전관을 지내고 1503년 양산군수에 제수되었다. 조윤손은 양산군수로서 6년의 임기를 채우고 1508년 1월에 내직인 군기시 첨정을 제수받았다. 앞에서 얘기했듯이 조윤손이 웅천현감을 제수받았던 정확한 달은 알 수 없으나 1509년 3월 이전인 것은 틀림없다.

1509년 3월 21일에 박원종이 웅천현감 조윤손을 당상관으로 올려 제수하자[25]고 하여 다음날 중종이 당상관으로 제수하고,[26] 4월 12일에 조윤손이 배사(拜辭, 임지(任地)로 가는 관원(官員)이 임금에게 작별을 아뢰던 일)하였다.[27] 4월 19일 당상관을 개정

---

23) 이홍직 편, 『새국사사전』, 교학사, 1983.
24) 박용국 외 편저, 『傳統時代 工夫論 資料選集』, 이회, 2008.
25) 『中宗實錄』 권8, 중종 4년 3월 21일(癸丑).
26) 『中宗實錄』 권8, 중종 4년 3월 22일(甲寅).
27) 『中宗實錄』 권8, 중종 4년 4월 12일(癸酉).

하고 조윤손이 웅천현감을 계속 재임하도록 전교(傳敎, 임금이 명령을 내림. 또는 그 명령)하였다.[28] 이는 대간만이 아니라 홍문관까지 가세하여 반대하였던 것을 감안한 전교였다.

조윤손은 1509년 웅천현감에 제수되어 재임 중에 아버지 상을 당하여 시묘살이를 하였으며, 1510년 4월에 삼포왜란이 일어나 웅천이 함락되는 등 급박한 상황에서 조정의 명령으로 상중에 출정하여 크게 공을 세웠던 것이다. 아버지 삼년상을 치른 후 그 공적으로 1512년 통정대부(通政大夫) 갑산도호부사(甲山都護府使)에 제수되었다.[29] 이때 여진이 갑자기 쳐들어왔으나 추격하여 목 베고 노략질해 간 것을 다 되찾아 돌아왔다.[30] 그 공으로 1513년 1월 가선대부(嘉善大夫) 함경도병마절도사(咸鏡北道兵馬節度使)로 승진하여 경성(鏡城)에 주둔하였다.[31]

1515년 1월 무렵 경상좌도병마절도사(慶尙左道兵馬節度使)에 제수되고,[32] 이어 1516년 1월 경상우도병마절도사에 제수되었다.[33] 1518년 경상우도병마절도사로 있으면서 가덕도(加德島)와 미조항(彌助項) 등 여러 곳에 진(鎭)을 설치할 것을 청하였다. 1519년(중종 14) 9월 경상좌도수군절도사에 임명되었다.[34]

1522년(중종 17) 11월 중종은 조윤손이 무력으로 이름을 떨쳤을 뿐만 아니라 청렴하고 유능함으로 조정에서 논의 끝에 한 품계를 올려 정2품 자헌대부 동지중추부사(同知中樞府事) 겸 지훈련원사(知訓鍊院事)로 삼았다.[35] 다음해 함경남도

---

28) 『中宗實錄』 권8, 중종 4년 4월 19일(庚辰).
29) 『中宗實錄』 권15, 중종 7년 3월 25일(庚午).
30) 『晉陽誌』 권4, 塚墓 「曺潤孫碑銘」(魚得江 撰) ; 『中宗實錄』 권16, 중종 윤5월 18일(辛卯) ; 『中宗實錄』 권16, 중종 윤5월 19일(壬辰) ; 『中宗實錄』 권16, 중종 6월 24일(丙寅) ; 『中宗實錄』 권16, 중종 7월 25일(丙申).
31) 『中宗實錄』 권17, 중종 8년 1월 3일(癸酉).
32) 조윤손이 경상좌도병마절도사에 정확히 언제 제수되었는가를 알 수 있는 직접적인 자료가 없다. 다만 1515년 11월 9일자의 『중종실록』에 경상좌도·우도에 부득이 搜討할 일이 있으면 서로 알리고서 해야 할 것인데, 좌도병사 曺閏孫이 알리지 않고서 그렇게 하여 搜討船을 왜선 출현으로 오해하여 馳報한 사건이 나온다. 이를 감안하면 조윤손이 咸鏡北道兵馬節度使의 임기를 채우고 1515년 1월 무렵에 경상좌도병마절도사에 제수되었던 것으로 추정된다. 『中宗實錄』 권23, 중종 10년 11월 9일(辛卯).
33) 『中宗實錄』 권23, 중종 11년 1월 25일(丁未).
34) 『中宗實錄』 권36, 중종 14년 9월 10일(辛丑).
35) 『中宗實錄』 권46, 중종 17년 11월 15일(丁巳).

순변사(咸鏡南道巡邊使)에 임명되자36) 함경도 군졸과 장비에 대한 계책을 올려 여진에 대비하고자 하였다.37)

　　1524년 4월 평안도 병마절도사에 제수되어 건주위(建州衛, 중국 명나라 성조인 영락제 때에, 남만주의 건주 지역에 사는 여진족을 다스리기 위하여 설치한 군영) 여진을 경계하였다.38) 1525년 10월 조윤손이 병으로 사직을 청하고 계모 안씨도 상언(上言, 백성이 임금에게 글을 올리던 일)하여 병이 있다고 함으로 중종이 그의 거취에 난처해하였다.39) 중종은 절도사 조윤손의 체직에 대해 삼공과 의논한 결과 여진을 구축(驅逐, 어떤 세력 따위를 몰아서 쫓아냄)한 이후에 방어하는 일이 긴급하고도 중요하다는 잉임(仍任, 기한이 다 된 관리를 그 자리에 그대로 남겨 둠) 사유를 밝혀 임기가 차더라도 그를 계속 재임하도록 하였다.40) 1526년 6월에 조윤손은 평안도병마절도사에 체직(遞職, 벼슬이 바뀜)되었는데, 대간이 체직을 반대하였다.41)

　　1527년 5월 공조판서에 제수되었다.42) 1528년 2월에 이르러 중종은 영의정 정광필(鄭光弼) 등 대신들이 조윤손을 평안도병마수군절도사로서 매우 합당하다고 하여 낙점하였으며,43) 이러한 가운데서도 조윤손은 계모 안(安) 씨를 섬김에 정성과 공경을 다했다.44)

　　1530년 1월에 조정에서는 산양회(山羊會)가 여진으로부터 기습을 당하고 낚시 나온 여진인을 참수한 것에 대한 병사로서 조윤손의 책임을 추문하여 평안도병마수군절도사에서 파직하였다.45) 1530년 9월에 이르러 조윤손은 지중추부사에 서용되었다.46)

---

36) 『中宗實錄』 권49, 중종 18년 10월 19일(乙卯).
37) 『中宗實錄』 권49, 중종 18년 10월 27일(癸亥).
38) 『中宗實錄』 권51, 중종 19년 9월 6일(정묘), "올해 3~4월 사이에 전 兵使 李之芳이 朝議를 입어 拿來되고, 신 병사 曺閏孫이 미처 부임하지 않았다."라고 하였기 때문이다.
39) 『中宗實錄』 권55, 중종 20년 10월 2일(丁亥).
40) 『中宗實錄』 권55, 중종 20년 10월 2일(丁亥) ; 『中宗實錄』 권55, 중종 20년 10월 3일(戊子).
41) 『中宗實錄』 권57, 중종 21년 6월 6일(丁巳).
42) 『中宗實錄』 권59, 중종 22년 5월 21일(丁酉).
43) 『中宗實錄』 권60, 중종 23년 2월 3일(乙巳).
44) 『晉陽誌』 권4, 塚墓 「曺潤孫碑銘」(魚得江 撰).
45) 『中宗實錄』 권67, 중종 25년 1월 15일(丙午).
46) 『中宗實錄』 권67, 중종 25년 9월 28일(甲寅).

1532년(중종 27) 4월 3일 조윤손은 의정부우참찬에 제수되었으나 다음날 체직되었으며,47) 12월 한성부판윤에 제수되었다.48)

　1534년 4월 조윤손을 함경도관찰사에 제수하자,49) 사헌부가 "한 방면(方面, 관찰사가 다스리던 행정 구역)의 중한 소임에 합당하지 않다."라고 체직을 주장하고,50) 사인(舍人) 신석간(申石澗)이 삼공의 뜻으로 "무신 재상으로서 임용할 만한 사람은 단지 조윤손과 윤임(尹任) 등 두어 사람뿐입니다. 사고란 알 수 없는 법인데 갑자기 임용해야 할 데가 있게 된다면 장차 어떻게 할 것입니까."라고 하면서 체직을 주장하자, 중종이 체직시키도록 했다.51)

　1535년 2월에 공조판서에 제수되고,52) 4월에 의정부좌참찬에 제수되었다.53) 이 해 가을 좌참찬으로서 경상도 순변사가 되어 진을 설치하는 일을 규획(規劃, 계략을 꾸밈. 또는 그 계략)하였는데, 조정의 의논이 같지 않아서 일이 시행되지 않았다.54) 1558년(명종 13)에 비변사와 대신이 순찰사의 일을 의논하여 아뢴 내용 가운데 "조윤손이 1535년(중종 30)에 남방, 즉 가덕도에 진을 설치하는 일로 갔다."55)라는 내용이 전한다. 1535년 9월 제릉(齊陵, 조선 태조의 정비(正妃)인 신의(神懿) 왕후 한 씨의 능) 행행(行幸, 임금이 대궐 밖으로 거동함) 때 조윤손을 포영사(布營使)로 삼았다.56)

　1536년 7월 중종은 다시 조윤손을 임금 행차시 포영사에 제수했다.57) 1536년 10월 함경도관찰사에 제수되었으나 삼공(三公)이 중종에게 "노련한 무신은 조정에 있게 해야 한다."라는 전일 조정의 의논을 아뢰자, 바로 체직하여 내직에 머물

---

47) 『中宗實錄』 권73, 중종 27년 4월 3일(辛巳) ; 『中宗實錄』 권73, 중종 27년 4월 4일(壬午).
48) 『中宗實錄』 권73, 중종 27년 12월 29일(壬寅).
49) 『中宗實錄』 권77, 중종 29년 4월 2일(戊戌).
50) 『中宗實錄』 권77, 중종 29년 4월 3일(己亥).
51) 『中宗實錄』 권77, 중종 29년 4월 11일(丁未).
52) 『中宗實錄』 권79, 중종 30년 2월 18일(己酉).
53) 『中宗實錄』 권79, 중종 30년 4월 19일(己酉).
54) 『中宗實錄』 권80, 중종 30년 10월 9일(丁酉) ; 『中宗實錄』 권80, 중종 30년 11월 16일(癸酉).
55) 『明宗實錄』 권24, 명종 13年 2월 16일(甲午), "曺潤孫之於南方(乙未年加德島鎭事)"
56) 『中宗實錄』 권80, 중종 30년 9월 15일(癸酉).
57) 『中宗實錄』 권82, 중종 31년 7월 16일(己巳).

도록 했다.58) 1537년 7월 의정부좌참찬에 제수되었다.59)

　1537년(중종 32) 10월 조윤손은 병조판서에 임명되었는데,60) 이 소식을 접한 진주에서는 온 고을의 영광으로 여겼다.61) 그 사이 모부인이 병으로 눕게 되자 또 달려왔으나 임종하지 못했다.62) 1538년 5월 조윤손은 특진관을 거쳐63) 10월 다시 의정부우참찬에 임명되었다.64) 조윤손은 1532년 4월 처음으로 의정부우참찬에 제수된65)이후 의정부의 참찬에 세 번이나 제수되었다.66) 그러나 좌찬성에 제수되었다는 실록이나 비명의 기록은 보이지 않는다. 그런데 1554년(명종 9) 1월 조강(朝講, 이른 아침에 강연관(講筵官)이 임금에게 학문을 강연하던 일)에서 서얼(庶孼) 허통(許通)을 논하는 자리에서 조윤손을 일러 1품 재상(宰相, 임금을 돕고 모든 관원을 지휘하고 감독하는 일을 맡아보던 이품 이상의 벼슬. 또는 그 벼슬에 있던 벼슬아치)67)이라고 했다. 이는 당대 실록의 관직 제수를 통해서 보거나 그의 비문 내용에 비추어 명백한 오류이다.

　비문에 따르면 조윤손이 1542년 74세에 상소를 올려 병으로 물러나겠다고 하자, 중종은 관찰사에게 교서를 내려 음식물을 내리게 하고 조리를 잘 하여 다시 조정에 올라오라고 하였다.

　조윤손은 북경에 두 번 사신으로 다녀왔으며, 변방에서 늙도록 벼슬했으므로 호탕한 뜻이 있었다고 전한다. 그는 관직에서 물러나 고향 송곡의 영천강(潁川江) 강변(오늘날 진주시 금곡면 정자리 홍정마을)에 정자를 짓고 이름을 명홍(冥鴻)이라 하고 만 권의 책을 쌓아 두고 읊조리면서 싫증나는 줄을 몰랐다고 한다.

---

58) 『中宗實錄』 권82, 중종 31년 10월 12일(甲午).
59) 『中宗實錄』 권85, 중종 32년 7월 12일(己丑).
60) 『中宗實錄』 권85, 중종 32년 10월 24일(庚午), "以權輗爲議政府右參贊 蘇世讓爲吏曹判書 曺潤孫爲兵曹判書 朴守良爲戶曹參判 許磁爲兵曹參知 蔡洛爲承政院同副承旨 黃憲爲司諫院大司諫 任弼亨爲司諫"
61) 『晉陽誌』 권4, 塚墓 「曺潤孫碑銘」(魚得江 撰), "馳來者乃除公兵曹判書也 一鄕榮之"
62) 『晉陽誌』 권4, 塚墓 「曺潤孫碑銘」(魚得江 撰).
63) 『中宗實錄』 권87, 중종 33년 5월 16일(戊子).
64) 『中宗實錄』 권88, 중종 33년 10월 9일(己酉).
65) 『中宗實錄』 권73, 중종 27년 4월 3일(辛巳).
66) 『晉陽誌』 권4, 塚墓 「曺潤孫碑銘」(魚得江 撰).
67) 『明宗實錄』 권16, 명종 9년 1월 19일(庚申).

1547년 명종이 왕위를 계승하여 특별히 정헌대부을 더해 주었다. 나이 여든인지라 오래지 않아 집으로 돌아왔다가 돌아갔으며, 부 조숙기가 묻힌 바로 옆에 안장되었다.

조윤손의 사환(仕宦, 벼슬살이)을 가장 간단히 말하면 장수의 자질을 갖추고 남북의 군사 문제에서 당대 최고로 활약한 인물이었다. 그래서 그의 관력에 가장 주목되는 게 경상좌우도의 병마절도사와 평안도병마절도사였다. 이러한 반면에 내직인 공조판서 제수에 대해서 대간의 반대 논계도 상당하였다. 그리고 그의 최고 영예는 자헌대부(資憲大夫) 동지중추부사(同知中樞府事) 겸(兼) 지훈련원사(知訓鍊院事)와 병조판서(兵曹判書) 제수였다.

3. 주요한 관력(官歷)에 나타난 인물적 특성

조윤손의 주요한 관력에서 주목되는 부분은 대간(臺諫)의 논계(論啓)가 극심하였다는 사실이다. 이는 조윤손의 능력을 감안한 집정자들의 불차탁용(不次擢用, 계급의 차례를 밟지 않고 특별히 벼슬에 등용함)에 기인하는 것일까. 이를 밝힘으로써 조윤손의 인물됨을 구명할 수 있을 것이며, 진주 지역의 역사 인물을 재부각하는 의미를 드러낼 수 있을 것이다.

1503년 1월에 조윤손을 종4품 양산군수에 제수한 것은 불차탁용에 다름이 없었다. 따라서 "요즈음 대간들은 관직 제수하는 일에 있어서는 비록 작은 일이라도 반드시 불가함을 논계한다."68)라고 하던 상황에서 대간들의 반대는 당연했다.

집의(執義) 김율(金硉)은 경연 자리에서 진실로 덕망이나 재능이 있으면 관제상의 임기에 구애되지 않고 승진할 수 있으나, 조윤손의 갑작스러운 4품직 제수의 경우 임기와 재능에서 그럴 수 없다69)고 논계하였다. 대사헌 조한원(崔漢源)도 조윤손에 대한 대간들의 논계를 윤허하지 않을 수 없다고 하면서 갑자기 4품직에 승진시킨 것도 불가할 뿐만 아니라 변방에 비교할 수 없는 남쪽 고을 수령에 아무런 경력도 없는 이를 임명할 수 없다70)고 하였다. 또한 지평(持平) 권주(權輳)는

---
68) 『燕山君日記』 권48, 연산군 9년 1월 9일(丁丑).
69) 『燕山君日記』 권48, 연산군 9년 1월 9일(丁丑).

무예(武藝)를 가졌으면 변방의 큰 고을을 맡길 것이지 왜 남방의 일이 많은 고을 수령에 임명하느냐고 논계하였다.[71] 이처럼 반대의 내용을 보면 주로 조윤손의 재능과 관직 및 경력을 들어 반대하였다. 그렇다면 1503년 종4품 양산군수 제수는 대신들이 조윤손의 무재(武才)를 고려한 불차탁용의 결과였던 것으로 보인다.

사간(司諫) 이의손(李懿孫)이 반대하자, 연산군이 "전조(銓曹, 조선시대, 문무관을 가려뽑는 이조(吏曹)와 병조(兵曹)를 두루 이르던 말)에서 어찌 헤아리지 아니하고 의망(擬望, 벼슬아치를 뽑을 때 삼망(三望)의 후보자로 추천함)했겠는가."라고 하면서 "인품과 그릇이 진실로 합당하면, 어찌 시일의 오래고 가까움을 논하겠는가."[72]라고 반문하였던 내용에서도 짐작이 가능하다. 헌납(獻納) 이원성(李元成)이 "조윤손의 일은 난처해 할 것이 없습니다. 전일에 대신들에게 물으셨을 때, 대신들이 조숙기의 아들이라고 아뢴 것은 공론이 아니니, 빨리 개정해야 합니다."라고 하자, 연산군은 "조윤손이 만약 용렬하고 우매하면 대신들이 어찌 그 아비의 일로써 거짓 칭찬했겠는가."라고 하였다. 또한 지평(持平) 권주(權輳)는 "조윤손이 과연 현명하다면 대간 중에 어찌 한 사람도 그 현명함을 듣지 못했겠습니까."라고 반문하자, 연산군은 "대신들의 대답이 저와 같은 것은 다만 알고 있는 일만을 말했을 뿐이다. 만약 무신이라고 해서 언제든지 변방만 맡기게 된다면 이것도 또한 치우친 일이다."라고 하였다.[73] 이처럼 조윤손을 양산군수에 의망(擬望)한 이들은 대신들이었으며, 이에 연산군이 동의하여 그 직에 제수했던 것임을 알 수 있다. 이는 바꾸어 말해서 "집정자(執政者)가 그 자질을 훌륭하게 여겨 바로 양산군수로 임명하였다."[74]라는 내용을 뒷받침하는 것이다.

앞 절에서 살펴보았듯이 조윤손은 24세이던 1492년에 무과에 급제하여 1500년 무렵 선전관에 제수되었던 것이다. 그리고 1503년 대신들은 조윤손의 무재를 고려하여 무과에 급제한지 불과 10여년 만에 그를 종4품 양산군수에 의망하고 연산군이 제수하였던 것이다. 이에 대간들의 반대가 심하였으나 연산군은 끝까지 그

---

70) 『燕山君日記』 권48, 연산군 9년 1월 10일(戊寅).
71) 『燕山君日記』 권48, 연산군 9년 1월 17일(乙酉).
72) 『燕山君日記』 권48, 연산군 9년 1월 8일(丙子), "王曰 人器苟當 何論久近乎."
73) 『燕山君日記』 권48, 연산군 9년 1월 17일(乙酉).
74) 『晉陽誌』 권4, 塚墓「曹潤孫碑銘」(魚得江 撰), "執政器其資直授梁山郡守."

것을 받아들이지 않았다. 조윤손의 무재는 이후 북의 여진족과 남의 왜구 문제에서 크게 활약을 하게 됨으로써 증명되었다.

다음으로 당상관 웅천현감 제수를 둘러싼 대간의 논계를 보자. 조윤손은 양산군수로서 6년의 임기를 채우고 1508년 1월에 내직인 군기시첨정을 제수받았다. 조윤손이 웅천현감을 제수받았던 정확한 달은 사료로써 밝힐 수 없으나 1509년 3월 이전인 것은 틀림없다. 3월에 박원종과 유순정 등이 웅천·동래 등처의 왜노(倭奴) 문제를 논의하면서 "남방의 염포·동래 등과 같은 곳의 수령과 만호를 당상관으로 차견(差遣)할 일을 앞서 순정이 계청(啓請)하였는데, 웅천만은 홀로 당상관을 차견하지 않았습니다. 지금 현감 조윤손은 합당한 사람이나 당상관으로 승진시켜 차송(差送)하는 일은 아래에 있어서 감히 계청하지 못하오나, 그 인품만은 당상관에 합당한 사람입니다."75)라고 하였기 때문이다.

웅천현감 조윤손을 당상관으로 올리는 문제에 대해서 중종 자신도 조윤손을 당상관으로 올리자는 것인지, 아니면 다른 당상관을 차견하자는 것인지 알지 못하겠다고 하였다. 이에 유순정 등은 둘 다 아니지만 웅천은 당상관으로 차견하지 않으면 안 된다고 하였다. 이 문제에 대해서 중종은 이미 조윤손을 제수하였으니 체직할 때 당상관으로 차견하자고 하였다.76) 그러나 박원종이 조윤손을 당상관으로 제수할 것을 적극적으로 제기하자,77) 중종도 동의하여 3월 21일에 당상관으로 제수하였다.78) 3월 22일79) 이후 4월 19일 당상관을 개정하고 조윤손을 웅천현감에 계속 재임하도록 전교(傳敎)한 시기80)까지 대간만이 아니라 홍문관까지 가세하여 반대하였다.

대간과 홍문관의 반대에 박원종 등 정국을 주도한 이는 조윤손의 당상관 승차를 변방 장수의 능력을 갖춘 것에 비해서 보면 하등의 문제가 없다는 것을 밝혔

---

75) 『中宗實錄』 권8, 중종 4년 3월 12일(甲辰).
76) 『中宗實錄』 권8, 중종 4년 3월 12일(甲辰).
77) 『中宗實錄』 권8, 중종 4년 3월 21일(癸丑). 박원종은 "웅천현감 조윤손은 명망있는 무신입니다. 만약 兵·水使에 궐원이 있으면 마땅히 이들로 注擬하여야 합니다."라고 할 정도였다. 『中宗實錄』 권8, 중종 4년 3월 21일(癸丑).
78) 『中宗實錄』 권8, 중종 4년 3월 21일(癸丑).
79) 『中宗實錄』 권8, 중종 4년 3월 22일(甲寅).
80) 『中宗實錄』 권8, 중종 4년 4월 19일(庚辰).

다.81) 이러함에도 불구하고 조윤손의 당상관 승차에 대간이 심하게 반대하자, 중종은 지금 방어하는 일이 긴요한데 이와 같이 진을 비워도 되는가라고 하면서 삼공과 부원군 이상에게 의논하라고 하였다.82) 즉 중종은 그 대응에서 정국 주도권을 쥔 삼공 대신들에게 명분을 제공해 줄 것을 요구하게 되었던 것이다. 결국 중종은 조윤손 등을 재촉하여 부임하게 하였다.83) 이에 대간에서는 조윤손 등을 재촉하여 부임시킨 일로써 대신을 추문하자고 하였다.84) 아무튼 웅천현감 조윤손을 당상관으로 올릴 것인지를 두고 대간이 반대, 박원종 등 대신들이 찬성을 하는 등85) 분분한 논의를 거쳐 4월 12일 조윤손이 당상관 웅천현감으로 임금께 배사(拜辭)하였다.86) 이처럼 조윤손을 둘러싼 정국을 보면 박원종 등 당시 집권자들이 정치를 주도하였으나 중종이 대간의 논계를 적절히 조절하였던 것으로 보인다.

이에 대해서 목계(木溪) 강혼(姜渾)은 조숙기의 비문에서 "아들 윤손이 그 때 양산군수로 있다가 임기가 만료되어 군기시첨정이 되었으나 또 공을 위하여 웅천현감을 자원하였다."라고 하고, "섬 오랑캐를 무마시켜 다스리기는 실로 어려움이 있었는데, 조정의 논의는 첨정은 날래면서도 명망이 있다고 하여 특별히 통정대부로 승진시켜 보냈으며, 비록 품계보다 낮은 임명이었지만 실로 영예로운 선발이었다."라고 하였다. 그리고 관포(灌圃) 어득강(魚得江)은 조윤손의 비문에서 "부조숙기가 일흔여섯으로 고향에서 노년을 보내고 있었으므로 봉양하고 문안드리기 위해서 직급이 낮은 웅천현감을 자청했다."라고 적고 있다.87)

이상에서 보듯이 실록의 기록이나 묘비의 내용에서 보면 조윤손은 1509년 3월 이전에 웅천현감에 제수되고 4월 12일 당상관 웅천현감에 제수되어 임지로 떠났으며, 4월 19일 다시 당하관으로 되돌려졌으나 계속 재임하였다.

그런데 조윤손이 웅천현감으로 부임한 지 얼마 지나지 않아 아버지 상을 당하

---

81) 『中宗實錄』 권8, 중종 4년 4월 3일(甲子).
82) 『中宗實錄』 권8, 중종 4년 4월 11일(壬申).
83) 『中宗實錄』 권8, 중종 4년 4월 12일(癸酉).
84) 『中宗實錄』 권8, 중종 4년 4월 13일(甲戌) ; 『中宗實錄』 권8, 중종 4년 4월 15일(丙子); 『中宗實錄』 권8, 중종 4년 4월 16일(丁丑).
85) 『中宗實錄』 권8, 중종 4년 4월 19일(庚辰).
86) 『中宗實錄』 권8, 중종 4년 4월 12일(癸酉).
87) 『晉陽誌』 권4, 塚墓 「曹淑沂碑銘」(姜渾 撰) ; 『晉陽誌』 권4, 塚墓 「曹潤孫碑銘」(魚得江 撰).

였다. 조윤손의 아버지 조숙기는 경주부윤(1503~1505)을 끝으로 관계에서 물러나 진주 송곡에서 유유자적하다가 1509년 5월 19일 76세를 일기로 돌아갔다.[88] 조윤손이 시묘살이를 하던 중에 1510년 삼포왜란이 일어났다. 도순찰사(都巡察使, 조선시대에, 지방에 변란이 일어났을 때 임시로 파견하던 군관직 벼슬. 대개는 지방 관찰사가 겸임하여 순찰사라 하나, 중앙에서 정이품의 재상이 나가게 되면 이렇게 불렀다.) 안윤덕(安閏德)이 배사(拜辭)하고 "남방의 일이 급합니다. 정은부는 무재(武才)가 있는 선비이나 상을 당하여 진주에 있으니,[89] 청컨대 기복(起復, 어버이의 상중에 벼슬자리에 나아감)하여 한 모퉁이를 맡도록 할 것"[90]을 아뢰었다. 또한 김석철(金錫哲)이 전 수사 정은부와 현감 조윤손을 기복하게 하여 적을 협격할 것을 장계하였다.[91] 이렇듯 1510년 삼포왜란이 일어나 웅천이 함락되는 등 상황이 급박해지자, 조정에서 상중에 있던 진주의 조윤손과 정은부의 출전을 명하였던 것이다.

조윤손은 정은부 등과 함께 출전하여 제포(薺浦)에서 왜인 삼백여 명의 목을 베었던 공으로 절충장군(切衝將軍)으로 승진하였다. 상복을 벗자 통정대부 갑산도호부사에 제수되었다.[92]

한편 정은부는 삼포왜란 중에 조윤손과 함께 왜적을 공격하다 조윤손의 말이 왜적에게 공격당하여 그가 땅에 떨어지자, 조윤손을 구해 함께 말을 타고 탈출하였다. 조윤손은 재생의 은혜를 입었다고 하여 정은부의 아들 정항(鄭沆)을 그의 사위로 삼았다.[93] 정은부의 증손 정유경(鄭惟敬, -1593)은 훈련원 주부를 지냈던 인물이고,[94] 진주성 방어활동만이 아니라 임진년 진주성 전투 때도 복병장으로서

---

88) 『晉陽誌』 권4, 塚墓 「曺潤孫墓」(魚得江 撰).
89) 정은부는 1509년 慶尙右道水使로 있을 때 아버지 상을 당하여 시묘살이 중이었다. 정은부는 아버지 상중에 참전하여 그 활약상이 軍功 1등이었다. 『中宗實錄』 권11, 중종 5년 6월 9일(癸巳) ; 『晋陽誌』 권3, 人物 「鄭殷富」.
90) 『中宗實錄』 권11, 중종 5년 4월 11일(丙申).
91) 『中宗實錄』 권11, 중종 5년 4월 17일(壬寅).
92) 『晉陽誌』 권4, 塚墓 「曺潤孫墓」(魚得江 撰).
93) 『晋陽誌』 권3, 人物 「鄭殷富」.
94) 정유경은 『晋陽續誌』 권3, 「忠義條」에 의하면 훈련원주부로 있을 때 임진왜란이 일어나 1593년(선조 26) 진주성전투에 참전하여 전사했다고 한다. 1743년(영조 19) 軍資監正에 추증되고, 彰烈祠에 제향되었다. 훗날 임진왜란 때 진주지역에서 크게 활약하고 癸巳年(1593) 진주성전투에서 순절하였다.

크게 활약하여 공을 인정받았던 인물이다[95].

이상과 같이 1509년에 조윤손은 웅천현감에 제수되어 재임 중에 아버지 상을 당하여 시묘살이를 하였으며, 1510년 4월에 삼포왜란이 일어나자 조정의 명령으로 상중에 기복하여 왜구를 격파하는 데에 크게 공을 세웠던 것이다.

요컨대 실록의 기록이나 묘비의 내용에서 보면 조윤손은 1509년 3월 이전에 웅천현감에 제수되었다. 그리고 4월 12일 당상관 통정대부로 승품(陞品)되어 임지로 떠났으며, 4월 19일 다시 당하관으로 되돌려졌으나 계속 재임하였다. 그러나 5월 19일 아버지 상을 당하여 시묘살이 중이던 1510년 4월 조정의 명령으로 기복하고 출정하여 제포에서 왜인 삼백여 명의 목을 베는 공을 세웠던 것이다.

조윤손은 경상좌우도 병마절도사와 수사로 있으면서 진보(鎭堡)의 설치와 수토(搜討, 적의 탐색)에 적극적이었다. 1522년(중종 17) 11월 정2품 자헌대부(資憲大夫) 동지중추부사(同知中樞府事) 겸 지훈련원사(知訓鍊院事)에 올라 다음해 10월 함경남도순변사에 임명되어 여진을 구축하였다. 1524년 4월 평안도병마절도사에 제수되어 5월에 부임한 조윤손은 여연(閭延)·무창(茂昌)에 들어와 마을을 이루고 살던 여진을 구축하였다. 1525년 10월 조윤손이 병으로 사직을 청하고 계모 안씨도 상언(上言, 백성이 임금에게 글을 올리던 일)하여 병이 있다고 하자, 중종은 그의 거취에 난처할 정도였다. 결국 조정에서는 여진을 구축(驅逐)한 이후에 방어하는 일이 긴급하고도 중요하다는 잉임(仍任) 사유를 밝혀 임기가 차더라도 그를 계속 재임하도록 하였다. 1526년 6월에 조윤손은 평안도병마절도사에 체직되었는데, 이제 대간조차 체직을 반대하였다. 그만큼 조윤손의 장재(將材)가 북쪽의 여진 진압에서 더 없이 필요했던 것이다. 이를 당시 이조판서였던 용재(容齋) 이

---

[95] 『征蠻錄』 권1, 임진년 7월 3일조, "固城留屯倭分三運 一運向法川 一運向尺現 一運向鳥現等處 伏兵將鄭惟敬左右夾逐 與先鋒倭二十餘名接戰 倭兵在山上者七十餘名 又來援 我軍射矢不絶 賊兵中傷者頗多 而路陜且險 不得斬馘 一倭脫笠扶曳而去 笠子及箭一筒 奪來 惟敬連日追逐 雖不得見利 近村人民保存 多其功也"; 『征蠻錄』 권4, 狀啓(金時敏馳報), "晉州判官金時敏馳報內 今七月初七日 固城留屯倭賊分三運 一運來于法川 一運向于尺峴 一運往于鳥峴等處爲去乙 伏兵將鄭惟敬亦左右挾逐 至尺峴腰下 與先鋒倭二十餘名接戰良久 衆倭七十餘名屯于尺峴上 或來救或退去 我軍射矢不絶 重傷者頗多 途陜且險 終不得斬馘 一倭重傷脫笠扶曳而去爲去乙 笠子箭一介奪來爲有置 鄭惟敬亦連日追逐 雖未得見利 民家保存 皆是此人之功 極爲可嘉爲乎所 馳報是白齊"; 『宣祖實錄』 권33, 선조 25년 12월 5일(辛卯) "(十月 初七日) 固城假將趙凝道 伏兵將鄭惟敬 由南而入"

행(李荇, 1478~1534)을 통해서 살펴보자.

용재 이행은 조선 제일의 시인이라는 후세의 평판을 받았는데, 평안도병마절도사로 부임하는 조윤손에게 「송조억지윤손출진관서」(送曺億之閏孫出鎭關西)라는 송별시 2수로써 이별을 대신하였다. 이행은 첫 수에서 문무를 겸비한 조윤손을 일러 "일세(一世)의 큰 명성은 '출장입상(出將入相, 나아가서는 장수가 되고 들어와서는 재상이 된다는 뜻으로, 문무를 다 갖추어 장상(將相)의 벼슬을 모두 지냄을 이르는 말)'의 조윤손에게 돌아가고 중종의 융숭한 권우(眷佑, 친절히 보살펴 도와줌)는 현로(賢勞, 여러 사람 가운데에서 홀로 힘써 수고함. 또는 그런 사람)에서 특별하다."96)라고 하면서 "북쪽 오랑캐 지레 넋 잃을 줄 알겠으니, 이제부턴 서쪽 백성들 베개 높이 베겠구나. 휘하에 날은 길고 경보 울리지 않거든, 마음 내키는 대로 시를 지어도 무방하리."97)라고 하였다. 이처럼 이행은 조윤손이 평안도병마절도사에 부임하니 북쪽 오랑캐 절로 겁을 먹어 관서의 백성들 편안할 것이라고 하였다. 또한 이행의 송별시에는 김 방백(方伯, 관찰사)이 언급되고 있는데, 김방백은 김극성(金克成)을 말한다. 김극성은 1523년 10월 평안도관찰사에 제수되었다.98) 따라서 앞의 시는 이행이 1524년 4월에 평안도병마절도사에 제수되어 5월에 부임하는 조윤손을 위해 지은 송별시이다.

1527년 5월 조윤손은 공조판서에 제수되었다.99) 이에 대간은 조윤손이 육경에 불합하다고 7월 4일까지 반대하는 논계를 계속하였다.100) 조윤손도 공조판서를 제수 받은 이후 몇 번이나 사직을 청하였으나101) 중종이 받아들이지 않았다. 이처럼 조윤손의 공조판서 임명에 대한 대간의 반대가 심하였는데, 조윤손은 심리적

---

96) 『容齋集』 권3, 七言律 「送曺億之 閏孫 出鎭關西 二首」, "一世大名歸將相 / 九重隆眷異賢勞"
97) 『容齋集』 권3, 七言律 「送曺億之 閏孫 出鎭關西 二首」, "定知北虜心先喪 / 從此西民枕復高 / 麾下日長刀斗靜 / 不妨隨意事風騷"
98) 『中宗實錄』 권49, 중종 18년 10월 30일(丙寅).
99) 『中宗實錄』 권59, 중종 22년 5월 21일(丁酉).
100) 『中宗實錄』 권59, 중종 22년 5월 21일(丁酉) ; 『中宗實錄』 권59, 중종 22년 6월 2일(丁未) ; 『中宗實錄』 권59, 중종 22년 7월 2일(丁丑) ; 『中宗實錄』 권59, 중종 22년 7월 3일(戊寅) ; 『中宗實錄』 권59, 중종 22년 7월 4일(己卯).
101) 『中宗實錄』 권59, 중종 22년 5월 23일(己亥) ; 『中宗實錄』 권59, 중종 22년 7월 6일(辛巳).

압박감이라기보다 명분을 축적하는 의미에서 사직을 청하였던 것으로 보인다. 이러한 가운데 1528년 1월 24일 만포첨사 심사손(沈思遜)이 여진의 급습으로 죽임을 당하였다.102) 여진족과의 관계에 심각함을 느낀 조정에서는 1528년 2월에 조윤손을 다시 평안도병마수군절도사에 제수하였던 것이다.

영의정 정광필(鄭光弼)이 "만약 회유하고 비어하는 것으로 말하면 허굉(許硡)만한 자가 없으니, 이 사람을 보내는 것이 합당합니다. 그러나 주장 역시 어찌 접전할 때가 없겠습니까. 이로 말하자면 조윤손이 매우 합당합니다. 이 사람은 비록 일찍이 그 도의 병사(兵使)를 지냈으나 그것은 따질 필요가 없습니다."라고 하자, 중종은 "단 조만간 입정(入征)하려면 조윤손이 궁마와 전진(戰陣, 전투를 하려고 벌여 친 진)에 능하니, 차견하는 것이 과연 합당하나 다시 보내는 것은 불가하다."라고 하면서 허굉과 이사균(李思鈞) 둘 중에서 선택하도록 하였다. 이에 정광필은 여진이 침략하여 여러 진을 휩쓸면 결국 주장이 구원에 나서 접전할 수밖에 없으니 기사(騎射, 말타기와 활쏘기)에 능한 무재를 갖춘 조윤손을 차견할 수밖에 없다고 하였다. 결국 접전(接戰, 경기나 전투에서 서로 맞붙어 싸움. 또는 그런 경기나 전투)과 궁마(弓馬) 및 전진(戰陣)에 능한 조윤손이 다시 북변(北邊, 북쪽의 변방)을 지키는 평안도병마수군절도사에 다시 제수되었던 것이다.103)

위와 같이 1528년 2월 평안도병마수군절도사에 제수되자,104) 조윤손은 사변이 이미 발생하였으니 자신이 모든 일을 잘 처리하지 못할 것이라고 하면서 조정에서 다시 의논하여 다른 사람을 가려 보낼 것을 말하였다. 이에 중종은 조정의 대신들이 의논하여 조윤손을 제배한 것이니 다시 의논하여도 다를 것이 없다고 하면서 사직하지 말라고 하였다. 그러자 조윤손은 유사시이니 군사를 늘리고 자신이 바로 사변지로 갈 것이므로 군관 12명에게 말을 주도록 요구하여 관철시켰다. 이렇듯 조윤손은 사전에 철저히 준비하여 사변이 발생한 만포(滿浦)로 가게 되었다.105) 이는 조정의 대신들이나 중종이 조윤손을 당대 최고의 장재(將材)라고 인

---

102) 『中宗實錄』 권60, 중종 23년 1월 28일(辛丑).
103) 『中宗實錄』 권60, 중종 23년 2월 3일(乙巳).
104) 『中宗實錄』 권60, 중종 23년 2월 3일(乙巳).
105) 『中宗實錄』 권60, 중종 23년 2월 4일(丙午).

정하였던 이유를 알 수 있게 한다.

이상과 같이 조윤손의 평안도병마절도사 제수를 둘러싼 논의를 보면 그는 타고난 무재를 갖추고 궁마와 전진에 능하여 주장(主將)으로서 여진 제압에 제격이었다. 조윤손은 여연·무창 등지에 들어와 마을을 이루고 있던 여진을 구축하거나 만포사변을 일으킨 여진에 맞서 싸우는 데에 당대 최고의 무장이었다는 것이다. 용재 이행(1478~1534)이 조윤손을 일러 "일세의 큰 명성은 '출장입상'의 조윤손에게 돌아간다."라고 했던 것이 결코 지나치지 않았다. 그는 외직으로 나가서 웅천현감으로서 왜구를 격퇴하고, 함경북도 병마절도사나 평안도병마절도사로서 여진을 구축하고, 남북 변경에 진보(鎭堡)를 설치하는 등 적로(賊路, 적이 쳐들어오는 길)의 방수(防守)에도 뛰어난 장수였다. 내직으로 들어와 한성부윤·호조판서·의정부의 좌우참찬·병조판서로서 정국을 논하는 재상이었다. 그리고 그가 정말 독직(瀆職, 어떤 직책에 있는 사람이 그 직책을 더럽힘. 특히, 공무원이 그 지위나 직권을 남용하여 뇌물을 받는 따위의 부정한 행위를 저지르는 것을 이른다.)으로 탐욕했다[106]면 그의 관력에서 고비마다 확인되는 대간의 논계 과정에서 언급되었을 것인데, 전혀 그렇지 않았다.

Ⅲ. 어떠한 인물이었나

1. 창녕 본가에서 진주 처향으로 이주

조윤손의 윗대 가계를 보면 조선시대에 들어와서도 한미한 가문은 아니었던 것 같다. 창녕 조씨는 고려 태조의 외손 형부원외랑(刑部員外郎) 조서(曺瑞)가 문하시랑평장사(門下侍郎平章事) 조연우(曺延祐)를 낳고, 조연우로부터 조자기(曺自奇)에 이르기까지 8대 동안 평장사를 배출했다고 전한다. 조자기로부터 11대가 판서 조시우(曺時雨)인데, 조윤손의 5대조이다. 고조부가 군기시정 조갑생(曺甲生), 증조부가 서운관정(書雲觀正) 조경(曺勍)으로 통정대부(通政大夫) 이조참의

---

106) 『中宗實錄』 권46, 중종 17년 11월 15일(丁巳).

(吏曹參議)에 추증되었으며, 조부가 통정대부(通政大夫) 행 울진현령(行蔚珍縣令) 조안중(曺顔仲)으로 가선대부(嘉善大夫) 병조참판(兵曹參判)에 추증되었다. 부가 가선대부(嘉善大夫) 경주부윤(慶州府尹) 경주진병마절제사(慶州鎭兵馬節制使) 조숙기이다.

창녕 조씨는 고려 후기 송무(松茂)·송군(松君)·송학(松鶴) 3형제가 각기 계파를 형성하면서 분화하게 된다. 조윤손은 흔히 말하는 삼송 가운데 송무의 후손이다. 남명 조식도 송무의 후손이다. 그렇지만 오늘날 관점에서 보면 먼 일족이어서 큰 의미가 없으나 당시는 달랐을 것이다. 조윤손의 조부 조안중은 조식의 증조부 조안습과 같은 항렬로 생각되나 족보상에서는 대수가 맞지를 않아 확인할 수 없다.

아버지 조숙기가 처향인 진주(晉州) 송곡(松谷)107)으로 이주하면서 조윤손 가계는 진주에 터를 잡게 된다. 조숙기는 증 병조참판(贈兵曹參判) 조안중(曺顔仲)과 청도(淸道)에서 대대로 벼슬하던 옥과현감(玉果縣監) 노성(盧惺)의 딸 사이에 1434년 9월 초3일 창녕 집에서 태어났다. 조숙기는 진주 송곡의 진양 정씨 정유의(鄭攸宜)의 딸에게 장가들면서 창녕에서 처향 진주 송곡으로 이주하였다.108) 이는 고려 말 이후 남녀균분상속제(男女均分相續制)와 관련한 외향이나 처향으로의 이주하던 경향에서 벗어나지 않는 예였다.109) 다만 이주한 시기는 정확히 알려져 있지 않다.

조숙기는 약관의 나이에 유간(柳間)이 주관하는 생원시에 합격하였으나 부모의 상을 당하였다. 3년 동안 시묘살이를 했다. 1474년(성종 5)에 최관(崔灌) 등 30인과 함께 과거에 급제하여 예문관에 뽑혀 들어가 여러 차례 옮겨 봉교(奉敎)에 이르렀다. 사헌부감찰, 이조좌랑에 옮겼다가 무예에 능하였기 때문에 발탁되어 겸선

---

107) 현재 진주시 금곡면 송곡리 송곡마을이다.
108) 『中宗實錄』에는 曺潤孫이 진주에서 대대로 살아왔다고 하였으나 曺潤孫의 비명(魚得江 撰)에는 아버지 조숙기가 처향인 진주로 이주하였던 것으로 나온다. 『中宗實錄』 권46, 중종 17년 11월 15일(丁巳) ; 『晉陽誌』 권4, 塚墓 「曺潤孫碑銘」(魚得江 撰), 참고.
109) 고려 말 이후 사족의 이주 배경을 살펴보면 절대다수가 처가를 따라 옮겼다. 거주지를 옮길 때 처향, 또는 외향을 택한 것은 子女均分相續制가 지켜지고 있었기 때문이다. 부계 중심의 동족 마을 형성은 성리학적 유교사회가 확립되고 嫡長子優位相續制와 嫡長子奉祀가 일반화되는 17세기 이후부터라고 보아야 할 것이다(이수건, 『嶺南士林派의 形成』, 嶺南大出版部, 1979, 64~65쪽).

전관이 되었다. 조숙기는 조선 성종대(1470~1494)에 참으로 문무를 겸비한 몇 안 되는 인물 중의 한 명이었다. 성종은 조숙기를 일러 "문·무의 재주가 겸비된 사람을 얻지 못하다가 오직 너 한 사람을 얻었다."110)라고 하였다. 무장으로서 조윤손의 능력은 부 조숙기로부터 타고난 것이리라. 조숙기는 경주부윤(1503~1505)을 끝으로 관계에서 물러나 진주 송곡에서 유유자적하다가 1509년 5월 19일 76세를 일기로 돌아갔다.

이상과 같이 조숙기가 처향인 진주 송곡으로 이주하면서 비로소 조윤손은 진주의 역사 인물이 되었다. 조윤손은 송곡의 진사 강조수(姜兆壽)111)의 딸에게 장가들어 세 딸을 낳았는데, 첫째는 종묘서직장(宗廟署直長) 하결(河潔)에게, 둘째는 가선대부 경상좌도병마절도사 진산군(晉山郡) 류홍(柳泓)에게, 셋째는 선비 정항(鄭沆)에게 시집갔다.112)

2. 자(字)와 시호(諡號)는 그의 삶을 대변하는 말

한 인물에 대한 미시적 접근이 때로는 그 인물을 통한 시대적 맥락을 이해하는 데에 도움을 줄 수 있다. 조윤손의 자와 시호는 그러한 미시적 측면에서 생각해 볼 여지를 보여준다. 조윤손만큼 자와 시호가 시대적 맥락을 잘 반영하고 있는 인물도 드물 것이다.113)

---

110) 『中宗實錄』 권15, 중종 7년 2월 4일(己卯).
111) 조윤손의 妻父는 강조수이다. 강조수는 佔畢齋 金宗直(1431~1492)의 문인이다.(『游軒集』 권4, 墓誌 「曹判書夫人晉山姜氏墓誌銘」(庚戌)) 강씨묘지명을 지은 游軒 丁熿(1512~1560)은 議政府檢詳을 거쳐 1546년 舍人때 尹元衡이 득세하자 사직하고 南原에 돌아가 있다가 1547년 丁未壁書(良才驛壁書事件)의 변에 연좌되어 昆陽으로 유배되고, 이듬해 巨濟에 移配되고 배소에서 죽었던 인물이다. 따라서 丁熿이 강조수를 점필재 문인으로 본 것은 사실에 부합하는 것으로 보인다. 왜냐하면 정황이 1536년(중종 31) 親試文科 을과에 급제하여 벼슬살이를 하다가 훈척세력에 반대하여 남원으로 낙향하였던 인물이기 때문이다.(『游軒集』 附錄, 「行狀」(丁焰 撰))
112) 조윤손의 가계와 혼맥은 지면상의 한계로 인하여 다음 기회에 좀 더 자세히 검토할 것이다.
113) 한 번 내려진 諡號는 영원하여 개호되는 일은 없었다. 시호를 받은 이는 不遷位의 자격을 얻게 된다. 조선시대 인물이 사후에 누릴 수 있는 최고의 영예가 임금으로부터 賜諡였다. 흔히 말하듯이 사대부의 최고 영예는 살아서 임금으로부터 대제학을 제수 받는 것이고

조윤손의 자 억지(億之)는 그가 막 성년이 되었을 무렵이거나 결혼을 하였을 무렵에 주변의 인물이 붙였을 것이다. 그 자에는 당시 시대상이 반영되었을 것으로 본다. 그 때는 바로 연산군(1495~1506)이 집정한 시기이요, 무오사화(1498)가 일어나는 등 처신하기에 매우 어려운 시대였다. 아마도 아버지 조숙기가 문과 급제자이니 당시 정세를 생각해서 아들에게 '억지'라는 자를 붙여주었을 것으로 추측된다.

그냥 '편안하게 가다, 즉 편안한 삶을 살다'라는 뜻으로 지어준 '억지'라는 자로 인해서 꼭 그렇게 한평생을 살았다고 볼 수 없겠다. 하지만 그가 벼슬살이를 하던 시기에 네 번의 사화(士禍)가 발생했음에도 불구하고 내·외직을 두루 거치는 동안 별 탈 없이 안온한 삶을 살았다. 한 인간의 삶이 평가되고 반영된 시호야 그렇다고 치더라도 막 성년이 되어, 사회적 지위를 획득하기 전에 붙여진 자가 그의 일생과 주변의 삶 및 시대상을 반영하고 있는 경우는 결코 쉽게 발견할 수 없다.

조윤손의 시호는 장호(莊胡)이다. 그의 생애와 활동은 명종이 내린 그의 시호에서도 잘 드러난다. 명종은 교지(敎旨)를 통해 죽은 지중추부사 조윤손에게 장호라는 시호를 내려 주었다. 장호란 시호는 조윤손이 군사에 뛰어났으므로 장(莊)이라고 하고 장수했으므로 호(胡)라 하여 붙여진 것이라고 한다. 이만큼 조윤손의 생애와 활동을 잘 요약할 수는 없을 것이다. 조윤손은 연산군과 중종대에 걸쳐 남쪽의 왜와 북쪽의 여진을 다스리는데 크게 활약하고 80살까지 장수했던 인물이 아닌가.

관포 어득강이 조윤손의 비문을 지었다. 그는 비문에서 조윤손과 어릴 적부터 더불어 놀았으며, 조윤손의 처가인 진양 강씨 문중의 외손으로 각별한 관계였음을 말하고 있다. 당대 최고 문장가 어득강은 조윤손이 죽자, 비문에서 그를 일러 "공은 침착하면서도 기지가 있어 변란에 대응하여 험난함을 피하지 않았으며, 여연군의 오랑캐를 소탕할 적엔 밤에 갑옷을 벗지 않았다."라고 하였다.

> 죽어서 시호를 내려 받는 것이었다. 불천위 조상을 모신 후손은 사대부로서 향촌사회에서 누릴 수 있는 것이 사회적인 것만이 아니라 관직을 제수 받는 실익도 있었다. 시호를 받은 이는 불천위로서 영구히 사당에 모셔졌으며, 그 인물은 중시조나 파시조가 되어 한 종가를 이룬다. 엄밀히 말해서 종가란 불천위 조상을 모신 집을 말하고, 그 후손을 일러 종손이라고 한다.

앞에서도 언급했듯이 과연 조윤손은 궁마에 뛰어나서 접전에서 따라올 자가 없었을 뿐만 아니라 전진(戰陣)에서 당대 최고의 무장으로 평가를 받았던 인물이었다. 실제 조윤손은 삼포왜란의 진압에 크게 공을 세웠으며, 북쪽의 여진족을 제압하는 데에 탁월하였다. 함경북도의 절도사로 있을 때 무풍산에 요충을 설치하였다. 평안도절도사로 있을 때는 다시 산양회(山羊會)를 설치하고 또 새로 고합기진(古哈岐鎭)을 설치하였으며, 1518년 경상우도병마절도사로 있으면서 가덕도와 미조항 등 여러 곳에 진을 설치할 것을 청하였다. 조윤손은 지중추부사로서 순변사를 겸하여 남쪽 변방을 순찰할 때 웅천의 가덕도에 진을 설치하고, 좌수영을 동래의 해운포(海雲浦)로 옮겼다.114)

이상과 같이 조윤손은 중종대 내내 북의 여진과 남의 왜에 대해서 철저한 사전계책을 조정에 제시하고 스스로 대비했으며, 그들의 약탈과 소란에는 군사로써 철저히 진압했던 중종대 최고의 무장이자 재상으로서 뚜렷한 업적을 남기고 80살까지 별 탈 없이 장수하였던 인물이다.

3. 70이 넘어 사판(仕版)에서 이름 삭제

조윤손의 생애와 활동을 추적하는 데에 작은 일화를 통해서 그의 군사적 부분에서 뛰어난 능력을 가늠해 볼 수 있다. 조숙기는 강릉대도호부사로 재임하는 중에 부인 정씨와 장자인 조연손(曺年孫)을 동시에 잃는 큰 슬픔을 겪었다. 이후 조숙기는 안신(安信)의 딸을 부인으로 맞이하였다. 조윤손에게 연소한 계모인 셈이다. 그런데도 효성이 지극했다고 한다. 그 계모 안씨가 죽자, 70이 넘은 조윤손은 상중에 있으면서 경상도관찰사로 온 김정국(金正國, 1485~1541)을 진주로 초대하였다. 그런데 아래 사람들이 모르고 소를 잡아 대접을 하였다. 1541년 7월에 이르러 사헌부에서 그것을 문제로 삼아 끝내 조윤손의 이름이 사판(仕版)에서 삭제(削除)되었던 것이다.115)

---

114) 『晉陽誌』 권4, 塚墓 「曺潤孫碑銘」(魚得江 撰). 실제 가덕도에 진을 설치했던 것은 아니었다.(『中宗實錄』 권101, 중종 38년 9월 17일(戊午))
115) 『中宗實錄』 권95, 중종 36년 7월 26일(庚戌).

24세에 무과에 급제하였으니 무신으로 관계에 진출한 셈이다. 그럼에도 불구하고 출중한 무예를 인정받아 불과 10여 년 만에 종4품과 곧 이어 당상관에 제수되었던 것이다. 조선시대는 대체로 문과 급제자가 평생 관료 생활을 하더라도 당상관에 제수되기는 힘들었다고 한다. 이러한 상황에서 조윤손은 요즘 말로 초고속 승진을 하게 되는데, 그 과정에서 사간이 문제를 삼았던 적이 한 두 번이 아니었다. 그 가운데 사간이 가장 심하게 반대했던 것은 조윤손이 50세인 1522년(중종 17) 11월 정2품 자헌대부 동지중추부사 겸 지훈련원사에 제수된 인사였다. 나중에는 사헌부까지 가세하여 두 달 가까이나 조윤손의 인사에 간쟁을 하였던 것이다. 그 주요한 이유가 인품에 명망이 없으며, 한미하다는 것에 있었다. 이는 조윤손이 무반 출신이었기 때문에 나온 차별일 수 있다.

1542년(중종 37) 조윤손이 이미 74세에 이르렀으니 세상의 일에 무심무애(無心無碍)의 경지였을 것이다. 그럴지라도 극히 사소한 일로 사판에서 이름이 삭제까지 당했으니 평생을 외적 방비에 몸을 바친 조윤손으로서는 억울함이 없었겠는가. 그러나 조용히 고향으로 물러나 정자를 지으니 평생의 지기이자 당대 최고의 문장가 어득강이 명홍정(冥鴻亭)의 상량문(上樑文)을 지어 위로했다. 세월은 무심하여 그 흔적을 지웠으나 오늘날까지 명홍정의 지명116)을 남기고 있어 조윤손의 발자취를 더듬어 볼 수 있다.

한편 1542년 4월 대간이 조윤손의 상중 고기 섭생을 문제 삼자, 영의정 윤은보(尹殷輔), 좌의정 홍언필(洪彦弼), 우의정 윤인경(尹仁鏡) 등 의정(議政)이 모두 나서서 "나이 70을 넘으면 상중에 고기를 먹을 수 있다."라는 예문(禮文)을 적시하면서까지 변호를 하였다. 그러나 끝내 사판에서 조윤손의 이름이 삭제되는 것을 막지 못했다.117) 1543년 1월 우찬성 권벌(權橃, 1478~1548)이 재차 조윤손의 삭적(削籍)은 정도에서 벗어나는 것이라고 주장하였다.118) 그러자 같은 해 7월 중종은 조윤손을 비변사 당상으로 서용(敍用, 죄를 지어 면관(免官)되었던 사람을 다시 벼슬자리에

---

116) 진주시 금곡면 정자리 홍정마을은 명홍정으로 인해서 里名과 마을 이름이 유래했던 것이다.
117) 『中宗實錄』 권98, 중종 37년 4월 1일(辛亥).
118) 『中宗實錄』 권100, 중종 38년 1월 27일(壬申).

등용함)하여 변방의 일을 자문하도록 하는 것을 의논하게 하였다.[119] 드디어 1544년(중종 39) 3월 76세에 조윤손은 상호군(上護軍)으로 서용되고, 곧 이어 4월에 지중추부사에 임명되었다.[120]

조윤손이 그러한 사소한 일을 겪게 됨으로써 오히려 1545년(명종 즉위년)에 일어난 윤임과 윤원형, 즉 비교적 사림에 유화적이었던 인종의 척신과 반대였던 명종의 척신 간에 일어난 을사사화에서 전혀 피해를 주지도 입지도 않았던 것이 아닐까 한다. 조윤손이 잠시 삭적된 사이 의정은 말할 것도 없거니와 지금까지 안동지역의 명망 높은 권벌을 비롯해서 조정의 대신들이 모두 나서서 변방의 일을 조윤손에게 자문하여야 마땅하니 서용하자고 중종에게 아뢸 정도였다. 당시 변방의 군사책에 밝았던 그에게 지훈련원사와 병조판서는 마땅한 자리였던 것이다.

그러한 조윤손의 작은 실수조차 예문(禮文)에 어긋나지 않는 것이었다. 사판에서 조윤손 이름이 삭제된 사건은 어쩌면 그의 관력에서 가장 큰 불명예일 텐데, 오히려 그로 인해서 조윤손이 당시 조정의 고관들과 명망 있는 인사로부터 얼마나 높은 신망을 얻었던가를 알 수 있다. 뿐만 아니라 그것은 당시 남·북의 군사에 관해 드문 식견 가진 인물이었음이 드러나게 된 작은 일화인 셈이다. 결코 하나의 과장도 없는 역사의 사실을 통해서 한 인물을 이해하자는 의미로써 드러낸 일화이다.

4. 한발 늦어 잊힌 인물

『중종실록』 권1, 중종 1년 9월 8일(甲申)의 기사를 보면 사신(史臣)이 공신을 책정하는 기사 말미에 사론(史論)을 실어 중종반정 직후 세태와 조윤손을 대비시키고 있다. 사론을 보면 경상도의 조윤손 등이 1506년 연산의 폭정을 바로잡으려고 친척인 윤탕로(尹湯老)와 기병을 협모했으나 거사에 미치지 못하는 사이에 박

---

119) 『中宗實錄』 권101, 중종 38년 7월 4일(丁未).
120) 『中宗實錄』 권102, 중종 39년 3월 4일(壬寅) ; 『中宗實錄』 권102, 중종 39년 4월 18일(丙戌).

원종 등이 반정에 성공하였음을 알 수 있다. 그만큼 조윤손은 기개가 있는 인물이었다. 반정 성공 후 실제 공이 없어도 당시 웬만한 인물은 다 공신록에 이름을 올렸다. 그러나 조윤손에게는 겨우 공신녹권만 주어졌는데, 당시 사관도 『중종실록』에서 그것을 비난하였던 것이다.121)

역사에는 가정이 없다. 그러나 역사 수업에서 조윤손을 인물 학습의 대상으로 삼아 한 번쯤 역사하기 차원의 가정을 해볼 수는 있을 것이다. 중종반정 당시 양산 군수로 재직하고 있던 그가 만일에 한 발 앞서 거사에 성공했더라면 그 자신이나 시대가 어떻게 달라졌을까. 역사의 상상력을 동원하여 어떠한 결론을 내리는 것은 독자의 몫이다. 그렇더라도 적어도 다음의 내용은 추정할 수 있지 않을까. 애써 찾으려 노력하지 않으면 만날 수 없는 잊힌 인물로 남아 있지 않았을 것이다. 어떠한 독자도 국사책에서 자연스럽게 조윤손을 기억하게 되었을 것이니까 말이다. 이처럼 한 발 빨라 세상에 드러났을 수도 있었을 것이다. 아니면 한 발 빨라 세상에서 더 빨리 잊히어 지게 되었을 수도 있었을 것이다. 역사 인물 조윤손은 결코 평범한 인물은 아니다. 그러나 중종반정 당시 한 발 늦어 크게 드러나지 않은 채 관직 생활을 마감한 인물이었다. 그래서 지역에서조차 잊힌 채 아무도 돌아보지 않는 삶을 살았던 인물로 여태까지 남아 있다. 역사는 때때로 부질없는 상상력을 자극한다. 그래도 독자에게는 사실보다 오히려 상상력이 역사에 흥미를 돋게 할 수도 있을 것이다.

조윤손은 1492년 별시무과에 합격하여 관직에 나아간 이후 50여 년 벼슬살이 중 사소한 일로 1541년 사간의 탄핵으로 사판(仕版)에서 이름이 삭제되었다. 이후 실직을 다시 제수받지 못한 상황이었다. 이는 오히려 을사사화의 피해를 빗겨가게 한 것은 아니었을까. 하여튼 조윤손이 관계에 있었던 기간에 모두 네 번의 사화가 발생했다. 그렇지만 조윤손은 관료 생활의 대부분을 주로 군수, 병마사, 수군절도사, 관찰사 등 주로 외직의 행정이나 군정을 맡았던 적이 많아서 그가 관직에 있던 기간에 일어난 네 번의 사화에 관련되지 않았던 것으로 보인다. 어떻게 보면 조윤손이 처신에 능란해서 그랬던 것이 아니라 후덕했기 때문이리라.

---

121) 『中宗實錄』 권1, 중종 1년 9월 8일(甲申).

그가 막 별시무과에 합격하여 관료로 출발하였을 무렵인 1498년(연산군 4) 무오사화가 발생하여 많은 사림이 피해를 입었다. 또한 그가 양산군수로 있을 때인 1504년 갑자사화가 발생하였다. 아마도 조윤손은 이를 보고 군사를 일으켜 연산군을 폐위하려고 마음을 먹었던 것 같다. 물론 거사를 실행한 단계까지 나아간 것은 아니었으나 모의는 이미 언급한대로 이다. 그만큼 조윤손은 기개가 있었던 인물이다.

1519년 11월 기묘사화 전후 관력을 보면 1516년(중종 11) 1월 경상우도병마절도사에 제수되어[122] 임기를 채운 후 1518년(중종 13) 행호군(行護軍)[123]을 거쳐 사화가 발생하기 2개월 전인 1519년 9월에 경상좌도수군절도사에 제수되었다.[124] 그리고 1545년(명종 즉위년) 을사사화가 발생하기 4년 전에 극히 사소한 일로 사간원 간원의 간쟁을 받아 이미 관직에서 물러나 있었다. 따라서 조윤손은 중앙의 정치에서 일정한 거리를 갖게 되었을 것이며, 그것이 오히려 그의 관직 생활을 명예롭게 끝내게 했던 작은 계기가 아니었을까 한다.

조윤손이 살았던 시대는 훈척 정치와 사림의 왕도 정치 사이에 마지막 힘겨루기가 펼쳐졌던 지난(至難)한 시기였다. 이러한 시대를 살면서 그는 군사 부분에서 크게 공을 남기고 80까지 장수했으니 더 큰 복이 어디 있었겠는가. 이처럼 네 번의 사화에 공신으로 책봉된 적도 없고 피해를 주지도 입지도 않았던 것이다. 그가 유일하게 공신녹권이라도 받았던 중종반정은 연산군의 폐도 정치를 반정한 것이다.

Ⅳ. 맺음말

본론의 결론은 다음과 같다. 먼저 인물 소개의 오류를 바로잡으면 조윤손(1468~1547)은 24세 되던 1492년(성종 23)에 무과에 급제하고 선전관에 제수되었

---

122) 『中宗實錄』 권23, 중종 11년 1월 25일(丁未).
123) 『中宗實錄』 권34, 중종 13년 7월 2일(己亥).
124) 『中宗實錄』 권36, 중종 14년 9월 10일(辛丑).

다. 1502년 무과 급제설은 명백한 오류이다. 그리고 조윤손은 1503년에 선전관이 아니라 종4품 양산군수에 제수되었던 것이다. 다음으로 1506년 조윤손이 윤탕로 등과 기병을 협모했으나 거사에 미치지 못하는 사이에 박원종 등이 반정에 성공하였다. 끝으로 조윤손이 병조판서에 제수된 시기는 1536년이 아니라 1537년 10월이고, 의정부의 좌·우참찬에 제수된 적은 있으나 종1품 의정부좌찬성에 제수되지 않았다.

조윤손은 아버지 조숙기(1434~1509)가 처향인 진주 송곡으로 이주하면서 비로소 진주인이 되었다. 1492년(24세) 무과에 급제하여 선전관이 되고, 1503년 1월 종4품 양산군수로서 6년을 보내고 잠시 내직에 머물렀다가 1509년 3월 무렵 웅천현감에 제수되었다. 1510년 4월에 삼포왜란이 일어나 웅천이 함락되는 등 상황이 급박해지자, 조정에서는 상중에 있던 조윤손의 출전을 명하였다. 삼포왜란을 진압한 공으로 절충장군으로 승진하고, 1512년 3월 통정대부 갑산도호부사를 거쳐 1513년 1월 종2품 가선대부 함경북도병마절도사로 승진하였는데, 이후 경상좌우도의 병마절도사를 지냈다.

1522년(중종 17) 11월 정2품 자헌대부 동지중추부사 겸 지훈련원사를 제수 받아 재상의 반열에 올랐다. 1523년 10월 함경남도순변사, 1524년 4월 평안도병마절도사, 1527년 5월 공조판서에 제수되어 육경에 올랐다. 1528년 1월 만포사변이 일어나자, 다시 조윤손을 평안도병마수군절도사로 삼았다. 1532년 12월 한성부판윤, 1534년 4월 함경도관찰사, 1535년 2월에 공조판서를 거쳐 1535년 4월 의정부좌참찬이 되었는데, 이외에 의정부의 참찬에 두 번이나 제수되었다. 조윤손은 1535년 9월 제릉 행행 때 포영사를 지내고, 1537년(중종 32) 10월 병조판서에 임명되었는데, 온 고을이 영광으로 여겼다.

그의 관력에서 가장 큰 불명예는 상중 고기 섭생으로 사판에서 이름이 삭제되었던 일이다. 나이 70이 넘으면 그것은 예문에 어긋나지 않는다고 당시 조정의 대신들이 모두 나서서 변명하고, 변방의 일을 조윤손에게 자문하여야 마땅하니 서용하자고 중종에게 건의하였다. 1544년(중종 39) 3월 76세에 조윤손은 상호군으로 서용되고, 곧 이어 4월에 지중추부사에 임명되었다. 이후 1547년(명종 2) 지중추부사로 다시 제수되었으나 나아가지 않았다.

당시 조정에서 조윤손을 일러 궁마와 전진(戰陣)에 능하다고 했던 말이 빈말이 아니었다. 용재 이행(1478~1534)이 조윤손을 일러 "일세의 큰 명성은 '출장입상'의 조윤손에게 돌아간다."라고 했던 것이 결코 지나치지 않았다. 그는 외직으로 나가서는 웅천현감으로서 왜구 격퇴, 함경북도병마절도사·평안도병마절도사로서 여진 구축, 남북의 적로 방수에 뛰어난 장수였고, 내직으로 들어와서는 한성부윤·호조판서·의정부좌우참찬·병조판서로서 정국을 논하는 재상이었다. 그래서 그의 관력에서 가장 주목되는 관직이 외직으로 경상좌우도의 병마절도사·평안도병마절도사였으며, 그 최고 영예는 자헌대부 동지중추부사 겸 지훈련원사·병조판서 등 재상직 제수였다. 한편 대간들은 그의 관력의 고비마다 그 제수에 대해서 논계로써 끈질기게 반대하였다. 만약 그가 독직을 저질렀다면 결코 사로(仕路)에서 살아남지 못했을 것이다.

조윤손은 삼포왜란을 비롯한 왜의 관계, 16세기 전반기 여진족의 관계를 실질적으로 이해하고 구성하는데 결코 빠뜨릴 수 없을 정도로 대외적 군사 관계의 내·외직에 50여년 벼슬살이의 대부분을 보냈던 인물이다. 이는 조선사에서도 보기 드문 경우에 속한다. 그것도 통정대부 이상의 품계를 지닌 자로서 군사 관계 외직에 20년 이상 있었으니 말이다. 그는 왜와 여진에 대해서 사전에 철저한 대비책을 세우고 실현했던, 무재를 갖추고 병법에 능했던 인물이었다. 이러한 그의 능력은 남쪽과 북쪽의 순변사를 맡겨서 군사방비책을 점검하게 하였던 것에서도 잘 알 수 있다. 따라서 조윤손은 정치의 핵심인 안민(安民)에서 실제로 기여한 '출장입상'의 인물이었다.

조윤손이 살았던 시대는 훈척 정치와 사림의 왕도 정치 사이에 마지막 힘겨루기가 펼쳐졌던 지난한 시기였다. 그는 네 번의 사화에 공신으로 책봉된 적도 없고 피해를 주지도 입지도 않았던 것이다. 그가 유일하게 공신녹권이라도 받았던 중종반정은 연산군의 폐도 정치를 반정한 것이다. 이러한 시대를 살면서 그는 중종대 최고의 '출장입상'으로서 뚜렷한 업적을 남기고 80살까지 별 탈 없이 장수했으니 더 큰 복이 어디 있었겠는가. 그의 자가 억지(億之)이고, 시호(諡號)가 장호(莊

胡)였던 것이 예사롭지 않다. 결코 한 발 늦어 잊힌 인물이 아니라 한 발 늦어 자와 시호대로 살았던 인물이었다.

參考文獻

『燕山君日記』.
『中宗實錄』.
『明宗實錄』.
『宣祖實錄』.
『容齋集』(李荇).
『游軒集』(丁熿).
『征蠻錄』(李擢英).
『晉陽誌』(成汝信).
『晉陽續誌』(晉州 蓮桂齋).
「正憲大夫議政府左參贊兼五衛都摠管知訓練院事曺公墓碑銘」(魚得江 撰).
「嘉善大夫慶州府尹兼慶州鎭兵馬節制使曺公墓碑銘」(姜渾 撰).
박용국 외 편저, 『傳統時代 工夫論 資料選集』, 이회, 2008.
이수건, 『嶺南士林派의 形成』, 嶺南大出版部, 1979.
이홍직 편, 『새국사사전』, 교학사, 1983(초판).
한국학중앙연구원 편, 『한국민족문화대백과』, 한국학중앙연구원, 2010.
두산백과(http://www.doopedia.co.kr).
디지털진주문화대전 홈페이지(http://jinju.grandculture.net), 전통시대 인물(曺潤孫 편).

위 논문은 박용국 교수님이 『경남권문화』 제21호(2012. 12)에 실은 글에서 필자의 허락을 얻어 한자는 괄호 속에 넣거나 한글로 바꾸고, 어려운 한자어에 주를 단 것입니다. <조규태>

창녕조씨 시랑공파 세묘지단
진주시 문산면 이곡리 소재

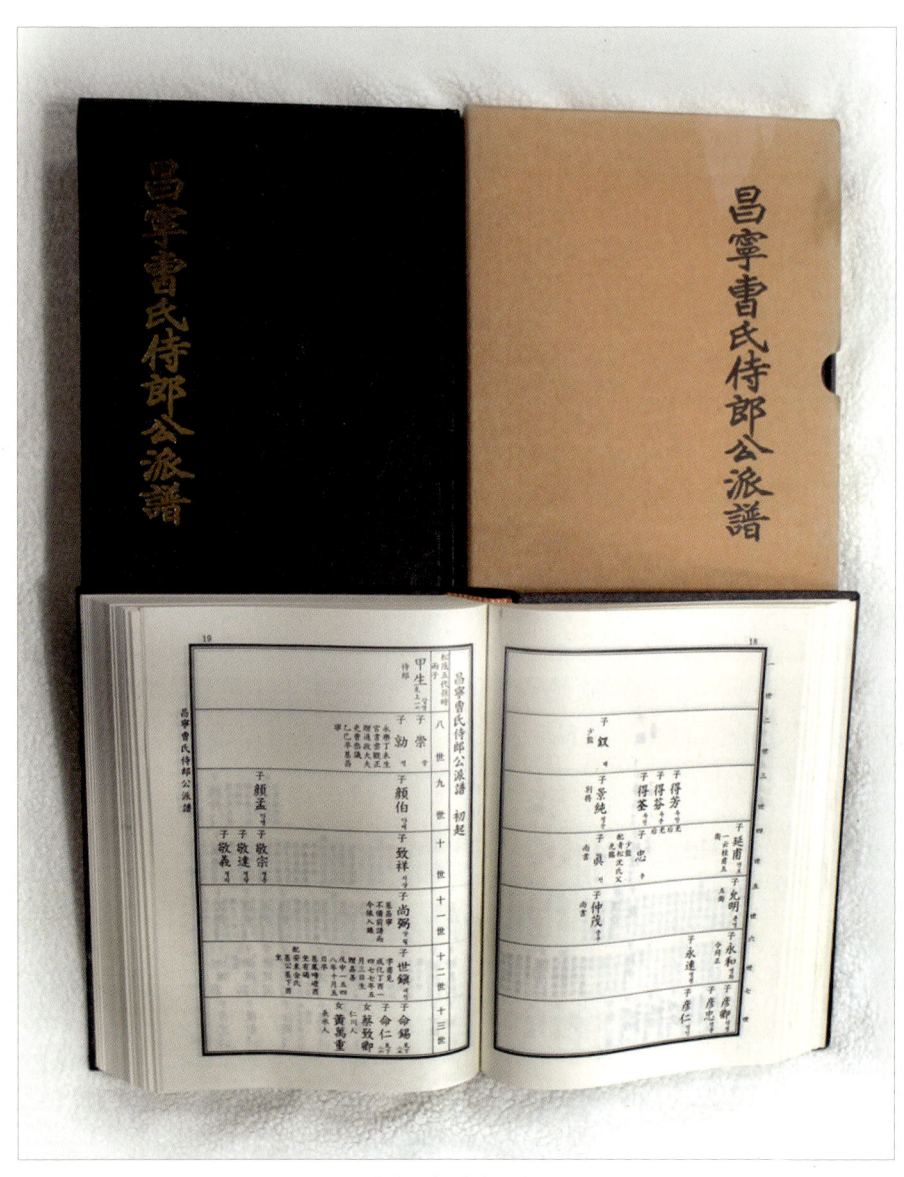

창녕조씨 시랑공파보
1991년 10월 발간

□ 더 보태는 글

창녕조씨 시랑공파 이야기

창녕조씨(昌寧曺氏) 시랑공파(侍郎公派)

창녕조씨는 1874년에 만들어진 갑술보에 29개의 파가 등재되어 있고, 1911년에 만들어진 신해보에는 31개의 파가 등재되어 있다. 시랑공파는 이 중의 한 파에 속한다. 시랑공파는 고려말의 시랑공 갑생(甲生)이 파의 시조이다. 창녕조씨는 신라 진평왕 때의 시조 조계룡(曺繼龍)으로부터 비롯되는데, 시조 아래의 몇 대가 모호하여 세대수를 헤아릴 때는 대체로 3송(松茂, 松君, 松鶴)을 1세로 시작한다. 갑생은 송무의 6세손이다. 시랑공에게는 숭(崇)과 경(勍)두 아들이 있었는데, 숭의 후손은 무후라 족보에 기록되어 있지 않다. 경에게는 안백(顔伯), 안맹(顔孟), 안중(顔仲), 안계(顔季)의 네 아들이 있었다. 안백의 후손들은 청도 이서(淸道 伊西)와, 청도 각남(淸道 角南)에 본적을 두고 있고, 안중의 후손들은 청도 임당(淸道 林塘), 청도 가금(淸道 佳琴), 함안(咸安), 경주(慶州), 안동(安東), 영주(榮州), 칠원(漆原), 진주 반성(晉州 班城) 등지에 본적을 두고 있다. 그리고 안계의 후손들은 성주 하남(星州 霞南), 김천(金泉), 고령 우곡(高靈 牛谷), 합천 야로(陜川 冶爐) 등지에 본적을 두고 있다. 1991년에 편찬된 『창녕조씨 시랑공파보』에 등재되어 있는 생존해 있는 시랑공의 후손들은 1990명에 달하였다.

시랑공파에서 가장 유명한 인물은 대사헌, 경주 부윤 등을 지낸 조숙기와, 의정부 좌참찬, 병조 판서 등을 역임한 조윤손이다.

1989년에 시랑공의 후손들이 시랑공 이하 3대의 묘소가 없는 것을 안타까이 생각하여 이분들을 모시는 '창녕조씨 시랑공파 세묘지단'을 진주시 문산면 이곡리에 있는 조숙기 묘역 오른쪽 아래에 건립하였다. 시사는 매년 음력 10월 둘째 일요일에 지낸다.

창녕조씨 시랑공파 세묘지단
昌寧曺氏 侍郞公派 世墓之壇

창녕 조씨 신라 진평왕여서 태사창성부원군 휘 계룡   후예   고려   휘 서
昌寧曺氏는 新羅 眞平王女壻 太師昌城府院君 諱 繼龍의 後裔이다. 高麗 때의 諱 瑞

 태조   외손자   형부원외랑   휘 연우   문하시랑평장
는 太祖의 外孫子로서 벼슬이 刑部員外郞이요, 그의 아들 諱 延祐는 門下侍郞平章

사   칠대조 자기   팔대   평장사   명환장상
事이니 七大祖 自奇에 이르기까지 八代를 平章事로 이어왔고, 그 밖에도 名宦將相

  수   자기 십이세손 휘 갑생   군기시정   시랑   증직
이 數없이 많았다. 自奇의 十二世孫 諱 甲生은 軍器寺正으로서 侍郞에 贈職되었고,

      경   서운관정   통정대부 이조 참의   증직   사 형제
그의 아들 勍은 書雲觀正으로서 通政大夫 吏曹 參議에 贈職되었다. 아들 四兄弟를

         안백 안맹 안중 안계   안중 통정대부 울진현령   가선대부 병
두었으니 顔伯, 顔孟, 顔仲, 顔系이니, 顔仲은 通政大夫 蔚珍縣令으로서 嘉善大夫 兵

조 참판 증직   안백 안계 진사   시랑공   안계   삼대
曹 參判에 贈職되었고, 顔伯, 顔季는 進士이다. 侍郞公에서 顔季에 이르기까지 三代

 육위 묘소 보첩   창녕   기재   산명 좌안   명시
六位의 墓所가 譜牒에는 昌寧으로 記載되어 있으나, 山名과 坐案이 明示되지 않았

      역사   수다 국란   자손 유리   불행   실전
다. 오랜 歷史 속에서 數多한 國亂으로 子孫들이 流離하는 동안에 不幸하게도 失傳

하였음을 통감하고, 全國에 散在하는 侍郞公 諱 甲生의 後孫들이 뜻과 힘을 모아서

祖上의 얼을 되새기고 오늘의 나를 있게 해 주신 恩功을 欽慕하고자, 晉陽郡 文山

面 耳谷里에 있는 參判公의 第四子 大司憲公 諱 淑沂와 孫子 莊胡公 兵曹 判書 諱

潤孫의 墓所 下便에 祭壇을 설치하고 三代六位를 合設奠享하기로 한 것이다. 滄桑

이 거듭하는 世上이라, 父子祖孫의 英靈을 한자리에 뫼시고 數많은 자손들이 한자

에 모여서 祖先으로서는 遺慈陰佑를, 子孫으로서는 追遠報本을 함께 내리고 함께

行하는 것이 어찌 千古의 彛倫이 아니리오. 侍郞公 十六世孫 東浩 君과 十八世孫

海昌과 二十世孫 泳斗가 나에게 壇記를 請하기에 그 誠孝에 느낀 바가 있어서

삼가 記錄하는 바이다.

成均館 副院長 眞城后人 李壽洛 謹識

十六世孫 秉雲 謹書

一九八九年　月　日 竪

시랑공파 세묘지단 건립

전국에 흩어져 사는 창녕조씨 시랑공파를 결집하려는 움직임은 1984년부터 시작되었다. 이 일에 앞장선 분은 성주 집안의 동호 공이었다. 동호 공이 시랑공 후손들의 결집을 위해 전국으로 다니던 중, 진주시 문산읍에 있는 경상남도임업시험장의 장장으로 재직하고 있던 장호공 후손 정석 공의 도움을 얻음으로써 세묘지단 건립이 이루어지게 되었다. 몇 차례 문중 논의 끝에, 실전된 시랑공 이하 3대 6위의 단소를 장호공 묘소 아래 우측에다 건립하여, 조상을 추모하고 시랑공 후손들이 결집하는 장소로 삼기로 하였다.

성균관 부관장인 이수락 공이 비문을 작성하고, 안동 집안 병운 공이 글씨를 쓰고, 성주 집안 동구 공이 석물을 제작하였다. 단소 건립 부지와 주차장 등 단소 건립에 필요한 부지 일체는 진주 반성 문중에서 기증하였으며, 경비는 반도병원 해창 원장이 반을 부담하고, 나머지는 청도, 함안, 반성, 안동, 성주 집안 사람들이 분담하였다. 1989년 여름부터 공사가 시작되어 그 해 가을 음력 10월 15일에 준공을 하였다. 공사가 진행되는 동안 동호 공과 희성 옹이 공사 인근에서 기거하며 공사를 지휘하고 독려하였으니 그 노고는 이루 말할 수 없다.

다음해인 1990년에는 단소 주위의 시멘트 바닥을 걷어내고 석재를 까는 작업을 하였고, 1995년에는 단소 주위에 난간을 세우는 공사를 하였다. 2009년에는 다시 대대적인 단소 주위 정화 사업을 하였다. 단소 앞 광장에 석분을 깔고, 광장 앞쪽에 축대를 쌓고, 축대 위쪽에 난간을 설치는 공사를 하였다. 이 공사의 기획과 지휘 감독은 종친회 회장인 정석 공과 총무인 규태 공이 솔선하였으며, 공사 경비는 합천 야로 집안 해창 원장과 청도 임당 집안 천수 사장이 거금을 쾌척하였다. 이어 2012년에는 단소 뒷면에 잘 다듬은 돌을 쌓아 깨끗이 정비하였고, 단소 광장 옆을 확장하였다. 이 공사에는 안동 집안 용환 공이 크게 기여하였다. 이로써 단소 조성 공사가 일단 마무리되었다.

시랑공파 파보 제작

시랑공파를 결집하는 단소를 건립하자, 파보를 제작하자는 논의가 본격적으로 이루어졌다. 파보 제작의 시작은 성주 집안 동호 공이 1984년부터 전국에 흩어져 사는 시랑공 후손들을 찾아내는 일을 하면서부터 비롯되었다. 그러다 시랑공파 선계 단소가 건립된 후, 1991년 3월에 대구에 있는 대보사에서 문중 회의를 하여 파보편집위원회 임원을 확정하고, 파보 편집 방침을 정하면서 본격적으로 일이 진행되었다. 이로부터 각 문중 별로 단자를 모으고 모금을 하는 등, 파보 제작을 위한 일들을 진행하여 그 해 가을 10월 말일에 파보를 발간하였다. 파보 제작에도 성주 집안 동호 공과 함안 집안 희성 옹의 헌신적인 노고가 뒷받침되었다.

대사헌공(大司憲公) 조숙기(曺淑沂)

조숙기(曺淑沂)
(1434.9.3.~1509.5.19.)

조선 초기의 문신으로 본관은 창녕(昌寧)이다. 자는 문위(文偉)이며 현령 안중(顔仲)의 아들이다. 1475년(성종 6)에 생원으로 식년 문과에 병과로 급제하고, 무예가 능하여 선전관에 발탁되었다. 1478년 이조 좌랑으로 재직 중 평안도에 파견되어 민심을 위무(慰撫)하였으며, 조정으로 돌아와 복명하기까지 견문한 산천의 험함, 도로의 원근, 방수(防守)의 허실, 변방 백성들의 삶의 모습 등에 관한 것을 상소하였다. 1479년 건주위(建州衛) 여진을 정벌할 때 도원수 윤필상(尹弼商)의 종사관으로 참전하였고, 이듬해 적진 깊숙이 들어가 독전(督戰)한 공으로 품계가 3등급 특진되고, 홍문관 부교리에 임명되었다. 1484년 순천 군수 재직 중 문무가 겸비하여 유능한 인재로 천거됨에 따라, 예빈시 부정(禮賓寺副正), 사헌부 집의(司憲府執義) 등을 역임하고, 그해 12월에 이성(利城)에 파견되어 수령·만호들의 불법을 밝혀내었다. 1486년에 강릉 부사, 의주 목사 등을 역임하였고, 1489년부터 충청도 병마절도사, 형조 참의, 사간원 대사간, 예조 참의를 차례로 지냈다. 1500년에 대사헌을 지냈으며, 이해 천추사로 임명되어 연경에 다녀왔다. 돌아와 형조 참판, 평안도 관찰사 겸 평양 부윤을 역임하였다. 1503년에 경주 부윤이 되었으며, 1507년에 지중추부사(知中樞府事)로 임명되었다. 만년에 언양과 청도에 집을 짓고 자연과 더불어 삶을 즐겼다. 주역에 조예가 깊었다. 아들 장호공으로 인해 자헌대부 병조 판서 지경연춘추관사 홍문관 제학으로 추증되었다. 묘는 진주시 문산읍 이곡리에 있다.

장호공 조윤손의 아버지로서, 아버지와 아들이 나란히 진주를 빛낸 인물로 『진양지』에 올라 있다. 공의 비문은 강혼의 문집인 『목계일고(木溪逸藁)』 권1에 실려 있으며, 일제강점기에 일본인들이 탁본한 비문은 일본 경도대학교 박물관에 보관되어 있다. 경상남도에서는 두 분의 묘소가 있는 묘역이 문화재로서의 가치가 있다고 판단해, 2010년 2월 11일 <진주 이곡리 조숙기 묘역>이란 명칭으로 경상남도 기념물 제272호로 지정하여 보호하고 있다.

고 가선대부 경주 부윤 경상도 병마절제사 조공 묘비

고향 사람 병충분의 정국공신 숭록대부 행 공조 판서 진천군
강혼이 글을 짓고,
중훈대부 행 사헌부 장령 어득강이 글씨를 쓰다.

공의 이름은 숙기요, 자는 문위이니, 창녕현 사람이다. 고려 태조에게 딸이 있어 조씨에게 시집보내니 형부원외랑 서를 낳았고, 서는 문하시랑 평장사 연우를 낳았다. 연우부터 자기까지 8대를 연이어 평장사가 되었다. 고려 말에 이르기까지 지위가 신하의 극에 이른 이가 다섯 사람이며, 그 밖에 공훈과 명성이 있는 장수와 재상은 셀 수도 없다. 그래서 세상에서 훌륭한 성씨를 일컬을 때 반드시 창녕의 조씨와 성씨를 말하는 것이다.

자기의 11대손 판서 시우는 군기시정 갑생을 낳고, 갑생은 서운관정 경을 낳았으며, 경은 통정대부 행 울진 현령 안중을 낳았다. 이 분이 공의 부친이니, 공으로 인해 가선대부 병조 참판에 추증되었고, 서운관정은 통정대부 이조 참의에 추증되었다.

참판공은 청도의 유서 깊은 집안으로서 옥과 현감을 지낸 노성의 따님에게 장가가, 선덕 갑인년(1434, 세종 16) 9월 초3일 창녕에서 공을 낳았다. 약관의 나이에 유순이 장원급제한 생원시에 합격하였다. 부모님의 상을 당해 다 3년 동안 시묘를 하였다.

갑오년(1474, 성종 5) 최관이 장원한 과거에 급제하여 예문관에 선발되어 들어가 여러 번 전임되어 봉교에 이르렀고, 사헌부 감찰, 이조 좌랑으로 옮겼으며 무예에 능함으로 발탁되어 선전관을 겸하였다. 성종 기해년(1479) 겨울에 북쪽 오랑캐가 명나라를 침범하자 명나라가 우리나라에 정벌을 도우라고 명하니, 윤필상을 원수로 삼고 공은 막료로 수행하였는데, 승리를 이끈 계책이 공에게서 많이 나왔다. 회군하자 원수가 왕께 아뢰니 특별히 공을 세 품계 올려 그 재능을 장려해 홍문관 부교리 지제교 경연시독관으로 발탁하였다.

일찍이 경연에 참여하였을 때 왕이 서쪽 변경의 일을 물어보자 공이 나가서 "평안도는 북쪽 오랑캐와 인접해 있어 관례상 무신을 수령으로 삼고 있지만 이 때문에 백성들이 학문을 알지 못하니, 지금부터는 모름지기 문신과 무신을 번갈아 임명해야 합니다."라고 아뢰니 왕이 매우 옳다고 받아들이며 어필로 써서 공을 순천 군수에 임명하였다.

부임한 지 5년이 지나서 왕이 조정 신하들에게 내외의 청렴하고 성실하게 공무를 수행하는 사람을 천거하라고 명하였다. 공이 첫머리로 천거되니 특별히 한 품계를 더하여 예빈시 부정에 승진시키며 손수 쓰신 편지를 내려서 공을 불렀는데, 편지 말미에 "교만하지 말며 항상 충실한 사람이 되도록 하라."라고 하니 사림이 영광스럽다고 하였다.

사헌부 집의로 전임되었다. 공은 남쪽지방은 평화에 익숙하여 변방의 대비가 해이하다고 여겨 중신을 보내 순시하기를 청하니, 왕께서 훌륭하게 여기고 의정 홍응을 파견하여 체찰사로 삼고 공에게 한 품계를 더하여 종사관이 되게 하였다. 돌아오자 또 한 품계를 더하여 특별히 강릉 대도호부사에 제수하였다.

병오년(1486, 성종 17) 가을에 통정대부에 승진하여 의주 목사로 전임되었다. 임기가 끝났으나 왕께서 바꾸지 말고 연임케 하도록 명하였다. 안팎 옷감을 하사하며 포상하시는 글에 "네가 맡은 고을이 피폐한 지 오래되었는데, 들으니 네가 공무를 집안일 다스리듯 하여 백성을 번거롭게 하지 않고 관청 건물을 수리했다 하며, 중국 사신이 오던 날에는 네가 홀로 감당하여 모든 것을 마땅하게 처리했다고 하니, 내가 가상히 여겨 하사하노라." 하셨다.

기유년(1489, 성종 20)에 이르러서야 교체되어 충청도와 경상좌도의 병마절도사, 형조 참의, 사간원 대사간, 예조 참의를 역임하였다. 정사년(1497, 연산군 3)에 가선대부 함경북도 병마절도사가 되어 경성 대도호부사를 겸임하였다. 연산군 4년(1499), 조정에서는 북쪽 관문을 중요시하였으나 대신할 사람을 찾기 어려워 또 연임하도록 명하였다. 경신년(1500)에 사헌부 대사헌으로 부름을 받았고 곧 동지중추부사로 전임하여 천추사[1]가 되어 연경에 갔으며, 형조 참판으로 전임되

---

1) 천추사(千秋使) : 중국 황제의 생일 축하 사신.

었다가 평안도 관찰사 겸 평양 부윤이 되었다. 계해년(1503, 연산군 9)에 경주 부윤으로 나갔다.

을축년(1505, 연산군 11) 겨울에 늙음을 이유로 사직하기를 청하여, 물러나 진주의 시골집에 살았다. 또 언양(彦陽)의 반고곡(磻高谷)과 청도(淸道)의 운문산(雲門山)에 집을 짓고서 그곳 산수를 사랑하여 자유로이 소요하며 돌아가는 것을 잊었으니, 훌쩍 세속을 떠날 뜻이 있었다. 금상(중종)이 즉위하자 공을 첨지중추부사로 불렀으나 나아가지 않았다.

아들 윤손은 당시 양산 군수로 있다가 임기가 차서 군기시 첨정이 되었으나 다시 공을 위해 웅천 현감 되기를 요청하였다. 웅천현에는 섬나라 오랑캐가 있어 안정시키고 제어하기가 실로 어려웠는데, 조정에서 의논하기를 첨정이 무신이면서 명망이 있다 하여 특별히 통정대부로 승진시켜 보냈으니, 비록 품계에 비해 낮은 직책에 제수되었으나 실제로는 영예롭게 선발된 것이었다.

공은 5년 동안 한가하게 보내며 늘 거문고와 바둑, 시와 술을 즐겼다. 총명함은 늙어도 쇠하지 않아 배우려는 사람들이 떼지어 모이니 가르침을 게을리 하지 않았다. 평생 섭생을 잘하여 병이 적었고 고을 사람들의 활쏘기 모임에는 멀더라도 반드시 나갔는데, 활 쏘는 힘이 젊은 시절과 다를 것이 없었다. 기사년(1509, 중종 4) 5월 가벼운 병을 앓다가 가정의 일에 대해서는 아무 말도 하지 않은 채 앉아서 훌쩍 별세하였으니 그 달 19일이었다. 그 해 9월 왕이 예조 정랑 신여필을 보내 향과 축문을 가지고 치제케 하였다.

공은 풍채가 중후하고 늠름하였으며 문무에 모두 뛰어난 재능이 있었다. 학문에 힘쓰되 문장 다듬기를 일삼지 않았으며 특히 역학에 정통하였고 기략이 깊고 웅대하였다. 가볍게 기뻐하거나 노하지 않아 장자의 풍도가 있었다.

향년은 76세였으니 선산 남서향 언덕에 장사지냈다. 공의 첫 부인은 진주의 처사 정유의의 딸로 강릉의 임지에서 별세하였다. 아들 둘을 두었는데, 장남 연손은 부인보다 한 달 앞서 죽었고, 차남은 윤손이니 바로 웅천 현감이다. 임자년(1492, 성종 23) 별시 무과에 급제하였고, 진사 강조수의 딸을 맞아 딸 셋을 낳았다. 공의 후취는 직장 안신의 딸로 외아들 윤남을 낳았는데 어리며, 딸 하나도 어리다.

아아! 공 같은 분은 한 시대의 위인이라 할 수 있을 것이니 공을 애도하는 것이 헛된 말로 찬미하는 것은 아니로다. 삼가 명을 짓는다.

族之茂 自穠棣[2]	집안의 번성함은 고려 태조의 공주가 시집온 데서 비롯하나니,
慶綿遠 及後裔	경사가 멀리 이어져 후손에게 미치는구나.
篤生公 河淸際	돈독히 공을 낳으시니 성왕의 태평한 시대[3]였고,
事兩朝 歷華制	두 조정을 섬기며 빛나는 직책을 역임하였네.
文而武 爲國衛	문(文)이면서 무(武)를 아울러 국가를 보위하였고,
老于鄕 以卒歲	늙어서는 고향에 가서 여생을 마쳤네.
峴之碑 桐之惠	현산(峴山)의 타루비(墮淚碑)[4]나 동강(桐江)의 은혜[5]도,
公不媿 美可儷	공은 부끄럽지 않아 훌륭함이 이에 짝할 만하니
建螭首 告後世	비석 세워 후세에 알리노라.

명나라 정덕 5년 조선 9대 경오년(1510, 중종 5) 9월 일
아들 통정대부 전 행 웅천 현감 김해 진관 병마절제도위
겸 감목 윤손 등이 세운다.

---

2) 농체(穠棣) : 주(周)나라 무왕(武王)의 딸이 제후(齊候)의 아들에게 시집간 것을 말한 것으로, 고려 태조의 딸이 창녕 조씨 중시조인 '조겸(曺謙)'에게 시집온 것을 비유한 말임. 출전은 『詩經』「召南」의 '何彼穠矣' 편.
3) 하청(河淸) : 황하의 물이 맑으면 성인의 태평한 시대가 된다고 하며, 세종대왕 시대를 말함. 출전은 『易緯乾鑿度』.
4) 현산(峴山)의 타루비(墮淚碑) : 그 고을에서 벼슬한 사람의 고마움을 표시하기 위해 비석을 세워 두고, 그 비석을 보며 눈물을 흘린다는 뜻으로, 벼슬한 사람이 선정(善政)한 것을 비유한 말임. 출전은 『晋書』羊祜傳.
5) 동강(桐江)의 은혜 : 동강에 은거한 후한의 엄광(嚴光)을 말한 것으로, 부윤공이 만년에 벼슬에 나아가지 않은 것을 비유한 말임. 엄광은 젊은 시절의 친구였던 광무제가 여러 차례 벼슬에 부름을 고사하고서 동강(桐江)에 은거하여 말년을 보낸 고사가 있는데, 절강성 동려현(桐廬縣) 남쪽에 그가 낚시하던 터가 있음. 출전은 『後漢書』嚴光傳.

故嘉善大夫慶州府尹慶尙道兵馬節制使曺公墓碑

鄕人秉忠奮義靖國功臣崇祿大夫行工曺判書晉川君姜渾　撰
中訓大夫行司憲府掌令魚得江　書

1) 公諱淑沂字文緯昌寧縣人高麗太祖有女下嫁曺氏生刑部員外郞瑞瑞生門下侍
郞平章事延祐由延祐至子奇連八代爲平章降至麗季位極人臣者五人自餘勳名

2) 將相不可枚數世稱大姓必曰昌之曺成子奇十一代孫判書諱時雨生軍器寺正諱
甲生甲生生書雲觀正諱勍勍生通政大夫行蔚珍縣令顔仲是公考也以公故追贈

3) 嘉善大夫兵曺參判觀正通政大夫吏曺參議參判公娶淸道世家玉果縣監盧惺之
女以宣德甲寅九月初三日生公於昌寧年弱冠中柳洵榜生員丁內外憂皆廬墓三

4) 年登甲午崔灌榜及第選入藝文館累遷至奉敎遷司憲監察吏曺佐郞以能武擢爲
兼宣傳官　宣陵己亥冬北虜犯上國　命本國助征以尹弼商爲元帥公以幕下從

5) 之凡制勝之策多出於公旋施之日元帥白　上特超公三階以獎其能擢弘文館副
校理知製　敎　經筵侍讀官嘗侍　經筵　上問及西邊事公進曰平安一道以隣

6) 北虜例用武臣爲守令緣此民不知學自今須以文武交差　上深納之御筆書公爲
順川郡守到任五年　上令朝臣擧中外廉謹奉公者公爲薦首特加一階陞拜禮賓

7) 副正降　內書召公　御書其末曰勿以驕矜持己常以忠實自許云士林榮之遷司
憲執義公以南方狃於升平邊備解弛請遣重臣巡審　上嘉之遣議政洪應爲體察

8) 使加公一階爲從事及還又加一階特除江陵大都護府使丙午秋陞通政移牧義州
及瓜　命勿遞因之賜表裏褒書云爾州殘弊久矣聞爾治公如家不煩民而修葺館

9) 廨日中朝使之來爾獨當而無不得宜予用嘉之仍賜云云至己酉年乃代歷忠淸慶
   尙左道兵馬節度使刑曺參議司諫院大司諫禮曺參議丁巳爲嘉善大夫咸鏡北道

10) 兵馬節度使兼鏡城大都護府使燕山君四年也朝廷重北門而難其代又 命因之
    庚申召以司憲府大司憲尋移同知中樞府事充千秋使朝燕京轉刑曺參判平安道

11) 觀察使兼平壤府尹癸亥出尹慶州乙丑冬上章請老退居晉之村莊又卜築於彦陽
    之磻高谷淸道之雲門山愛其山水嘯傲忘返蕭然有雲鶴之懷今 上卽位以僉知

12) 中樞府事召公不就子閏孫時爲梁山郡守秩滿爲軍器僉正又爲公乞熊川縣監縣
    有島夷撫馭實難朝議以僉正武而有名望特陞通政遣之雖降授實榮選也公居閑

13) 五年常以琴碁詩酒自娛聰明老而不衰學者坌集敎誨不倦平生善攝養少疾鄕人
    會射雖遠必赴弓力不異壯年己巳五月患微恙不語家事翛然坐逝是月十九日也

14) 是年九月 上遣禮曺正郞愼汝弼賫香祝賜奠公風彩凝峻有文武長才力學不事
    雕章尤精易理沈機雄略不輕喜怒有長者之風享年七十六葬于家山艮坐坤向之

15) 原公先娶晉州處士鄭攸宜之女歿於江陵任所有二男長曰年孫先夫人一月而逝
    次曰閏孫卽熊川也登壬子別試武科娶進士姜兆壽之女生三女公後娶直長安信

16) 之女生一男曰潤男幼一女幼嗚呼如公可謂一代之偉人誄公匪虛美也謹銘曰

17) 族之茂自穠棣慶綿遠及後裔篤生公河淸際事兩朝歷華制文而武爲國衛老于鄕
    以卒歲峴之碑桐之惠公不媿美可儷建螭首告後世

皇明正德五年朝鮮九葉歲庚午九月　日
孤通政大夫前行熊川縣監金海鎭管兵馬節制都尉兼監牧閏孫等立

※ 대사헌공에 관해서는 다음 자료들에서 삶의 자취를 살펴볼 수 있다.
1. 조선왕조실록
2. 각종 저서에 실린 공에 관한 글
   (1) 사가집(四佳集) 권3 기류(記類)
      □ 정건주행군도기(征建州行軍圖記)
   (2) 점필재집(佔畢齋集) 권19 시(詩)
      □ 을사십일월(乙巳十一月) 江陵新府使曹侯叔沂 自南京還京…….
   (3) 안락당집(顔樂堂集)
      □ 권1 시(詩) 송조군숙기출재강릉(送曹君淑沂出宰江陵)
      □ 권4 기(記) 선집기(先執記)
   (4) 허백정집(虛白亭集) 권2 서(序)
      □ 송조절도사숙기부영안북도시서(送曹節度使淑綺赴永安北道詩序)
   (5) 허백당집(虛白堂集)
      □ 권6 시(詩) 부기영회(赴耆英會)
      □ 보집(補輯) 권2 시(詩) 송영안절도사조문위(送永安節度使曹文緯)
   (6) 뇌계집(㵢谿集) 권2 칠언소시(七言小詩)
      □ 필승성묵장여경, 수향관서, 겸간의주목사조숙기, 숙천부사이의
         (筆僧性默將如京, 遂向關西, 兼柬義州牧使曹淑沂, 肅川府使李儀)
      □ 송동년강릉부사조숙기(送同年江陵府使曹淑沂)
   (7) 신증동국여지승람(新增東國輿地勝覽) 권20 충청도 해미현
      □ 청허정(淸虛亭)
   (8) 진양지(晉陽誌) 권4 임관(任官) 총묘(冢墓)
      □ 조숙기(曹淑沂)
   (9) 대동야승(大東野乘) 중의 해동잡록(海東雜錄) 권3 본조(本朝) 3
      □ 조숙기(曹淑沂)
   (10) 연경재전집(硏經齋全集) 외집(外集) 권39 전기류
      □ 건주정토록(建州征討錄)

명홍재기(冥鴻齋記)

  조선(朝鮮) 성종조(成宗朝)에 유능한 한 신하가 있었으니, 조숙기(曺淑沂)란 분이다. 그의 관직(官職)은 대사헌(大司憲)으로 사후(死後)에 병조 판서(兵曹判書)로 증직(贈職)되었다. 그 문한(文翰)과 관계(官界)에서의 업적이 세상에 빛났다.
  그에게는 훌륭한 아들 윤손(閏孫)이 있었으니, 무신으로서 문한(文翰)을 겸비하였다. 왜적을 막고 오랑캐를 정벌하여, 국가에서는 그를 의지하여 간성(干城)으로 여겼다. 관직은 병조판서(兵曹判書)에 이르렀고, 시호는 장호공(莊胡公)이다. 그 우뚝한 공훈(功勳)과 훌륭한 업적은 나라의 역사나 개인의 기록에 갖추어 실려 있다.
  장호공(莊胡公)은 공(功)을 이루고 난 뒤 은퇴하여 진주(晋州) 금곡면(金谷面)의 송곡(松谷) 마을에다 정자 한 채를 짓고서 명홍정(冥鴻亭)이라 이름하였다. 명홍(冥鴻)이란, 대개 '고상한 인물이 속세를 멀리 떠나 숨는다.'는 뜻을 취한 것이다. 공은 여기서 편안히 거처하면서 책을 읽고 시를 읊으며 느긋하게 즐기다가 천수(天壽)를 누리고 세상을 마쳤다.
  지금은 공이 살던 시대로부터 거의 오백 년의 세월이 흘렀으니, 오래되었다고 하지 않을 수가 없다. 공은 떠났고 정자는 이미 무너졌고, 풀이 우거진 속에 그 터만 겨우 남아 있으니, 자손 된 사람들이 탄식을 머금은 것이 어떠하겠는가?
  공의 십이 대 손에 병진(秉振)이란 분이 있었는데, 학행(學行)이 뛰어나 가문의 전통을 이을 만했으나, 불행히도 일찍 세상을 떠나고 말았다. 사람들이 모두 다 탄식하며 아까워하였다. 다행히도 덕성스러운 그 배필 유인(孺人) 철성(鐵城) 이씨(李氏)가 있었는데, 여장부(女丈夫)의 기풍(氣風)이 있었고, 또 일을 잘 처리하는 능력도 있었다. 어리고 연약한 삼남이녀(三男二女)를 데리고 이 운천리(雲川里)로 들어와 터를 잡았다. 조씨(曺氏)들이 이 마을에 산 것은 이에서 비롯되었다. 이 유인(李孺人)은 어려움을 이기고 수고로움을 참고서 정신적으로 육체적으로 온갖 힘든 일을 해내며 거의 잠도 자지 않고 쉬지도 않았다. 이렇게 하여 점점 재산을 늘리고 자녀들도 올바른 방법으로 가르쳐, 다시 문호(門戶)를 세웠으니,

실로 조씨(曺氏) 가문에 대단한 공적이 있다고 하겠다.

이로부터 병진(秉振) 공의 자손들이 번성하여 거의 오십 호나 될 정도로 불어났다. 그러나 지금 세상은 옛날과 달라, 새로운 풍조가 물결처럼 밀려들어와 옛 예절이나 법도를 마치 헌 짚신짝처럼 버리고, 오직 명예나 이익만을 쫓는다. 조상을 높이고 친족 간의 화목을 돈독히 하는 일에 대해서는 아예 자기와 관계없는 일인 것인 양 눈여겨보지 않으니, 개탄할 일이다. 이 가문에도 고향을 떠나 외지에 사는 나이 젊은 사람들 가운데는 이런 풍조에 조금 물든 사람이 없지 않게 되어 갔다. 이에 흠칫 놀라 깊이 걱정하는 사람이 있었으니, 곧 영두(泳斗, 正石)란 분이다. 병진(秉振)공의 말 현손으로서 지금 이 가문의 어른이다.

곧 크게 일족들을 모으고서 재실(齋室)을 세워야 한다는 논의를 내놓자 모두가 기꺼이 동의(同意)하였다. 이에 일족(一族)들이 영두(泳斗) 씨를 정점(頂点)으로 혼연일체(渾然一體)가 되어 각자 최선을 다하여 성금(誠金)을 내놓고 터를 닦고 목재를 사오고 목수를 불러와 산뜻한 재실을 세웠다. 이 문중(門中)의 족의(族誼)와 단결력은 다른 사람들이 크게 부러워하고 있다.

공사가 이미 끝나자, 영두(泳斗)씨가 그 종씨 규태(圭泰) 박사로 하여금 나를 차에 태워 재실이 있는 곳으로 오게 하여, 재실의 전경과 그 규모를 두루 살펴보도록 하였다. 그리고는 재실의 이름을 어떻게 하면 좋겠느냐고 나에게 묻고, 아울러 재실을 짓게 된 전말을 담은 기문(記文)을 지어 줄 것을 요청하였다.

내가 막 재실의 이름을 이리저리 생각하고 있을 때, 영두(泳斗)씨가 규태(圭泰) 박사와 논의(論議) 끝에 재실 이름을 명홍재(冥鴻齋)로 할 것을 추천하여 말하기를, "조상이 명홍정(冥鴻亭)을 가졌으니, 후손이 재실 이름을 명홍(冥鴻)으로 하면 혹시 안 될 것이 있습니까?"라고 하기에, 내가 답하기를, "무슨 안 될 것이 있겠습니까? 후손(後孫)으로서 멀리 조상(祖上)을 추모(追慕)하는 것이 또한 옳지 않겠습니까? 증자(曾子)가 말하기를, '장례를 신중하게 치르고 먼 조상을 추모(追慕)하면, 백성들의 덕(德)이 두텁게 된다.'고 했으니, 이 말은 실로 천고(千古)의 지극한 가르침입니다. 이렇게 일족들이 성력(誠力)을 결집하여 재실을 세우는 일은 비록 하찮은 일 같아 보일지 몰라도, 이런 일의 효과가 확산되어 나가면 장차 온 나라의 윤리도덕을 바로 세우는데 기여할 수도 있을 것입니다. 그러니 조상이 쓰던 이름을 그대로 쓰는 것이 더욱 좋지 않겠습니까?"라고 했다. 이에 명홍재(冥鴻齋)로 재실 이름을 결정하였다.

　재실은 모두 네 칸[四間]인데, 마루, 방, 섬돌, 대문간, 담장 등이 깔끔하게 두루 갖추어져 있으니, 그 마음 씀이 정밀하다는 것을 알 수 있겠다.

　그러나 한갓 재실의 외형적인 아름다움만 완전하게 갖추어 놓고서 해야 할 일은 이미 다 했다고 여긴다면, 이는 크게 잘못된 생각이다. 이 가문의 자손된 사람은 조상의 자취가 남아 있는 이곳에 자주자주 모여들어 효성스런 생각으로 조상을 잊지 않는 정성을 항상 펼치고, 겸하여 조상을 추앙하고 일족끼리 정의(情誼)를 두터이 하는 예(禮)를 강구하여야 할 것이다. 그렇게 한 뒤에라야 완전히 이 재실이 헛되이 지은 것이 되지 않을 수가 있고, 이 가문의 흥성도 기대할 수 있는 것이다. 굳센 뿌리가 있는 나무라야 무성한 가지가 있을 수가 있고, 깊은 원천(源泉)이 있는 물이라야 멀리 흘러갈 수 있는 것이다. 사람의 이치는 더욱 더 그러한 것이니, 이 가문의 사람들은 힘쓸지어다.

　무인년 동짓달 12일 문학박사 경상대학교(慶尙大學校) 교수 허권수(許捲洙)는 삼가 기문(記文)을 짓는다.

명홍재(冥鴻齋) 주련(柱聯)

옛날 명홍정(冥鴻亭)은,
우리 선조의 훌륭한 자취 서려 있던 곳.
재실 세워 이름 그대로 따 쓰니,
효성스런 마음 그치지 않는다네.
앞으로는 맑은 못이 펼쳐져 있고,
뒤에는 푸른 산이 둘러 있는 곳.
한 집에 즐겁게 모여서,

선조 높이며 일족끼리 화목하게 지내세.
어떻게 하면 집안 창성하게 할 수 있을까?
예법 강구하고 덕을 닦아야지.

冥鴻齋記

朝鮮成宗朝, 有一能臣曰, 曺公淑沂也. 官大司憲, 後贈兵曹判書, 其文翰官績, 炳烺於世. 其胄子曰閏孫, 武以兼文, 禦倭征虜, 國家倚以爲干城, 官至兵曹判書, 諡莊胡公. 其巍勳偉績, 備載於國史野錄. 功成身退, 築一亭於晋州金谷面之松谷村, 命之曰冥鴻亭. 冥鴻者, 盖取高尙之士, 遐遯之意也. 公燕居於此, 讀書詠歌, 優遊自樂, 而考終矣. 今距公之世, 幾乎五百年之歲月, 不可謂不久. 公逝, 亭已圮, 草茂, 址僅存, 爲其子孫者之齎嗟, 何如哉! 公之十二代孫, 有曰秉振, 蔚有學行, 將可以緖其門戶, 而不幸早世, 人皆歎惜. 幸而其德配, 孺人鐵城李氏, 有女丈夫風, 又有幹能. 率三子二女, 入奠于此雲川里, 曺氏之居此里, 自是始. 李孺人, 吃苦耐勞, 費心耗力, 不眠不休, 稍稍裕産. 敎子以義方, 再立門戶, 固有茂績於曺門. 由是, 秉振公之子孫, 繁衍, 幾達於五十戶之多也. 然今世與昔時異, 新潮蕩譎, 棄擲古禮古法, 若弊踾, 唯名利之是逐. 若崇祖敦睦之誼, 則恝然如與己無關者, 可慨也. 此門之離鄕外居之年靑人中, 不無些染於此潮者矣. 於是, 有惕然深憂之者, 曰泳斗. 是秉振公之長玄孫, 而今居此門之丈也. 乃大集門族, 首唱建齋之議, 而一族欣然應之. 於是, 泳斗氏, 首任其務, 族人各獻其誠, 鑱基貿材招工, 不費多歲月, 而隆然興輪奐之構, 人皆欽羨此門族之協心畢役. 工旣訖, 泳斗氏, 使其同宗圭泰博士, 肇余至其處, 周覽齋之全景與規模, 詢余以齋名, 兼以責記其刱齋源委. 余正考索其名之際, 泳斗氏與圭泰博士商量, 薦曰, 祖先有冥鴻亭, 後孫以冥鴻齋有不可乎? 余答曰何不可之有? 後孫而遠慕其祖先, 不亦可乎? 曾子曰愼終追遠, 民德歸厚矣. 是言寔千古之至訓也. 乃命以冥鴻齋, 齋凡五楹, 樓室砌階門廊垣牆粲然齊備, 可知其用心之精細也. 然徒具外美之全, 而以爲能事已畢, 則大不可也. 爲此門之子孫者, 源源來湊於祖先騰馥之此地, 恒伸孝思不忘之忱, 兼講崇祖敦宗之禮, 然後此齋, 不全歸於虛架矣. 且此門之興隆, 可期也. 木有固根, 然後有茂枝, 水有深源, 然後有長流, 人有尤然者. 此門之人, 其勗之哉!

戊寅載之復月十二日文學博士, 慶尙大學校敎授許捲洙謹記.

冥鴻亭柱聯

冥鴻古亭, 吾祖縢馥.
建齋襲名, 孝忱不息.
前臨淸澤, 後繚蒼麓.
歡聚一堂, 崇先睦族.
昌隆何由, 講禮修德.

명홍재(冥鴻齋) 건립

장호공 후손들이 진주 반성 입향조인 병진(秉振)) 공과 그 부인 철성이씨를 추모하고, 집안 후손들의 결집을 위해 일반성면 운천리 고향에 재실을 짓기로 뜻을 모은 것은 1996년 10월 15일 시사 날이었다. 이 날 재실건립추진위원회를 조직하여, 위원장에 정석(正石), 부위원장에 경룡(慶龍), 만근(萬根), 영도(榮道), 총무에 영학(永學), 재무에 영판(榮判) 씨 등이 회무를 맡았으며, 회원은 모두 42명의 위원으로 구성하였다. 1996년 12월부터 공사를 시작하여 1998년 5월 20일에 현판식을 거행함으로써 공사를 완료하였다. 재실 이름은 시랑공파 종친회 총무인 규태 교수와 상의하여 장호공이 지어 즐기던 '명홍정'을 상기할 수 있도록 '명홍재'로 하기로 하였다. 재실의 기문은 경상대학교 한문학과 허권수 교수가 지어 주었다. 재실은 방 2개와 마루로 된 네 칸의 본채와 섬돌, 3칸으로 된 아래채, 대문간, 담장을 두루 갖춘 정통 한옥으로 구성하였다.

| 발문 |

    나는 1981년에 진주에 옮겨 살게 되면서부터 우리 사랑공파 선조 중에서 장호공 할아버지가 있다는 것을 알게 되었다. 우리 할아버지 중에서 병조 판서를 지낸 분이 있다는 사실이 나에게 자긍심을 갖게 해 주었다. 그리고 진주시 문산면 이곡리에 있는 할아버지의 묘소를 처음 보았을 때의 감격은 지금도 잊히지 않는다. 묘역도 넓고, 무덤의 크기도 매우 컸을 뿐 아니라, 무덤 앞에 있는 월석의 문양, 그리고 망두석의 크기와 거기에 새겨진 문양들이 예사롭지가 않았다.
    이때부터 나는 장호공 할아버지를 현양하는 일을 해야겠다는 생각을 하게 되었다. 가장 먼저 한 일은 한문으로 된 비문을 번역하는 일이었다. 처음 비문 번역은 장호공 직손들의 가첩에 실려 있는 비문을 경상대학교 한문학과 허권수 교수가 해 주었다. 그 후 이 비문이 강혼의 문집에 실려 있는 것을 알고 가첩의 비문과 대조하며 다소 수정을 하였다. 그리고는 2002년에 유지복 씨가 비문에 있는 글씨를 연구하기 위해 묘소의 비문을 탁본한 것을 바탕으로 한문학과 이상필 교수와 같이 완벽하게 판독하였다. 그리고 비문 내용도 이상필 교수와 철학과 오이환 교수의 도움을 얻어 새로이 번역하였다.
    이때까지 나와 우리 사랑공 후손들이 장호공에 대해 알고 있는 것은 이 비문의 내용을 넘어서지 못하였다. 그런 가운데, 조선왕조실록의 연산군과 중종 조에 장호공과 관련된 기록이 엄청나게 많이 실려 있는 것을 발견하였다. 마침 조선왕조실록이 국역이 되어 있어서 그것을 모두 프린트하여 차근차근히 읽어 보았다. 주로 관직 임명에 관한 것이지만, 더러는 그 속에서 할아버지의 업적도 살펴볼 수 있었다. 그리고 2010년에 들어서는 어득강의 '명홍정상량문'에 할아버지의 옛 모습을 더듬어 볼 수 있는 내용이 있어, 오이환 교수의 도움을 받아 새로이 잘 번역하였다.

2011년에 정년퇴임을 하자, 장호공 할아버지의 행적을 알 수 있는 글들을 본격적으로 모아야겠다는 결심을 하였다. 맨 먼저 한국고전번역원에 있는 문집들을 검색하여 장호공에 관한 글들을 모두 추려내어 정리하였다. 그리고 조선왕조실록에 실려 있는 장호공과 관련된 글들을 다시 정리하며, 어려운 말들에 주석을 다는 작업을 하였다. 그리고는 이 글들과 비문, 그리고 박용국 교수가 쓴 장호공에 관한 논문을 자료로 하여 장호공의 연보를 엮었다.

　이제 어지간히 한 권의 책으로 만들 만한 분량이 되자, 허권수 교수를 만나 책 출판에 관해 자문하였다. 서문을 써 주겠다는 약속도 해 주었고, 조선왕조실록, 한국고전번역원에 있는 자료들 외의 다른 자료들도 검색해 보라는 조언도 해 주었다. 곧 진양지, 남명학 고문헌시스템, 국사편찬위원회의 한국사 데이터베이스, 한국학중앙연구원의 왕실도서관 장서각 디지털 아카이브에서 장호공에 관한 자료들을 찾아내었다.

　이제 자료들은 거의 다 모았다. 자료 중에서 장호공 전기문과 장호공 부인 묘지명이 번역되지 않아서 이상필 교수에게 번역을 부탁하였다. 그리고는 책을 출판하기 위해 먼저 장호공 직손 대표인 조정석 님을 만났다. 책의 내용을 대충 설명해 드렸더니 흔쾌히 출판하자고 하였다. 그리고는 2014년 6월 15일, 반성에 있는 명홍재에서 장호공 직손들과 책의 내용을 검토하고 출판에 관해 구체적인 논의를 하는 자리를 마련해 주었다. 이날 조정석(曺正石), 조영도(曺榮道), 조영학(曺永學), 조영판(曺榮判), 조해룡(曺海龍), 조정근(曺正根), 조관식(曺官植), 조창주(曺昌柱), 조규태(曺圭泰) 등이 모여 책 발간에 관해 여러 가지 이야기를 나누었다. 장호공에 관한 글 중 선별할 것들에 관한 것, 책에 실을 사진, 출판비 등에 관한 의논을 하였다. 책의 이름은 '장호공 실기'로 하고, 출판 경비는 반성 집안에서 주로 하며, 출판 주체는 '창녕조씨 시랑공파 종친회'로 하는 것이 좋겠다고 했다. 모임이 끝난 후, 종친회 회장인 조인환(曺仁煥) 님께 말씀드렸더니 기뻐하시며, 출판비도 일부 부담하겠다고 했다.

　2014년 7월 30일에는 진도 반도병원 원장실에서 문중 임원인, 조인환(曺仁煥)[회장], 조정석(曺正石)[고문], 조동익(曺東翼), 조해창(曺海昌), 조영도(曺榮道)[부

회장], 조규태(曺圭泰)[총무], 조규열(曺奎烈), 조경도(曺景道)[이사], 그리고 조정근(曺正根) 등이 모여 책 출판에 관해 의견을 나누었다. 출판 주체를 시랑공파 종친회로 하기로 하였으며, 창녕조씨 사랑공파 이야기로 시랑공파에 관한 내용, 대사헌 조숙기 공에 관한 내용과 명홍재기 등을 더 보태기로 하였다.

이 책에 실린 글은 주로 장호공과 명홍정에 관한 글인데, 남들이 장호공과 명홍정에 관해 쓴 글들, 그리고 조선왕조실록에 실린 장호공과 관련된 가사들이다. 여기에 최근에 박용국 교수가 쓴 장호공에 관한 논문이 장호공을 체계적으로 이해할 수 있도록 실려 있다. 마지막으로 시랑공파 이야기가 더 보태어져 있다. 이 글만으로 장호공에 관한 모든 것을 다 알 수는 없는 일이지만, 장호공의 삶의 자취를 더듬어 보는 데 다소는 도움이 되리라 생각한다. 앞으로 언젠가 시랑공 후손 중에서 장호공에 관해 관심이 있는 또 다른 후손이 나타나 이 책이 보완되기를 바란다.

출판업계의 어려운 사정에도 이 책을 기꺼이 맡아 출판을 허락해 주신 김진수 사장님, 그리고 과묵하면서도 출판 일을 잘 지휘해 준 김태균 전무님께 먼저 감사드립니다. 그리고 표지 디자인을 멋지게 해준 유승희 과장님, 책 편집을 세밀하게 잘해준 이은하 과장님과 유채민 씨의 노고는 오래 두고 잊지 않을 것입니다.

2014년 9월 15일
진주 주약동 집에서
시랑공 18세손 조 규태 씀

■ 엮은이 약력

조규태(曺圭泰)

- 창녕조씨 시랑공파 19세손
- 국어학자, 배달말학회 회장. 국어사학회 회장 역임
- 경상대학교 교수회장 역임, 경상대학교 명예교수
- 저서에는 『번역하고 풀이한 훈민정음』, 『용비어천가』 등이 있음

장호공실기 莊胡公實記
병조 판서 조윤손의 삶의 자취

초판인쇄 2014년 10월 20일
초판발행 2014년 10월 30일

엮은이 조 규 태
펴낸이 창녕조씨 시랑공파 종친회
펴낸곳 한국문화사(대표 김진수)
등 록 1991년 11월 9일 제2-1276호
주 소 서울특별시 성동구 광나루로 130 서울숲IT캐슬 1310호
전 화 (02)464-7708 / 3409-4488
전 송 (02)499-0846
이메일 hkm7708@hanmail.net
홈페이지 www.hankookmunhwasa.co.kr

책값은 뒤표지에 있습니다.

잘못된 책은 바꾸어 드립니다.
이 책의 내용은 저작권법에 따라 보호받고 있습니다.

ISBN 978-89-6817-174-1 93990

이 도서의 국립중앙도서관 출판시도서목록(CIP)은 e-CIP 홈페이지 (http://www.nl.go.kr/cip.php)에서 이용하실 수 있습니다. (CIP제어번호: CIP2014028550)